Sabine Schwartz

ÖKONOMIE DES HUNGERS

Konsummuster und Vermarktungsverhalten nomadischer Viehhalter Nordkenias

DIETRICH REIMER VERLAG BERLIN

CIP-Kurztitelaufnahme der Deutschen Bibliothek

Schwartz, Sabine:
Ökonomie des Hungers: Konsummuster und Vermarktungsverhalten nomad. Viehhalter Nordkenias/
Sabine Schwartz.-
Berlin: Reimer, 1986.
ISBN 3-496-00845-8

Dr. Friedrich Kaufmann
Unter den Eichen 57
1000 Berlin 45

Printed in Germany

I have travelled through some of the most magnificent scenery in the world and lived among interesting and little-known tribes, yet no country has moved me as did the deserts. No man can live there and emerge unchanged. He will carry, however faint, the imprint of the desert, the brand which mark the nomad; and he will have within him, weak or insistent according to his nature, the yearning to return. For that cruel land can cast a spell no temperate clime can match.

Wilfried Thesiger, 1979

Dedicated to my husband Jürgen and my son Markus.
Who where always in standby with patience.
When mine was running out.
Which happened frequently.
Without them this research and book would never
have come to an end.

An erster Stelle danke ich Herrn Prof. Dr. Franz Ansprenger vom Otto-Suhr-Institut der Freien Universität Berlin, der sich dieses entlegenen Themas angenommen und es mit meiner nomadischen Unrast während der Bearbeitung aufgenommen hat.
Ohne seine Flexibilität im Zusammenspiel mit dem Prinzip der " No-Interference " wäre eine Arbeit wie diese kaum möglich gewesen. Ich bekam genau das, was ich am nötigsten brauchte:
eine überaus lange, dehnbare, wissenschaftliche Leine.

Aber ferner gilt ebenso mein großer Dank für jede spontane Bereitwilligkeit zur engagierten Diskussion, wenn immer sich die Gelegenheit bot, ob hier in Kenia oder in Deutschland:

Dr. H.-J. Schwartz, Department of Animal Production, University of Nairobi; insbesondere für Rat, Training, Gespräche und Debatten auf dem Sektor der Tierhaltung und Produktionstechnik.

Prof. Dr. G. Lorenzl, Institut für Sozialökonomie der Argrarentwicklung an der Technischen Universität Berlin; besonders für alle Auseinandersetzungen zum Thema Subsistenz und Marketing und was wem in der ländlichen Entwicklung guttut.

Prof. Dr. B. Heine, Institut für Afrikanistik an der Universität Köln; der mir viel über den ethnischen als auch soziokulturellen Hintergrund und die Entwicklung der kuschitischen Völker beibrachte, vor allem, ihn zu verstehen, nicht nur über ihn zu wissen.

Prof. Dr. F. Rottland, Institut für Afrikanistik an der Universität Bayreuth; der micht oft zu systematischer Denkweise auf dem Gebiet der Kulturgeschichte zwang -, etwas, was ich für ausgeschlossen hielt.

Dr. W. Schultka, Institut für angewandte Botanik an der Universität Giessen; der verhinderte, daß ich als Politologe neben Vieh und Nomaden eins nicht vergaß: Die Vegetation und Umwelt.

Prof. Dr. R.R. Hofmann, Institut für Veterinäranatomie an der Universität Giessen; danke ich für seine eigenwilligen, fundierten und nicht zuletzt wegen ihrer intelligenten Komik hochgeschätzten Beiträge und Informationen zur Tiergesundheit.

Dr. Agnes Klingshirn, Institut für Ethnosoziologie an der Universität Marburg;für ihr objektives Geraderücken der von mir nicht immer richtig plazierten soziologischen Pfeiler.

Und zum Schluß, herausgehoben für seine exellente Arbeit, Herrn Wolfgang Joithe, der nicht nur das Manuskript schrieb, sondern auch unschätzbar in seiner Hilfe für alle, wie's manchmal schien, " unlösbaren " editorischen Probleme war.

Ö K O N O M I E   D E S   H U N G E R S

KONSUMMUSTER UND VERMARKTUNGSVERHALTEN NOMADISCHER VIEHHALTER NORDKENIAS

INHALTSVERZEICHNIS

Verzeichnis der Graphiken

TABELLEN- UND KARTENVERZEICHNIS

KARTENVERZEICHNIS

Abbildungsverzeichnis

PROLOG

ALS PERSÖNLICHES PLÄDOYER FÜR GEDULD UND BESCHRÄNKUNG

Im Bereich der Wissenschaft und Forschung, der für sich beansprucht, ein intellektuelles Feld zu sein, in dem Aussagen getroffen, Beobachtungen bewiesen, Lösungen gefunden und Konsequenzen aufgezeigt werden, besteht unter diesem Anspruch die verständliche Zurückhaltung und Ängstlichkeit, sich auf Allgemeinplätze zurückzuziehen. Im Bewußtsein, daß diese Beklemmung und Phobie lauert, erscheint das Vorwort für diese Arbeit der einzige Platz, dem Eingeständnis Raum zu geben, daß der Antrieb für die vorliegenden Untersuchungen und den Forschungsaufwand, inhaltlich wie räumlich in einem " empty quarter " betrieben, aus eben einer solchen, im Wortlaut abgeschliffenen Einsicht entstanden ist:

Jede Gesellschaft und jedes ihrer Mitglieder lebt in einer Welt der absoluten und relativen Beschränkung, für die unterbrechungslos Mechanismen der Anpassung gefunden werden müssen.

Ein Allgemeinplatz par excellence, der diese Arbeit, - mühsam und grandios, einsam und von größter Freude, wie sie war -, hat entstehen lassen; und im Rückblick tut jede Minute weh, die unwiederholbar vergangen ist.
Diese Anpassung an jene Beschränkung ist ein von den vorgegebenen Umständen abhängiger Prozeß, der instinktiv oder auch bewußt kalkuliert von jedem Betroffenen durchlebt wird, im Idealfall eigenverantwortlich, im Normalfall erzwungen von übergeordneten, jedoch vertrauten Autoritäten, und im Falle der mit Eigenmitteln nicht mehr zu bewältigenden Krise durch Intervention von vorerst unbekannten Machtgrößen. Aus dieser letztgenannten

Konstellation, typisch für alle geschwächten Ökonomien, war es ein Leichtes das zu kreieren, was wir heute gängig als Entwicklungshilfe bezeichnen. Philosophisch kann dabei die Hilfe zu einer wie immer gearteten und im Sinne von Verbesserung der Lebensumstände verstandenen Entwicklung in Frage gestellt und abgestritten werden; in der Realität jedoch nicht mehr, Entwicklungshilfe als kommerzielles Unternehmen und politisches Muß ist der kritische und kritisierbare Fokus in all den bereits erwähnten, geschwächten Systemen, die besonders prävalent in Afrika sind.

Außer Frage, und das ist der moralische Haken, sollte jedoch stehen, daß Hilfe nur geleistet werden kann, wenn die Gründe und das Ausmaß einer Hilflosigkeit bekannt sind. Nur zu oft sind sie es nicht und teilen sich nur durch ihr äußeres Erscheinungsbild mit, kaum durch die Ursache, die dieses auslöst. Daraus folgt, daß keine andere Disziplin als die der <u>Hilfe</u> mehr Akkumulation an <u>Wissen</u> dringend braucht, und zwar Wissen über die Einsetzbarkeit bekannter Mittel zur Entspannung ursächlich unbekannter Krisen.

Dieses unbekannte Element sollte die Herausforderung derzeitiger Forschung sein, soweit sie vorgibt, sich mit dem Abbau akuter Existenzgefährdung einer zu großen, doch unleugbar bestehenden, - lebendigen -, Bevölkerung zu befassen, von der wir wissen, daß der ihr zugestandene Lebensraum bereits zu klein ist.

John Rock, der Wegbereiter für die kontrazeptive Pille, packt die geballte Resignation, die die zukünftige Entwicklungsforschung begleiten wird, in einen Satz:

" If we don't solve this problem (of population explosion) none of our other problems make any difference. "

Die hier vorliegende Arbeit läßt diese Wahrheit außer acht: aus der Unfähigkeit heraus, diese Wahrheit spontan zu ändern doch im naiven Glauben, daß auch der zweite, dritte und vierte Schritt, - die Feststellung des Status quo -, der Wissenschaft ein Stück Hilfe offerieren kann, die zu befürchtende Entwicklung einer nicht mehr zu kontrollierenden Masse Mensch durch Entwicklungshilfe lebensfähig zu erhalten, vorausgesetzt man will es. Als Zielsetzung ist hier nicht weiter gedacht, als den Gedanken zu noch weiterer Beschränkung zu bestärken, präzise: noch zumutbarer Beschränkung; denn diese mag mit hoher Wahrscheinlichkeit in absehbarer Zukunft synonym für Entwicklung stehen.

Und damit ist der Kreis, der zum Allgemeinplatz führt, noch einmal geschlossen mit der bösen Eigenschaft, als seichtes Wortklischee in seinem Wahrheitsgehalt verschämt versteckt und verleugnet zu werden.
Denn -, wer kann es sich schon leisten, Entwicklung als Beschränkung zu verstehen?

Teil 1
Qualitäten des Systems

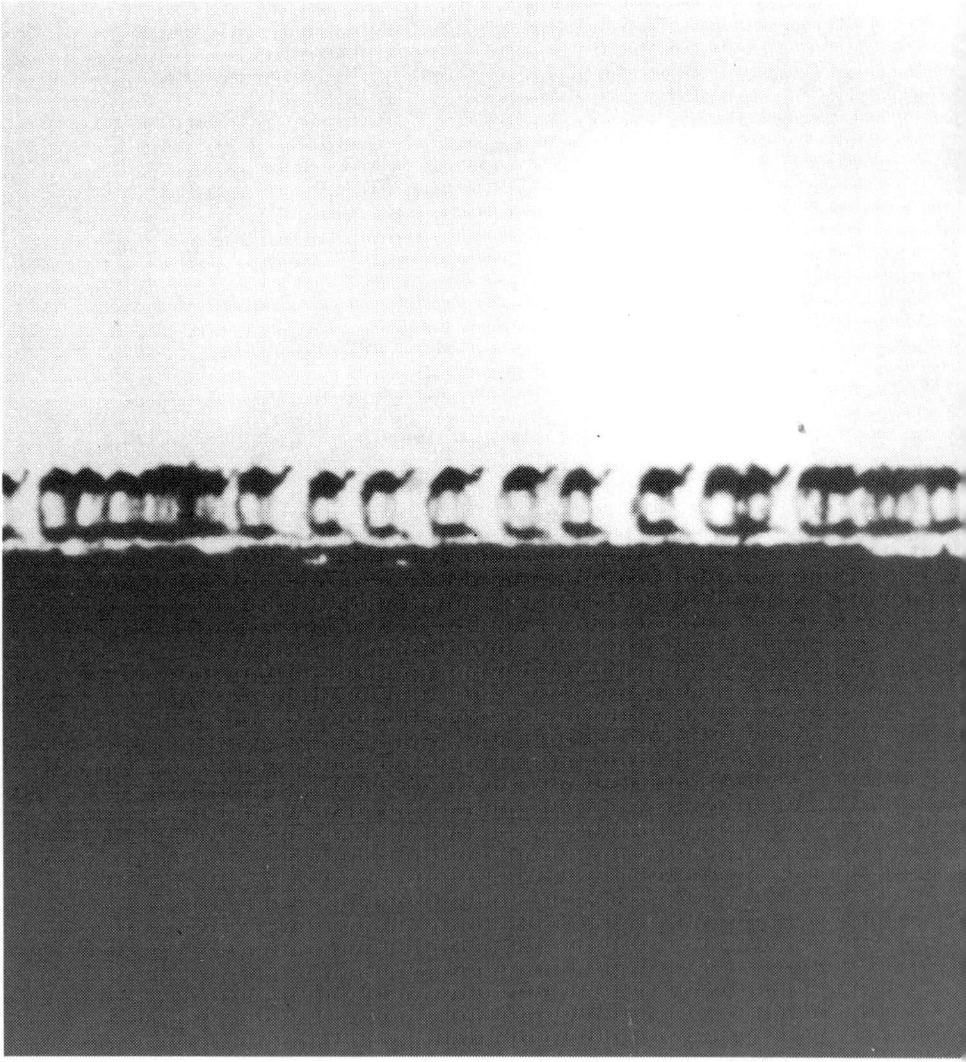

I. HAT " UNTERENTWICKLUNG " GESCHICHTE ?

EINE EINFÜHRUNG IN DEN NOMADISMUS, PASTORALISMUS UND NOMADISCHEN PASTORALISMUS.

Sowohl der Begriff Nomadismus mit seiner Verkörperung im " Nomaden " als auch der des Pastoralismus, üblicherweise repräsentiert durch den " Viehhalter ", sind in der Literatur und im Verständnis der Forschung nur selten als zwei verschiedene Instrumente zur Lebensgestaltung angesehen worden. Grund für diese sorglose, synonyme Verwendung ist, daß das wirtschaftliche Erscheinungsbild des Nomaden meist durch Viehhaltung, und das des Viehhalters oft durch eine nomadische Lebensweise gekennzeichnet war. Diese Beobachtung hatte bis in die jüngste Vergangenheit durchaus ihre Berechtigung, solange der Viehhalter seine Mobilität, die sich in der ständigen Suche nach Weide und Wasser ausdrückte, erhalten konnte. Für die Gegenwartssituation gilt das nicht mehr. Zwar besteht die Suche (nach Weide und Wasser) als Notwendigkeit nach wie vor fort, doch seine Beweglichkeit ist durch viele Ursachen hochgradig eingeschränkt, wenn nicht gar paralysiert. Was der Verlust dieser Mobilität bedeutet, ist ein Zentralpunkt der hier vorliegenden Arbeit.

Um zu verstehen, warum sich Nomadismus als Verhaltensweise und Pastoralismus als Wirtschaftsform ideal ergänzen, erscheint es nötig, beide Begriffsinhalte einmal separat zu betrachten; denn zu keinem Zeitpunkt in der Geschichte war es so, daß Nomaden unweigerlich Viehhalter oder Viehhalter ausschließlich Nomaden waren. Die " nomadischen Viehhalter " sind tatsächlich nur eine Möglichkeit sowohl im Rahmen des Nomadismus als auch des Pastoralismus, wobei die nomadische Komponente einen weitaus größeren Interpretationsspielraum läßt als die pastorale. Für beide gilt jedoch, daß sie im entwicklungspolitischen Kontext als besondere, nur schwer bekämpfbare Formen der " Unterentwicklung " angesehen werden, denen man wenig oder gar keinen intellektuellen Anspruch zuerkennt. Diese Unfähigkeit, den subtilen Wert oder Gehalt jener Komponenten als Überlebensinstrument gerecht einzuschätzen, hat im Wesentlichen zu der Unfähigkeit beigetragen, den heute schwer erschütterten Status der nomadischen Pastoralisten zu festigen.

Nomade in Uniform

Kulturhistorisch ist unser Wissen und Verständnis vor allem hinsichtlich des Nomadismus dadurch beschränkt worden, weil er Sammelbegriff für die Lebensform einer Vielfalt von Völkern war, mißbraucht als Sinnbild eines ganzheitlichen Systems mit völkerübergreifender Gültigkeit -, und damit Sinnbild grober Verallgemeinerung. Unter dieser Lebensform verstand man und versteht oft noch immer den Verbund eines einheitlichen Wirtschaftsmusters (meist des der Viehhaltung) und vergleichbarer Sozialstrukturen (der der Viehhalter), die dieses Konglomerat in Wahrheit ganz unterschiedlicher Völker zu einem einzigen " einheitlichen " Objekt gemacht haben. Die Subjekte dieses künstlichen Objektes mögen Jakuten oder Maasai sein, Eskimos oder Zulu, sie alle tragen die schäbige Einheitsuniform des nomadischen Weltheeres unter der Flagge der Unterentwicklung. Dieses Bild vom " Nomaden ohne Gesicht ", der sich notorisch jeder Anpassung an fortschrittsgeprägte, vor allem marktwirtschaftlich orientierte Interessen widersetzt, ist als Klischee und Stereotype entwicklungspolitisch zementiert. Daraus folgt, daß man ihm das Dilemma, in dem er sich befindet, - nämlich wirtschaftlich nicht mehr autark und ein klassisches " Faß ohne Boden " für Interventionen von außen zu sein -, in vollem Umfang selbst anlastet; ganz gleich, welchen Konflikten er tatsächlich ausgesetzt ist, die zu lösen oder zu umgehen kaum in seiner Hand liegen.

Unwissenheit schützt vor Entscheidung

Der Hauptgrund, daß Bemühungen, den nomadischen Viehhalter wieder auf eigene Füße zu stellen, entweder gar nicht unternommen werden oder die wenigen scheitern, liegt in der Ratlosigkeit bezüglich des WIE. Hier wirkt sich besonders fatal aus, daß in den Schlüsselstellen, die entwicklungspolitische Entscheidungen fällen, so gut wie nichts über die Grundbedarfslage und Lebensansprüche der Viehhaltergesellschaften bekannt ist. Diese Unwissenheit ist ein typisches Merkmal sowohl der Entscheidungsträger in den betroffenen Ländern, als auch innerhalb von Organisationen, die mit dem Anspruch der Hilfestellung von außen operieren. Dabei ist beiden Parteien eigen, daß sie nur widerwillig und zögernd sich einer Verantwortung annehmen, von deren Notwendigkeit sie sich mit dem Argument der " Selbstverschuldung " viel lieber distanzieren würden, nicht zuletzt, um jene Unwissenheit und Ratlosigkeit legitim zu verschleiern. Als ungefährlichen Rückzug aus dieser Zwangslage,- und vor allem, ohne damit das Eingeständnis von Ignoranz und mangelndem Engagement zu verbinden -, wartet man nunmehr auf die Stunde X, in der der nomadische Viehhalter sich eigendynamisch an " moderne " Lebensformen anpaßt, wie sie vom Staat und der restlichen - seßhaften - Gesellschaft toleriert und gefördert werden. Bis dieser fiktive Countdown eines, wie man unterstellt, nicht mehr überlebensfähigen Systems seine Endstufe erreicht hat, betrachtet man Hungerhilfe als administrativ einfachstes und langfristig billigstes, da meistens von außen finanziertes Mittel, um den Mindestpflichten einer politisch diktierten Humanität zu genügen. Viel mehr ist man diesem " Einheitsnomaden ", diesem gesichtslosen, rückständigen Saboteur einer fortschrittsgeprägten Volkswirtschaft nicht schuldig. Hier wird das Versagen des entwicklungspolitischen Anspruchs, Wegweiser zu einem eigenständig kontrollierten Leben zu sein, das gesellschaftsspezifische Erwartungen und Wünsche angemessen berücksichtigt, auf ganzer

Linie deutlich. Die Moral wird vom Unverstand überholt und ist in der Praxis durch jene Unglaubwürdigkeit ersetzt, die letztlich jede sinnvolle Hilfe verhindert.

Verleugnete Vielfalt als intellektuelle Begrenzung

Wie die unterschiedlichen Bedürfnisse der nomadischen Völker Gegenstand einer unverantwortlichen Verallgemeinerung geworden sind, so schwindend sind auch ihre Chancen, daß sie ihrer Variabilität angepaßt bewertet und ultimat erfüllt werden. Denn nicht die Frage nach einem für die Betroffenen akzeptablen, differenzierten Lösungsansatz zählt, sondern die: Lohnt sich der Aufwand zu differenzieren? Die Antwort ergibt sich von selbst, legt man die Hypothese zugrunde, wie es entwicklungspolitisch geschieht, daß die gehemmte Entwicklung all derer, die sich unbelehrbar (als Nomaden) einer gewünschten Kontrolle entziehen, identisch ist. In der Tat kommt man bei einer solchen Sichtweise zu dem verantwortungsbefreienden Urteil, daß auch alle Probleme, die aus dieser Unkontrollierbarkeit (der nomadischen Mobilität) erwachsen, gleichen Ursprungs und ihre negativen Folgen gleich für alle sind. Das schlüssige und bequeme Fazit für jeden Entwickler und " Helfer " ist dann das der Unterentwicklung, als Ziel der Bekämpfung per se unbestritten und damit gleichermaßen sakrosankt befreit vom Aufwand einer jeden Differenzierung, zu der Entwickler und Helfer ohnehin oft intellektuell nicht fähig sind.

Diese Fehleinschätzung des " Nomaden ", heute ausnahmslos als Viehhalter verstanden und kaum noch als Jäger, Sammler, Wanderbauer, Transporteur oder Händler, - nur ein Ausschnitt aus der Bandbreite nomadischer Aktivitäten -, hat in der Entwicklungspolitik zu dauerhaften Konflikten geführt. Denn so unterschiedlich der ökonomische und soziokulturelle Hintergrund der Völker ist, die sich dieser Bandbreite bedienen, so unterschiedlich sind auch ihre Reaktionen auf den Grad der Veränderung, der ihnen heute unaufhaltsam zugemutet wird. Wie sich z. B. der Viehhalter absehbar zum Kleinbauern entwickeln mag, so wurde der Jäger zum Wilderer, der Sammler zum Bettler, der Händler zum Schmuggler, der Wanderfeldbau zur Parzelle und Karawanen längst ersetzt durch Lastfahrzeug- und Flugtransport. So entstand ein Raster neuer Aktivitäten, das durch die Einbuße des nomadischen (mobilen) Elementes gleichermaßen den wirtschaftlichen Verfall als auch generell eine Demoralisierung des Ex-Nomaden zeitigte. Diese Veränderungen sind jedoch längst noch nicht abgeschlossen, und es bleibt abzuwarten, ob die einstweilige wirtschaftliche und soziokulturelle Desintegration der subsaharischen Völker ein mögliches neues Fundament für eine " emergence of a new sub-saharan morale in terms of a new economic and socio-cultural development " (S.Schwartz, in Vorb.) bilden kann.

Doch nach wie vor ist der Großraum der Trockengebiete Afrikas von Völkern bewirtschaftet, deren eigenständige Überlebensfähigkeit oder Verfall vom Spielraum der ihnen noch zugestandenen Mobilität abhängt. Jener Großraum erstreckt sich im klassischen Sinne vom Mittelmeer und den Bergregionen Nordafrikas über den südlichen Rand der Sahara in den Sahelgürtel und reicht von der mauretanischen Atlantikküste bis an die Küsten Ostafrikas. In dieser gigantischen Region wird Nomadismus als Lebens- und Pastoralismus als überwiegende Wirtschaftsform praktiziert, mit jedoch heute eingeschränkter Intensität gegenüber noch vor wenigen Jahrzehnten.
Hier bereits muß auffallen, daß allein schon die Größenordnung dieses Lebensraumes und seine Vielfältigkeit in Land und Leuten jede undifferenzierte Klassifizierung, wie die der Deklaration eines " Nomaden - Territoriums ", ausschließen sollte; selbst wenn als geographisches Ordnungsmittel, von seiner Natur her ohnehin formalistisch, die Begrenzung des Regenfalles oder eine Typisierung der Vegetation

ausreichen mag. Als Determinanten für die Bevölkerung und ihre Lebensweise sind diese Parameter unbrauchbar; denn sie sagen über die Gesetzlichkeiten, - der Interaktion zwischen Nutzer und Nutzung in dieser Region -, so gut wie nichts aus. Capot-Rey[2](1962) beschreibt Nomadismus als Produkt von klimatischen und botanischen Charakteristika der Umwelt, fällt also auf diese groben Normen zur Definition einer Lebensform und Verhaltensweise von Menschen, - Nomaden -, zurück mit Kriterien, die nur einen bestimmten, noch dazu generalisierten ökologischen Zustand beschreiben. Eine solche, in ihrem Wesen grundsätzlich technokratische Feststellung bleibt äußerst fragwürdig, vergleicht man sie mit den Ansprüchen verschiedenster Umweltformen in subtiler Abstufung innerhalb dieses Gefüges Nomadismus, denen erst durch seine Nutzer, - die Nomaden -, Rechnung getragen wird. Dabei erfährt jede Nuance individuellste Anpassung an die für sie charakteristische ökologische Schattierung -, und das durch den Nutzer, den Nomaden selbst, und nicht durch einen selbsttätigen, biologischen Prozeß, den man vereinfacht Nomadismus tauft.

Nomadismus als Design

Nirgendwo mehr werden Qualitäten und Mängel der unmittelbarsten Umwelt mit soviel Aufmerksamkeit und Umsicht in die tägliche Lebensroutine eingebaut und folglich zu einer Lebensform entwickelt, die mit dieser ökologischen Schattierung korrespondiert, als in den extremen Klimazonen. Nomadismus in den Capot-Rey'schen Grenzen definiert, gibt uns so gut wie keinen Aufschluß darüber, was aktuell der Einzelne, die Gruppe, der Clan oder Stamm seiner räumlichen und ökologischen Begrenzungen anstrebt und wie er sich wirtschaftlich, sozial, politisch oder kulturell organisiert. Wollte man also die " Lebensform Nomadismus " als lexikalisches Stichwort völker- und umweltübergreifend etablieren, so hieße das: man müßte alle möglichen Formen des Nomadismus (einschließlich die der Viehhaltung) innerhalb ihrer ökologischen Varianz enzyklopädisch erfassen, sie sortieren, gruppieren und vergleichen -, mit dem wahrscheinlichen Ergebnis zu keinem übergeordneten, durchgängigen Prinzip zu kommen, das allen Nomaden gerecht würde. Nomadismus wird, soweit es diese Arbeit betrifft, also nicht als eine Lebensform verstanden, wie von der Schulmeinung vertreten, sondern als flexibles Design für viele Möglichkeiten, sich in einer unflexiblen Umwelt zu behaupten. Der nomadische Pastoralismus, der im späteren Text im Mittelpunkt steht, ist eine der Alternativen, die sich dieses Designs bedient.

Der vergessene Anfang

Wie sich diese Verschmelzung von Nomadismus und Pastoralismus vollzogen hat und welche Voraussetzungen nötig waren, um aus dieser Korporation ein funktionales System wachsen zu lassen, ist Teil einer wenig beachteten Geschichte, wie es allgemein für die Geschichte Afrikas insgesamt zutrifft, sieht man von den Ausnahmen der prähistorischen Forschung oder über die Kolonialzeit einmal ab. Wenig strittig ist, daß Nomadismus im weitesten Sinne in allen Vorformen der zivilisatorischen Entwicklung stattgefunden haben muß, wo die Suche nach Nahrung mit ständigem Standortwechsel verbunden war. Mag es auch weiterhin Focus der frühgeschichtlichen Diskussion sein, welche Spezifika erworben werden mußten, die den Menschen von seinen wesensähnlichen Vorfahren abspalteten, so kann für die hiesige Darstellung die zwar kontroverse doch bis dato nicht widerlegte Beweisführung Louis Leakeys gelten, daß sich dies vor rund zwei Millionen Jahren vollzog. Jene ersten gesellschaftlichen Zusammenschlüsse des, wie er ihn nennt, Homo habilis, der in kleinen Gruppen und Familien die Steppen und trockenen Grasebenen (der Voraussage Darwins entsprechend)

AFRIKAS bewohnte. Er war in seiner Lebensweise ein nomadischer Wildbeuter, wenn auch vorerst instinktiv und nicht aus erlernter Fähigkeit. Das läßt den Schluß zu, daß Nomadismus ein fester Bestandteil der Evolution war und nicht nur die Ausprägung eines erst viel später einsetzenden, wirtschaftlichen Zwanges.

Erlaubt man sich an dieser Stelle einen kurzen Gedankenexkurs in die Dekadenz des 20. Jahrhunderts und sieht einmal unter diesem Aspekt die Theorie von Freud, daß lebenssichernde Verhaltensweisen als Urkräfte unveränderbar sind, so dürfte sich der Nomadismus als eine solche Urkraft durchaus qualifizieren.

Um wieviel leichter macht dieser skurrile Abschweif das Verständnis, daß die Bedrohung und Aufgabe der nomadischen Lebensweise mehr ist, als die zwangsläufige Anpassung an moderne wirtschaftliche Forderungen. Hielte sich diese Kausalität mancher Entwicklungsreformer vor Augen und würde ihre Konsequenz begreifen, so könnte das Ausmaß des nomadischen Ruins entschieden kleiner sein als es ist. Denn Notwendigkeiten, (wie hier die Mobilität), haben sich erhalten, - mit oder ohne Konsens des Planers -, nur nicht die Möglichkeiten (für den nomadischen Viehhalter), seiner freien Entscheidung ihnen nachzukommen; eine bedrückende Einsicht, der Bert Brecht[3](1928) viel Nachdenken widmete.

Naturgemäß darf es nur ein Stilmittel zur nachdrücklichen Betonung des Konfliktes sein, hier von einer " Millionen Jahre alten Tradition " zu sprechen, aus der sich der nomadische " Archetyp " nicht lösen kann. Doch genauso unvorsichtig, übereilt und naiv wäre die Annahme, daß sich Notwendigkeiten im Umfeld des nomadischen Pastoralisten drastisch geändert hätten -, die Umstände zwar beträchtlich, aber die Zwänge wenig.

Vom Jäger zum Heger: Bemerkungen zur Domestikation

Man weiß sehr wenig darüber, in welcher Weise sich dieser Urtyp des nomadischen Wildbeuters und später Jägers in jene zwei dominierenden Richtungen entwickelt hat, wie sie für etwa die letzten sieben Jahrtausende besonders in Afrika als tragende Wirtschaftsmuster gültig waren: zum seßhaften Ackerbauern und zum nomadischen Viehhalter. Vor allem WER sich aus WEM entwickelte und wer wessen Vorsprung zur Separierung nutzte, bleibt weitgehend Gegenstand einer in beiden Richtungen vorstellbaren Spekulation. Den frühesten Ackerbau nimmt Davidson[4](1974) etwa um 7000 v. Chr. in Ägypten an, als alluviale Ablagerungen und die Bildung von Schwemmland so weit fortgeschritten waren, daß die Ufer des Nils bewohnbar und bewirtschaftbar wurden. Diese sehr frühen Farmer sind mit großer Wahrscheinlichkeit noch nicht in der Lage gewesen, Wildtiere zu Haustieren zu domestizieren, was die Grundvoraussetzung für die Bildung des nomadischen Viehhaltertums war. Zeuner[5](1967) setzt die erste erfolgreiche Domestikation, die der Ziege, rund 1000 Jahre später an, nicht jedoch in Afrika, sondern im heutigen Nahen Osten. Zeitlich parallel dazu fiel in der Sahara und im Sudano-Sahel-Raum der Beginn einer temperierten Phase, bekannt als die Makalianische Zeit, die zwischen 5500 - 2500 v. Chr. intensiven Ackerbau in dieser Region förderte. In dieser Zeitspanne, vor allem mit Anfang des Neolithikums um etwa 3000 v. Chr. häufen sich konkrete Hinweise, daß neben der Kultivierung von Land auch Haustiere den Ackerbau komplementierten. Ohne präzise Angabe in Jahrhunderten wird heute im allgemeinen angenommen, daß die Rinderhaltung dem neolithischen Farmer sehr bald geläufig war. Grundsätzlich erscheint es auch logisch, daß der Ackerbauer aufgrund seiner bereits etablierten Wirtschaftsweise eher imstande war, Wildtiere zu domestizieren als der Jäger und Sammler, der in ständiger Konfrontation zu ihnen stand. Für welche Interpretation man sich entscheidet, als Tatsache bleibt bestehen, daß erst durch die verfeinerte Herausbildung der Haus- und Nutztierhaltung die Grundlagen für den Pastoralismus geschaffen wurden, wenngleich auch dieser in seinem Frühstadium mehr als eine Mischform von Ackerbau und meist seßhafter Tierzucht anzusehen ist (Epstein[6], 1971).

Toynbee[7] (1935) begründet die endgültige Abtrennung der fragmentösen und ortsgebundenen Tierhaltung von Ackerbaukulturen, die dann zur selbständigen Bildung einer ausschließlichen Viehhalterkultur führte, mit einer " recurring challenge of dessication ", einer erneut einsetzenden Austrocknungsphase. Diese hatte zur Folge, daß agropastorale Gruppen die ackerbauliche Komponente ihrer Dualökonomie durch zunehmenden Anstieg erneut arider Bedingungen so stark gefährdet sahen, daß sie samt Vieh zu wandern begannen, ursprünglich mit der Absicht, besseres Farmland zu finden. Während dieser Migrationen, die nach der neolithischen Periode um 2000 v. Chr. einsetzten, scheint sich ein Zeitalter der " pastoralen Aufklärung " geformt zu haben. Das Ergebnis war, daß jene Emigranten sich rational und pragmatisch den durch die Austrocknung bedingten, nunmehr überall herrschenden ariden und semi-ariden Konditionen anpaßten, statt weiterhin ihre Existenz durch die wenig erfolgreiche Suche nach neuem Ackerland aufs Spiel zu setzen.

Damit waren die drei wesentlichen Abschnitte in der wirtschaftlichen Frühgeschichte abgeschlossen:

a. der Entwicklungsprozeß vom vollnomadischen Jäger und Sammler über verschiedene Zwischenstufen zum seßhaften Ackerbauern;
b. die Domestikation von Wild- zu Haustieren, die zur Bildung der agropastoralen Kulturen führte;

c. als dritte Stufe die Loslösung der Viehwirtschaft aus der Symbiose mit dem Ackerbau, die ein selbständiges, mobiles Wirtschaftssystem hervorbrachte, das des Pastoralismus.

Für den Zweck der vorliegenden Arbeit mag dieser sehr gestraffte Überblick genügen und sollte nur als zusätzliche Information zum Verständnis dienen, ohne den Anspruch des wissenschaftlichen Details.

Fragen zur Identität des nomadisch-pastoralen Systems

Hinsichtlich der historischen Perspektive und der Abfolge ihrer Ereignisse wird deutlich, welche Unterschiede zwischen " Nomaden " und " nomadischen Pastoralisten " bestehen, sowohl ihren Entwicklungshintergrund betreffend als auch das Spektrum ihrer Aktivitäten.
Eine solche Abgrenzung in der Begriffsbewertung als auch die (für notwendig befundene) Abwägung und Gegenüberstellung der Begriffsinhalte wird in der Literatur kaum vorgenommen. So versteht Herzog[8] (1963) ausschließlich Viehhalter als Nomaden, und zwar vom zeitlich nicht präzisierten " Beginn " bis in die Jetztzeit. Ihr Trend zur Seßhaftigkeit, also der Abbau des nomadischen Elementes, steht bei ihm im Vordergrund, bezieht sich jedoch nur auf diesen einen Wirtschaftstyp, den des Pastoralismus. Bei aller Beschränkung, die in dieser Sichtweise liegt, ist dieser Ansatz für das heutige Verständnis durchaus gerechtfertigt, da alle anderen Formen des Nomadismus verbunden mit anderweitigen Aktivitäten kaum noch von Bedeutung sind. Nichtsdestotrotz sollte ihre geschichtliche Relevanz nicht geleugnet werden. Richtig ist, daß im Mittelpunkt der aktuellen Problematik von heute nurmehr der Viehhalter steht, der es weitgehend aufgegeben hat, noch Nomade im herkömmlichen Sinne zu sein. Doch WAS er

ist, - semi-mobil,semi-seßhaft, transhumant, beschränkt migrierend, sedentarisiert etc. etc. -, das scheint beim derzeitigen Forschungsstand mehr ein anämischer Gelehrtenstreit als ein realistisches Einordnungsmittel seiner wahrhaftigen, derzeitigen Identität.

Ist er ein Subjekt fortgeschrittener Degenerierung, und deshalb aus sich selbst heraus nicht überlebensfähig? Ist er ein Opfer moderner wirtschaftlicher Konzepte, mit denen zu konkurrieren ihn seine konservative Tradition hindert? Oder ist er, wie schon oft in seiner Geschichte, auch heute wieder Bestandteil eines radikalen Umwandelungsprozesses -, und damit jener einstweiligen Widersprüchlichkeit ausgesetzt, wie sie jeder drastische, nicht organisch gewachsene Aufbruch in eine andere (ob bessere oder schlechtere sei offen) Zukunft mitsichbringt?

Läßt man die letztgenannte Möglichkeit als vorherrschenden Trend gelten, so beinhaltet dieser für den nomadischen Pastoralisten den Abstieg vom mobilen und agilen Hauptakteur zum immobilen (seßhaften), trägen Statisten ; eine in jeder Hinsicht fatale Erschütterung, versucht man einmal Nomadismus als vitalen, psychologischen Antrieb zu sehen statt mit der Geringschätzung gegenüber einer anachronistischen Begleiterscheinung.

Mobilität und das Spektrum ihrer Antriebe

Im Grunde besagt der Terminus " Nomade " nichts weiter, als daß ein Individuum seinen Standort kontinuierlich ändert und erhält erst durch die qualifizierende Frage: Warum tut es das? seinen Aussagewert. Die Motive für dieses WARUM beschränken sich nicht allein auf pure wirtschaftliche Notwendigkeit, obgleich diese im gängigen Verständnis als häufigster Grund angenommen wird. Eine solche, gänzlich auf die äußere Pragmatik bezogene Sichtweise muß einmal durch die Überlegung herausgefordert werden, daß die " nomadischen Antriebe " und die Kräfte, die sie auslösen, vielfältiger Natur sind. So können sie z.B. an bestimmte Berufe oder Talente gebunden sein, oder auch ihren Ursprung in politischen, sozialen, emotionalen, auch ideologischen und intellektuellen Motiven haben. Damit ergibt sich für den Begriffsinhalt ein wesentlich höherer Anspruch, als ihm gemeinhin zugestanden wird.

Der berufsständige Nomadismus ist als Typus besonders auffällig; doch wer denkt schon daran, daß die Bänkelsänger des Mittelalters von ihrer Lebensweise her echte Nomaden waren, wie auch die Schausteller, Zirkusleute oder umherziehenden Musikanten, denen der Volksmund dieses Attribut noch am ehesten scherzhaft zuerkennt. Sie sind und waren es im wahrhaftigen Sinne, wie auch die Kesselflicker, Scherenschleifer oder die Wanderprediger aus Amerikas Gründerzeit. Fremdenlegionäre sind Nomaden oder auch Diplomaten, UN-Beamte und Entwicklungshelfer, wenn sie nicht frühzeitig seßhaft gemacht werden.

Ein klassisches Beispiel für politisch induzierten Nomadismus ist die Vertreibung der Juden aus Palästina. Gesellschaftliche Mißliebigkeit, Kriminalität, Extravaganz, Egozentrik - mündend im Ausgestoßensein - sind die Triebfedern für sozial induzierten Nomadismus, die einen Robin Hood, Schinderhannes oder Michael Kohlhaas zu lebenslangem Nomadismus zwangen.

Angst z. B. vor Strafe oder als psychischer Defekt ist ein bedeutender Faktor für emotional induzierten Nomadismus und nicht selten der Auslöser für eine echte nomadische Lebensweise. Ebenso fordern Neugier und geistige Rastlosigkeit oft genug kontinuierlichen Standortwechsel heraus und sind die Grundlage für intellektuell induzierten

Nomadismus. Viele der frühen Reisenden und Entdecker müssen ihrer Natur nach Nomaden gewesen sein, genauso wie die Ära der Beatniks und Hippies als ideologisch/weltanschaulicher Nomadismus an seßhaften Gesellschaften rüttelte.
Und schließlich, selbst die Weltliteratur ist nicht nomadenfrei: Denn schufen Cervantes im Don Quichotte oder Eschenbach im Parzival nicht die sensibelsten Ausprägungen: die Nomaden auf der Suche nach Wahrheit!
Mag auch an dieser Stelle eine als abwegig empfundene Überhöhung des Nomadenbegriffs unterstellt werden, so ist die Absicht nicht akademische Spielerei, sondern um aufzuzeigen, wie hoch der intellektuelle Anspruch sein kann, mit dem man diesen Begriffsinhalt füllt. Im Einklang mit dem heute gültigen entwicklungspolitischen Verständnis beschrieb Frobenius[9] (1904) in opportunistischer Vorausschau den Nomadismus als " armseligste aller kulturellen Kümmerformen ", mit anderen Worten: als ausgeprägtes Symptom einer nicht tolerierbaren Unterentwicklung.
Doch -, auch Binnenschiffer sind Nomaden, sind sie deshalb für eine solche beispielhaft?

Nomadische Realität und entwicklungspolitisches Mißtrauen

Wie im vorangegangenen Text dargestellt wurde, ist das Spektrum der nomadischen Antriebe oder die " Motorik des Nomadismus " so vielschichtig wie die damit verbundenen Aktivitäten. Daraus ergibt sich, daß es sich hier keinesfalls um eine Lebensform handeln kann, die nicht anpassungsfähig ist. Dies jedoch ist die Prämisse, mit der man alle existentiellen Nöte des traditionellen nomadischen Viehhalters, - heute tatsächlich nur noch eine wirtschaftliche Kümmerform von dem, was er einst war -, ihm selbst anlastet.

Die Reserviertheit (aus beschriebenen Gründen), mit der er seine Lebensweise und damit sich selbst verteidigt, hat ein Klima der Hostilität und Selbstgerechtigkeit unter denen geschaffen, die ihn ohne akzeptable Alternativen zur Änderung zwingen wollen.
Und jenes Klima ist es, das letztlich WIDERSTAND erzeugt hat, - zu Zeiten bereits zur entwicklungspolitischen Wahrheit erhoben, als er nennenswert noch gar nicht bestand.
Ein Ausweg aus diesem Dilemma, dem jedes Fundament für einen Dialog fehlt, ist nicht abzusehen; denn nach wie vor spielt eine tragende Rolle die Geringschätzung, mit der man die nomadischen Kultur- und Wirtschaftsformen betrachtet. Folglich kann ein realistisches Bild sowohl ihres Potentials als auch ihrer unleugbaren Schwächen nicht zustande kommen. Und ebenso wenig trägt man der Komplexität und dem intellektuellen Hintergrund des Pastoralismus Rechnung, der in den rund 5000 Jahren seiner Geschichte alle Phasen einer gesellschaftlichen, kulturellen, wirtschaftlichen und politischen Entwicklung durchlaufen hat, wie sie für die Etablierung eines funktionsfähigen Systems notwendig sind. Nur rund 50 Jahre bedurfte es, um dieses System soweit zu erschüttern, daß eine Restaurierung weder wünschenswert, vertretbar oder noch möglich wäre; dazu ist der Prozeß der Auflösung bereits viel zu weit gediehen. Doch abgesehen einmal vom Faktor der Machbarkeit -, liefert der Zeitdruckfaktor (die Proportion von Konstruktion und Destruktion) 1 : 100 tatsächlich den von Entwicklern so ersehnten Beweis für die Labilität des nomadischen Pastoralismus? Oder ist es nicht vielmehr die Massivität, der Radikalismus kurzlebiger Strategien eines für alle geforderten Fortschritts, dem keine Tradition, sei sie labil oder stabil, gewachsen ist?

Um die Problematik eines jeden Traditionalisten von heute zu verstehen, reicht es nicht aus, allein den rapiden, wirtschaftlichen Verfall zum Maßstab zu nehmen, der das auffälligste Anzeichen für sich auflösende traditionelle Strukturen ist. Denn selten überzeugt die vage Möglichkeit eines noch nicht bewiesenen, ökonomischen Vorteils so weit, um mit einer noch erinnerbaren, besseren Vergangenheit zu brechen. Diese Bereitschaft verbunden damit, die schlechtere Gegenwart als üblich hinzunehmen, kann sich erst dann einstellen, wenn diese Vergangenheit nur noch Legende ist.

Die hier vorliegende Arbeit befaßt sich mit einem solchen akuten Stadium der Desorientierung, wo noch immer tradierte Normen als richtungsweisend für eine längst umgeleitete Zukunft gelten. Der Anspruch liegt deshalb nicht in der Beschreibung intakter Strukturen, wie sie für das traditionelle System zweier pastoraler Gesellschaften Gültigkeit hatten, sondern in der Analyse eines übertragbaren Status quo der Verwirrung, wie er auf fast alle einst nomadischen Viehhaltergesellschaften heutzutage zutrifft.

II. TRADITION IM TRANSIT

Die in dieser Arbeit vorliegenden Untersuchungen wurden in zwei verschiedenen ethnischen Gruppen nomadischer Viehhalter durchgeführt, den RENDILLE und ARIAAL.
Beide Gesellschaften befinden sich heute in einem verwirrenden Übergangsstadium von einesteils noch vehement verteidigten, traditionellen Prinzipien, die jedoch unweigerlich als selbständige Kulturen wenn auch nicht völlig in der Auflösung, so doch im Prozeß einer einschneidenden Wandlung begriffen sind. Viele Selbstverständlicheiten des modernen Staates Kenia, wie z.B. Schulwesen und Krankenversorgung, Erschließung des Straßennetzes sowie die Formierung permanenter Siedlungen haben seit der Unabhängigkeit auch ihren maßgeblichen Einfluß in diesen Regionen und auf diese Bevölkerung, und die Pros und Cons können bestenfalls in ihrer Positiv- oder Negativwirkung diskutiert, den Betroffenen jedoch nicht mehr bestritten werden.

Mit diesem Kapitel ist beabsichtigt, in Form einer recht allgemein gehaltenen, in ihrem Wesen mehr völkerkundlich orientierten Übersicht eine Informationsgrundlage zu schaffen, um welche Art der Bevölkerung es sich hier handelt. Bei aller Nüchternheit der Betrachtung von sozioökonomischen Grundzügen eines " gefährdeten Wirtschaftssystems ", was sich in seiner Natur vorerst völlig anonym zeigt, handelt es sich letztlich hier doch um den gesellschaftlichen Zusammenschluß von ausgeprägten Individuen, die nach wie vor innerhalb eines ihnen vertrauten Rahmens ihre sehr individuellen Entscheidungen fällen. Um diese ansatzweise zu verstehen, muß vor allem der Versuch unternommen werden, die Dimension des Abstandes zum übrigen Komplex " Nationalstaat " darzustellen, dessen Forderungen nicht

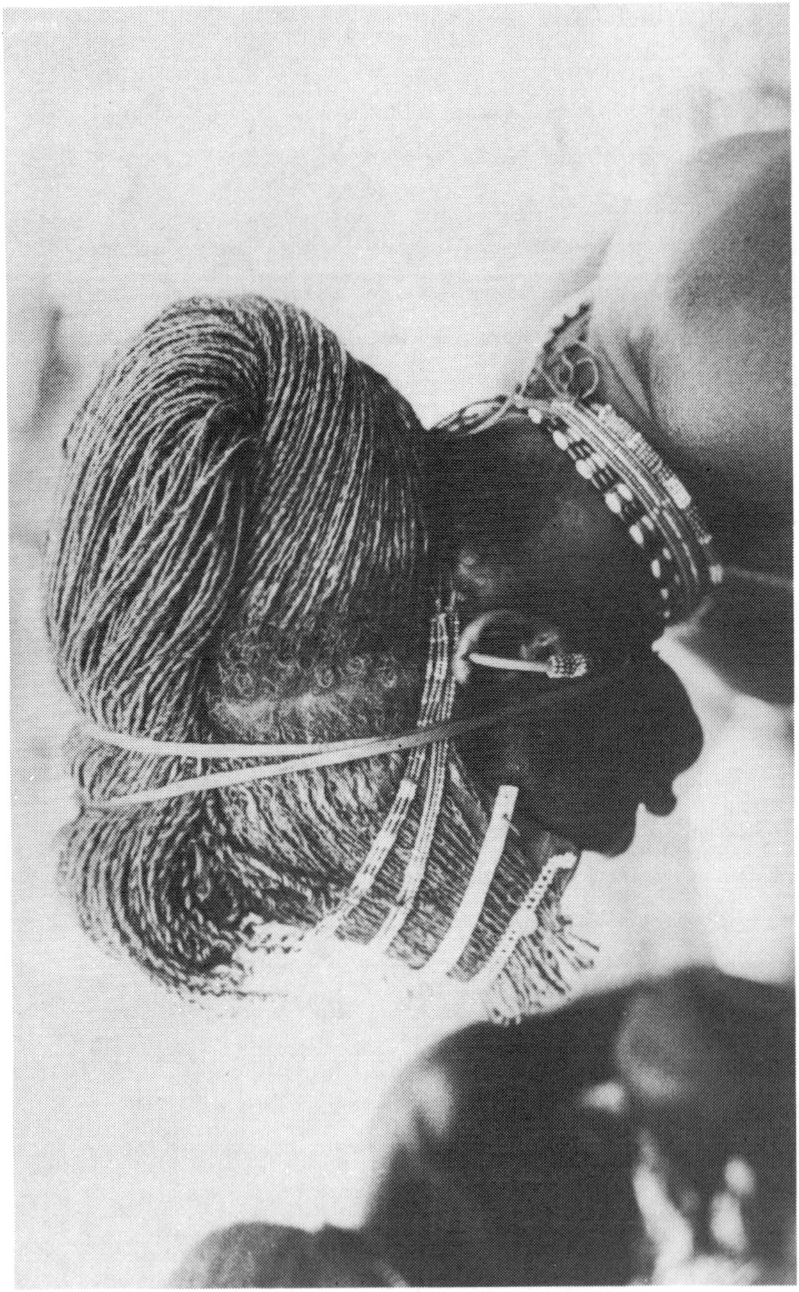

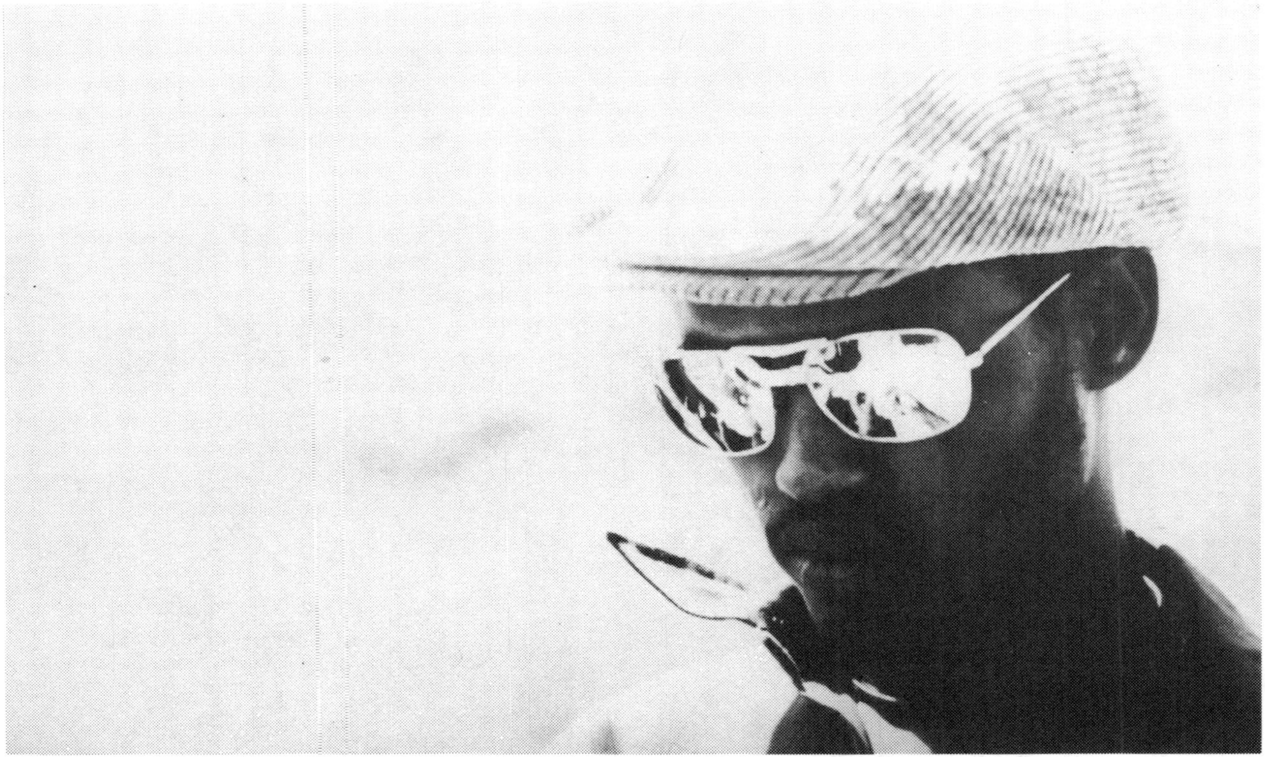

Abb. 1 und 2: Zwei Wanderer zwischen verwirrenden Welten. Rendille-Krieger der Altersklasse Ilkiroro, lebenslang verbunden durch die Gemeinsamkeit von Khandi, der Beschneidung, und unwiderbringlich lebenslang getrennt durch die verbliebene und neuerworbene Identität.

immer die Bewertung und Berücksichtigung erfahren, die von einer übergeordneten Autorität im Bewußtsein ihrer Fortschrittsnähe erwartet werden.

Sowohl die Geschichte und mit ihr die Kulturentwicklung dieser Völker ist äußerst reich an soziokulturellen Details, die sich besonders in periodischen aber auch sporadisch/spontanen Ritualen, Zeremonien, Verhaltensweisen zu bestimmten Gelegenheiten, - in traditionellen Gesetzmäßigkeiten ausdrücken. Diese haben das gesamte gesellschaftliche und politische und genauso das wirtschaftliche Gefüge dieser Gesellschaften geregelt, und tun es in gewissem Umfang immer noch.
Da der Schwerpunkt dieser Arbeit jedoch nicht auf eine ethnologische Beschreibung dieser beiden Gruppen abzielt, sondern sie als Beispiele für eine akute Gefährdung des nomadischen Viehhaltertums schlechthin benutzt, mit der Absicht, in Teilbereichen seine wirtschaftliche Potenz und seine - teilweise - noch bestehende Funktionalität festzustellen, muß auf eine umfangreichere Ausarbeitung der völkerkundlichen Spezifika verzichtet werden. Eine solche würde auch die Kapazität des Bearbeiters, trotz 10jährigen engen Kontaktes, übersteigen; denn erst mit der Länge der Zeit wird mehr und mehr das ungeheure Ausmaß der kulturellen Verflechtungen deutlich, welches über Jahrtausende hinweg das Überleben dieser Völker in einer Weise garantiert hat, das innerhalb unserer begrenzten Vorstellungen heute als zu bekämpfende " Existenz im Abseits " disqualifiziert wird. Aus diesem Grunde besteht eine entschiedene Zurückhaltung, im Rahmen dieser Arbeit Bewertungskriterien heranzuziehen, d.h. Urteile aufgrund scheinbar dissonanter kulturspezifischer Handlungsweisen zu fällen, die möglicherweise eine größere wirtschaftliche Stabilität verhindern. Das Anliegen der Untersuchungen ist daher weit-

gehend begrenzt auf die schlichte Feststellung: Was wird getan? Was passiert? und entzieht sich bewußt des Anspruchs, über dessen " Sinn oder Unsinn " zu richten.

Die hier angestrebte Beschreibung: Wer sind die Rendille und Ariaal? dient deshalb in erster Linie dem Zweck, ein im weiteren Sinne persönliches Verhältnis zu MENSCHEN und weniger zum " Objekt der Untersuchung " herzustellen, wobei die gerade in diesem Kapitel verstärkte Illustration durch Bildmaterial als geeigneter Vermittlungsträger erscheint.

Verwandte aus Entscheidung

Sowohl die Rendille als auch die Ariaal weisen untereinander starke Ähnlichkeiten auf, obgleich sie sich von ihren zahlenmäßig weitaus überlegenen pastoralen Nachbarn, wie z.B. den kushitischen Boran, Gabbra, Somali oder auch den nilotischen Turkana und Pokot, stark unterscheiden und abgrenzen. Angleichungen und kulturell/wirtschaftliche Überlagerungen haben stattgefunden mit den direkt südlich angrenzenden SAMBURU, ein ebenfalls ostnilotisches Volk, das starke Verwandtschaftszüge zu den Maasai zeigt. Diese durch Heirat von Rendille und Samburu bedingte Vermischung ist das Hauptmerkmal der Ariaal, deren kulturelle Identität, ob nun Rendille oder Samburu dominiert, nicht gruppen-insgesamt, sondern meist nur im Familieneinzelfall festzulegen ist. Auf diese sehr ungewöhnliche Fusion zweier Ethnien, ob aus rein wirtschaftlichen Gründen, intersozialer Affinität oder einer Kombination aus beiden, wird im Laufe des Textes immer wieder hingewiesen. Bei dieser " Völkerbrücke ", - den Ariaal -, handelt es sich nicht um die Verschweißung zweier Kulturen, die durch die Übernahme der einen oder anderen Elemente schließlich eine neue Einheit bilden. Hier ist es eher so, daß sowohl die nilotische Samburu- wie auch die kushitische Rendille-Kultur, die erstgenannten Rinder- und die zweiten vornehmlich Kamelhalter, nebeneinander weitgehend selbständig bestehen bleiben, erweitert jedoch durch eine verbreiterte Wirtschaftsweise, die die Haltung aller Haustierspezies, vom Rind, Schaf, Ziege, Esel bis zum Kamel in sich vereinigt.

Ebenso ungewöhnlich verhält es sich mit dem Gebrauch der beiden Sprachen nebeneinander. 1980 waren 80% aller in drei Ariaal-Siedlungen befragten Bewohner, insgesamt 311 Personen, bilingual, 20% reine Samburu-Sprecher, 1976 notiert Fratkin[10], daß " men were more likely to speak in Samburu and women more in Rendille ", was er offensichtlich auf die

Dominanz von Rendillefrauen zurückführt. Diese Beobachtung, die zu jener Zeit mit Sicherheit richtig war, hatte sich jedoch 1983 (S. Schwartz[10]) bereits in das genaue Gegenteil gekehrt. Bedingt durch die inzwischen stattgefundene Verheiratung der 1975 gegründeten Altersklasse, die eine eindeutige Präferenz für Samburu-Frauen zeigte, nahm entsprechend auch die Bevorzugung der Samburusprache zu. Jener überraschende Umschwung mag sich am ehesten aus rein ökonomischen Überlegungen erklären, da der von der Samburu-Gesellschaft geforderte Brautpreis um ein Vielfaches niedriger ist als der der Rendille (s.a. später: Brautpreise und ihre Umrechnungsfaktoren).
Aus dieser Beobachtung läßt sich vermuten, daß hier die vorherrschende Sprache in direkter Beziehung zur Entscheidung der jeweiligen Altersklasse steht, aus welcher Kultur, Samburu oder Rendille, die Ehefrauen bevorzugt gewählt werden.
Diese z.Zt. herrschende Situation, die man bezüglich der Ariaal als weitgehend " samburisiert " ansehen kann, ist mit aller Wahrscheinlichkeit reversibel, zumal die Verbindung in die reinen Rendille-Clans als prestigeträchtig empfunden wird. Die nächste Altersklasse kann deshalb das Bild völlig verändern, vorausgesetzt, das höhere Investment des Brautpreises wird wieder zumutbar. Hier liegt also der sehr interessante Fall einer dynamischen Identitätsanpassung vor, und zwar in sehr kurzen Abständen.

Abb. 3: Brautpreis in der Rendille-Gesellschaft: 10 Kamele

Die Gedächtnislücke des Nationalstaates

Aus der Sicht der kenianischen Volkswirtschaft zählen die Rendille und schon ganz und gar die Ariaal zu den wenig oder gar nicht beachteten Randgruppen, selbst im Kontext der gesamten pastoralen Bevölkerung Kenias (ungefähr 1,8 Mill.), die sich innerhalb des nationalen Rahmens in ihren Ansprüchen und Forderungen kaum durchsetzen kann. Stellt man dem jedoch gegenüber, daß zwei Drittel der Landfläche Kenias semi-aride bis voll-aride Gebiete sind (s. Karte 1), die, wenn überhaupt, nur durch extensive Viehhaltung genutzt werden können, und berücksichtigt man fernerhin den Zuwachs-Index der Gesamtbevölkerung von 4% p.a., verbunden mit rapide steigendem Bedarf an tierischen Produkten, PLUS eines Bevölkerungsanteils (den der Pastoralisten), der die für diesen Bedarf notwendigen Produktionsflächen zwar okkupiert, dem jedoch wenig Unterstützung gegeben wird, diese vernünftig zu bewirtschaften ---, dann sollte klar werden, daß sich kein Agrarland der Struktur Kenias sich den Verlust eines solchen Potentials leisten kann. Doch in diesen Dimensionen wird von Regierungsseite bisher nur selten gedacht, und abgesehen von sporadischen Interventionen der Nahrungsmittelhilfe, gelten für die hier betroffene Bevölkerung vielfach noch die kolonialen Vorstellungen von " Reservaten ", innerhalb der sich diese volkswirtschaftlich wertlosen Gruppen am besten selbst zurechtfinden. Würde dies tatsächlich auch bis ins Letzte konsequent verfolgt werden, - die Entlassung in die totale eigene Verantwortung -, selbstverständlich dann auch unter Verzicht aller staatlich verfügten Auflagen wie Schulpflicht, Wahlbeteiligung, Quarantänen, die Etablierung von Wild- und Forstreservaten etc., all jene Maßnahmen, die vielfach vom Pastoralisten als unbedingte Beschränkung und nicht als Vorteil gewertet werden, - stellte sich dann nicht die Frage: Was würde sich in Wahrheit ändern, entzöge sich jeder, Pastoralist und Staat, der

KARTE 1: ÜBERSICHTSKARTE KENIA MIT ANTEILIG AUSGEWIESENER FLÄCHE FÜR ACKERBAULICHE UND EXTENSIV VIEHWIRTSCHAFTLICHE NUTZUNG; NEBST MARKIERUNG DER RENDILLE- UND ARIAAL-TERRITORIEN

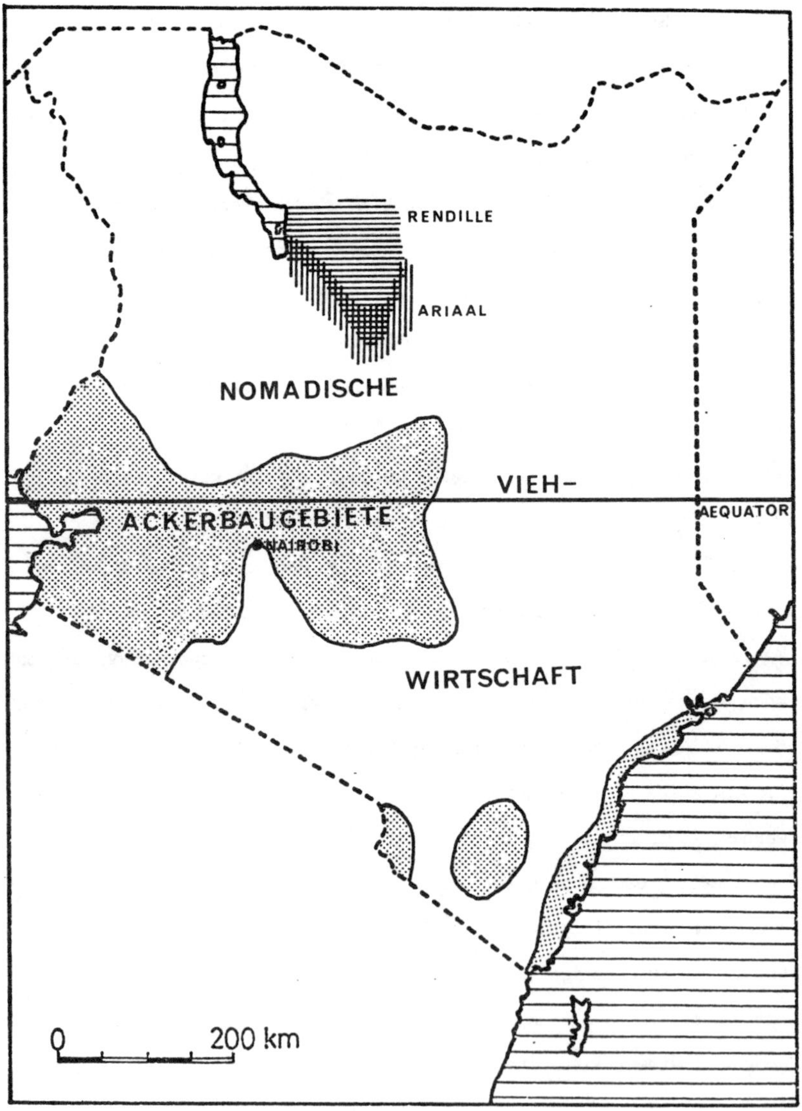

gegenseitigen Verantwortung? Aber eine solche Überlegung mit ihrer zwangsläufigen Antwort: Nicht viel. gehört in den Bereich der Philosophie und die politische Realität der Gegenwart ist das äußerst marginale Interesse beider Seiten, vom Pastoralisten aus am Wohl des Gesamtstaates und von Seiten des Staates die Ungeduld, dem Pastoralisten nicht ohne weiteres anderswo gültiges " Wohl " aufzwingen zu können. Dabei übernimmt eine bequeme Alibifunktion, daß die nomadischen Viehhalter und mit ihnen verbunden ihr Querulantentum, nur etwa 8% der Gesamtbevölkerung ausmachen, auf deren " Wohlergehen ", - objektiv betrachtet -, tatsächlich verzichtet werden könnte -, stünde dem nicht die ungeheure Landfläche entgegen, die ohne sie entvölkert, absolut leer wäre!

Nach den letzten, sehr unsicheren Zensusdaten von 1979, bis zum jetzigen Zeitpunkt Ende 1984 nicht offiziell veröffentlicht, dürften es sich bei den Rendille um etwa 15 000, bei den Ariaal um etwa 6 000 Menschen handeln. Für die Ariaal bestätigte Fratkin[12] 1980 diese Zahl, seine Schätzung der Rendille beläuft sich allerdings nur auf ca. 10 000. Zwischen den Jahren 1980-1984 wurde aufgrund ebenfalls sehr schütterer Daten des Kenya Bureaus of Statistics, das sich im Wesentlichen auf die Geburtenerfassung in den wenigen ländlichen Krankenhäusern und Dispensaries beruft, ein Bevölkerungszuwachs für die pastoralen Gruppen von 1,4% bis 2,0% in der Region Nordkenias angenommen, niedrig im Vergleich zum restlichen Kenia, doch bereits gefährlich hoch, mißt man ihn an der ökonomischen und ökologischen Belastbarkeit dieses Landesteiles. Aber wie bereits erwähnt, sind diese Daten äußerst unzuverlässig und bedürfen vor allem, diese Gebiete betreffend, einer sehr sorgfältigen, lokalen Aufschlüsselung. Wenig oder gar nichts ist damit gesagt, auf hochgerechnete Faustzahlen wie 1 1/4 Mensch pro qkm zurückzugreifen, denn die kritische Lage entsteht in einigen wenigen Siedlungskonzen-

We're not too many

SIR — I disagree with the claim that there is overpopulation in Kenya. If we take a survey of the country's land, we realise that over half of the country is unihabited or unoccupied by people.

This may be due to rural-urban emigration because people rush for job opportunities in the urban centres.

This in turn makes centres overcrowded, hence making people assume there is overpopulation. The areas they leave while moving to towns are not occupied.

If people staying in the crowded areas occupied the unihabited areas, those who claim that there is overpopulation will realise that there is no overpopulation in the country.

The investments in rural areas will in turn lead to more food production which will be enough to support the whole population.

Areas like North Eastern Province can be utilised just as the Arabs manage to live in the deserts.

Places or areas like Kuria where there is sparse population, should be utilised by may be the Kisi's who are experiencing overcrowded problems.

Jackson Ben Ochieng,
Kihancha.

Abb. 4: " None of our problems will make any difference. "

traditionen in einem sonst fast unbesiedelten Land, wo diese Zahl, saisonal abhängig, auf mehrere Hundert ansteigen kann.
Diese Wissenslücke in den sonst geläufigsten Basisdaten zeigt deutlich, wie weit am Rande der Beachtung und wie weit entfernt noch von einer nationalen Integration diese Völkergruppen stehen, so daß besonders detaillierte demographische Aufteilungen, - Alters- und Geschlechtsstrukturen -, für diese Gruppen insgesamt kaum gegeben werden können.

Lediglich an den Untersuchungsstandorten, zwei der besagten kritischen Siedlungskonzentrationen, KORR im Rendille-Land und der einzigen größeren Ansiedlung im Ariaal-Territorium NGURUNIT, wurde ein nur auf diese Siedlungen bezogener Zensus 1982 durchgeführt. Beide Standorte sind in ihrem Kern feste, permanente Siedlungen mit Dorfcharakter, jedoch stark frequentiert von sowohl voll- als auch semi-nomadischen Haushalten, die Korr und Ngurunit als temporäre Zwischenstationen auf ihren Wanderungen benutzen, so daß damit eine starke Fluktuation innerhalb der gerade bestehenden Siedlungsgemeinschaft verbunden ist. Meist wenige Monate später hat sich das Bild gewöhnlich so stark verändert, daß die einzig verläßlichen Daten sich lediglich auf diesen fest angesiedelten Bevölkerungskern, die " Dauermieter " beziehen.
Deren Haushalte sind jedoch auch Gegenstand der haushaltsökonomischen Untersuchungen; denn sie beschreiben a. den Lebensstandard, der bereits auf etwa 60 % der (zur Ansiedlung neigenden oder schon fest angesiedelten) Bevölkerung zutrifft und b. zeigen sie die Einschränkung an, die die noch mobilen Viehhalter zu erwarten haben, geben sie weiter dem Trend nach Seßhaftwerdung nach.

Abb. 5: Traditioneller " GOP " (Rendille-Siedlung) mit symmetrischer Struktur in der Anlage von Häusern und Vieheinfriedungen (Bomas).

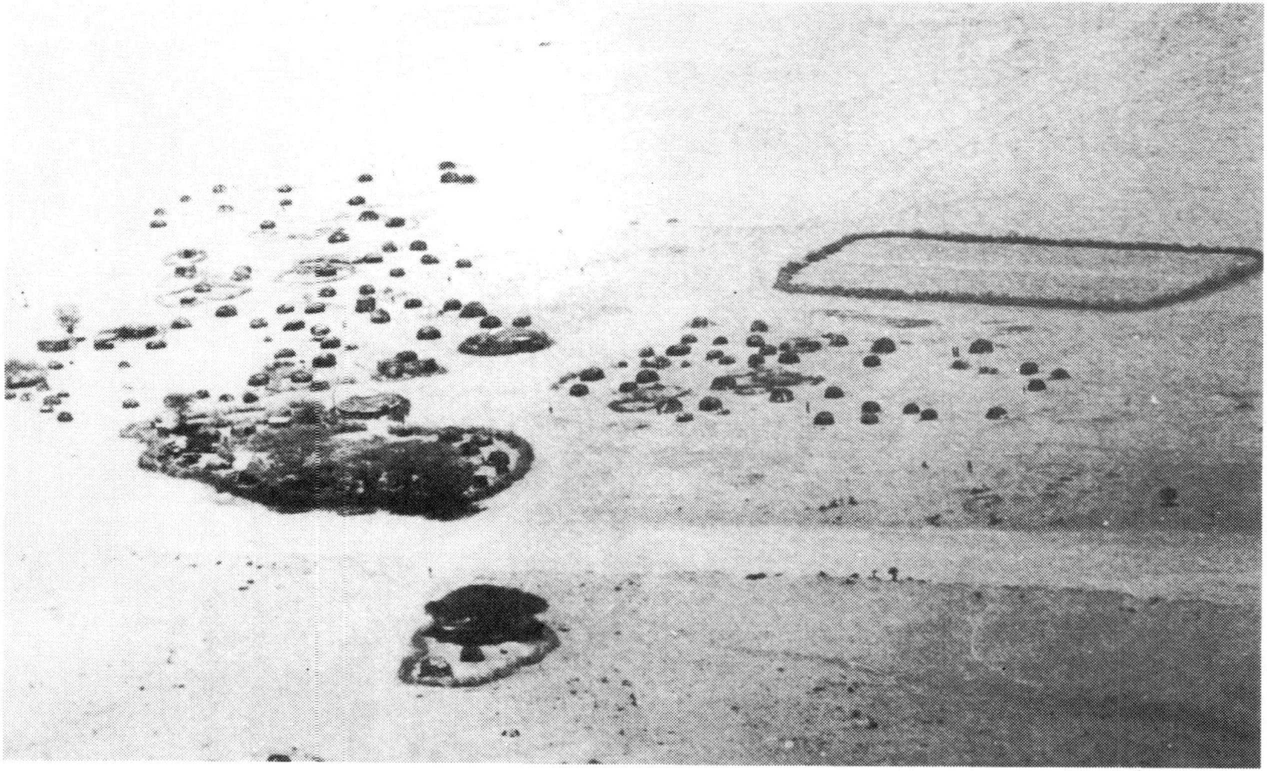

Abb. 6: Aufgelöste Siedlungsstruktur des Untersuchungsstandortes Korr mit festem Siedlungskern rund um die Mission, ohne traditionelles Muster von Bomas, da größere Viehbestände aufgrund permanenten Siedlungsdrucks und des mit ihm verbundenen Vegetationsverlustes nicht mehr gehalten werden können.

Umwelt als Blockade und Grenze

Eine der einschneidensten Behinderungen für eine offizielle und exakte Erfassung dieser Völker, sei sie demographischer, ethnologischer, sozial- oder naturwissenschaftlicher Art, liegt in der nach wie vor äußerst schlechten Infrastruktur dieser Region und der natürlichen Unzugänglichkeit des Terrains, die eine angemessene Entwicklung einer solchen bis heute nicht zuließ. Die ökologische Skala dieses Einzugsgebietes reicht vom dichten Unterholz im Anstiegsgebiet der Bergketten, über Lavaplateaus bis in die Geröll- und Sandebenen der Kaisut- und Hedad-Wüsten. Dies aber sind oft genug die bevorzugten Weide- und Siedlungsgebiete der noch mobilen GOBs, die Rendille-Bezeichnung für die traditionelle Siedlung, oder in der Samburusprache als EKANG bezeichnet. Ganz allgemein hat sich jedoch der Begriff MANYATTA (a.d. Maasai, ursprünglich die Bezeichnung für das Lager der Krieger e-mányatá) in fast allen Sprachen der Pastoralisten Nordkenias als Lingua-Franca-Wort durchgesetzt und wird auch im folgenden Text verwendet, wenn es als Abgrenzung zur permanenten Siedlung dienen soll. Korr und Ngurunit würden demnach nicht mehr als Manyatta bezeichnet werden können.

Nicht immer ist es möglich, genaue Grenzen zwischen den Stammesterritorien der Rendille " proper " (Spencer[13], 1973) und denen der Ariaal zu ziehen. Eine scharfe Trennung wird auch von beiden nicht vorgenommen, denn Überlappungen in Weide- und Siedlungsgebieten sind nicht ungewöhnlich, wenn die saisonalen Umstände es erfordern. Die Übersichtskarte zeigt deshalb die " übliche " räumliche Verteilung beider Ethnien an, wie sie traditionell gilt und unter ungestörten Bedingungen auch untereinander respektiert wird (Karte 1).

Information im Wandel

Wie eingangs bemerkt, ist es in diesem Rahmen nicht möglich, völkerkundliche Feinheiten herauszuarbeiten. Spencer hat in seinen beiden umfangreichen Abhandlungen " The Samburu " und " Nomads in Alliance " den größten wissenschaftlichen Beitrag geleistet, soweit es die ethnologische Forschung der Samburu und Ariaal angeht, mit einem sehr wesentlichen Beitrag auch hinsichtlich der Rendille, soweit es den vergleichbaren Bereich betrifft. Von Schlee[14] (1979) und Beaman[15] (1977) liegen sehr eingängige, in ihrem Wesen jedoch mehr deskriptive als analytische, völkerkundliche Dissertationen über die Rendille vor, wohingegen sich Fratkin in seiner Arbeit über die Ariaal weitgehend auf den Bereich der traditionellen Medizin konzentriert. Damit dürfte die umfassendere Literatur über diese beiden Bevölkerungsgruppen innerhalb der Ethnologie erschöpft sein.
Unbestritten ist, daß die hier angeführten Arbeiten wertvolles Hintergrundmaterial vor allem über die kulturelle und gesellschaftliche Entwicklung dieser Völker geliefert haben. Doch die Wahrheit vieler Informationen, (die hier angegebene Literatur entstand haupsächlich in den 60er und 70er Jahren), noch vor einem Jahrzehnt gesammelt und als aktuell und lebendig praktiziert bewertet, erweist sich heute oft schon als Historie. Vor allem die Generation, die jetzt in die Führungspositionen wächst, (zu Spencers Zeiten gerade geboren), ist in zunehmendem Maße vom Schulbesuch geprägt und weist eine deutliche Abkehrung bis hin zur Ablehnung traditioneller Gebräuche auf, eine Haltung, die ohne Zweifel für die Zukunft bestimmend sein wird.

So passiert es nicht selten, daß ein Informant von sagen wir 25 Jahren, befragt zum Beispiel zur Signifikanz eines besonderen Rituals, dieses als von außergewöhnlicher Bedeutung hervorhebt. Folgt als nächste Frage, ob er es selbst noch aktiv ausübt, ist die Antwort Nein, und

bei noch weiterer Hartnäckigkeit stellt sich schließlich heraus, daß das bereits schon für den Vater, u.U. sogar Großvater galt! Das Ergebnis ist letztlich, daß zwar die Kenntnis über bestimmte traditionelle Üblichkeiten und Zwänge noch besteht, sich diese jedoch seit vielen Jahrzehnten in ihrer Ausübung und Befolgung verloren haben.
Aber trotz der Aufweichung von kulturellen Facetten ist in beiden Gesellschaften, Rendille und Ariaal, auch heute noch ein strikter hierarchischer Rahmen vorgegeben, der sowohl die wirtschaftliche Festigkeit des Gesamtgefüges als auch die sozialen Bindungen untereinander bestimmt. Dabei sind jedem Lebensabschnitt, vom Kindes- bis ins Greisenalter, bestimmte Rechte und Pflichten zugeordnet, wie sie in kurzen Beschreibungen über " Die Kinderzeit ", " Den Krieger ", " Das junge Mädchen ", " Die verheiratete Frau ", " Die Witwe " oder " Die Kaste der Elders ", der verheirateten Männer, in dieses Kapitel eingearbeitet werden. Damit ist längst nicht jeder sozialen Gruppierung voll Rechnung getragen, sondern nur sehr gerafft beschrieben, welche Position der oder die einzelne mitsamt der Statuszuordnung in dem übergeordneten Komplex " Gesellschaft " oder, sehr spezifisch auf die hier vorliegende Situation bezogen, innerhalb des Stammes, Clans bis in die Familie hinein, einnimmt.

Der lange Weg: Vom Kush nach Korr und Ngurunit

Doch bevor dieser Überblick gegeben wird, wie sich das traditionelle Rendille- und Ariaal-Leben in seiner heutigen Lokalität Nordkenia sich bis vor wenigen Jahrzehnten noch relativ intakt dargeboten hat und sich in einzelnen, konservativen Manyattas auch noch darbietet und abspielt, sollte kurz auf die Frage eingegangen werden: WOHER sind diese Leute, die wir heute als Rendille und Ariaal kennen, und deren Lebens-

und Wirtschaftsbereich wir innerhalb der Grenzen des heutigen Kenias geographisch benennen können, ehemals gekommen?

Hierbei sei bemerkt, daß es die feste Überzeugung des Bearbeiters ist, daß jede, und in den hier vorliegenden Beispielen leider nur sehr spärliche Information über die ältere und alte Geschichte dieser Völker zumindest in ihren Ansätzen berücksichtigt werden muß und nicht als " wissenschaftlich noch nicht abgeklärt " übergangen werden sollte. Aufgrund persönlicher Beobachtungen, gepaart mit dem Glauben an die prägenden, oft genug im historischen Dunkel liegenden Erfahrungen im Aufstieg und Fall dieser Völker, wird hier der kulturgeschichtliche Hinweis, - in seinem Anspruch nicht mehr als ein Spotlight auf eine einstmals bestandene Hochkultur -, verteidigt, der subjektiv für den Bearbeiter ein tiefer gehendes und damit respektvolles Verständnis ihrer neuzeitlichen Handlungsweisen erst zuläßt. Ein solcher Rückblick ist von seinem Wesen her politisch, denn der sich heute offenbarende " verkümmerte " Entwicklungsstand, gesehen durch die rücksichtslose Brille eines für das 20. Jahrhundert gesetzten Fortschrittsstandards, kann nur das Ergebnis von politischen Zwängen gewesen sein, deren Anpassung an den Wettbewerb um eine rigorose Ver- und Zuteilung des Kontinents Afrika diese Völker nicht gewachsen waren; weder durch ihre (zahlenmäßig) physische Unterrepräsentierung noch durch inherente Macht.

Davon nun ausgehend, ob diese Gesellschaften, wie sie sich uns heute zeigen, - und in dieser " moderenen, zurückgebliebenen " Ausprägung Gegenstand der Untersuchung sind -, entweder Relikt einer sehr viel älteren, verfeinerten und damit auch selbstsichereren Kulturbildung oder aber ein Resultat sind, das durch geschichtliche Entwicklung zur Neubildung eines völlig anders gearteten Systems führte, in Ignoranz der entwicklungspolitischen Sichtweise, gebrandmarkt als System eines

" survivals by chance ", sollte immer ein gedanklicher Begleiter sein.

Über viele Faktoren, wirtschaftlicher, sozialer, kultureller oder politischer Natur, warum sie befolgt oder auch unterlassen werden, wissen wir nichts; sie sind allenfalls, und dann auch meist höchst anfechtbar, spekulativ interpretierbar. Die Pragmatik oder Irrationale mancher Handlungsweise mag als Erscheinungsbild vordergründig klar sein, das WARUM, das dazu geführt hat, jedoch durch in Tausenden von Jahren sich vollzogenen Verschiebungen räumlicher Art als auch durch eine dynamische Absorbtion von Fremdeinflüssen überlagert und als konkrete, extrahierbare Information verschüttet; auch für die Betroffenen selbst. Insbesondere in der völkerkundlichen Betrachtung, die so gut wie nie eine direkte oder verdeckte Bewertung ihres " Studienobjektes " im Vergleich zu angeblich ähnlichen Erscheinungsbildern unterläßt, vermißt man das Eingeständnis der oft nicht mehr aufzuholenden Unwissenheit, so daß die Wissenschaft durch ein vermeintlich lückenloses Surrogat von Lösungen bislang ungeklärter Phänomene in unverantwortlicher Überschätzung unseres Wissenkontingentes betrogen wird.

Insofern ist das, was hier über die Rendille und Ariaal gesagt wird, in seiner Wiedergabe bestenfalls zweidimensional, - gesehen, erfragt, nachempfunden, zum Teil auch nachgelebt, - kopiert -, doch letztlich mit einem dieser Kulturen fremden und entlegenden Training nur unzureichend gedeutet.

" Es ist nicht meine Kultur, nicht meine Gesellschaft und nicht meine Umwelt, die ich hier beschreibe, vor der mir, wenn es sie wäre, zu Recht angemessene Objektivität abverlangt würde; sondern durch recht seltsame Umstände bin ich in die Position geraten, vermitteln zu können und sichtbar zu machen, daß es noch andere, ganz andere Lebensformen gibt als die, an die wir gewöhnt sind, an deren langsamer und auch schneller Zerstörung jeder von uns seinen kleinen Anteil hat. Wollten wir wissen, wie die nomadische Wirklichkeit tatsächlich, authentisch aussieht, müßten die alten Männer dieses Buch schreiben. Aber sie haben Schreiben nie gelernt." (S. Schwartz[16], 1980).

Die Rendille " proper " wie auch teilweise die Ariaal, sieht man sie als den Rendille näherstehend an als den Samburu, gehören zu der kushitischen Völkergruppe und werden in der Terminologie als Ostkushiten bezeichnet. Als ihren Ursprung vermutet Heine die nach Süden hin abfallenden Hänge des äthiopischen Hochlandes, was mit aller Wahrscheinlichkeit auch schon vor mehreren Jahrtausenden Viehwirtschaft in größerem Umfange zuließ. Dagegen nimmt Davidson die Kushiten ganz allgemein als sehr frühe Farmer entlang des Nils an, konzentriert in Nubien, wo sie sich als eigenständige Völkergruppe etwa um 3 000 v. Chr. formten. Archäologische Funde bestätigen, " daß die Leute vom Kush ", ob nun im nubischen Kerngebiet oder in den weiter südlichen Savannen, schon in prädynastischer, ägyptischer Zeit ihre eigene Kultur bildeten, wobei die Theorie des sehr frühen Pastoralismus sich eher mit der späteren Entwicklung vereinbaren ließe, d.h. die extensive Viehwirtschaft nicht erst dann einsetzte, als es zu ausgedehnten Migrationen nach Süden kam. Ob und welche der Theorien sich als stabiler erhalten wird, spielt für den hiesigen Zusammenhang keine übermäßig große Rolle. Feststeht, daß sich etwa 1 000 Jahre später, also um 2 000 v. Chr. entweder aus den Farmer- oder Pastoralistenkommunen sich die ersten Anzeichen eines Großreiches - Kush - festigten mit seinen später beherrschenden Zentren Meroe und Napata, von denen der ostafrikanische Raum eine gewaltige Beeinflussung erfuhr. Nach einer Reise 450 v. Chr. bemerkt darüber Herodot[17] (zit. nach Davidson[4]) :

KARTE 2: WANDERUNGEN DER KUSCHITISCHEN VÖLKER

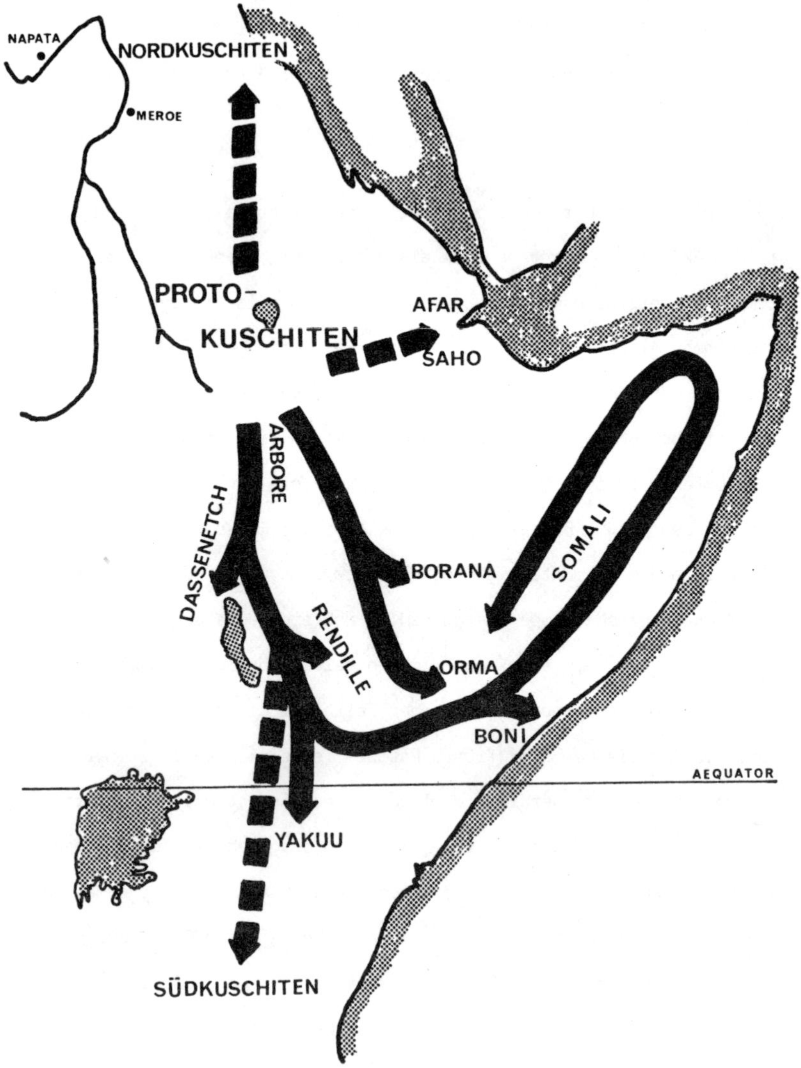

" The furthest inhabited country towards the south-west is Ethiopia. " Damit meinte er zweifellos Kush in Nubien und die Landflächen direkt südlich des nubischen Kush. Doch bereits zu Zeiten der 4. ägyptischen Dynastie wird von Invasionen " eindringender Horden " berichtet, unbekannt in ihrer Herkunft, die mit hoher Wahrscheinlichkeit Kushiten gewesen sind, und von deren Ursprungsland wiederum Herodot[17] aufgrund ägyptischer Quellen kolportiert: " Here gold is found in great abundance and huge elephants and ebony and all sorts of trees are growing wild. The men, too, are the tallest in the world, the best-looking and longest-lived ". Dies alles deutet auf eine reiche und expansionsfreudige afrikanische Hochkultur hin, was sich auch in den vielen wechselseitigen Okkupationen und Kriegen zwischen dem nunmehr voll etablierten ägyptischen Imperium und dem Kush-Großreich bestätigt findet. In jener Blütezeit der Herrscher von Meroe wurde im 8. Jhr. v. Chr. das oberägyptische Reich zur kushitischen Kolonie, jedoch nur von kurzer Dauer. Spätestens nach dem Tod des kushitischen Königs Pianky 730 v. Chr. verlor das Kush-Reich entscheidend an Durchsetzungskraft und Stärke, wurde weitgehend " ägyptisiert " und erfuhr als Großmacht seinen endgültigen Untergang etwa im 4. Jhr. n. Chr. Nach diesem Zusammenbruch verbunden mit allen moralischen, politischen und wirtschaftlichen Verfallserscheinungen, muß es zu weiträumigen Migrationen gekommen sein, erst südwärts, wo sich u.a. die Rendille als kleine Gruppe abspalteten, dann in Form einer Schlingenbewegung wieder nordwärts, wo die größte kushitische Gruppe das Horn von Afrika besiedelte, die Somali, widerum unter Zurücklassung von Splittervölkern wie das der Boni, Wata oder Dahalo, die in kleiner Zahl auch heute noch das Hinterland von Lamu im Nordosten Kenias besiedeln (s. Karte 2). Andere, kleine Völkerschaften kushitischen Ursprungs sind am Turkana-See zu finden wie die El Molo oder Dassanetch, und

ebenso gehören Orma, Boran und Gabbra in das Kushitencluster.
Wie weiträumig diese Wanderungen gewesen sind, zeigt, daß selbst noch in den Bergregionen in der Nähe des Mt. Kenya versprengte Gruppen wie die der Jakuu, ein Sammler- und Wildbeutervolk, sich bis heute erhalten haben, sowie sich bis nach Tanzania hinein kushitische Einwanderer nachweisen lassen, als Jäger, Ackerbauern oder Viehhalter.
Die Wirtschaftsstrukturen der heute noch lebendigen, kushitischen Völker weisen also ein breites Spektrum auf, und innerhalb dieser Arbeit besteht die Tendenz, daß es sich auch bei Rendille und Ariaal nicht um " reine " Pastoralisten vom Urbeginn ihres gesellschaftlichen Zusammenschlusses handelte, sondern um wirtschaftliche Mischkulturen, die erst im Laufe der Konfrontation mit zunehmend für den Ackerbau ungeeigneten Konditionen sich mehr und mehr der reinen Viehhaltung zuwandten. Diese Vermutung, daß es sich bei den Rendille um mehr neuzeitliche Pastoralisten (" neuzeitlich " im Sinne von rund 1700 Jahren) handelt, beruht überwiegend auf der Beobachtung, ohne den systematischen Beweis, daß zumindest als Supplementierung in Notzeiten, ein nicht zu übersehender Hang zum Jagen und auch Sammeln von eßbaren Wildfrüchten besteht, der allerdings nach außen hin in strikte Abrede gestellt wird. Diesem Verdacht, daß sich " reine " Wirtschaftsformen in resourcenarmen Umwelten kaum als unbeeinflußt von anderen ökonomischen Stützfunktionen erhalten können, ist z.Zt. Gegenstand einer hochinteressanten, gegenläufigen Beweisführung vonseiten der Linguisten, die aufgrund sprachlicher Indikatoren den Pastoralismus als Absolut-Kultur bei den kushitischen Völkern viel früher ansetzt als mit Beginn der Wanderungen nach dem Verfall des Kushreiches in den ersten Jahrhunderten nach der Zeitenwende. Diese

sehr neuen Forschungsansätze hier angemessen miteinzubeziehen, ist dem Bearbeiter des Themas leider nicht möglich (Heine[18], 1984). Es muß jedoch erwähnt werden, daß eine weiterführende Bearbeitung dieses Sektors die gesamte Pastoralisten-Theorie für den ostafrikanischen Raum zur Novellierung zwingen könnte. Angesichts der fatalen, verflachten Einschätzung des Potentials der Hirtenvölker insgesamt, und demgemäß die entwicklungspolitische Behandlung, die ihnen daraus erwächst, wäre der Nachweis einer stabilen, historischen Überlegenheit des pastoralen Systems ein überaus wertvolles Argument. Denn eine der gefährlichsten Behinderungen im Umgang mit der Kategorisierung " Unterentwicklung " scheint in der Praxis immer wieder die Barriere zu sein, sich diesen willkürlich gesetzten Niveaus nach <u>oben</u>, d.h. mit dem überzeugten Zugeständnis einer Entwicklungsfähigkeit der " zu Entwickelnden ", statt nach unten, d.h. der offenen und verdeckten Leugnung einer solchen, anzugleichen. Aus diesem Grunde ist es wichtig zu betonen, daß es sich bei diesen Völkern, Rendille, Ariaal oder sonstigen, die sich <u>heute</u> auf einer inadäquaten Stufe der Entwicklung befinden, es sich um Zweige sehr alter, klassischer und für lange Zeit weiser Kulturen handelt, deren Überreste überlagert, von Überlebenszwängen unentdeckt, nicht respektiert oder als skurrile Phänomene nicht entsprechend interpretierbar sind.

Eine Dimension dieses eingangs erwähnten Abstandes zu dem, was den heutigen Staat Kenia ausmacht, mag der

<u>TRADITIONELLE RENDILLE-KALENDER FÜR DAS 20. JAHRHUNDERT</u>

deutlicher machen. Für diesen Zeitraum zwischen 1911 bis 1979 existiert ein traditioneller Kalender, dessen Aufstellung und

Zuordnung der Ereignisse, die die jeweiligen Jahre charakterisieren, keiner bestimmten Person als Kredit angerechnet werden kann. Am ehesten hat Grum in seiner unveröffentlichten Arbeit " The Rendille Habitat " diesem memorierten Dokument größere Bedeutung beigemessen, aber ganz allgemein ist dieser Fundus an Jahrescharakteristika jedem zugänglich, der ihn bei den speziell in ihrer Funktion als " offizielle Erinnerer " ernannten, weisen alten Männern nachfragt.

Das Zählen der Jahre folgt in Rendille einer Bündelung von jeweils zwei Jahren, denen der Name eines jeweiligen Wochentages zugeordnet wird. Da die Basis für das einschneidendste kulturelle Schlüsselereignis, der Männerbeschneidung KHANDI, die Zahl 14 ist, d.h. nur alle 14 Jahre wird diese Zeremonie vollzogen, werden die Jahre in zwei Freitags-, zwei Samstags-, zwei Montagsjahre usw. gezählt. Dabei ist jedoch die Wortgebung für das erste und zweite Wochentagsjahr nicht identisch. Beide Begriffsinhalte, die des Wochentages plus der Zuordnung des damit verbundenen Ereignisses und die der Verknüpfung zum dazugehörigen Zwillingsjahr müssen erinnert werden können, sonst wäre z.B. GUMAD-ILKILEKU KHANDIYATE als erste Montagsjahr (1923) der Altersgruppe Ilkileku und deren Beschneidung nicht identifizierbar. Im Jahre GUMAD-ILMAURI KHANDIYATE (1937), 14 Jahre später, wurde dann die Altersgruppe der Ilmauri beschnitten. Im zweiten Montagsjahr darauf, ein Jahr später 1938, genannt GUMAD-HII-GALGULAME LAWAYE, begann die große Dürre, wobei die hier ausgewiesenen Charakteristika des Jahres eine Zusammenfügung von Galgulame, einer Zeremonie, die der Beschneidung folgt und Lawaye, das Unglück der Dürre, beinhaltet. An diesem Beispiel soll nur demonstriert werden, wie anhand der Altersgruppen (age sets) und ihrer Datierung durch 14 Jahresintervalle zuzüglich der Unterklassifizierung von Wochentagsnamen Ereignisse genau datierbar werden.

In diesem Versuch eines Überblicks über traditionelle Werte und Vorstellungen erscheint es wichtig genug, diesen Kalender mit seinen prioritätsbezogenen Bewertungen einmal in voller Länge wiederzugeben. Denn sehr deutlich geht daraus hervor, welche Geschehen für das Denken im traditionellen, internen Beurteilungsbereich beherrschend und vereinnahmend sind, und welche Dominanz die ganz unmittelbaren Ereignisse auf der strikt traditionellen, von jeder Aktualität einer Welt " draußen ", - irgendwo -, losgelösten Aktivität gegenüber der introvertierten rendillischen Bewertungsebene erfahren. Dies muß auf den ersten Blick abwegig, beinahe unfaßlich ignorant und in höchstem Maße "rückständig " erscheinen, stellt man diesen gesellschaftlichen Mikrokosmos und seine Gewichtungen den " modernen ", zu von nationaler Bedeutung erhobenen Ereignissen gegenüber. Aber gerade das ist es, was die Tradition im Transit ausmacht, die letztlich unumgängliche Aussortierung von - noch - bestehenden, als vital empfundenen, eigenen Prioritäten zugunsten aus andern sozialen Fundamenten erwachsenen Bedürfnissen, einschließlich ihrer übergeordneten, politischen Signifikanz.
Nicht immer ist es so, daß das moderne kenianische Geschehen nicht gewußt wird, man identifiziert sich nur nicht damit, und es wird vielfach am Feuer diskutiert wie eine Fabel ohne Bezug zu der Realität, wie sie der Kreis der alten Männer und ihre im Hintergrund murmelnden Kamele repräsentiert. So ist z.B. der Mau-Mau-Krieg in jenem Kalender mit keiner Silbe erwähnt, und als überragendes Ereignis für das Jahr 1956, dem Ende der überaus blutigen Auseinandersetzung, die eine der schwerwiegendsten Erschütterungen der kolonialen Machthaber nachsichzog, lapidar vermerkt:

ARBAL-TII GAL RUSE. - Das Jahr, in dem die Kamele sehr fett waren. - Für das Jahr 1963, dem Jahr der Unabhängigkeitserklärung Kenias, ist entscheidend: ARBAH-TII-INAM SAMBAKAH LAYIGIS. - Das Jahr, als Sambakahs Tochter tödlich verunglückte. -

Der sich hier anschließende Kalender " DREIER WELTEN ", der der Rendille in Gegenüberstellung zu Ereignissen auf dem Kontinent Afrika und der übrigen Welt, ist in seiner Bedeutung ein Meßgerät zur Identität einer - fast - unberührten Dritten Welt, ohne daß dieser Terminus entwicklungspolitische Qualitätsmerkmale enthält. Febvre[19] (1925) zitiert in einem ähnlichen Zusammenhang, wo er die geistige Einstellung des Individuums zu seiner (extrem fordernden) Umwelt beschreibt, Montesquieu:
" For his part, when he declared that hot climates produce unchangeable civilizations, was apparently concerned most with activity; he started however with the general idea that the character of the mind and the passions of the heart are very different in different climates. "

Dieser sehr interessante Gedanke, total abtrünnig im Lichte des unerschütterlichen Glaubens unserer Zeit, daß alles überwindbar sei, erscheint zusätzlich grotesk im Klima der entwicklungspolitischen Praxis, die, mag man zugestehen, zwangsläufig doch genauso schuldhaft unwissend und fahrlässig desinteressiert in diese traditionellen, von ihrer Natur her " unveränderbaren " Zivilisationen einbricht, ohne Berücksichtigung gänzlich anderer Umweltzwänge, bedenkenlos, daß " the character of mind and the passions of the heart are very different in different climates "; und schlimmer, auch ohne Berücksichtigung der geistigen Adhäsion solcher Zivilisationen, deren Werte in einer ebenso kaum veränderbaren Umwelt entstanden sind.

Hier vermittelt der Kalender Dreier Welten, wie er für rund 70 Jahre dieses Jahrhunderts zu ermitteln war, ein sehr klares Bild von den für *diese* Gesellschaft in *dieser* Umwelt und für *diesen* Zeitraum geltenden Prioritäten und ist eine entscheidende Verständnishilfe, von welchen Ereignissen, die in jenen Jahren fast die gesamte restliche Welt erschütterten, *diese* Welt unberührt und verschont blieb. Wie, demzufolge, können importierte Muster von " Entwicklung ", insgesamt in ihren Grundlagen geprägt von den hohen Standards einer sich als Folge der Weltkriege aus " Schutt und Asche " entwickelten High Technology in Gesellschaften Fuß fassen, selbst nur als vage Idee, deren geistiges Bild und sogar deren Sprache völlig frei sind von derartigen Inhalten? Welche andere Bedeutung kann für den Rendille oder Ariaal die Festsetzung nationaler Grenzen haben, wenn nicht die einer von fremden Autoritäten veranlaßten Einschränkung seiner persönlichen Entscheidung? Eine solche Maßnahme kann für die nomadische Disposition nicht einmal mehr das Stadium eines - notwendigen - Transits bedeuten, sondern die Endstation mit dem Ausweg in die Illegalität. Nicht zuletzt liegt hier der Grund für die als verstockt angesehene Ablehnung, sich in für den Gesamtstaat förderliche Interessen zu involvieren.

Mit der Zuordnung von Ereignissen, wie sie die letzten 70 Jahre die Viehhalterwelt Nordkenias geprägt haben, im Vergleich mit (teils wahllos) herausgegriffenen, politischen Einschnitten von größerer oder auch nur geringerer Konsequenz in anderen Teilen der Welt, lassen sich nach Meinung des Autors jene anfänglich zitierten Dimensionen, einmal die der Isoliertheit jedoch ebenso des absolut introvertierten Daseins dieser Gruppen darstellen, deren fundamentaler Anspruch auf (minimale) Bedürfniserfüllung sich um eine selbstgefertigte Achse bewegt, die zu *lange*, - sowohl unverschuldet als auch wissentlich blockierend -, ohne direkten Verbund zur größeren Maschineneinheit, dem sich zwischenzeitlich etablierten Nationalstaat, geblieben ist. Die Herstellung eines solchen Verbundes zu einem Zeitpunkt wie heute, unter Verlust wertvoller Zeit des Gewöhnens an andere, neue Wertparameter wird entweder ein Akt der Gewalt sein oder sich in der Abhängigkeit erübrigen, die die drastische Schwächung wirtschaftlicher Eigenständigkeit mitsichbringt.

RENDILLE - KALENDER 1911 - 1978

(MIT NICHT KONSISTENTEN ERGÄNZUNGEN FÜR DIE JAHRE 1980 - 1984)

1911	AHAD-DOHO	Das Jahr des großen Ausbruchs von Diarrhoe. - Italien besetzt Tripolitanien und Cyrenaika. - China wird Republik.
1912	ALASMIN	Das Jahr ohne Ereignis. - Native Land Act in Südafrika. - Reichstagswahlen in Deutschland. Die Sozialdemokraten werden stärkste Partei.
1913	TALATHA TIMISE	Das Jahr des großen Regens. - African National Congress wird in Südafrika gegründet. - US-Präsident Wilson leitet das New-Freedom-Programme ein.
1914	ARBAAH TII-NOLASO LAGOREHE BEI KAA	Ausbruch der großen Dürre. - Die Briten erklären Ägypten zum Protektorat. - Ausbruch des 1. Weltkrieges.

1915	KHAMIS-GALI-SEMEIDO LAKENI	Großer Krieg zwischen Rendille und Turkana - Südafrikanische Truppen dringen nach Deutsch-Südwest Afrika (Namibia) ein. Prelude zur Annexion. - Winterschlacht in Masuren.
1916	GUMAD-ARGAB	Ausbruch der ansteckenden Grippe mit vielen Toten. - Britische Siedler in Kenya formen eine politische Organisation (Convention of Associations). - Angriff auf Verdun.
1917	SABDI-HIMISE	Der große Regen kam. - Sanusi, ungeschlagen im Lybian Interior tritt in Friedensverhandlungen mit den Allierten ein. - Ausbruch der Russischen Revolution und der Friede von Brest-Litowsk.
1918	AHAD-ARANDIDE-IJIRIN	Der weise alte Mann ARANDIDE starb. - Lettow-Vorbeck marschiert nach seinem Sieg in Mahiwa nach Rhodesien ein. - Ende des I. Weltkrieges. Ermordung des Zaren.

1919	ALSMIN-GOB OGOM LADIHE	Geleba überfiel die Manyatta von Orowen. - Die deutschen Kolonien in Afrika werden als Mandate an die Briten, Franzosen und Belgier übergeben. - Unterzeichnung des Friedensvertrages von Versailles.
1920	TALATHA-GAL-DEBESTE	Viele Kamele starben. - Das East African Protectorate wird zur Kolonie Kenia. Harry Thuku gründet die Young Kikuyu Association und etabliert damit die politische Macht der Kikuyus. - Die Insel Spitzbergen wird vom Völkerrat Norwegen zugesprochen.
1921	ARBAAH-OR GALBORAN LOGOREHE	Eine große Dürre brach aus. - Die Weißen in Südafrika formen eine Koalitionsregierung unter J.C. Smuts mit einem neuen Programm der Rassendiskriminierung. - Der Friedensvertrag von Riga setzt die polnische Ostgrenze fest.
1922	KHAMIS-ATHIYA LABULE	Der erste Äthiopier wurde im Rendille-Land gesehen. - Referendum in Südrhodesien. Die Weißen votieren für eine koloniale Autonomie. - Ermordung Walter Rathenaus. Der Friede von Rapallo.

1923	GUMAD-ILKELIKU-KHANDIYATE	Die Ilkeliku-Altersgruppe wird beschnitten. - Südrhodesien wird Kronkonlonie mit voll weißer Autonomie. - Putsch Hitlers und Ludendorffs in München.
1924	SABDI-HI-GALGULAME	Eine große Zeremonie an den Ufern des Rudolf-Sees findet für die neue Altersgruppe statt. - Die britische Regierung übernimmt Nordrhodesien von der Britisch South Africa Company als Kolonie.
1925	AHADI-GAL-RUSE	Das Jahr, in dem die Kamele in Hurri Hills sehr fett wurden. - Sir D. Cameron wird Gouverneur von Tanganyika. - Konferenz von Locarno.
1926	ALSMIN-TII-DOKHOLE-IJIRIN	Der große alte Mann DOKHOLE starb. - Konferenz des South African National Congress und des Indian National Congress. - Deutschland wird in den Völkerrat aufgenommen.
1927	TALATHA-TII GOBORE ICHOU LOKUMAI ISDIHEN	Ein großer Krieg fand zwischen den Lokumai und Gobore Manyattas statt. - Messali Hadj wird Führer der Etoile Nord-Africaine. - Sozialistischer Aufruhr und Generalstreik in Wien.

1928	ARBAAH-TII GALSOSOHTE	Eine große Dürre plagte das Land. - Italien unterzeichnet ein 20jähriges Freundschaftabkommen mit Äthiopien. - Abschluß des Kellog-Paktes.
1929	KHAMISI-GUBAL	Die ersten Heuschrecken wurden im Rendille-Land gesehen. - Die Tanganyika African Association wird gegründet. - Ausbruch der Weltwirtschaftskrise.
1930	GUMADI-HADADE	Das Jahr mit der schlimmen Malaria. - Die Congo-Ocean Eisenbahn zwischen Pte Noir und Brazzaville wird eröffnet. - Flottenkonferenz in London.
1931	SABDI-HII-KEINAAN LAKATAPE	Der große alte Mann KEINAAN verirrte sich und blieb verschwunden. - Diamanten werden in Sierra Leone entdeckt. - England geht vom Goldstandardwert ab. Sturz des englischen Pfundes.
1932	AHADI-ARGAB	Viele Leute litten an Diarrhoea. - Italienische Truppen besiegen Sanusi in Lybien. - Hindenburg wird zum Reichspräsidenten wiedergewählt.

1933	ALASMIN-TII DIDE	Das Jahr ohne Regen. - Die Nationalist Party verbündet sich in Südafrika mit der South African Party und wird zur UNITED PARTY. - Hindenburg beruft Hitler zum Reichskanzler. Reichstagsbrand in Berlin.
1934	TALATHA-TII ILKELEKU MINANDISATE	Das Jahr, in dem die Altersgruppe Ilkeleku heiratete. - Kenya Land Commission Reports. - Tod Hindenburgs. Die Befugnisse des Reichspräsidenten gehen auf Adolf Hitler über.
1935	ARBAAH-NYAKHUT DEDESE	Das Jahr, in dem die ersten Ilkeleku-Kinder geboren wurden. - Italien besetzt Äthiopien. - Weltkongreß der Dritten Internationale in Moskau.
1936	KHAMIS-GAL SEGELAN KARTE GELE	Die Kamele von Segelan fielen in die Wasserlöcher an der Balessa. - Neue Apartheitsgesetze in Südafrika. - Beginn des Bürgerkrieges in Spanien.
1937	GUMAD-ILMAURI KHADIATE	Das Beschneidungsjahr der Altersklasse Ilmauri. - Embargo der Kakao-Produktion an der Goldküste. - Erneuter Krieg zwischen China und Japan.

1938 SABDI-HII GALGULAME LAWAYE

Eine große Dürre brach über das Land ein.

- Im Sudan wird der Graduates General Congress gegründet.
- " Reichskristallnacht " in Deutschland.

1939 AHADI-AFTURO

Das Jahr, in dem viele Kamele an der Maulkrankheit litten.

- Unter Premierminister Smuts erklärt Südafrika den Krieg gegen Deutschland.
- Einmarsch deutscher Truppen in Polen. Beginn des II. Weltkriegs.

1940 ALASMIN-TII HAAL BOOM LISODICHE

Das Jahr, als Marsabit zur großen Stadt wurde.

- Schwere Kämpfe zwischen Britain und der Achse (Italien und Deutschland) in West-Ägypten und Cyrenaika.
- Beginn des Westfeldzuges; der Krieg im Osten; der Krieg auf dem Balkan.

1941 TALATHA-TII THOYA

Viele Krieger wurden gezwungen, die Grenzen der Britischen Kolonie abzustecken und zu bewachen.

- Aufstellung des deutschen Afrikakorps unter General Rommel.
- Die Briten besiegen Italien in Ostafrika. Äthiopien wird befreit.
- Luftschlacht um England.

1942 <u>ARBAAH-TII MOGOR LAYIGIS</u>

<u>Der große Elder MOGOR wurde von Shangila umgebracht.</u>

- Beginn der britischen Großoffensive unter Montgomery.
  Rückzug der britischen 8. Armee nach Tobruk.
  Sieg über die Deutschen in el Alamein.
  Landung britischer u. amerikanischer Truppen in Nordwest-Afrika.
- Niederlage der deutschen 6. Armee in Stalingrad.

1943 <u>KHAMISI-ROMORET</u>

<u>Das Jahr der großen Zeremonien (NABO).</u>

- Ende des II. Weltkrieges in Afrika.
  Afrikanische Truppen unter britischer Führung bekämpfen die Japaner in Burma.
- Schlacht im Atlantik.

1944 <u>GUMADI-CHUDUKLE LAKHAPTE</u>

<u>Das Jahr, in dem Chef EJERE arrestiert wurde.</u>

- Colonial Policy Conference wird in Brazzaville von der französischen Regierung abgehalten.
- Landung der Alliierten in der Normandie.

1945 <u>SABDI-HII ILMAURI GALGUSE</u>

<u>Die Mitte der Altersklasse der Ilmauri.</u>

- Aufstand in Algerien. Bisher größter Streik in Douala (Kamerun).
- Kapitulation Deutschlands; Ende des II. Weltkrieges.

1946 AHADI-BULLO IJIRIN

Das Jahr, als der große Elder BULLO starb.

- Jomo Kenyatta kehrt aus England nach Kenya zurück.
- Nürnberger Prozesse.

1947 ALSMIN-TII ISKACHIMANTE

Das Jahr der großen Regen.

- Die East African High Commission wird gegründet.
- Erstellung des Marshall-Planes.

1948 TALATHA-TII KIRIMA LAKHAPTE

Das Jahr, als die Altersklasse der Ilmauri heiratete.

- Zusammenstöße zwischen SYL und italienischen Kolonialisten in Mogadishu. Äthiopien hält weiterhin den Ogaden besetzt.
- Blockade in Berlin.

1949 ARBAAH-TIYE ADIDABASESTE

Das Jahr, in dem viele Ziegen starben.

- CPP wird an der Goldküste gegründet.
- Verkündigung des Grundgesetzes der Bundesrepublik Deutschland.

1950 KHAMIS-HERLATHURE

Das Jahr, wo sich die Ilkimaniki auf die Beschneidung vorbereiteten.

- Britain gibt Somalia als UN-Mandat an Italien zurück.
- Koreakrieg.

1951	GUMADE-ILKIMANIKI LAKHADIYE	Das Jahr, in dem die Altersklasse der ILKIMANIKI beschnitten wurde. - Guerilla-Krieg in Ägypten gegen die Briten in der Suez-Kanalzone. Die Goldküste erhält " internal selfrule " unter Nkrumah. - Die Westmächte erklären den Kriegszustand mit Deutschland für beendet.
1952	SABDI-HII GALGULAME	Eine große Dürre brach aus und Galgulame konnte nicht gefeiert werden. - Ausruf des nationalen Notstandes in Kenia, " The Eve of Mau Mau ". - Eisenhower wird Präsident der USA.
1953	AHADI-ESIMHARAWO LAYIGIS	Der Elder ESIMHARAWO wurde von den Shiftas umgebracht. - Nagib erklärt Ägypten zur Republik. - Tod Stalins. Aufstand vom 17. Juni.
1954	ALASIMIN-TII BORANTO LABAKICHE	Das Jahr, in dem die Rendille viele Borana töteten. - Nasser wird Staatspräsident in Ägypten. - Ende des ersten Indochina-Krieges. Fall der Festung Dien Bien Phu.
1955	TALATHA-TII SUKEILA	Das Jahr mit zu wenig Regen. Viele Rendille zogen deshalb in die Gegend von Sukeila (Tsetse-verseuchter Sumpf, Anm. d. V.). - Tunesien erhält Autonomie. - Aufnahme der Bundesrepublik in die Nato.

1956	<u>ARBAAH-TII GAL RUSE</u>	<u>Das Jahr, wo die Kamele sehr fett waren.</u> - Ende des Mau-Mau-Aufstandes in Kenia. - Revolution in Ungarn, Der Aufstand wird mit Hilfe sowjetischer Truppen niedergeschlagen.
1957	<u>KHAMISI-HANU WEN</u>	<u>Ein Jahr mit Milch im Überfluß.</u> - Die Goldküste wird zum unabhängigen Staat Ghana. - Premier Anthony Eden wird in Britain zum Rücktritt gezwungen.
1958	<u>GUMADI-WAMBILE SURGATE</u>	<u>Das Jahr, als Mzee WAMBILE sehr krank war.</u> - Sekou Toure führt Guinea in die Unabhängigkeit. - Staatsstreich im Irak. Ermordung König Feisals.
1959	<u>SABDI-ADI JIDULAHAU</u>	<u>Das Jahr der kranken Ziegen.</u> - In Lybien wird Öl gefunden. - Besuch Cruschtschows in den USA.
1960	<u>AHADI-INAMKATO LAGUTHE</u>	<u>Das Jahr, als der Sohn von KATO umgebracht wurde.</u> - Jahr der afrikanischen Unabhängigkeit (Elfenbeinküste, Gabon, Nigeria, Niger, Mali, Mauretanien, Madagaskar etc.) - John F. Kennedy wird Präsident der USA.

1961 ALASMIN-TII GALIGOBORE LAKATHE

Das Jahr als die GOBORE-Kamele von den Shiftas gestohlen wurden.

- Lumumba wird ermordet.
- Konflikt mit Holland um Westneuguinea.

1962 TALATHA-TII ILKIMANIKI MINANDISATE

Das Jahr als die Altersklasse ILKIMANIKI heiratete.

- Kenianische Nationalisten lehnen die Übergabe des Northern Frontier Districts an Somalia ab, obgleich diese von der ansässigen Bevölkerung gewünscht wird.
- Teilblockade Cubas durch die USA.

1963 ARBAAH-TII INAM SAMBAKAH LAYIGIS

Das Jahr als SAMBAKAHS Tochter starb.

- Kenia erhält die Unabhängigkeit.
  OAU in Addis Ababa gegründet.
- John F. Kennedy wird ermordet.

1964 KHAMISI-BAGAZI LADIHE

Das Jahr als die Rendille in der BAGAZI-Region überfallen wurden.

- FRELIMO leistet bewaffneten Widerstand gegen die noch immer regierenden Portugiesen ('65 dann unabhängig).
- Bürgerrechtsgesetze werden in den USA unterzeichnet.

1965 GUMADI-ILKIAPU KHANDI

Das Jahr, in dem die ILKIAPU-Altersklasse beschnitten wurde.

- Revolution in Zanzibar; Mobutu wird Militärdiktator im Zaire.
- Ende des 2. Vatikanischen Konzils. Die Enzyklika Populorum

progressio befaßt sich mit dem Verhältnis zwischen armen und reichen Ländern. Besuch Paul VI. in Uganda.

1966	SABDI-CHORE LAYIGIS	Das Jahr als der Elder CHORE an der Oase GAS umgebracht wurde. - Militärcoup in Nigeria, Ghana (Nkrumah wird in Abwesenheit gestürzt), Central African Republic, Volta. - Große Koalition der CDU/SPD unter Kiesinger und Brandt in der Bundesrepublik.
1967	AHADI-KAKURO	Das Jahr als der Turkana-Elder KAKURO von den Rendille umgebracht wurde. - Arusha-Deklaration; East African Community bestehend aus Kenia, Tanzania und Uganda gegründet. - Israels Sechs-Tage-Krieg.
1968	ALASMIN TII KARTE	Das Jahr des großen Regens. - Unabhängigkeit für Sawaziland; Zivilregierung in Sierra Leone. - Studentenunruhen in Paris; Polizei läßt die Sorbonne räumen. Besetzung Prags durch sowjetische Truppen.
1969	TALATHA-TII BARGERI LAYIGIS	Das Jahr als der große Elder BARGERI von Shiftas umgebracht wurde. - Ermordung Tom Mboyas in Kenia; Armee übernimmt die Macht in Somalia unter Siad Barre. - Gustav Heinemann wird Präsident der BRD. - Rücktritt de Gaulles, Amerikaner landen auf dem Mond.

1970 <u>ARBAAH-TII HOLOUTE</u>

<u>Das Jahr ohne Regenzeiten.</u>

- Ende des Biafra-Krieges; Chinesen beginnen den Eisenbahnbau zwischen Tanzania und Zambia.
- Tod Nassers; Ausweitung des Vietnamkrieges zum Indochinakrieg.

1971 <u>KHAMISI GAL OGOM LAKHATE</u>

<u>Das Jahr als Lago OGOMs Kamele von Shiftas geraubt wurden.</u>

- Obote in Uganda wird durch einen Militärputsch gestürzt; Amin übernimmt die Macht.
- Commonwealth-Konferenz in Singapore; Dollarflut auf dem europäischen Kapitalmarkt.

1972 <u>GUMADI GAL ELEMO LAKHATE</u>

<u>Das Jahr als ELEMOs Kamele von den Shiftas gestohlen wurden.</u>

- Amin vertreibt die Asiaten aus Uganda; Tod Nkrumahs.
- Besuch Nixons in Peking.
- Annahme der Ostverträge.

1973 <u>SABDI-HII DIDE</u>

<u>Das Jahr der Sonnenfinsternis mit langer Dürre und keiner Regenzeit</u>

- In Zambia Zwang zur Einheitspartei; Militärputsch in Ruanda.
- Watergate-Affäre in USA; Ende des Vietnam-Krieges.

1974	AHADI KURA LAGOCHE	Das Jahr als die Wahlen abgehalten wurden. - Sturz Haile Selassis in Äthiopien. - Brandt tritt wegen der Guillaume-Affäre zurück. Rücktritt Präsident Nixons aufgrund von Watergate.
1975	ALASMIN-TII GAL LACHIRE	Das Jahr als die große Zeremonie von ILKICHILI stattfand. - Rohstoffkonferenz der Dritten Welt in Dakar; Unabhängigkeit Mocambiques; Rebellion in Eritrea. - Fall Saigons; Wiedereröffnung des Suezkanals.
1976	TALATHA-TII THITHE	Das Jahr der langen Dürre (" Killer Drought "). - Ermordung Murtala Mohameds, Staatschef Nigerias. Krieg zwischen Äthiopien und Somalia im Ogaden. - Grundsatzrede Kissingers in Lusaka zur Afrikapolitik.
1977	ARBAAH-TII ILKICHILI MINANDISATE	Das Jahr als die Altersklasse der ILKICHILI heiratete. - Mengistu Haile Mariam Staatsoberhaupt in Äthiopien, USA stellen ihre Militärhilfe ein.
1978	KHAMIS-MISS WEITI	Ein Jahr mit viel und gutem Regen. - Tod Kenyattas. - USA nimmt mit Rotchina diplomatische Beziehungen auf. Gründung der Sandinista in Nicaragua.

1979	GUMADI-ILKIRORO LAKHADIYE	Das Jahr als die Altersklasse der ILKIRORO beschnitten wurde. - Daniel arap Moi ist neuer Präsident Kenias. Amin wird mit Hilfe tanzanischer Truppen aus Uganda vertrieben. - Sadat unterzeichnet Friedensvertrag mit Israel.

Nach der letzten Beschneidung geht offenbar die Akkuratesse verloren, mit der die vorangegangenen Jahre charakterisiert wurden. Ein Grund dafür ist das Wegsterben der Altersklasse ILKELIKU, beschnitten 1923, die als letzte, streng konservative Träger unverfälschter Rendille-Tradition galten, und die wesentlich das Monopol oraler Überlieferung für sich beanspruchten. Zum anderen kündigen die 80er Jahre ganz generell die rapide Auflösung stammestypischer Orthodoxie an. So werden die Jahre 1980 - 1984 nur noch in stenographischer Weise, - ohne explizite Namensgebung -, beschrieben.

1980	SABDI	Das Jahr nach der Beschneidung wird mit guten Regen belohnt.
1981	AHAD	Die Kamele vom Clan Nahagan wurden von Shifta geraubt.
1982	ALASMIN	Das Jahr, in dem drei Krieger vom Dipshai-Clan aus Rache (vom Tubcha-Clan) ermordet wurden.
1983	TALATHA	Das Dürrejahr, als die Rendille viele Dufans (kastrierte Kamele) schlachteten.
1984	ARBAAH	Tod des " Rendille-Königs Wambile " im Mai am Tag des Neumondes.

Bedingt durch die Flut von Transistorradios, (meist Beschneidungsgeschenke, die als Ersatz für Vieh gewünscht wurden), war zumindest die jüngere Generation über die meisten größeren und großen Ereignisse, sowohl den afrikanischen Kontinent als auch die Weltpolitik betreffend, gut informiert.
So wurde die Ermordung Sadats 1981 ebenso diskutiert wie das Massaker in den palästinensischen Flüchtlingslagern Sabbra und Chatila 1982, neben steilem Anstieg des Interesses an innenpolitischen Konflikten wie besonders der Putsch-Versuch vom 1. August 1982 und die sich anschließende sogenannte " Njonjo-Affäre ", die fast eineinhalb Jahre die lokale Presse beschäftigt hielt. (Njonjo, ehemals Minister for Constitutional Affairs, und seine Anhängerschaft waren als Hauptträger des versuchten Coups in Konspiration mit Südafrika angeklagt, das Moi-Regime zu stürzen).

Von diesem Zeitpunkt an überlagern die nationalen Nachrichten auffällig die lokalen Ereignisse.

Abb. 7: Computer der alten Generation: Arnech. Ein Speicher- und Retrievalsystem, das 1889 entwickelt (geboren) wurde.

ARNECH, DER " ERINNERER "

Dieser Kalender ist von Arnech erinnert worden, und in meinem, (die Ich-Form sei hier gestattet), Tagebuch auf der Seite vom 15. Mai 1980 heißt es: " Morgen früh nach Arnech und der Manyatta Ilturia suchen ...". Die Eintragung sollte mich daran erinnern, - oder besser gesagt (um den Begriff der Erinnerung nicht leichtfertig und profan zu entwerten): am Vergessen hindern, dem weisen alten Mann und Meister der Erinnerung rendillischer und ariaaler Vergangenheit meine Aufwartung zu machen; nicht etwa nur einen Besuch und undenkbar mit der verborgenen Absicht des lauschenden " Voyeurs " oder gar aufdringlichen Fragers. " Meine Aufwartung machen " -, das ist der einzige angemessene Ausdruck, der im Erinnern meiner Muttersprache und ihres gängigen Vokabulars nur noch ein blasser, gestelzter Wortschatten ist; denn fehlt es doch an gebührenden Anlässen für seinen Gebrauch -, eine Zeche, die von " modernen Zeiten " bezahlt wird.

Hier also ging es um weitaus mehr als nur um eine beiläufige Visite samt des Austausches belangloser Grußformeln; denn beabsichtigt war im Zuge Arnechs sehr seltener Mitteilungsfreude,durch den Spiegel eines fast hundert Jahre alten Mannes zu blicken, dabei zu sein, wenn er ihn aufhebt, um die Miragen einer für ihn fast hundertjährigen Gegenwart aufleben und vorbeiziehen zu lassen; Vexierbilder, die für unsereins dürre, oft unbekannte Vergangenheit sind -, eine Vergänglichkeit der Ereignisse, die für die rastlose, vergeßliche Mentalität wie der unserigen meist gestern schon begann und, - wenn überhaupt -, nur verhalten eine gedankliche Begleitung ins Jetzt erfährt.

Arnech ist heute, im Jahre 1985, 98 Jahre alt, war 93, als ich ihm jene Aufwartung machte und ist als <u>Erinnerer</u> geboren, erzogen und ausgebildet worden, wie schon sein Vater und Großvater,wie " all' die so lange zurück, als noch die Ilturia durch die Steppe hinter dem Regenberg (gemeint ist Marsabit 150 km nordwärts, Anm. d. Verf.) mit ihren Kamelen zogen ", sagt er.

Nicht seine Passion, nicht sein geistiges Steckenpferd ist die Erinnerung; sie ist sein Beruf, eine Profession, um die großen und bedeutsamen, die mittleren und mittelmäßigen und die kleinen, für den Rest der Rendille- und Ariaal-Menschheit sehr bald schon im Fluß der Zeit gedämpften und vergessenen Ereignisse in das Gedächtnis der Allgemeinheit zurückzuholen, wie z.B.:

- Die Schlacht zwischen den Shangila (korrekt: Dasanetch, einem ebenfalls ostkuschitischen Volk in Südäthiopien mit versprengten Kleingruppen auch im nördlichsten Kenia, Anm. d. Verf.) und den Rendille im Sumpfdelta des Omo-Flusses 1907.

- Der Blitz, der 1934 die Frauen vom Ilturia-Clan beim Pflücken des wilden Sisals auf dem Berge Baio traf.

- Die Sonnenfinsternis, die 1973 den Tag " in den schwarzen ENKILA NAROK OO LMURRAN (Lederschurz, getragen während des Beschneidungszeremoniells) der neugeborenen Moran (Maasai: il-múrràn, pl. Krieger) hüllte.

Doch viel wichtiger als die Speicherung ausgefallener Ereignisse ist die Erinnerung an Routinen und Geschäfte, oft von den Betroffenen und schon gar ihren Nachkommen kaum noch gewußt und wenn, dann meistens viel lieber vergessen.

<u>Hierzu ein beispielhafter Fall</u>:

Dogho Inaya borgte von Lawen Iturr 1949 eine wie reife Akazienschoten gefärbte, trächtige Kamelstute, die 1950 ein rotes, in der Farbe des Lehms vom Fuße Ilims (eines profilierten Berges im Rendille-Land, Anm. d. Verf.) Bullkalb gebar. Muttertier und Kalb verblieben dank der Großmut Doghos bei Lawen Iturr, obgleich die traditionelle Rechtslage dagegen sprach. Das jedenfalls war das Übereinkommen zwischen Verleiher, (der Anspruch auf das männliche Kalb gehabt hätte) und Borger, die beide die Legislative, Arnech den Erinnerer, über ihren Konsens unterrichtet hatten. Dogho Inaya und Lawen sind mittlerweile seit vielen Jahren tot, doch ihre genauen Lebens- und Sterbedaten sind akkurat in Arnechs Kopf-Kartei sortiert und abgeheftet.

Vor zwei Neumonden nun im März 1980, - ich sprach zu Arnech Mitte Mai -, erschien Dogho Inayas Enkel Lugiken aus dem Ariaal-Clan Lewokoso am NABO (" heilige " Feuerstelle in der Mitte jeder Ariaal- und Rendillesiedlung, Anm. d. Verf.), des Rendille-Clans Nebej und forderte die Leihgabe seines Großvaters ein, deren Rückgabe Lugikens Vater Latip als reicherer Herdenbesitzer als nichtig bereits abgeschrieben hatte. Lawen Iturrs Enkel Soperr jedoch, der als zweitgeborener Sohn den Besitz seines Vater Loturngen nur zu einem kleinen Teil geerbt hatte, (im Gegensatz zu Lugiken, der als Erstgeborener mit Abstand liquider war), pochte nun sprachgewaltig auf seine Rechte als Eigentümer der Gesamtherde, klein wie sie ohnehin war; zumal noch der an sich verantwortliche, erstgeborene Bruder seinen Viehbesitz verkauft, sich als Händler etabliert hatte und sich damit jeder Rückzahlung von " Viehschulden " entzog. Darüber hinaus waren beide Enkel, weder der sich im Recht befindende Lugiken noch der sich im Recht fühlende Soperr über die mehr als 30 Jahre zurückliegenden Machenschaften ihrer Großväter nicht informiert.

Ein Rechts- und Erinnerungsfall für Arnech, der die Verträge der Altvorderen samt ihrer Klauseln sofort parat hatte: Da das Bullkalb die besondere Farbe, - rot -, die des Lehm vom Ilim trug, ein Merkmal das überdurchschnitt-

liche Zuchttauglichkeit versprach, lag der Besitzanspruch auf das Kalb beim Verleiher, eine Transaktion, die jedoch nie vollzogen worden ist, weder zum Zeitpunkt des Geschehens durch die Großväter noch nach deren Ableben durch die Väter von Lugiken und Soperr. Hätte diese stattgefunden, so wäre das Muttertier Lawen Iturr (oder dessen Sohn, Soperrs Vater) ad infinitum kreditiert worden samt späterer weiblicher Nachzucht. Durch Nichterfüllung des Vertrages, d.h. des illegalen Einbehaltens des mittlerweile längst antiken Bullenkalbes, konnte Lugiken nunmehr erweiterte Rechte an Soperr stellen, nämlich die Rückzahlung des Gesamtdarlehens, das einer trächtigen Kamelstute ohne Abzug von fiktiver Tilgung, die laut traditioneller Rechtsprechung sich aufschlüsselt in: a. der Übereignung des historischen Muttertieres, (da längst verstorben in dessen Äquivalent) und b. in den Zuchterfolgen des roten Bullen, d.h. seiner Nachkommenschaft, die dem Borger zu unrechtmäßigen Profiten verhalf.
Diese ausführliche Darstellung nur eines Falles, und die lange Anwaltpraxis von Arnech verzeichnet Hunderte dieser Art, hebt die Bedeutung einer Autorität wie die des Erinnerers besonders hervor, und jenes Spezialistentum, jener souveräne Professionalismus macht ihn fraglos zu einer der höchst bewerteten Spitzenpositionen, die beide Ethnien, Rendille und Ariaal, zu vergeben haben und als Rechtsmittel und Entscheidungsinstanz auch unbedingt respektieren. Die Buße der Kinder und Kindeskinder für die Sünden und Delikte der Väter und Großväter kommt in der hier angewandten Rechtsprechung, die zur Grundlage die makellose Erinnerung an von Individuen oder Gruppen getroffene Vereinbarungen, Versprechen und Verträge hat, voll zum Tragen.

Doch nicht nur in strittigen Fragen oder Auseinandersetzungen beweist der Erinnerer seinen großen Wert. Seine Brillianz liegt in der Personifizierung eines zeitgeschichtlichen Monitor- und Retrievalsystems, das mittels trainiertem Gedächtnis sowohl analytisch als auch synthetisch die prägenden

Ereignisse einer oder auch mehrerer Generationen aufzeichnet, speichert, abrufbar macht und an die nächste Generation (von Computern), den nächsten Erinnerer, weitergibt. Beschränkt sich die orale Tradition meist in erzählerisch-märchenhafter Weise auf Besonderheiten, Mystifizierungen und außerordentliche Spezifika innerhalb ihrer zugrunde liegenden Kulturform, so ist die Funktion des Erinnerers die eines konkreten, praxisnahen Kommunikations- und Entscheidungsinstrumentes, nicht gedacht zur sprachlichen Konservierung eines bestimmten Kulturgutes, sondern als Beratungsmittel in lebensnahen Situationen, seien es Konflikte, Geschäfte oder schlicht zur retrospektiven Aufhellung diffuser Familien-, Clan- oder Stammesaffären.

Arnech, der stets in einen faltenreichen Überwurf aus baumwollenem Damast somalischer Provenienz gekleidet ist, besitzt schon seit vielen Jahren kein Haus mehr, sondern lebt unter dem breiten flachen Dach einer alten, einsamen Schirmakazie am Ufer des Wadis Lochumder, im Windschatten des gleichnamigen Berges, dem " mit dem langen Hals ". Dort sitzt er aufrecht an die schrundige Rinde des, so wie er selbst an Jahren uralten Baumes gelehnt, umsorgt und gepflegt von den Clanbrüdern Ilturias -, ein aus Mensch und Baum untrennbar verwachsenes Archiv, das, wie die alten Männer sagen, unsterblich verfugt ist mit dem Mörtel der Erinnerung.

Doch auch diese, für den Wissenschaftler als fast beklemmende Unwirklichkeit empfundene Realität eines Arnechs, gehört zu den Fragen, auf die wir Antworten und Lösungen suchen; z.B. die eines low cost housing schemes, das den Bewohnern von Ilturia und dem nächsten Erinnerer zukünftig ein Wellblechdach über dem Kopf garantiert -, als Tünche des Fortschritts, die das politische Gewissen erleichtert.

Wie lange werden Erinnerer noch die Akazie am Lochumder erinnern? Wie lange noch die Geschäfte von Nebej und Lewokoso? Wie lange noch einen Kalender, der jenes entlegene Universum beschreibt, dessen Exklusivität in jeder Hinsicht - noch - so wenig gemein hat mit dem, was gegen Ende des 20. Jahrhunderts als moderner Staat identifiziert wird, gleich ob in Afrika oder anderswo?

Der Beruf des Erinnerers ist ein Beruf ohne Zukunft; denn auch das gehört zum modernen Staat: Geschichte nicht als Korrektur der Gegenwart zu nutzen, sondern sich von ihr als unabänderliches Ärgernis zu distanzieren. Welche Verluste müßte man hinnehmen, würde man sich an gemachte Fehler erinnern und diese durch teures Umdenken, durch noch teurere konzeptionelle Sorgfalt und, was gemessen am Imageverlust am teuersten ist, durch Implementierung reduzierter Maßnahmen, als beste aller Möglichkeiten sehr wohl durch Versagen des Größenwahns erkannt, liquidieren. Aber die Perpetuierung von oft sogar richtiger Theorie, die sich lediglich in der Praxis als undurchführbar, - als Fehler -, erweist, ist keine erduldbare Lehre mit politischer Stamina. Einsichten und Erkenntnisse, die der Wahrheit gemäß Änderungen erzwingen müßten, sind nicht akzeptierbare Schwächen, und weder in den eigenen Reihen der Geber noch gegenüber dem Forum der Nehmer, dem man die Fehler als beste aller Welten verkauft, vorzeigbar. Ein Arnech als Wirtschafts- oder Entwicklungsminister verspräche das ultimate Chaos; denn trainierte, kontinuierliche, penetrante und möglicherweise letztlich penetrierende Erinnerung an Fehler und schlimmer noch, die unaufhaltsame Erinnerung an die gesteuerte Vernachlässigung der nüchternen Nöte derer, aus der als Beispiel genannten Minister samt ihrer institutionellen Rückendeckung ihre Existenz bestreiten, hieße der sichere Zusammenbruch einer jeden Bürokratie und die schnellste Kürzung eines jeden Budgets. Beides jedoch sind Schlüsselkomponenten, die mittels zäher politischer Fußarbeit darauf gedrillt sind, gerade das zu tun, was sie gegenüber einer im ganzen gesehen naiven Öffentlichkeit leugnen: Die Bürokratie reinvestiert in Fehler, (um intakt und glaubwürdig zu bleiben), finanziert vom Budget, das seine Größenordnung zu erhalten oder anzuheben versucht. Das Fazit also: Die Größe und Menge der Fehler verhält sich proportional zur garantierten Finanzierung, mit anderen Worten: Für erwiesenen Unsinn und Schaden wird am bereitwilligsten gezahlt. Und die bedrückende Ironie dabei ist, daß jene " Reinvestition in Irrtümer " vor allem als außerordentliche Rationalisierung angesehen wird. Der Kreis zur unheilvollen Legitimität ist damit geschlossen.

" Making conciously tactical mistakes in planning, decisions, concepts, playing charade in acting and thinking as opportunism requires, has evolved as one of the most commendable virtues in modern political systems; mistakes which called traditionally for punishment and remorse. Since the promotion of (doubtful) trial and (certain) error, essentially changing the obvious WRONG into a convenient RIGHT, no beneficial gain can be achieved for recipient whose perception what is good or bad differs greatly from measurements which are tested on him. Yet for reasons best known by all bureaucracies themselves, being wrong is by far easier to achieve than its opposite since no <u>obligation of knowledge</u> is required or exists. Therefore " making wrong right " became such favourable and integral part of development policies. " (S. Schwartz[1], i. Vorb.)

Deshalb ist der Kalender, den Arnech erinnert hat, nicht nur ein zeitgeschichtliches Dokument, sondern in der Funktion des Erinnerns liegt jene besondere Integrität, - " The Obligation of Knowledge " -, die dieser alte Mann erfüllt.

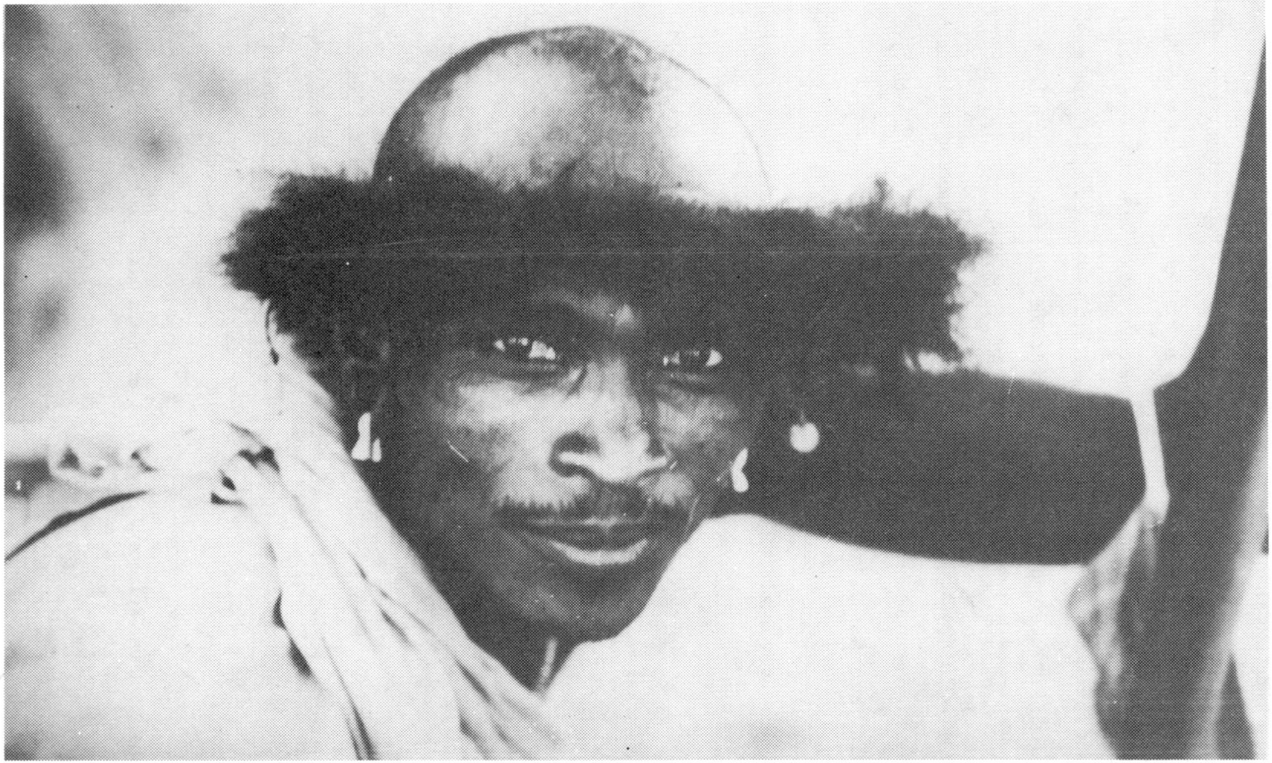

Abb. 8: Ariaal-Elder: I am what I am and I don't need excuses

Wie funktioniert eine Gesellschaft im Abseits?

Hält man sich die weltpolitischen Ereignisse oder auch nur die für den Kontinent Afrika bedeutsamen Geschehen in diesem Zeitraum vor Augen, so erscheint es nahezu unglaublich, mit welcher Zähigkeit sich diese Völker bis in die heutige Zeit hinein ihre ureigenen Wertparameter erhalten haben.
Diese Feststellung ist im vollen Bewußtsein der Redundanz wiederholt, denn das genau ist in der Darstellung der traditionellen Verhaltensweisen der Kernkonflikt: Verhaltensweisen, die nicht kompatibel mit dem vorherrschenden Zeitgeist, - der Wettbewerbsfähigkeit in jeder Hinsicht -, sind und auch nicht vereinbar mit dem Zeitgeist eines modernen afrikanischen Staates, dessen Dilemma oft das Kopieren von Lebensweisen ist, die genauso wenig auf die " afrikanische Moderne " passen.

Wiederholte Schwerpunkte, die der im Text vorangestellte Kalender ausweist, zeigen in erster Linie entweder biologisch-klimatische oder kulturelle Inhalte. Überdurchschnittliche Regenfälle oder Dürrejahre sind immer signifikant und geben als Ausnahmezustand dem Jahr seinen Namen; kaum ein noch so kulturell wichtiges Ereignis wird ihnen übergeordnet, es sei denn das Beschneidungsjahr einer Altersklasse. Beispielsweise fiel die Initiation der Altersklasse Ilkileku 1923 mit einer Dürre zusammen, - sehr schwerwiegend in ihrer Auswirkung -, trotzdem konnte dieses Schlüsselereignis davon nicht überschattet werden. Das gleiche galt 1937 für die Altersklasse der Ilmauri, die in einem extra guten Regenjahr diese Zeremonie abhielten, und auch hier spielte der " biologische Segen " keine Rolle. KHANDI, die Beschneidung, ist das soziokulturelle Zentrum und gibt damit gleichermaßen darüber Auskunft, mit

welcher Bedeutung der beschnittene Mann, - und nur der kann zum politischen Entscheidungsträger werden -, belegt wird. Dabei ist Vorsicht geboten, ihn gleichzusetzen mit einem Patriarchen oder absolutem Herrscher über eine, je nach Familienstruktur, Zahl der Abhängigen. Sein Machtmittel ist selten die Tat oder Anordnung, von der er erwartet, daß sie blind befolgt wird, sondern seine Stärke liegt im WORT und der stetigen Übung, Widerspruch zu provozieren und ihm demagogisch zu begegnen. Diese Taktik im Umgang mit seiner sozialen Umgebung wird vor allem im fortgeschrittenen Alter zum bedeutendsten Lebensinhalt, und hat man einmal der Runde der erfahrenen Würdenträger beigewohnt, verbissen in ihren Wortspielen, doch genauso leicht überwältigt von fortgeschrittener Senilität, so liegt der Vergleich zu einem römischen Forum nicht fern, mit all seiner Dekadenz und selbstproduzierten Eitelkeit, die kaum jemals pragmatische Resultate zeitigte.
Ein weiteres zentrales Ereignis, das der Kalender immer verzeichnet, sind die Heiratsjahre der jeweiligen Altersklassen. Diese liegen gewöhnlich zwei bis drei Jahre vor der nächsten Beschneidung, obgleich im sehr strikten Rendillesinne das Heiraten des " alten " Age Sets mit der Initiation des " neuen " zusammenfallen sollte. Aus rein praktischen Gründen, so kann man annehmen, ist zwischen diese Zeremonien jedoch eine Pause geschaltet, die irgendwann als kulturelle Üblichkeit und Routine eine andere, eben mehr praktische zeitliche Festlegung erfuhr. Mehr, als daß die Handhabung zweier großer Festlichkeiten mit all den sich daraus ergebenden erhöhten Belastungen für das Haushaltsbudget zu teuer und schwierig für den Augenblick würde, ist nach Ansicht des Autors hinter diesem " Traditionsbruch " nicht zu vermuten. Dabei sei darauf hingewiesen, daß für den Berichtszeitraum des Kalenders diese Abweichung von der strengen Tradition bereits als Selbstverständlichkeit etabliert ist. Wie es wohl davor gewesen sein mag, ist selbst den sehr alten

Abb. 9: Barua heißt eigentlich " Brief ". Dieser würdige Elder aus dem Clan Galdelaan trägt diesen Namen wegen seines großen Unternehmungsgeistes. So bringt er " Wortbriefe " von einer zur anderen Ecke des Rendille-Landes.

Männern, - und der älteste lebende Informant für die Hintergrunds-information dieser Arbeit ist heute bereits 96 Jahre -, entfallen.

Eine ebenfalls große Gewichtung wird dem Tod eines Führers oder angesehenen Mannes beigemessen, dessen Verlust für den Clan- oder Stammesverband politische Veränderungen in der Führungsspitze nachsichzieht. Das politische System beider Gesellschaften, Rendille und Ariaal, ist das einer GERONTOKRATIE, d.h. die Regierungsfunktion sowohl auf Clan- als auch auf Stammesebene erfolgt durch einen Ältestenrat oder präzise durch eine Gruppe verheirateter und demzufolge älterer (in unserem Sinne), alter Männer in der rendillischen Betrachtungsweise. Hierbei spielt das tatsächliche Alter keine übermäßige Rolle, ebenso nicht die auffällige Prosperität oder Reichtum. Ausschlaggebend ist jedoch, daß der für jenes Beraterамt Auserwählte liquide genug ist, allen anfallenden Sozialschulden, wie Brautpreise, Leih- und Borggeschäfte von Vieh, Geschenken und berechtigten Bittstellungen nachzukommen, ohne sich zwangsläufig selbst hochgradig zu verschulden. Ein gewisses Maß an wirtschaftlicher Solidität wird also schon erwartet, was jedoch keinesfalls mit dem immer wieder fälschlich ins Spiel gebrachten Akkumulations-Komplex von Vieh, - wie er den nomadischen Viehhaltern angelastet wird -, zu verwechseln ist. Seriösität ist vielleicht der beste Ausdruck, die als Eigenschaft für eine Führerrolle verlangt wird. Bewiesene Erfahrungen in kritischen Situationen, Überlegen- und Überlegtheit und das zur Diskussion Stellen von ausgewogenen Entscheidungsvorschlägen sind die wesentlichen Auszeichnungen, um in dieses Parlament, - wiederum nur durch das Vorschlagsrecht " alter Männer " -, gewählt zu werden.
Ein hervorstechendes Merkmal dieser kontinuierlich, täglich stattfindenden Versammlungen, Barazas genannt, ist die theoretische Politik, als Beispiel: Wohin man die Tiere zum Weiden bringen könnte; welche Siedlungs-

Abb. 10: Gesellschaft als Gerontokratie

plätze man bevorzugen sollte; welche Abwehrstrategien man gegen feindliche Nachbarn anwenden müßte; und sehr viel weniger die konkrete Entscheidung, was unbedingt zu tun ist. In vielen Fällen dieser sehr subtilen Debatten, durchsetzt mit einer ungeheuren Vielfalt retardierender Elemente, die endgültige Beschlüsse unmöglich machen, liegt der Verdacht nahe, daß die Zielsetzung der Elders es von einer bestimmten Position an ist, nämlich dann, wenn POLITIK die Daseinsberechtigung legitimiert, möglichst niemals einen Konsensus zu erreichen. Eine solche Taktik ermöglicht ohne Gesichtsverlust und propagandistische Kommunikation wieder auf Individualentscheidungen zurückfallen zu können, von denen dann jeweils nur die engeren Siedlungsverbände betroffen sind. Das Imperium im Imperium ist damit gesichert unter gleichzeitiger Zunahme des im begrenzten Kreise geltenden Machtanspruchs.

Konczacki[20] (1978) bestätigt diese Entschlußfeindlichkeit bezüglich übergreifender Strategien, die einem bestimmten Wettbewerbsstreben (Wer weidet wo am besten? Wer siedelt wo am vorteilhaftesten? Wer ist am sichersten gegen feindliche Übergriffe geschützt?) gegenläufig sind und bemerkt:

" No communal basis for action exists and no social values have been evolved to support it. The social system of the nomads is often characterized by a strong measure of disunity resulting from various group affiliations and loyalities which is a rule lack stability. "

Das Jahr ALASMIN-TII-GALIGOBORE LAKATHE (1961) ist in der Rendillegeschichte auch als das " Jahr der politischen Bäume " bekannt. Alle Elders der 9 existierenden Rendille-Clans, SAALI, URWEN, TUPSHA, GALDEELAN, DUBSAHAI, UIYAM, NAHAGAN, MATARPA und RONGUMO, hatten sich unter den Akazien zwischen Korr und Halilokumuder (dem Berg mit dem langen Hals) versammelt, um über die gestohlenen Kamele der Gobore

Abb. 11: "...das die Zielsetzung der Elders es von einer bestimmten Position an ist, niemals einen Konsensus zu erreichen. "

Manyatta zu beraten. Diese ungewöhnliche kommunale Bereitschaft, sich des Mißgeschicks einer einzelnen Fraktion anzunehmen, war von der ganz individuellen und selbstsüchtigen Furcht getragen, u.U. als nächste betroffen zu sein. Die sich verstärkende Frequenz der sogenannten " Shifta-Überfälle ", (die in diesem Zusammenhang noch nichts zu tun haben mit der politischen Shifta-Bewegung für ein autonomes Somali-Territorium innerhalb der kenianischen Grenzen, sondern viehraubendes Banditentum ganz allgemein meint), rief nach konzertierter Aktion. Jene Großveranstaltung, an der mehr als 300 Elders teilgenommen haben sollen, verlief nach mehrwöchiger Beratung ergebnislos. Und als einziges Zeugnis dieser Entschlußlosigkeit blieben die " Politischen Bäume ", die noch heute als Monumente des guten, aber nicht zumutbaren Willens von den Rendille geschützt werden, obgleich jeder andere Baum und Strauch längst dem Kochfeuer in der heimischen Hütte zum Opfer gefallen ist.
Im Jahr darauf, TALATHA-TII ILKIMANIKI MINANDISATE (1962) lehnen kenianische Nationalisten die Forderungen der " echten " Shiftas kategorisch ab. Das beschwor landesweit berechtigte Befürchtungen herauf, daß sich diese nun aus Rache stark kriminalisieren würden, im Stile der sich zu Shiftas selbsternannten, notorischen Viehdiebe. Doch es war das Jahr, als die Ilkimaniki-Altersklasse heiratete, und diese drohenden " außenpolitischen " Konsequenzen wurden ignoriert. Die Unfähigkeit, einen präventiven Abwehrplan zu entwickeln, - ein Versagen hauptsächlich aufgrund clanischer Arroganz, gekoppelt mit der in diesem Falle Überbewertung eines starken soziokulturellen Motives, hatte den politischen Aktionszwang stranguliert. Vor allem für die Jahre 1969 - 1972 zeigt der Kalender dann die Folgen jener Blindheit, die unter den " Politischen Bäumen " kultiviert worden war.

Dieses Beispiel ist zweifellos aus dem sehr tief verwurzelten Bereich des kompromißlosen Traditionalismus gegriffen und repräsentiert damit die eine, auch immer noch sehr lebendige Seite dieser Gesellschaft, deren vehemente Verfechter sich jedoch mehr und mehr vermindern. Die Alten sterben aus und machen den Jungen Platz, die die Fehler der Entschlußlosigkeit ihrer Väter als Fehler im Fassen von zu schnellen, opportunistischen Entschlüssen perpetuieren.

Einmal der Umbruch und zum andern die Retrospektive, - wie es einmal war und auch noch erinnerbar ist -, gilt es darzustellen, wobei wieder eine ganz gezielte Redundanz einfließt:

In den hier vorliegenden Beispielen der Rendille und Ariaal haben wir es mit Gesellschaften zu tun, die sich in einer gravierenden Phase der Umbildung befinden.

Niemandem mehr ist damit geholfen, eine anämische Philosophie für die Rettung oder den Tod des Pastoralismus zu entwickeln, und ebenso absurd ist es geworden, die Erhaltung traditioneller Lebensformen um jeden Preis zu fordern. Auch die nordkenianische Viehhalterwelt ist kein großer Naturpark, in dem der Gedanke des Konservierens, ob Pflanze, Tier oder Mensch, noch seinen Platz hätte; denn er steht im absoluten Widerspruch zu den wenigen Optionen, die die Kreatur, egal welcher Ausprägung, überhaupt noch hat. Auf den Menschen bezogen und seine gesellschaftlichen Zusamenschlüsse gilt auch hier die Härte, daß jede Gesellschaft im Laufe ihrer Geschichte Wandlungsprozessen unterworfen ist, deren Trend der zeitgenössische Teilhaber zwar sehr direkt beeinflußt, doch ohne den Überblick oder das Vermögen zu haben, die Richtung und Konsequenzen zu erkennen und notfalls zu ändern. Gerade die nomadischen Viehhalter haben tiefgreifende Phasen des Umdenkens und die Neubildung von Prinzipien durchlaufen, denkt man z.B. an die Islamisierung oder an die Gründung von Nationalstaaten, deren Grenzen im Kontext ihrer Wanderungen kaum Sinn machten. Diese, wie viele andere Veränderungen auch, haben die pastoralen Völker sehr wohl intellektuell verarbeitet, sie sogar wirtschaftlich und kulturell integriert, wenn sie Vorteile brachten oder Grundlagen der Stammestradition und -moral sinnvoll komplementierten. Es muß darum hier sehr genau unterschieden werden, auf welcher Stufe dieser Umbildung diejenigen, mit denen man umgeht und arbeitet, stehen; d.h. welche Merkmale und Verhaltensmuster auf welche Fraktion zutreffen; handelt es sich dabei um die noch traditionell regulierte (meist noch mobile) Bevölkerung oder um den Teil, der bereits weitgehend seßhaft geworden ist und keinem klar definierten Lebens- und Wirtschaftsstil mehr folgt. Als sehr überschläglich kann man annehmen, daß das Verhältnis von streng traditionell gegenüber dem " zur Modernität gezwungen " bei einem Drittel zu zwei Dritteln liegt, d.h. die Mehrzahl, ob frei- oder unfreiwillig, den Trend zur Loslösung von tradierten Verhaltensweisen zeigt. Der Grund für diesen relativ hohen Anteil an Traditionsflüchtigen mag vor allem in der stärker als in den andern pastoralen Völkern wirtschaftlichen Unterminierung liegen; denn die Rendille sind es, die zum einen ohnehin sich den schlechtesten ökologischen Voraussetzungen gegenübersehen, zum andern aber auch als Volk " in der Mitte " strategisch am anfälligsten für Viehraub sind. Bei den wirtschaftlich weniger bedrohten Ariaal, die zudem zahlenmäßig viel begrenzter sind und sich deshalb gesellschaftlich stärker kontrollieren (" jeder weiß mehr vom andern "), ist dieser Auflösungsprozeß nicht so auffällig, doch unterschwellig ebenfalls vorhanden. Will man also das " intakte " Gerüst der Soziokultur dieser Gesellschaften sichtbar machen, so kann man sich allenfalls noch am Beispiel der Generation heute in Wahrheit " alter Männer " orientieren, wie der im Jahre 1923 beschnittenen Altersgruppe ILKILEKU.

Abb. 12: Ilkileku: Wissen ohne Resonanz

" Ich blicke zurück ohne Träne nach Westen "

So begann einer der alten Männer die Geschichte seiner Kindheit. Heute geht die Sonne über den Wellblechdächern der katholischen Mission unter, vor der sich selbst noch zu später Stunde die Frauen um ihre Maismehlrationen drängen.
" Von Westen her zogen die Kamele in den Gob und brachten Milch für den Abend. Seelen trinken Milch, die Seelen der Kinder, Krieger, Frauen und Greise. ... Unsere Seelen sind klein geworden ". Und er deutet auf die Mission.
Doch zurück zur Sachlichkeit. Durch welche Einschnitte war die Persönlichkeitsentwicklung dieses alten Mannes und sein Aufstieg zum anerkannten Mitglied der Gesellschaft gekennzeichnet?

Die Kinderzeit

Wie in fast allen Hirtengesellschaften ist bereits die Kinderzeit beeinflußt von der Vorbereitung auf die Pflichten eines künftigen Viehhalters, wobei den erstgeborenen Söhnen absolute Bevorzugung eingeräumt wird; denn sie sind es, die den Gesamtbestand des väterlichen Viehbesitzes einmal übernehmen werden. Dieses unangezweifelte Recht und die damit verbundene Sicherheit prägt den Erstgeborenen, den Vorstand der Familie in spe, schon sehr frühzeitig und läßt ihn erzieherisch in einem Klima des Elitenbewußtseins aufwachsen, an dem die nächstgeborenen Brüder viel geringeren Anteil haben. Ist ihr allererst geborenes Kind ein Sohn, wird sich die Mutter mit einer kunstvollen Haartracht schmücken, Doko genannt, die in der Form eines Hahnenkammes mit Ocker und Tonerde aufgetürmt ist und erst entfernt werden darf, wenn der Sohn beschnitten wird, oder Sohn oder Vater sterben. Damit ist der glückliche Umstand des Erstgeborenen für mindestens 14 Jahre, oft auch länger, für

Abb. 13: " Unsere Seelen sind klein geworden. "

Abb. 14: Die väterliche Herde wird der erstgeborene Sohn erben.

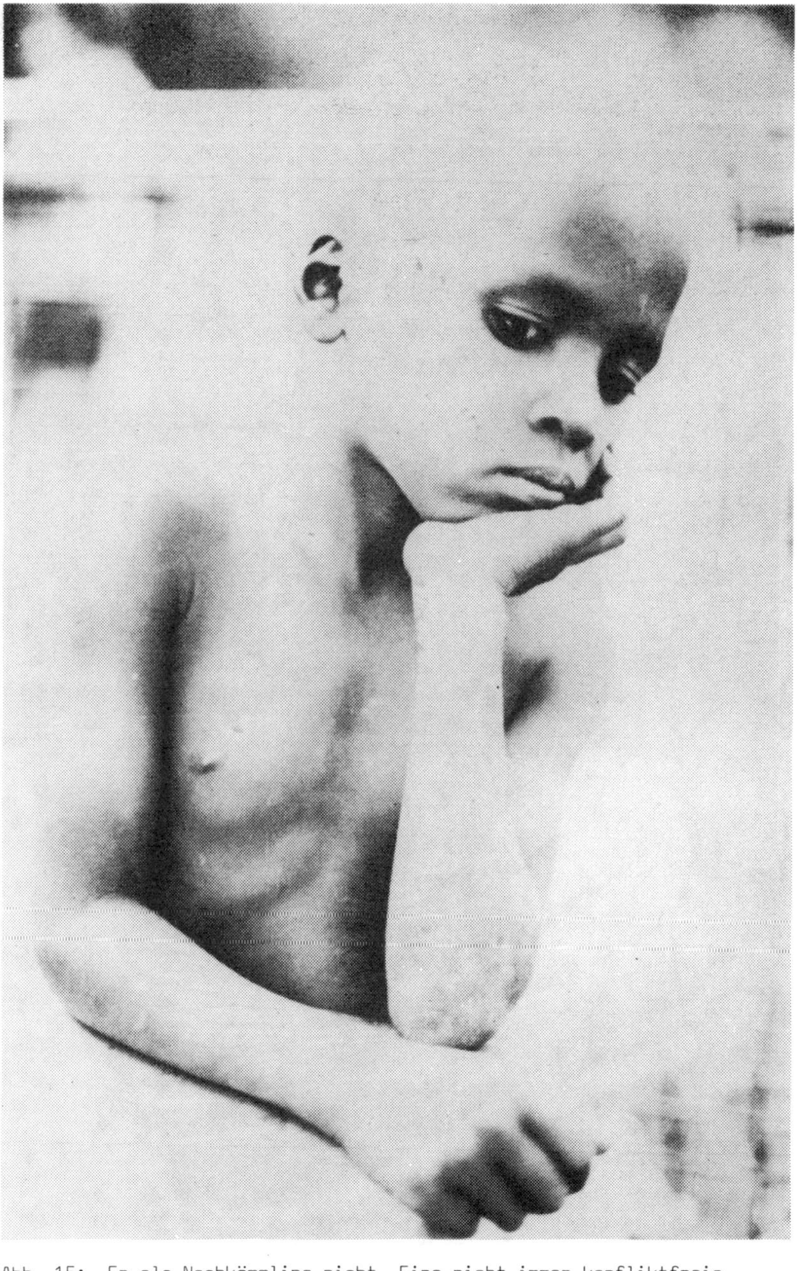

Abb. 15: Er als Nachkömmling nicht. Eine nicht immer konfliktfreie Kinderzeit

Abb. 16: Es sei denn, die Mutter trägt ihren " Doko ", das Zeichen für den erstgeborenen Sohn

Abb. 17: Dann ist die Kinder- und Jugendzeit glücklich

alle Welt sichtbar dokumentiert, und auch das Kind selbst wird zu jeder Zeit an sein Kronprinzendasein erinnert. Die Brüder dagegen sind diejenigen, die durch Arbeitsleistung entweder für den Vater selbst oder für Verwandte aus der väterlichen Linie, wozu auch Altersklassen-genossen desselben gezählt werden, in der Kindheit überzeugen und später sich ihren Viehbestand verdienen müssen. Eine andere Möglich-keit ist, daß der älteste Sohn, und das allerdings nach Gutdünken, seinen jüngeren Brüdern vom Erbe abgibt, aber das steht völlig in seinem Ermessen und ist logischerweise nicht frei von Konflikten. Wahr ist ganz sicher, daß innerhalb der Großfamilie der Besitzende, der, der über das Kapital verfügt, gewöhnlich schon für seine in der Hierarchie tieferstehenden, statusschwachen Anverwandten Sorge tragen wird, doch häufig verbunden mit recht feudalistisch anmutenden Repressalien.
Gerade das Verhältnis zwischen Vater, Erstgeborenen und nachfolgenden Söhnen ist oft nicht ungetrübt von Animosität und Rebellion (gegen unverschuldete Nachteile), wie ebenso gekennzeichnet von unaufrichtiger Überanpassung und gezwungenem Wohlverhalten, von dem man hofft, daß es sich auszahlt.
Das Hüten von Kleinvieh in der Kinderzeit oder " Boyhood " (Kamele und Rinder sind nie der Obhut von Kindern überlassen), ist für die später-geborenen Söhne nicht nur eine selbstverständliche Pflicht, sondern ebenso das entscheidende, psychologische Bindeglied zum Vater und ältesten Bruder, und der Gefühlsbezug ist häufig überlagert vom öko-nomischen Zwang. Zwar ist der Erstgeborene keinesfalls von seinen Hirtenpflichten entbunden, doch wird er sehr bald Wege finden, diese zu reduzieren, d.h. zu delegieren. Dieser Mechanismus von, grob ge-sagt, Ausbeutung wird also bereits in einem sehr frühen Stadium der gesellschaftlichen Entwicklung des - priviligierten - Individuums eingesetzt und betont, was im Zusammenhang zweier Pastoralistengruppen,

Abb. 18: für die Majorität jedoch, die Zweit- und Nächstgeborenen, ist das Hütedasein arbeitsreich

Turkana und Pokot, (S. Schwartz[21], 1982) beschrieben wurde:

" In fast allen viehhaltenden, nomadischen Gesellschaften ist eine scharfe Trennung zwischen Besitz, traditionell dem Vieh, und dessen Management festzustellen. Diese Trennung beweist sich dadurch, daß Eigentümer und Manager so gut wie niemals identisch sind. Die Zuordnung des Besitzes ist innerhalb der Seniorität in der Familie festgelegt, und die Verfügung über den Nutzwert liegt beim Familienoberhaupt. Mit anderen Worten heißt das, daß vom Besitzer des Kapitals keine Arbeitsleistung erwartet wird, sondern er diese auf untergeordnete Familienmitglieder verteilt. "

Diese in ihrem Wesen urkapitalistische Handlungsweise und die ihr zugrunde liegende Philosophie ist relativ durchgängig in allen Hirtengesellschaften Ostafrikas zu finden und erfährt nur bei schwerwiegender Verarmung eine Erschütterung, obgleich auch dadurch es nicht zu einer plötzlichen Bildung einer " Arbeiterklasse " (rekrutiert aus den ehemals Besitzenden) kommt. Im Selbstverständnis bleibt der Kapitalinhaber Besitzender, mit Kapital oder ohne. Dies ist der nicht seltene Grund, warum selbst " viehlose Viehhalter " nur unter größten Schwierigkeiten zu dem Pastoralismus fremden Arbeitsleistungen herangezogen werden können, ein Punkt, der im entwicklungspolitischen Resumee dieser Arbeit noch ausreichend Beachtung finden wird.

Diese Art des Vasallentums ist demgemäß dem Rendille und ebenso dem Ariaal von Kindheit an geläufig, und der Autor dieser Arbeit ist nicht der Meinung, daß es sich hier um gesellschaftliche Systeme handelt, die sich bewußt um den Ausgleich sozialer Härten und den Abbau von rigiden Statusdenken bemühen, Attribute, die gerade sogenannten

" Primitivkulturen " gerne unterstellt werden. Umweltsbedingte Erschwernisse und biologische Härten, selbst hochgradige Existenzbedrohung bewirken nicht unbedingt verstärkte soziale Kohäsion, sondern haben in den hier vorliegenden Fällen eher gesellschaftliche Systeme von ungleicher Chancenzuteilung produziert, die das " Gesetz des Stärkeren " bekräftigen. Trotz des Anscheins der Mühe um kommunales Wohlbefinden, was sich ausdrückt in sehr dicht verwobenen Bond- and Kinships, ist eine organisch gewachsene Grundlage für kooperatives Denken und Handeln, oder vergleichsweise eine freiwillig angepaßte Umverteilung von Besitz, nicht gegeben. Viel eher handelt es sich hier um Gesellschaften, die neben streng hierarchischen auch alle Kennzeichen eines im klassischen Sinne Feudalsystems tragen, gepaart mit sehr ausgeprägt individualistischen Machtansprüchen.

Ohne das Herz eines Löwens: Von der Kinder- in die Kriegerzeit

Dies ist wohl der bedeutendste Statuswechsel im Leben des heranwachsenden jungen Mannes und kann nur durch die Zeremonie der Beschneidung, KHANDI, vollzogen werden, die bei den Rendille wie auch Ariaal nur alle 14 Jahre stattfindet. Der früheste Zeitpunkt, vom Kind zum Krieger oder MORAN zu werden, ist folglich im Alter von 14 Jahren, d.h. wird es unterschritten, selbst nur um wenige Monate, mag zum nächstmöglichen Zeitpunkt das " Kind " fast 28 sein, ehe es den Moranstatus erhält. Ein solches unglückliches Zusammentreffen von Geburtsdatum und dem unverrückbar festgelegten Ritual KHANDI ist gewöhnlich für den Spätling eine erhebliche, psychologische Belastung, bei der ihm die Gemeinschaft kaum ausgleichende Kompensationen einräumt. Wie alle anderen, in der Mehrzahl im Teen- und frühen Twenalter, durchläuft er als eigentlich schon voll Erwachsener das " Schülerdasein " vom Zustand der Unmündigkeit zum akzeptierten

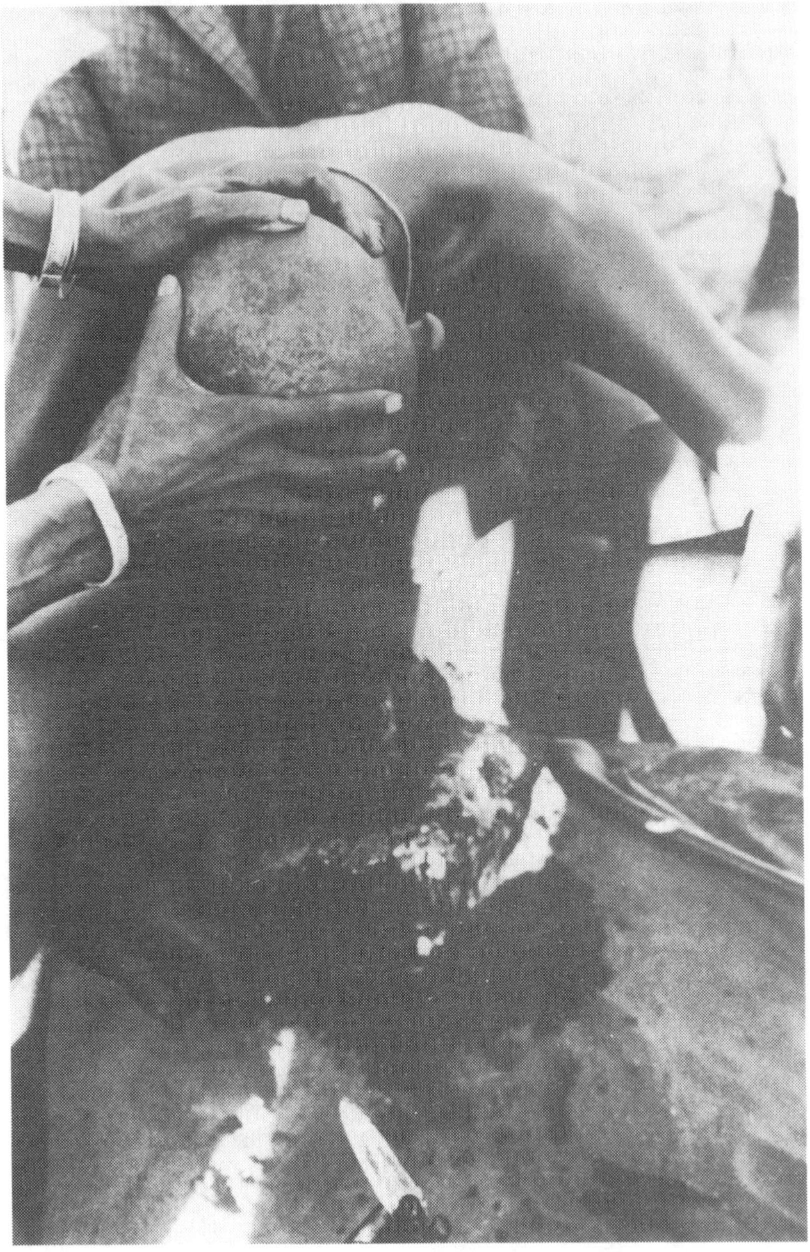

Abb. 19: Wann wird ein Mann zum Mann ?

Abb. 20: Moranism klingt in den Ohren der Obrigkeit wie Vandalism

DAILY NATION, 19.5.1984

DC clamps ban on moranism

NAROK District Commissioner Peter Ndemo has banned *moranism* in the district. The DC announced the ban when addressing a baraza at Nairobi/Ajijik trading centre. He said any leader found encouraging *moranism* among the Masai was an enemy of the people and should be reported to authorities. The DC said young Maasai had been associated with cattle-rustling and directed chiefs and their assistants to ensure no *moranism* was practised in the areas. He said the Government would not allow outdated traditional customs that retarded development. Mr Ndemo appealed to wananchi to help the Government curb the destruction of the Nairobi/Ajijik forest by reporting the culprits to authorities. He said logs were being transported from the forest and warned those doing so to stop the habit immediately.

— **KNA**

Kommunemitglied. Dieses kulturelle Schlüsselereignis, das anatomisch nichts weiter beinhaltet als das Entfernen der Vorhaut, ist in ihrer Bedeutung so überbetont und längst nicht gleichzusetzen mit einer bloßen Volljährigkeitserklärung. Demgemäß sind sowohl die unmittelbaren Jahre vor dem großen Ereignis als auch die danach entscheidend davon beeinflußt, was naturgemäß auch die gesamte Haushaltsökonomie wandelt. Alle Handlungen, besonders die wirtschaftlich diktierten, sind darauf abgestellt, und vergleicht man hierzu die graphischen Darstellungen No.11+15(Fleischverzehr, Schlachtfrequenz) für das Jahr 1979, - der Beschneidung der letzten Rendille-Altersklasse -, wird in der Kulmination der Höchstwerte in den Monaten dieses Ereignisses der gewaltige Unterschied zu anderen Jahren klar. Gleichgültig, wie gut oder schlecht es um die wirtschaftliche Lage bestellt ist, in mehr als dreiviertel der Jahreszeit wird striktester Konsumverzicht geleistet, um zum Zeitpunkt des Festes allen Verpflichtungen nachkommen zu können. Milch und Fleisch im Überfluß ist ein absolutes Muß, so daß die selbstinduzierten Sparmaßnahmen oft Merkmale echter Hunger- und Notzeiten aufweisen.

KHANDI ist ein Fest, das bei der erwachsenen Bevölkerung auch heutzutage 100%ig bejaht wird (s. Tabelle Feiertage S. 112), sinkt jedoch erheblich auf der Bewertungsskala der Schuljungen und -mädchen. Einmal liegt das sehr simpel daran, daß sie dieses Ereignis noch nicht durchlaufen haben, - es noch zu weit entfernt ist -, und deshalb seine soziokulturellen Konsequenzen noch nicht voll übersehen werden. Zweifellos schwerwiegender macht sich jedoch hier der Einfluß der Missionsschulen bemerkbar, die zwar aus Vorsicht nicht offen gegen diesen Brauch polemisieren, ihn jedoch ebensowenig fördern, indem sie ihn ignorieren. Dagegen wird zwanghaft versucht, innerhalb des Curriculums KHANDI gegen die Vorbereitung auf Kommunion und Konfirmation zu ersetzen, was inhaltlich natürlich völlig widersinnig ist und wenig oder überhaupt nicht zur Kooperation der Elternschaft beiträgt. Bei der Befragung: Welche Feiertage sind für Dich wichtig? war in der Gruppe der Schulkinder deutlich der Konflikt spürbar, entweder durch die Antwort KHANDI das Wohlwollen des Missionars zu riskieren oder sich durch die Antwort WEIHNACHTEN das Ansehen eines wahren Christen zu erhalten, was natürlich im Rahmen einer solchen Erziehung viele (auch materielle) Vorteile bringt.

Der Krieger

Ist der Kandidat nun beschnitten, wobei er zwischen 14 und 28 Jahre alt sein kann (s.a. Akquisition einer Herde, S. 107), erwirbt er den Status des Moran. Sein Ansehen ist hochbewertet, denn er gilt als zukünftiger Entscheidungsträger innerhalb des gerontokratisch geregelten Systems. Die abzuleistende Kriegerzeit mit all ihren Entbehrungen und Härten wird als notwendiger Lernprozeß gesehen, - vergleichbar etwa mit einem Konglomerat aus uns bekannten Größen von Wehr- und Ersatzdienst -, wie er für die Handhabung späterer politischer Verantwortung unabdingbar ist. Die darin enthaltene Komponente " Kriegsdienst " und mit ihr sozusagen ein vaterländischer Gedanke, wird auch als solches so verstanden, denn die Armee der Krieger ist in der Zeit der aktiven Ausübung ihrer Pflichten als Schutztruppe der übrigen Zivilbevölkerung gedacht -, unabhängig davon, wie die Krieger selbst darüber denken: sehr viel leichtfertiger und mit fraglos mehr respektiven Bräuten im Kopf als eminenter Feindesgefahr!
Wie schon an anderer Stelle erwähnt, ist das dem Krieger anvertraute Vieh selten sein Eigentum, denn erst durch den Hütedienst und dessen

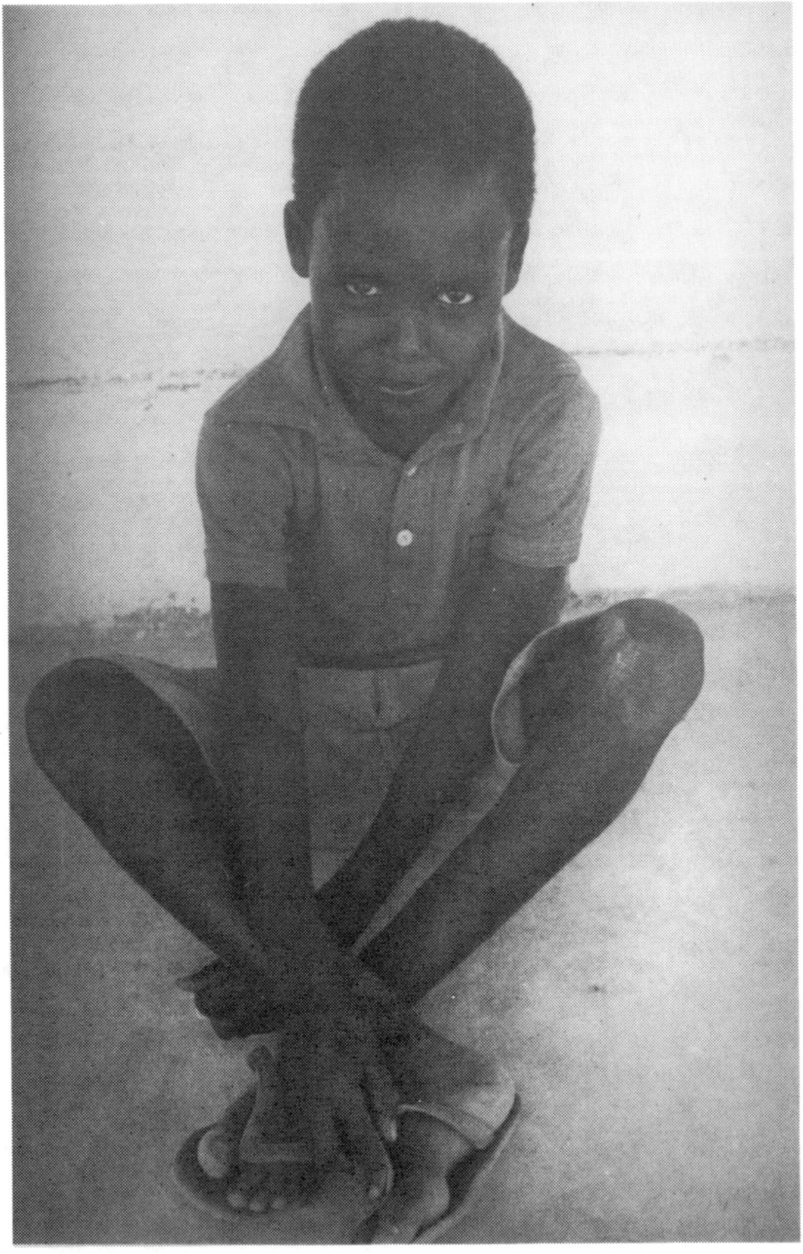

Abb. 21: So sieht die Mission ihre Zöglinge gern

Abb. 22: Und so er sich selbst

Entlohnung schafft er sich seine eigene ökonomische Grundlage.
Geht man davon aus, daß die Mehrzahl dieser jungen Männer nicht zu den priviligierten, erstgeborenen Söhnen mit Erbrecht gehören (was sie ja auch nicht zum Zeitpunkt ihrer Verheiratung wohlhabend macht, lebt der Vater lange), so hat der durchschnittliche, auch später geborene, männliche Stammesangehörige dennoch einen beschränkten, traditionell geregelten Spielraum, sich seinen eigenen Viehbesitz aufzubauen. Hält er sich an die tradierten Normen, ist er frühestens mit 28 spätestens mit knapp 42 in der Lage, seinen eigenen Hausstand zu gründen. Innerhalb dieser Zeitspanne zwischen Geburt und Heirat ergeben sich immer wiederkehrende Gelegenheiten für Viehgeschenke, eine überaus wichtige kulturelle Gesetzmäßigkeit, die dem einzelnen seine wirtschaftliche Basis schafft.
Die nachfolgende Aufstellung von Ereignissen, die Viehgeschenke erfordern und Bezahlungen bestimmter Leistungen wiederum in Vieh, ist in der Praxis allerdings ein nicht immer erreichtes Ziel, denn oftmals sind heute die Familien nicht mehr solvent genug, ordnungsgemäß all diesen Verpflichtungen nachzukommen. Doch trotz des gewissen Modellcharakters, der sich daraus für die heutigen Verhältnisse ergibt, kann damit prinzipiell für den traditionellen Bereich dargestellt werden:

Wie erwirbt man eine Herde?

Das hier herangezogene Beispiel bezieht sich auf die Ariaal-Gesellschaft, da innerhalb ihrer konservativen Struktur diese Üblichkeiten auch heute noch strenger eingehalten werden.
Von der Geburt an bis zur Heirat ergeben sich sowohl einmalige als auch periodische Gelegenheiten, die ganz generell Überschreibung von

Abb. 23: Der erfolgreiche Herdenaufbau hängt davon ab, wie eng man sich an die traditionellen Spielregeln hält.

Vieh verlangen. So erhält z.B. jeder Sohn nominell bereits bei seiner Geburt 8 Ziegen und ein Kamel, bzw. 4 Rinder. Ein weiterer Anlaß ist das Entfernen der unteren Schneidezähne MBWATA, vorgenommen bei den Ariaal etwa im Alter von 10 - 11 Jahren. also noch während der " Boyhood ". Diese, heute als Ritual gewertete Praktik, ist mit großer Wahrscheinlichkeit noch nicht sehr alt und hat ihre Wurzeln im präventiv-medizinischen Bereich. Nach mündlicher Überlieferung sah man darin eine Methode, die von " Locked Jaws " Erkrankten, einer Abart des Tetanus, durch diese Zahnlücke zu füttern. Dieses Krankheitsbild muß vor allem im 19. Jh. weit verbreitet gewesen sein, denn es wird in der älteren Reiseliteratur und auch Archivberichten immer wieder von epidemischem Ausmaß erwähnt. Als es auf nicht geklärte Weise zu einem plötzlichen Rückgang dieser Krankheit kam, behielt man jedoch diesen Usus vorerst als Vorsichtsmaßnahme bei, der sich dann mit der Zeit, eigentlich überflüssig geworden, als Schönheitsmerkmal etablierte.
Auch zu dieser Gelegenheit erhält der Junge, gleichzeitig nun auch schon alt genug, um Schafe und Ziegen zu hüten, Viehgeschenke, üblicherweise 4 Ziegen und 1 Kamel oder wiederum den Umrechnungsfaktor von 4 Rindern, ist die Familie stark Samburu- und weniger Rendille beeinflußt. Simultan dazu ist die Zeremonie des SORIO, ein periodisches Fest der Viehsegnungen im Jan./Feb. und Juni/Juli, Anlaß sowohl für rituelles Schlachten (s. Graphik No. 8 + 9) mit gewöhnlichen Spitzenwerten in diesen Monaten, als auch die Gelegenheit von Viehgaben untereinander als Leih- und Borggeschäfte. Eine wohlhabende Familie wird versuchen, zu jedem SORIO ihren Söhnen jeweils 2 Stück Kleinvieh zukommen zu lassen, so daß über die Jahre sich eine bescheidene Herde akkumulieren kann. Häufig jedoch ist es so, daß die Kapazität des väterlichen Besitzes kaum ausreicht, diese Obligationen zu erfüllen, zumal das rituelle Schlachten absolute Priorität genießt und für Geschenke oft nichts bleibt.

Dies ist natürlich auch abhängig von der Zahl der zu Beschenkenden, so daß aus väterlicher Sicht viele Söhne nicht unbedingt als gottgesandter Segen angesehen werden, wohingegen die Töchter durch die Brautpreisentrichtung entschieden einträglicher sind. Daurauf wird im Zusammenhang mit der Rolle der Frau noch zurückgekommen.
Genauso unzuverlässig ist die Viehgabe im Jahr vor der Beschneidung, die aus 4 Stück Kleinvieh bestehen sollte; ein nicht verhandelbares Muß jedoch für die Beschneidung selbst besteht, traditionell in der Größenordnung von 12 Ziegen und 4 Kamelen respektive 16 Rindern.
Zum Fest des GALGULAME, einem Jahr später als KHANDI, sind noch einmal 6 Ziegen und ein Kamel vorgesehen.
Der Hütelohn des Kriegers beträgt 1 Kamel bzw. 4 Rinder pro Jahr und ist auch konvertierbar in Kleinvieh. Ein Kamel würde heute 36 Ziegen, nicht mehr wie früher ausschließlich weiblichen, sondern Muttertieren, Böcken und Kastraten gemischt, entsprechen. Die traditionellen Viehkurse haben also auch eine Devaluierung erfahren. Sind Rinder in der väterlichen Herde die dominierende Tierart, was jedoch in den trockneren Regionen stark nachläßt, sind die Umrechnungsfaktoren nicht mehr konstant, sondern verhandelbar je nach Kondition der Tiere. Trotz des insgesamten Rückgangs dieser Tierart aufgrund verschlechterter, ökologischer Bedingungen, bevorzugen Ariaal-Krieger stärker als früher eine Entlohnung in Rindern (statt Kamelen), - siehe dazu Tabelle No. 1, Präferenzen der Haustierarten bei verschiedenen Alters- und Geschlechtsgruppen -, bedingt durch den Trend, eher Samburu- als Rendillefrauen zu heiraten. Davon war bereits im Zusammenhang mit dem dominierenden Sprachverhalten in dieser Mischgruppe die Rede. Ganz allgemein kommt den Großtierarten, Rind und Kamel, eher eine höhere soziokulturelle als wirtschaftliche Bedeutung zu, sieht man von der Milchleistung des Kameles ab (s. Graphik No. 6); denn alle sozialen Verpflichtungen,

vor allem der Brautpreis, werden durch sie abgegolten.

Soll und Haben in der Viehbilanz

Die Rendille, kultur- und wirtschaftsgeprägt vornehmlich durch die Kamelhaltung, werden demzufolge z.B. den Brautpreis in Form von 9 Kamelen entrichten plus eines Kamelochsens zum Schlachten, für die Samburu als überwiegende Rinderhalter sind 8 weibliche Rinder plus ein kastriertes Schlachttier üblich. Bei den Ariaal treffen nun beide Kulturen aufeinander, womit eine Option gegeben ist, für welche Viehwährung man sich entscheidet, respektive welche Frau, Samburu oder Rendille, man sich dadurch erwirbt. Es ist keinesfalls eine sprachliche Entgleisung, spräche man hier von einem echten " Kuhhandel ", der maßgeblich die Eheschließung bestimmt, dabei jedoch diametral sich verhält zum nicht mehr adäquaten Anpassungsvermögen des Rindes an diese Art von Biotop. Die " billig " eingekaufte Frau erweist sich sehr oft schon nach kurzer Zeit als teuer, wenn die für sie bezahlte Währung ihren Einbruch an der biologischen Börse erfährt, wie es z.B. in Dürrezeiten unweigerlich der Fall ist. Die Überlagerung durch die Samburukultur innerhalb der Ariaal-Gesellschaft hat zu einer verstärkten Fragilität der wirtschaftlichen Basis geführt, von der abzuwarten bleibt, ob sie nicht schon bald wieder eine Änderung erfahren wird.
An diesem Beispiel wird sichtbar, daß die Kriterien und Motive dieser Völker für ihre Handlungsweisen nicht mit den Maßstäben einer europäischen " Vernunft " zu messen sind, sondern hier besteht eine " Rationale des Augenblicks ", im wesentlichen diktiert von den gerade vorherrschenden Umweltverhältnissen, wobei das soziale und kulturelle Klima miteingeschlossen ist. Wie in fast allen Völkern, die sich an extrem starke Schwankungen innerhalb ihres Lebens- und Wirtschaftsbereiches immer wieder aufs neue und zumeist ad hoc anpassen müssen,

TABELLE 1:

ALS BEVORZUGT ANGEGEBENE TIERART IN VERSCHIEDENEN ALTERS- UND GESCHLECHTS-GRUPPEN EINER PASTORALEN GESELLSCHAFT, ARIAAL (% INNERHALB DER BEFRAGTEN GRUPPE)

GRUPPE	GRUPPENGRÖSSE	KAMEL	RIND	SCHAF+ZIEGE
ALTE MÄNNER	50	56	18	26
JÜNGERE VERHEIRATETE MÄNNER	50	36	12	52
KRIEGER	50	42	46	12
ÄLTERE KNABEN	50	60	40	-
VERHEIRATETE FRAUEN	50	-	16	84
WITWEN	50	-	6	94
ALLE MÄNNER	200	48,5	29	22,5
ALLE FRAUEN	100	-	11	89
ALLE	300	32	23	45

kann es nicht anders sein, daß auch Heirat und Familiengründung nicht unbeeinflußt sind von wirtschaftlichen Zwängen, wie es auch im ländlichen Europa bis vor kurzem durchaus üblich war und teilweise noch immer ist. Dabei müssen sich Zuneigung und Gefallen aneinander nicht ausschließen, nur sind diese Faktoren von untergeordneter Priorität. Ist also hier vom Trend die Rede, zu Zeiten einer wirtschaftlichen Rezession sich eher mit der Samburu-Kultur zu verbinden, so liegt nach Meinung des Autors dem nichts weiter zugrunde, als daß der zu zahlende Brautpreis schlicht niedriger ist.

Doch zurückkomend auf das Modell der Herdenakquisition (Graphik No. 1): Hier ist durchgängig die Währung Kleinvieh und Kamel angenommen, weil durch sie sich einfacher die Prinzipien von Gewinn und Verlust darstellen lassen. Nimmt man den Idealfall an, daß zwischen Geburt und Heirat tatsächlich alle Sozialschulden gegenüber dem Empfänger ordnungsgemäß abgedeckt werden, so zeigt sich in der Bilanz sehr klar der wirtschaftliche Vorteil für die, die den traditionellen Ablauf von der Kinderzeit über den vollständig abgeleisteten Dienst als Krieger bis hin zum traditionell festgelegten Zeitpunkt der Heirat strikt einhalten. In dieser Zeitspanne kann, unabhängig davon, wann die Beschneidung für den einzelnen ansteht, so viel Viehkapital erworben werden, wie es sowohl für die Zahlung des Brautpreises als auch durch den verbleibenden Rest für eine Hausstandsgründung nötig ist. Hierbei ist allerdings vital, daß vor allem die Hütejahre gegen Entlohung voll abgeleistet werden, denn nur durch sie wird die Investition des Brautpreises überhaupt zumutbar. Verkürzt sich diese Hütezeit, wie es heute durch Schulbesuch mehr und mehr zur Norm wird, destabilisiert sich damit automatisch auch die wirtschaftliche (pastorale) Ausgangsbasis des Haushaltsvorstandes in spe. Wie rigoros und mit welchen Sanktionen belastet der Schulbesuch

GRAPHIK 1: AKQUISITION EINER HERDE

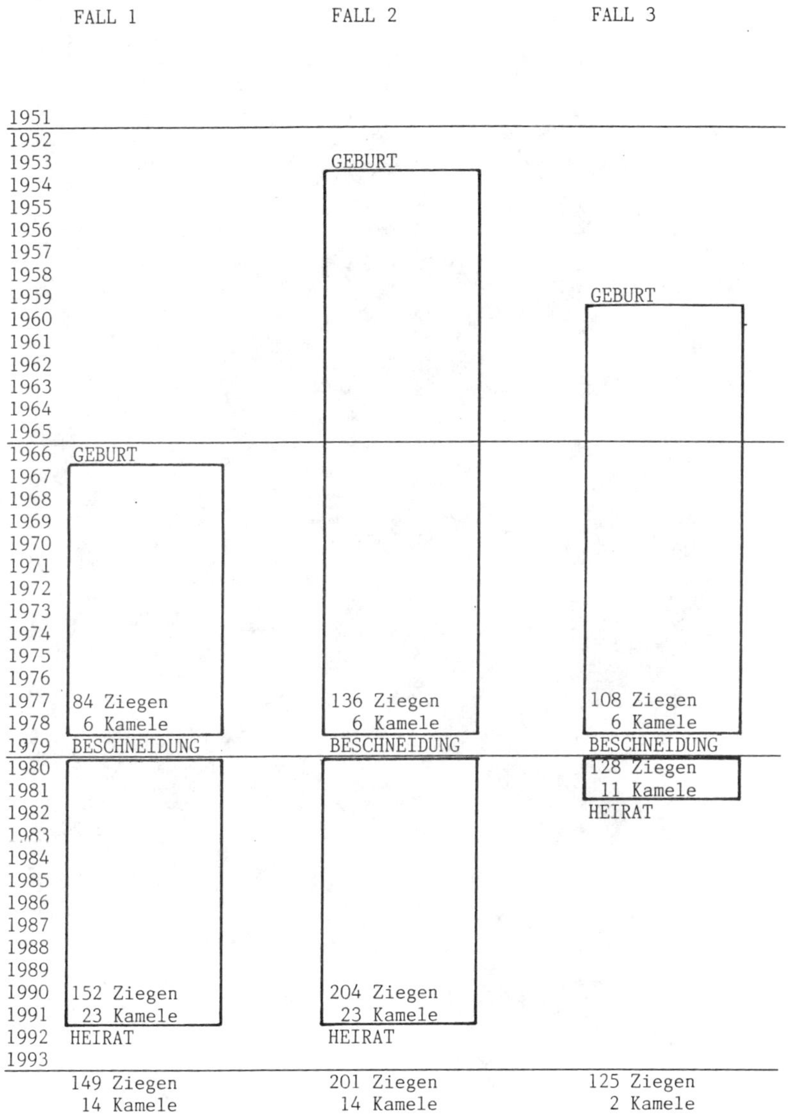

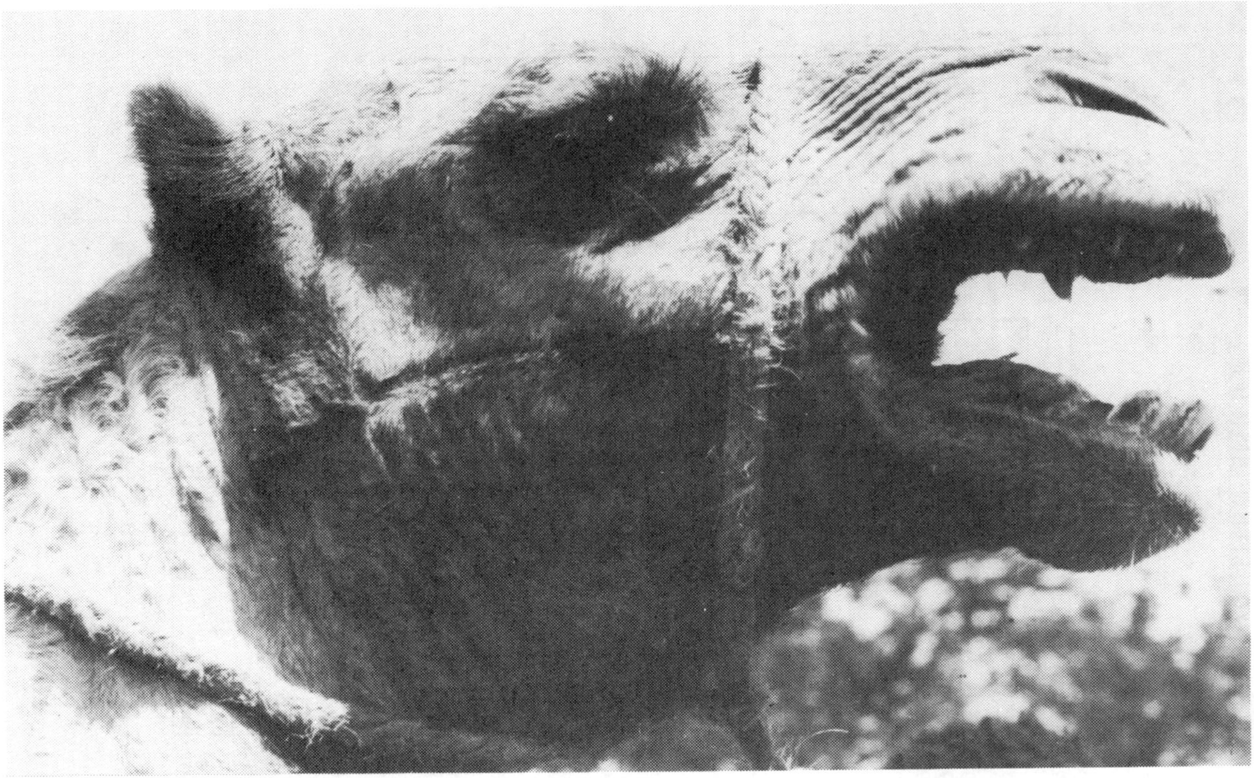

Abb. 24: Bei der Akquisiton einer Herde sind Kamele die beste Kapitalanlage

THE KENYA TIMES, 7.1.1984

Pay fees or give up livestock — Kaaria

THE government may have to confiscate and auction livestock belonging to parents who denied their children a chance to go to school and use the proceeds to pay their fees, the North Eastern provincial commissioner, Mr. Benson Kaaria, has warned.

He termed such parents as retrogressive elements. He was receiving the area provincial education officer, Mr. Omar Sheikh Farah, who called on him to review educational progress in the province.

He said students from North-Eastern province who had been offered places in national schools must ensure they got to their selected schools without failure.

Kaaria, who was impressed by the general performance in CPE by the province, directed that parents whose children had been admitted into secondary schools should encourage and take serious steps to ensure that such students reported to their respective schools without delay when the schools will be opened.

"Parents should tighten their belts to pay school fees for all those students who have been offered places in national schools without failure," said Kaaria.

He further emphasised: "It is a must that all the 160 students selected report to their schools when opened".

Kaaria said *wananchi* in the province should take their share of the national cake when it is offered before they were overtaken by events.

Cautioning parents, the PC said lame excuses, such as lack of school fees would not be entertained.

Kaaria announced that a *harambee* fund-raising would be conducted in Garissa *Baraza* park on January 13 in aid of destitute children from Wajir, Mandera and Garissa districts who did not have fees required in national schools.

He noted that a select committee would be formed to scrutinise and verify deserving cases who came from poor families in order to avoid such opportunities being taken by students from well-to-do families.

—*KNA*

von Regierungsseite aus durchgesetzt wird, macht der Artikel aus der KENYA TIMES nur zu deutlich. (s. " pay fees or give up livestock ")
In dem hier vorliegenden Modell ist das an drei Fällen demonstriert:
FALL 1 zeigt die gesellschaftlich und persönlich angenehmste Konstellation, die Beschneidung zum frühest möglichen Zeitpunkt, wodurch eine Heirat zum erstmöglichen Termin vollzogen werden kann. Dieser Vorteil, zu jedem der Schlüsselzeitpunkte " jung " zu sein, wird jedoch dadurch eingeschränkt, daß zwischen Geburt und KHANDI nur 14 Jahre liegen, somit sich die Viehgaben der jährlichen SORIO-Zeremonien sich entsprechend verringern und innerhalb dieser Zeitspanne durch diese Gelegenheiten nur 56 Stück Kleinvieh erworben werden können. Alle anderen Ereignisse bleiben ansonsten unberührt.

FALL 2 zeigt das andere Extrem, die Beschneidung zum spätesten Termin mit fast 28 Jahren. Dieser vor allem psychologische Nachteil, nämlich als längst erwachsener Mann immer noch die Behandlung eines " Kindes " erfahren zu müssen, wird dadurch etwas ausgeglichen, daß sich die an die SORIO-Zeremonie gebundenen Viehgeschenke verdoppeln (gegenüber Fall 1); d.h. im Fall 2 ist durch die Länge des Zeitintervalls zwischen Geburt und KHANDI die größte Akkumulation von Vieh garantiert.

FALL 3 zeigt einen in der Mitte angesiedelten Normalfall mit einem angenommenen mittleren Beschneidungsjahr von 21 Jahren, bei gleichzeitiger Unterstellung, daß der Beschneidungskandidat die Schule (in den meisten Fällen die 7jährige Primarschule) besucht hat. Hier wäre die Zeitspanne zum Vieherwerb ausgewogen, wird jedoch durch eine verfrühte Heirat, mit 23 also zwei Jahre nach KHANDI, abgebrochen. Zwar sind die SORIO-Viehgaben vor der Initiation noch angemessen, es entfallen jedoch alle Geschenke nach der Eheschließung und vor allem die Entlohnung von 12 Jahren

Hütedienst in Kamelen (oder Äquivalenten). Zum Zeitpunkt der Heirat ist also die wirtschaftliche Basis dieses Kandidaten am schwächsten, d.h. nach Bezahlung des Brautpreises ist er praktisch bankrott.

Hinsichtlich der zukünftigen Entwicklung ist wenig damit gedient, eine solche Bilanz, die fraglos hier das traditionelle System in seinem Sinn bestätigt, als entwicklungspolitisches Argument für eine modifikationslose " Rückbesinnung auf die gute alte Zeit " zu benutzen. " The inevitable change ", die unvermeidliche Veränderung von in ihrer Struktur " unveränderbaren Zivilisationen " hat eingesetzt, was wenig Kompromisse offenläßt. Realistisch ist es heute nicht mehr vertretbar, die Schulerziehung einem, und sei es lokal noch so sinnvoll, Kriegertum mit allen sich nirgendwo sonst mehr einzupassenden Obliegenheiten unterzuordnen. Wer das postuliert, will in Wirklichkeit nur einen Zoo kreieren, der ihn von der Verantwortung enthebt, diesen Völkern Möglichkeiten für eine neue, und es sei dahingestellt ob bessere, Anpassung an eine sich rapide verändernde Welt zu weisen, mit der keiner zufrieden ist, die jeder zeitweilig haßt, aber die der Kontrolle des einzelnen vollständig entglitten ist.

Ein solches Beispiel mit seiner ausgewiesenen Konsequenz kann jedoch klarmachen, wie wenig kompatibel die traditionellen Verankerungen in diesen (und auch anderen) Gesellschaften mit den Forderungen einer modernen, voreilig als fortschrittlich ausgewiesenen Nation und die Erfüllung jener Progressivität unweigerlich mit Verlusten verbunden sind; sei es auf der Ebene der überzitierten Identität oder auf Kosten einer, wie hier, nur im konservativen Rahmen zu erhaltenden, wirtschaftlichen Stabilität.

Zeremonien als Einflußfaktoren

Hier sollen vor allem die Festlichkeiten vorgestellt werden, die später auf die quantitativen Untersuchungen im Konsum- und Vermarktungsverhalten der nomadischen Viehhalterhaushalte ihren wirtschaftlichen Einfluß haben. Dazu sei kurz vorgestellt, welche Zeremonien noch immer die häuslichen Abläufe mitbestimmen, d.h. was zu welchen Zeiten getan wird, das ohne geeignete Information über die soziokulturellen Hintergründe unerklärlich bliebe. Jede dieser Zeremonien und Rituale könnte in detaillierter Beschreibung ein ganzes Buch füllen, in diesem Zusammenhang sei es darauf beschränkt, sie als gültige Einflußfaktoren auf die haushaltsökonomischen Usancen als maßgeblich zu erwähnen.

Wie im Verlaufe des Textes versucht wurde deutlich zu machen, ist das Muster, nach dem das Rendille- und Ariaal-Leben heute 1984 abläuft, eine nicht immer durchsichtige Mischung von zum Teil noch echtem, sklavischen Gehorsam gegenüber tradierten Normen, zum Teil des Anscheins, diese noch zu befolgen und dem oft genug unglücklichen Kopieren von als " fortschrittlich " geglaubten Benehmens, wie man es vage im restlichen Kenia vermutet. Hier ist es nicht erstaunlich, daß durch Schul- und Missionsarbeit der Hauptanteil der Informationsübermittlung geleistet wird, d.h. es sind im wesentlichen die Schulkinder, die das Wissen " was draußen vorgeht " an die Eltern weitergeben. Auch hier ist für die Entfremdung, - oder positiv ausgedrückt: für das Sich-vertraut-machen mit außerhalb des Stammesterritoriums sich vollziehenden Geschehens -, die Kenntnis und Bewertung von Feiertagen, traditioneller, christlicher, mohammedanischer und nationaler, ein guter Indikator. Hier zeigen die " alten " (verheirateten) Männer, die verheirateten Frauen und die Krieger, die nicht zur Schule gehen, den stärksten Hang

TABELLE 2:

VON VERSCHIEDENEN GRUPPEN ALS BEDEUTEND GENANNTE FEIERTAGE UND ZEREMONIEN (% DER BEFRAGTEN GRUPPE)

GRUPPE ANZAHL	Schuljungen 50	Krieger 50	Alte Männer 70	Verheir. Frauen 50
ALMADHO	68	40	87	92
BESCHNEIDUNG	60	100	100	100
GALGULAME	42	72	38	20
HARAFA	16	24	25	50
HEJTI DELATI	-	-	2	12
HERRI LATHURO	-	20	1	-
ILMUGET	-	76	74	68
KAJJO	32	-	-	-
LOMORRO	54	-	-	-
MINDISHO	-	8	100	100
ORRE LAGORAHA	-	50	20	-
SADAKA	-	-	-	6
SORIO	36	64	81	80
Weihnachten	68	14	23	38
Ostern	26	2	4	12
Idd ul fitr	12	2	6	6
Jamhuri Day	58	8	10	2
Kenyatta Day	16	6	4	2
Madaraka Day	44	10	17	-

zum Traditionalismus, wobei die Beschneidung KHANDI in allen drei sozialen Gruppierungen an erster Stelle steht, MINDISHO, die Eheschließung nur bei denen, die sie bereits vollzogen haben. Dies mag hinsichtlich der Krieger, die ja eigentlich im Ableisten ihres Hüte- und Militärdienstes auf dieses Ereignis hinarbeiten, seltsam erscheinen, daß sie diesem kaum Bedeutung beimessen. Es erklärt sich jedoch aus ihrer psychologischen Disposition. Der traditionelle Moran führt ein Leben fern der Siedlung, einzig beschränkt auf das Hüten der Herden und im sozialen Kontakt mit seinesgleichen---, und vor allem mit sich selbst. Verantwortung, außer für das ihm anvertraute Vieh, oder gar Rücksichten werden nicht von ihm verlangt, und so durchläuft er unbehindert eine Phase der Selbstbewunderung, in der er ohne Korrektur das ganze Ausmaß seiner temporären Eitelkeiten pflegen kann. Keine andere Gruppe innerhalb der Gesellschaft hat so viele status-spezifische Zeremonien kreiert wie die der Moran, und auch keine andere legt so viel Wert auf ihr äußeres Erscheinungsbild. Vor allem in der stark samburusierten Gesellschaft der Ariaal ist die Zeremonie des ILMUGIT, - das Schlachten des weißen Bullen -, die die Altersklasse zu einer lebenslang verpflichteten Einheit zusammenschweißt, ein zentrales Ereignis; und auch die Familie, - in absentia der Kriegersöhne -, wird ILMUGIT mit großem Aufwand begehen. Rituelle Gelegenheiten wie diese beeinflussen erheblich das gesamte wirtschaftliche Gebaren und werden später bei der Interpretation von Konsummustern im quantitativen Teil der Arbeit ihren Niederschlag finden.

Andere Festlichkeiten dagegen , wie GALGULAME, HERRI LATHURO oder ORRE LAGORAHA, sind reine Kriegerangelegenheiten, die irgendwo draußen als Schlachtorgie im Busch stattfinden, von denen jedoch die Familie unberührt bleibt. ALMADHO dagegen, das jährliche " Milchfest ", ist eine der wenigen Zeremonien, die nicht auf eine bestimmte soziale Gruppe

bezogen ist, sondern für alle gilt. Üblicherweise fällt sie zusammen mit dem Beginn der langen Regen im März/April, wobei durchaus nicht immer gegeben ist, daß Milch bereits in großer Quantität zur Verfügung steht. Hier kommt es nicht selten zu einer gefährlichen Konkurrenz zwischen den gerade geborenen Jungtieren und dem übermäßigen Anspruch bezüglich des Milchkonsums, den diese Zeremonie stellt.
Nachfolgend seien die Zeremonien und Rituale hervorgehoben und aufgezählt, die für diese Arbeit Bedeutung haben und in ihrer Auswirkung auf die haushaltsökonomischen Erscheinungsbilder miteinbezogen worden sind. Sie korrespondieren gleichzeitig mit der Bewertungsskala der Feiertage, deren Auflistung hier im Anschluß folgt. Das sind SORIO, zweimal jährlich stattfindend als periodisches Fest der Viehsegnungen, d.h. jeder SORIO ist eine Bündelung, die sich einmal auf das Kleinvieh, und zum zweiten auf die Kamele bezieht. Korrekterweise handelt es sich eigentlich um vier rituelle Gelegenheiten, zwei jeweils in kurzen Abständen hintereinander. SORIO ist in erster Linie das Fest der Hausschlachtungen, da beide rituellen Gelegenheiten aber auch auf der Höhe der Trockenzeit stattfinden, wird auch verstärkt vermarktet oder getauscht für Zucker, Teeblätter und Maismehl. ALMADHO wurde als Milchfest erwähnt, erfordert für die meisten Haushalte jedoch ebenfalls das Schlachten - meist eines Schafes. Dies muß jedoch nicht strikt eingehalten werden. ILMUGIT begrenzt sich wie KHANDI auch auf eine einmalige Gelegenheit innerhalb des 14-Jahre-Intervalls. Beide Zeremonien fielen jedoch in den Berichtszeitraum, so daß ihr immenser Einfluß entsprechend berücksichtigt werden konnte. MINDISHO, die Heirat, hat an sich ähnlichen Charakter und wird einmal - traditionell - während des Alterszyklus vollzogen. Dies ist jedoch stark in der Auflösung begriffen, und Eheschließungen nehmen mehr und mehr individuellen Charakter an, so daß ein Fest der " Massenhochzeit " im Rahmen dieser Arbeit nicht auf-

taucht. Nichtsdestotrotz waren während der Untersuchungszeit fast alle Jahre in bestimmten Monaten von der einen oder anderen " Großhochzeit " einer oder mehrerer angesehener Familien beeinflußt, die auch für Fremdhaushalte Anlaß war, mehr als gewöhnlich zu konsumieren. Auf solche Situationen wird dann entsprechend hingewiesen. Nicht unerwähnt darf in diesem Zusammenhang auch HARAFA bleiben, bei dem man die Geburt des ersten Kindes, eines Sohnes, feiert. So zentral dieses Ereignis für den Einzelhaushalt ist, so wenig beeinflußt es jedoch das haushaltsökonomische Verhalten insgesamt; dagegen sind Weihnachten, Ostern und Idd-ul-Fitr sowohl im Könsum- als auch Vermarktungsverhalten durchaus spürbar, mit vor allem zu diesen Anlässen vergebener Nahrungsmittelhilfe, und damit verstärkter Tendenz zum Verzehr von Getreideprodukten.

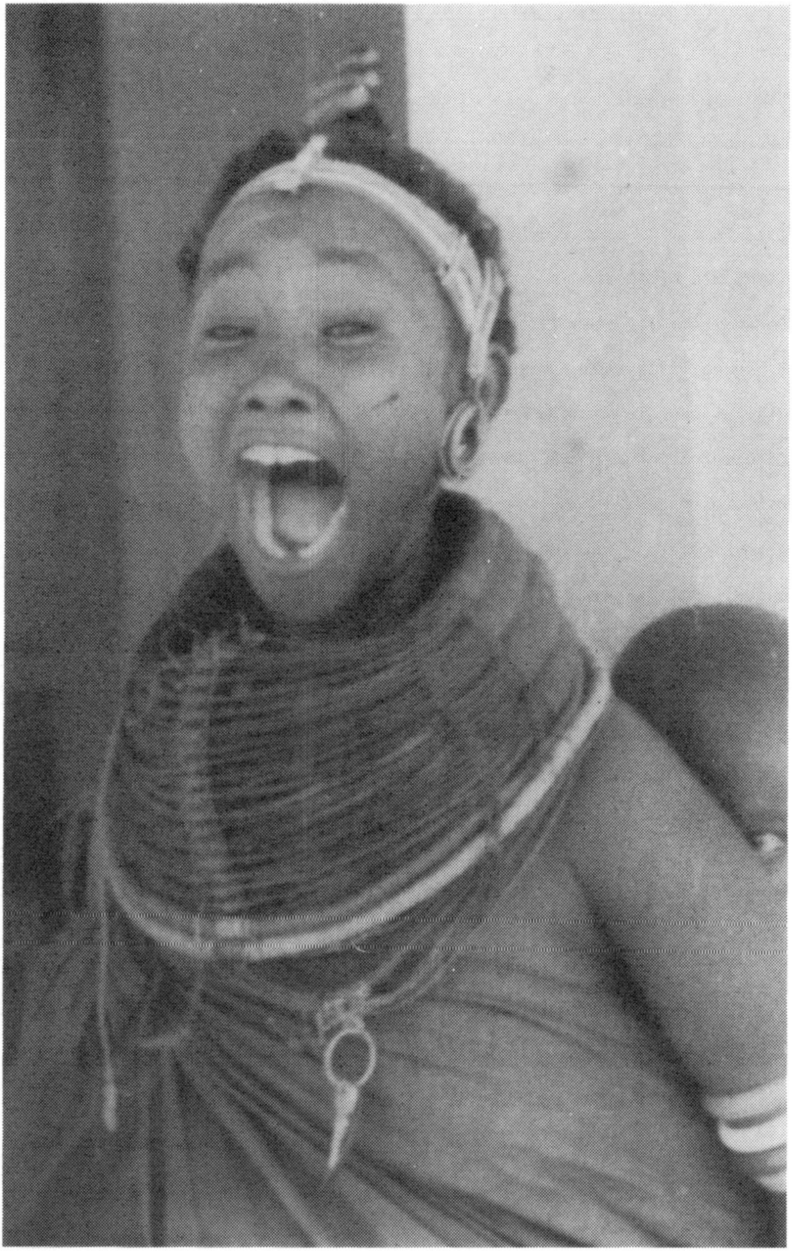

Abb. 25: Trotz vieler Härten bleibt ebenso Raum für spontane Fröhlichkeit, nicht nur unter den priviligierten Männern

An der vermeintlichen Peripherie: Die Frau

Nicht zu unrecht muß man nach all dem bisher Gesagten den Eindruck gewinnen, daß es sich bei beiden Gesellschaften, Rendille und Ariaal, um Strukturen handelt, deren maßgebliche kulturelle und soziale Merkmale fast mit Ausschließlichkeit um den Mann zentriert sind. Ob als Kind, als Krieger oder wenn dann verheiratet als, je nach Grad seiner Persönlichkeit, respektierter Politiker und Ratgebender, ist er es, der gesellschaftsspezifisch die Macht- und Hierarchiemuster bestimmt. Hier bilden die nomadischen Viehhalter gegenüber anderen afrikanischen Gesellschaften keine Ausnahme, wobei u.U. in den hier vorliegenden Beispielen die Befugnisse der Frau eher größer sind, als es etwa in vergleichbaren (d.h. auf ähnlichem Wirtschafts- und Kulturniveau angesiedelten) Ackerbaugesellschaften der Fall ist.
So wie die Söhne werden auch die Töchter sehr früh mit den Pflichten eines Viehhalterhaushaltes vertraut gemacht, d.h. die Sorge und die Sorgfalt um die Herde, im wesentlichen allerdings beschränkt auf Kleinvieh Schaf und Ziege und für den Transport des Hausrats Esel, stehen im Vordergrund auch der Mädchenerziehung. Im Gegensatz zu ihren Brüdern steht dem jungen Mädchen jedoch nur wenig Zeit zur Verfügung, ihre Persönlichkeit zu entwickeln ehe sie heiratet; dieser Prozeß vollzieht sich erst, wenn sie bereits erhebliche Verantwortung für eine meist schon durch Kinder komplettierte Familie zu tragen hat. Das übliche Heiratsalter liegt zwischen 14 und 17 Jahren, wobei nach streng traditioneller Manier immer ein Altersunterschied zwischen ihr und dem Ehemann von mindestens 15 Jahren besteht, in der Regel jedoch mehr als 20 Jahre beträgt. Fast ausnahmslos ist damit, wenn auch unterschwellig, eher die Fortsetzung eines Vater-Tochter-Verhältnisses zumindest in den ersten Ehejahren

gegeben, wo sich Partnerschaftskonflikte vorerst gar nicht stellen; denn nur die geistig und seelisch voll entwickelte Ehefrau wird, und das dann zu einem erheblich späteren Zeitpunkt in ihrem Leben, die Machtansprüche innerhalb der häuslichen Domäne korrigieren und sehr wohl dann auch die ihr zustehenden Rechte durchsetzen. Bis es jedoch dazu kommt, ist die Zeit meist ausgefüllt mit der von ihr spontan erwarteten Gebärfähigkeit, der sie durch dicht zusammenliegende Schwangerschaften und Geburten nachzukommen sucht.

Ein 1980 in 100 Einzelfamilien durchgeführter Survey mit Müttern, die das Alter der Wechseljahre erreicht hatten, ergab, daß diese im Durchschnitt 8 Schwangerschaften durchlaufen hatten, wobei eine Totgeburt und zwischen 3-4 Aborte die Norm war. Drei Kinder erreichten im allgemeinen das Erwachsenenalter, eines verstarb während der Kinderzeit, meist im Kleinkinderalter zwischen ein und drei Jahren. Die Kindersterblichkeit als solche war unter den gegebenen Umständen mit 25% erstaunlich niedrig, um so höher jedoch die Abortrate. Ohne daß es dem Bearbeiter möglich ist, ins medizinische Detail zu gehen, ist als Grund dafür in der sehr weitverbreiteten zoonotischen Erkrankung der Brucellose, einer blutparasitären Krankheit (auch als Brucella Abortus Bang bekannt) zu suchen, die vor allem durch den Genuß von nicht abgekochter Milch sowie dem direkten Kontakt mit erkrankten Tieren übertragen wird. Oft verläuft das Krankheitsbild subklinisch und ohne ausgeprägte Symptome bis auf die starke Neigung, den Fötus verfrüht abzustoßen. Dies gilt sowohl für Mensch als auch Tier.

Frei von jedem Zynismus oder Menschenverachtung sollte bei diesem ungesunden und abnormen Erscheinungsbild jedoch nicht der bevölkerungskontrollierende Effekt übersehen werden, der hier bedingt durch das sehr enge Operieren zwischen Viehhalter und Vieh entsteht. Auch hier liegt indirekt, wenn auch auf pathologischer Ebene, ein Regulativ und ein Anpassungsmechanismus vor, der sich aus dem Zusammenwirken von Umwelt und Wirtschaftsweise ergibt und damit eine bestimmte Balance erhält.

Trotz ihres sehr jungen Alters wird der frisch verheirateten Frau jedoch der Status einer " vollwertigen Ehefrau " im gesellschaftlichen Sinne uneingeschränkt zugestanden, was durch ihre Beschneidung am Morgen des Hochzeitstages manifestiert wird. Rendille und Ariaal praktizieren Cliterectomie und Entfernung der kleinen Labialen, was im Gegensatz zur Männerbeschneidung ein unleugbar höheres gesundheitliches Risiko darstellt. Doch trotz der immer wieder vehement geführten Diskussion um das Für und Wider dieser noch in vielen Ländern Afrikas ausgeübten Praktik, die in Kenia seit kurzer Zeit sogar als verboten gilt, wird für die hier betroffenen Frauen noch eine lange Zeit vergehen, bis ein solches Gesetz Fuß fassen kann. Alle Frauen, - ausnahmslos -, die im Laufe der Forschungszeit von insgesamt 10 Jahren zu diesem Thema befragt wurden, sprachen sich rückhaltlos <u>für</u> die Frauenbeschneidung aus, wobei weder Herkunft noch eine etwaige Schulausbildung eine Rolle zu spielen schienen. Gerade bei den Rendille/Ariaal-Frauen und Mädchen erscheint dieser mit großer Intensität verteidigte WUNSCH um so verständlicher, da sie als " Kinder " verheiratet nur so gesellschaftliches Ansehen und Respekt erwerben können, die wiederum ihnen den notwendigen Entscheidungsspielraum für die gleichermaßen zugemutete Verantwortung einer " erwachsenen Frau " garantieren. Es ist darum kaum vertretbar, die Frauenbeschneidung - ohne ihre fraglos oft schweren gesundheitlichen Konsequenzen zu unterschätzen - einäugig durch den Spalt einer auch in der westlichen Welt gerade erst geöffneten Tür in eine weniger durch Repressionen geprägte Frauensphäre zu betrachten. Riten wie diese sind viel tiefer im äußerst sensiblen

DAILY NATION, 13.9.1983

The merits of circumcision

I was disgusted by a report that district administrators of a certain area invaded a girls' circumcision ritual as it was about to begin thereby aborting it.

While I do not dispute the clinical side-effects associated with the operation, I do not think they outweigh the social side-effects that accrue from not circumcising our girls.

One of these social ills is rudeness to the in-laws on the part of these girls when they are married. For example, if she is an only child and it is perfectly clear that as your wife she should attend to your ageing parents, she will frequently sneer at your old parents.

In time she will even urge you to look for an alternative settlement, say, two kilometres away from your helpless parents, to be away from them, as the Bible says: "You leave them to die of cold and hunger, thirst etc."

Another vice arising out of not circumcising girls is prostitution. Believe you me, 99.9 per cent of all the women attracted to the trade were never circumcised. I am not ashamed to say that I know this, I have gone with several twilight girls and out of sheer curiosity, I have always been able to establish that they evaded the operation.

Mumbu Umwe,
Nairobi.

THE STANDARD, 5.1.1983

Family should decide on circumcision

WHEN I read your article under the heading "The truth about female circumcision", I couldn't help wondering why some people poke their noses where they are not wanted.

Female circumcision has been going on for many centuries and I pity people such as Fran Hosken who are devoting most of their time and good money to make sure that our cultural herritage is dumped into the dustbins of history.

The big concept behind female circumcision was that it acted as a seal to mark the stage when a young girl passed from childhood to adolescence and presumably adulthood.

This was a very important psychological belief because the initiated girl shed away her childish behaviour and started thinking maturely.

At this stage the girl made sure that her character and conduct were good enough to attract her would-be husband.

It was also during circumcision ceremony when the initiate had to be acquainted with our African culture and her responsibilities as a woman. Members of the family and clan sang sweet songs which were pregnant with wisdom reflecting our culture.

Ngugi wa Githuku,
Nyahururu.

DAILY NATION, 26.7.1983

Female circumcision under fire

FEMALE circumcision has come under heavy attack at the World Conference on he U.N. Decade for Women in Copenhagen and U.N.I.C.E.F. has pledged to collaborate with governments all over the world to eradicate the practice.

Report by K.N.A.

In a statement, U.N.I.C.E.F. said it would support national initiatives with governments while taking note of cultural and religious sensitivities involved in attempts to eradicate the practice.

One method which would be used to eradicate the practice, according to U.N.I.C.E.F., would be the intensification of public information education to traditional midwives.

Other measures would be the inclusion of discussion of female circumcision in all education and training programmes and the encouragement of community-initiated activities, the statement said.

The abolition, U.N.I.C.E.F. says, "is being undertaken carefully and actively on several fronts."

Meanwhile, a group of women attending the conference have staged a protest over the Soviet suppression of the Jewish women.

The demonstrators waved banners calling for freedom for Ida Nudel, a 48-year-old Jewish woman who gained the reputation of guardian angel to other Jews in prison in Russia.

As the general debate continued, Afghanistan came out in defence of the Russian invasion of that country.

Mr. Sarwar Yurich denied that his country had any refugees in any part of the world, adding that it was only a few reactionaries who had fled to foreign countries.

"Whenever our enemies guarantee that they will no longer intervene in the internal affairs of Democratic Afghanistan, the remaining limited contingents of our friend's troops will be withdrawn," Mr. Yurich said.

- Palestinians led a massive walk-out of at least 40 delegations at the conference when the Israeli delegate, Ambassador Hava Hareli, rose to speak.

It was the second such incident. Mrs. Jihan Sadat, wife of Egypt's President, was treated the same way on Monday.

Some 1,500 delegates from 140 nations are debating the place of women in the world.

The Palestinians, including girl terrorist Leila Khaled, marched silently out of the assembly hall behind a Palestinian flag. They were followed by Soviet and East bloc delegates — except the Romanians — and many Third World countries.

On Tuesday, the leader of the U.S. delegation Sarah Weddington drew applause when she warned against jeopardising the work of the conference "by rank polemics unrelated to our purpose here."

Mrs. Hareli added to her speech a comment that she was "deeply distressed to hear several delegates attack this peace (the Camp David agreement) we have achieved — the first peace in the region."

She added: "Several delegations have abused this rostrum with vicious attacks".

To loud applause, she said she did not intend to respond in the same way.

Gleichgewichtsbereich von Selbstachtung und der gesellschaftsspezifischen Definition von " Frausein " verwurzelt, als es das vielfach bigotte und aus männlicher Egozentrik erwachsene Kulturverständnis eines protektionistischen Europas sich eingestehen will. Daran ändert auch die übertriebene Liberalität einer als sich eigenständig entwickelten, oder als solche proklamierten urweiblichen Denkweise nichts und die Verteidigungsmechanismen dieser Neo-Feminität. Denn letztlich ist sie als späte Reaktion aus jenem geschlechts-chauvinistischen Kulturgut erwachsen und damit unabänderlich Teil davon. Soweit es die Frauenbeschneidung betrifft, wird hier die Meinung vertreten, daß es für eine im echten Sinne intime Problematik, wenn überhaupt, es auch nur eine intime, urpersönliche Lösung geben kann, die mit keinem Gesetz, das von seiner Natur her öffentlich, - exhibitionistisch - ist, erzwungen zu werden vermag.

Mit der Beschneidung und der sich anschließenden Zeremonie MINDISHO erhält das Mädchen nun den Status der Ehefrau. Den in ihrer Brautzeit meist von mehreren Bewerbern geschenkten Perlenschmuck, oft ein Investment von mehreren tausend Schilling (s. dazu Tabelle 25), legt sie ab und tauscht ihn gegen die meist bescheideneren Ornamente der verheirateten Frau ein. Das kann, muß aber nicht so sein, denn auch hier ist Luxus eine Sache der Finanzen, des Geschmacks und der Eitelkeit. Das traditionelle Haus ist ihr ganz persönlicher Besitz, sie ist Eigentümerin, und es besteht aus einem komplizierten Flechtwerk aus den Zweigen einer ganz bestimmten Baumart, dessen tragende Elemente zwei nach Art von Zeltstangen gebogene Äste sind, so daß eine Art Kuppelbau entsteht (s. Abbildung). Dieser ist im klassischen Rendillehaus abgedeckt mit Matten, die aus Fasern des wilden Asparagus gewebt oder besser geflochten werden. Die Herstellung dieser Matten ist eine

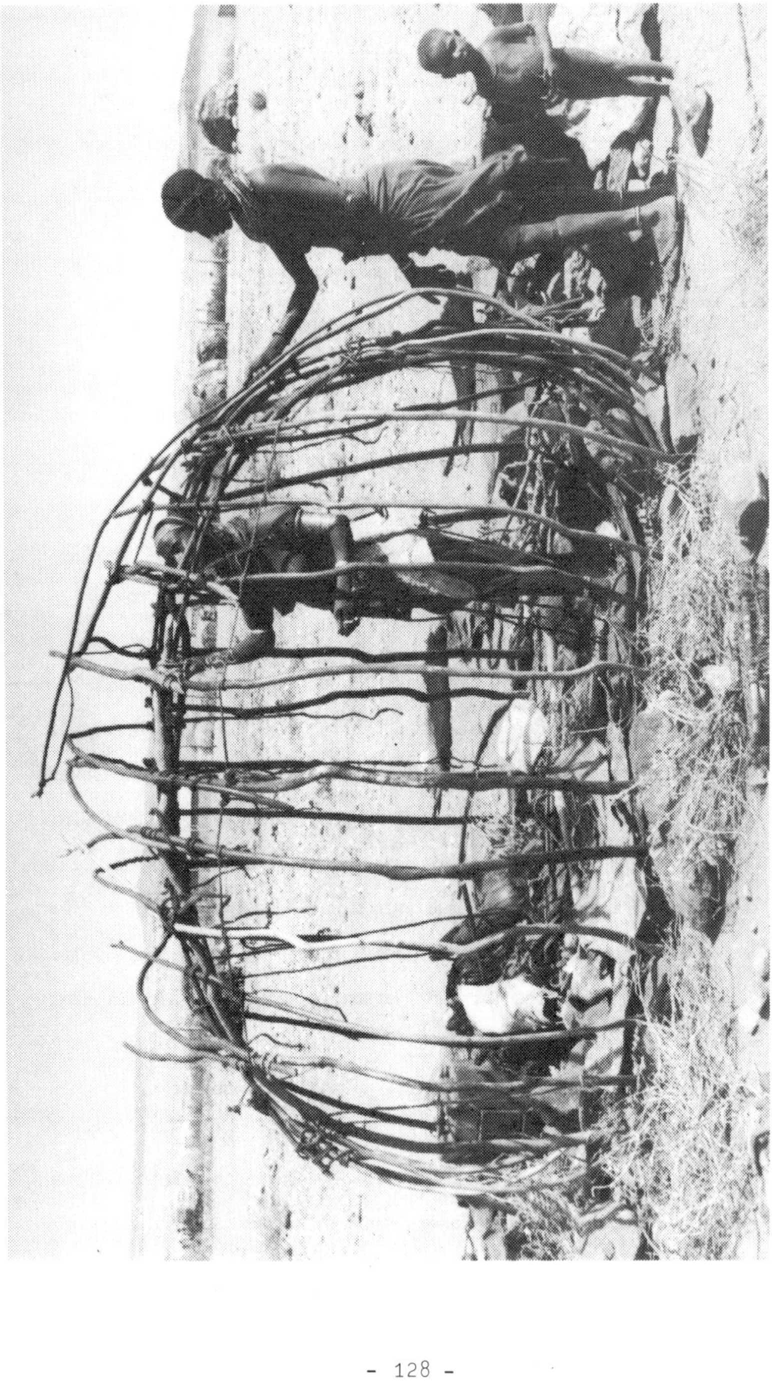

Abb. 26: Beim Hausbau

Abb. 27: Das Haus ist persönliches Eigentum der Frau und der Ehemann ist immer Gast

monate- manchmal jahrelange Prozedur, da das Rohmaterial von den weit entfernten Bergkämmen der Ndotos, des Mt. Bajo oder Ilim, den schwer zugänglichen Landmarken der Kaisut- und Hedadwüste beschafft werden muß. Für die Innenausstattung sowie auch für die Kleidung, besonders die der Frauen und Kinder, werden häufig noch die ungegerbten Häute von Schafen und Ziegen verwendet (s. dazu Graphik No. 25 + 26). Bedingt jedoch durch landesweite Kampagnen gegen die Verwendung von Häuten und Fellen, vor allem als Bekleidung, sowie den Gebrauch von Ocker und Zinnober als traditionelle Kosmetik, mag der Handel von diesen Produkten in Zukunft rückläufig sein (s. dazu Grafik No. 31 und Zeitungsartikel: Cosmetics define Turkana women's marital status). Für den Berichtszeitraum dieser Arbeit waren jene Produkte und Utensilien jedoch noch so von Bedeutung, daß bei mehr als 50% der Frauen die traditionelle Lederbekleidung als absolut essentiell galt, so wie auch Ocker und Zinnober nach wie vor zu den beliebtesten Luxusgütern zählen, in die man vor allem zu festlichen Gelegenheiten verschwenderisch und sich verausgabend investierte.

Moll[22] (1983) bemerkt über die Ehe und Frauen bei den Rendille:
" Essentially monogamous, Rendille society is noted for its relatively stable marriages. Rendille women do not milking or herding and thus have time for beauty-care and gossip. "
Das, so kann man nur bemerken, ist " essentially wrong ", denn weder besteht eine ausgeprägte Tendenz zur Monogamie, noch trifft das Bild einer " lady of leisure " auf die Rendillefrau zu. Zwar ist es richtig, daß ihr z.B. das Melken der Kamele untersagt ist. Hier liegt eine sonst in dieser Gesellschaft sehr rare, vom spirituellen Unglücksglauben überfrachtete Vorstellung zugrunde, daß die weibliche Biologie " unreine Tage " zeitigt (die Menstruation), die den Kamelstuten Unfruchtbarkeit

DAILY NATION 17.4.1984

Cosmetics define Turkana women's marital status

By WINNIE OGANA

Turkana youths looking for a bride do not have any problem distinguishing the marital status of individuals in a group of women from tawny red.

This distinction is achieved through different compositions of butter or ghee used to keep the skin soft and beautiful. Married women mix black soil with butter or ghee before applying it to the skin as a moisturising cream.

Singles concoct a similar mixture, using red soil instead of black. In both cases the mixture is applied mainly to the head, the face and the arms.

Without this cream Turkana women's skin would age extremely fast, as most of the year Turkana is hot and dry. The use of the cream begins in infancy and continues throughout life for females. Boys use it from infancy until the time they start herding livestock around the age of five. Men do not apply any oils or fats to their bodies.

With the scarcity of water in Turkana, frequent baths are impractical. Oil is therefore used more frequently than water for cleasing the body. Oil is massaged into the skin to dissolve the dirt which is then wiped off.

When there is a severe drought Turkana women "make" water. They do this by squeezing out the liquid in cow dung.

Another method used to beat the water shortage is scraping away dirt from the skin using rough leaves. The leaves of the *edung*, *edapal* and *epee* plants are considered ideal for this purpose. The same leaves, among others, are used to cure skin disorders like rashes, measles and scabies.

Turkana females of all ages preserve a thick strip of hair, running from front to back at the centre of the head. Thin strands of that hair are coiled in twos and tied at the end to prevent undoing.

Ash, oil and ghee are used on the hair. Before styling the hair afresh, it is undone. A mixure of ash in water is applied to it and allowed to stay there the whole day. This mixture acts as a shampoo; applied and left to dry before being removed. When removed it comes off with the dirt, leaving the hair clean for styling.

Another effect the ash has on the hair is to leave it dry enough to handle while styling. Oily hair would be difficult to handle and would take longer to do. Oil is applied after styling and regularly after that. Red or black soil is added to the hair oil to signify one's marital status.

Turkana women use several types of perfumes. Fresh flowers provide the most instant scent. All the wearer does is pick flowers of the *esajait* or *epie* plants. She then fixes the plants in her neck beads and for several hours enjoys an exotic scent, before the flowers wither.

In other cases dried flower petals are pulverised and the powder produced is either sprayed over the neck beads or mixed with some fat and rubbed onto the beads and into the hair. The scented powders last longer than fresh flowers as they can be stored and used at wearer's convenience.

The bark of the *emitina* tree and the leaves of the *lopara* are also used as perfume. The bark is crushed and stored for use, while fresh *lopara* leaves are strung to the neck beads.

bringen könnte. Jene Sorge besteht seltsamerweise beim Kleinvieh nicht, das sie zu jeder Zeit hantiert, hütet und auch melkt. Hinzukommt, daß ihr ohnehin ein Viehbesitz in kleinerem Umfang zusteht, in der Regel etwa 40 weibliche Ziegen und Schafe, die ihr zur Hochzeit vom Vater und Ehemann übereignet werden, so die Besitzverhältnisse es erlauben. Zusammen mit dem ihr allein gehörenden " unproduktiven " Kapital, dem Haus und gesamten Hausrat, erhält sie damit eine stabilere Stellung, als das in vielen anderen (traditionellen oder fortschrittlichen) Gesellschaften der Fall ist. Mit dieser bescheidenen Autonomie ist jedoch eine erhebliche Arbeitsbelastung verbunden, denn ihr obliegt neben der Kinderaufzucht und den üblichen (bäuerlichen) Schwerarbeiten wie Wasser- und Feuerholzbeschaffung, der Hausauf- und -abbau, in der mobilen Manyatta ein in drei bis vier Monaten immer wieder stattfindendes Geschehen,die Fertigung der meisten Haushaltsgegenstände plus in bestimmtem Umfang, - vor allem wenn Arbeitskräfte, Söhne im Kriegeralter, fehlen -, das Hüten der Kleinviehherden, das sie dann zwischen sich und den kleineren Kindern aufteilt. Eine 1981 angefertigte kleine Arbeitsstudie in 20 Ariaal-Haushalten ergab eine zeitliche Arbeitsbelastung der Frau von durchschnittlich 17 Stunden pro Tag, wohingegen die des verheirateten Mannes, unter Abzug der Versammlungs(BARAZA)zeiten, bei 2 Stunden aktiver, manueller Arbeit lag, und die des Kriegers, wiederum unter Ausschluß der ausgedehnten Ruhezeiten beim Hüten, 6 Stunden betrug.

Diese Diskrepanz zwischen Arbeitsbelastung von Mann und Frau in der Dritten Welt, gerade im ländlichen Raum, ist keinesfalls eine Novität, ist Gegenstand vieler Untersuchungen gewesen und sei deshalb hier auch nur am Rande gestreift.
Wichtig ist jedoch, daß als logische Folge dieser Überbelastung das Bestreben entsteht, die der Frau zufallenden Arbeiten möglichst auf

Abb. 28: Mobile Manyattas ziehen 3 - 4 mal im Jahr um, mit Häusern und allem Hausrat

Abb. 29: Modern und alt leben hier in friedlicher Koexistenz nebeneinander -; und wenn auch längst nicht in allen Lebenslagen, so sind Wasserbehälter gleich welcher Form ein immer willkommener und stets gepflegter Haushaltsgegenstand.

Abb. 30: Die " klassische " Kibuyu (Behälter) , geflochten aus wildem Sisal, zum Aufbewahren von Milch.

zwei Haushalte zu verteilen, was ebenfalls folgerichtig, - berücksichtigt man hier den engen Verbund zwischen Eigentum (Haus und Hausrat) und den alleinigen Eigentumsansprüchen, die die Einzelfrau daran stellt -, zur Zweifrauen/Zweihaushalts-Ehe führt. Die Rendilleehe ist überwiegend nicht monogam, sondern sehr häufig eine echte Form der Bigamie, die in sehr seltenen Fällen sich auch zu polygamen Verbindungen ausweiten kann. Dazu ist (S. Schwartz[16], 1980) bemerkt worden:

" Diese Tatsache, daß die Gesellschaft sehr wohl Möglichkeiten echter Polygamie offenläßt, ohne daß jedoch von diesen Möglichkeiten im fraglos tolerierten, vollen Umfang Gebrauch gemacht wird, läßt Zweifel aufkommen, ob es sich tatsächlich um eine polygame Gesellschaft handelt. Bigamie, allerdings wertfrei und ohne den in unserm Verständnis üblichen Femeinhalt, beschreibt hier wohl am ehesten den hier etablierten Rahmen der Sozialeinheit Ehe. Die Bindungen jedoch im partnerschaftlichen Zueinander innerhalb dieser Bigamie, bezogen auf Emotionalität und Gefühlsausrichtung, - nicht jedoch Sexualität -, ähneln denen monogamer Beziehungen. Dazu ist allerdings nötig, daß die Empfindungen des Mannes gerichtet auf <u>eine</u> Frau und vice versa isoliert betrachtet werden. Denn weder scheint der Mann sein Emotionskontingent bewußt aufzuteilen, noch scheint die Frau ihre Rolle als " Einzelfrau " durch die Konkurrenz einer gleichberechtigten Rivalin gefährdet; was mit andern Worten heißt, daß auch sie die Dreierkomponente als selbstverständliches Eins empfindet. "

Diese Ebene der ehe- und partnerschaftlichen Haltung zueinander ist für den gefühlsmäßig anders konditionierten, fremden Beobachter nur sehr schwer zu durchdringen. Doch sollte zumindest der, wenn auch ungelenke oder nur beschränkt ausdrucksfähige, Versuch nicht unterlassen werden,

sich in diese Sphäre hineinzudenken, da sich aus diesen Interaktionen z.B. sehr nüchterne Abgrenzungen ergeben, wie: Was ist ein Haushalt?. Eine solche Definition ist im späteren Teil dieser Arbeit von ganz grundsätzlicher Bedeutung. Auffällig wird sein, daß alle untersuchten Haushalte und daraus resultierend ihre Verbrauchsmengen bestimmter Produkte etc. personenzahlmäßig sehr klein sind, d.h. zwischen 2,8 und 3,4 Erwachseneneinheiten, das entspricht jeweils Eltern mit 2 bis maximal 4 Kindern (nicht älter als 14 Jahre), liegen. Für die Feststellung einer annähernd korrekten Erfassung haushaltsökonomischer Fakten ist hier die sehr klare, sich aus dem soziokulturellen Habitus entwickelte Trennung von HAUSHALT und FAMILIE von entscheidender Bedeutung. Familiengrößen sind in diesen, teils mobilen, teils anderswo angesiedelten, in andere Clans oder gar Stämme eingeheirateten Gesellschaften nur sehr schwer feststellbar, und allein diese Dynamik, wo zumeist auch noch Streit besteht: wer ist noch Familie und wer dazugekommen? kaum zu erfassen. Die Fragestellung mußte deshalb darauf reduziert werden: Wer wird innerhalb der Einzel- oder Kleinstfamilie tatsächlich kontinuierlich versorgt und auf wieviele Haushalte erstreckt sich die (durch einen Familienvorstand geleistete) Versorgung? Für die hiesige Untersuchung wurde darum als kleinste ökonomische Einheit der Einzelhaushalt gewählt, mit der eindeutigen Frage: Wer bewohnt permanent dieses Haus, was passiert in diesem Haus, und wie groß sind insgesamt die Aufwände oder der Verbrauch für diesen einen Haushalt? Der Sinn eines solchen Vorgehens mag noch dadurch erhärtet werden, daß Witwen jeden Alters, besonders aber jüngere und sehr junge Frauen im Witwenstand, in beiden Gesellschaften ein sehr häufiges Bild sind.
Wie bereits vorher erwähnt, sind die Mädchen zum Zeitpunkt ihrer Heirat sehr jung und oft verheiratet an in jedem Fall ältere, vielfach auch objektiv alte Männer. Der wirtschaftlichen und sozialen Gefahr, die

THE STANDARD, 25.10.1984

DON'T SELL DAUGHTERS — COUNCILLOR

THE Government has been urged to consider taking drastic measures against some parents who withdraw their daughters from primary schools and marry them off to old men.

The call was made by the chairman of the Finance, Staff and General Purposes Committee in Narok County Council, Councillor Shadrack Rotiken, when he addressed a Parents Day at Olokurto Primary School, Mau West Division of Narok District on Thursday.

Councillor Rotiken said many parents in Narok District had ruined the future lives of their daughters by forcing them to marry at an early age for love of money.

He appealed to parents association in conjunction with teachers to report such irresponsible parents to the police and to the provincial administration in an effort to eradicate this practice, which he said was common among Maasai parents.

Moranism

Mr. Rotiken urged parents to help the Government in stamping out Moranism in the district, saying that the practice has been overtaken by events.

He urged the Maasai to send their children to school, and to dismiss the belief among some Maasai parents that only those children who are hated should be taken to school.

Mr. Rotiken presented a cheque of Shs. 20,000 from his council to the Chairman of Olkurto Primary School Parents Association, Mr. Philip Masidet to assist in constructing extra classrooms in preparation for the eight-year primary education system.

By
Kenya News Agency

In another function, Maasai were warned that they stand to lose if they refuse to change their attitudes towards national development programmes.

Addressing Ololpiranipo Primary School Parents Day meeting in Eldamat Location in Narok on Thursday, the Chairman of the National Irrigation Board, Mr. Haron Lempaka, said the Maasai were not ignorant people but their persistent opposition to change was becoming a cause for concern.

THE STANDARD, 12.3.1984

Early marriages banned

PREMATURE marriages of young schoolgirls in Samburu has been banned by DC Barack Mbajah.

The DC told chiefs that the ban is intended to ensure that all school-age children in the district get an education regardless of sex. The DC announced the ban over the weekend when he closed a three-day workshop for primary school headmasters in Maralal.

Mr. Mbajah said he was concerned by the alarming rate at which schoolgirls get pregnant. He warned that any man found wooing a school girl will be prosecuted. The headmasters asked the DC to stop premature marriages of schoolgirls.

The headmasters blamed moranism in Samburu for the continued poor enrolment of school-age children in schools. The teachers called on parents and the local leaders to discourage moranism. Mr. Mbajah expressed satisfaction that primary schools in Samburu had performed well in last year's CPE and urged teachers to redouble their efforts to obtain better results this year. Samburu District primary schools were eighth in CPE performance in the country last year.

—KNA

Welche Auswirkungen haben nun solche starken Status-Stufen innerhalb des gesamten wirtschaftlichen und versorgungstechnischen Gefüges, und ändert der jeweilige Sozialstatus eventuell das Verhalten (oder Management) gegenüber Besitz und Kapital? Diese Frage ist in Gesellschaften mit so rigiden, sowohl im sozialen als auch wirtschaftlichen Bereich geforderten Anpassungsmustern äußerst vital, weil erst im Vergleich untereinander die verschiedenen " Techniken " und Anstrengungen deutlich werden, die jede " Kaste ", - gemäß ihres Status -, einsetzt und

Widows are misused

DAILY NATION, 9.6.9183

THERE are so many widows and widowers, most of them below or slightly above 30.

Ladies are mostly affected because a man will be free to marry again whilst a widow with a burden of children will find it very difficult to marry again. She finds it very difficult to cope with society as she loses a sense of belonging. She feels she can cope neither with the single ladies nor the married.

They feel the men they befriend, most of whom are married, are just using them.

"A. Lonely Widow", Nairobi

aus diesem Usus erwächst, ist sich die Regierung durchaus bewußt (s. dazu Artikel aus dem STANDARD: " Don't sell daughters "). Denn sterben diese Männer, so ist die Familieneinheit aufgelöst, nicht jedoch der Haushalt, der die Witwe (mit oder ohne Kinder, wenn diese z.B. das Haus schon verlassen haben) nach wie vor vorsteht. Ihr ist es jedoch nicht erlaubt, sich neu zu verheiraten, - dem Witwer ist dieses Recht zugestanden -, was sie somit zum sozial schwächsten Glied der hierarchischen Kette macht. Nicht sehr oft wird die Klage über die Entrechtung der Witwe an die Öffentlichkeit getragen, wie z.B. in dem Leserbrief aus der NATION: " Widows are misused ".

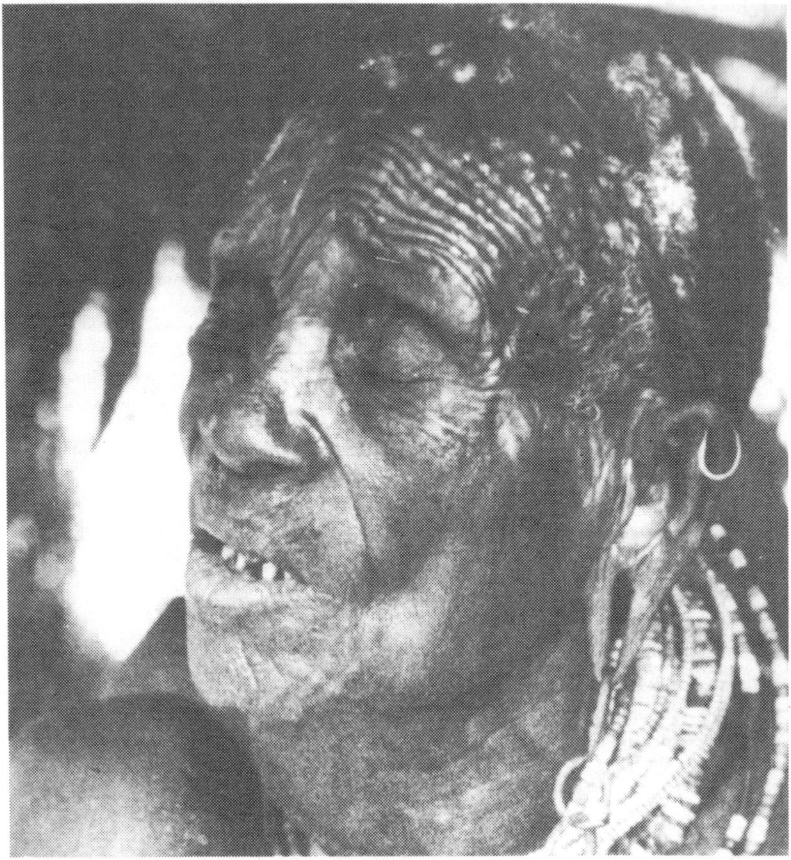

Abb. 31: Widows misused - Witwentum ist Strafe

unternimmt. Auch in diesem Zusammenhang ist indirekt die Kernfrage nach der Grundbedarfslage gestellt, und wie diese innerhalb der verschiedenen sozialen Gruppierungen unter traditionellen Bedingungen abgedeckt wird. Dazu sei hier eine begrenzte Studie eingearbeitet, die am Beispiel einer statusstarken Gruppe, die der KRIEGER und der der statusschwächsten, die der WITWEN, auffällige Merkmale in der Bewältigung von existentiellen Aufgaben, - die der Viehhaltung und ihr Management -, zu vergleichen sucht.

Witwen und Krieger. Die Auswirkung von Sozialstatus auf Praktiken in der nomadischen Viehhaltung.

Dieses Thema wurde in veränderter Form von S. Schwartz auf dem 5. Welttierzuchtkongreß in Tokio 1983 behandelt. Aus soziologischer und produktionstechnischer Sicht erscheint jedoch gerade im Zusammenhang mit einer Gesellschaft im Übergang, der TRADITION IM TRANSIT, eine solche praktische Fallstudie als lohnenswerte Abrundung; denn sie verdeutlicht real und nicht nur deskriptiv die aus sich selbst heraus entwickelten Mechanismen, system-immanente Anpassungen, die der Tradition einen gerechten Stellenwert geben, und die Schwierigkeiten oder gar die Unmöglichkeit des Übergangs in eine marktwirtschaftlich orientierte Außenwelt, - unter den vorliegenden sozialen Gegebenheiten. Die Verdeutlichung von SCHWÄCHE und STÄRKE, wie sie sich in jeder Gesellschaft oder jedem System entwickeln, sei als Abschluß dieses Kapitels in den Vordergrund gerückt.

Jeder gesellschaftliche Zusammenschluß ist strukturiert durch ein interaktives Netz sozialer Unterschiede, das weitgehend seinen politischen, soziokulturellen und sozioökonomischen Ablauf bestimmt. Diese sozialen Unterschiede und ihre Konsequenzen sind nach wie vor Gegenstand ideologischer Diskussion, deren intellektuelles Klima stark von der Ablehnung einer solchen gesellschaftlichen Kategorisierung geprägt ist. Daraus ergibt sich, daß im pragmatischen Zusammenhang Klassenunterschiede und ihre Bewertung mehr als Tabu angesehen, denn als Gegenstand wissenschaftlicher Forschung toleriert werden. Unübersehbar ist jedoch, daß in bestimmten Gesellschaften, hier am Beispiel der Ariaal demonstriert, statusbedingte Verhaltensweisen auf die wirtschaftliche Kapazität des Gesamtsystems einen entscheidenden

Einfluß haben. Der nachfolgende Text versucht an einem extremen Beispiel, - dem einer kulturell und wirtschaftlich extrem geformten Bevölkerungsgruppe in einer extremen Umwelt -, die Beziehung zwischen rigidem Sozialmuster und seinen Effekt auf die Effizienz der ausgeübten Wirtschaftsweise zu erklären und verständlich zu machen. Eine allgemeine, völkerkundliche Darstellung über die Ariaal ist im Verlaufe dieses Kapitels bereits gegeben worden. Ein in diesem Zusammenhang wichtiger Punkt mag jedoch untergegangen sein, der deshalb noch einmal hervorgehoben werden muß, und in dem die Ariaal sich von vielen anderen nomadischen Viehhaltern unterscheiden:

Die Funktion des Hirten kann von Individuen unterschiedlicher sozialer Position wahrgenommen werden, deren Perzeption und Umsetzung traditioneller Management-Techniken sich ebenso deutlich voneinander abheben wie der Status, den ihnen die Gesellschaft zubilligt. Als äußere Begrenzungspunkte einer solchen Sozialachse sind hier zwei Gruppen angenommen, deren Bewertung und Stand bereits beschrieben worden ist, wenngleich auch in anderm Kontext: die Witwen und Krieger. Wie vorher erwähnt, ist das Ansehen des Kriegers hochbewertet, sein Bezug zu dem ihm anvertrauten Kapital minimal, denn selten ist das Vieh, das er hütet, sein Eigentum. Dieser fehlende, etablierte Besitzstand bestimmt ganz entscheidend die Sorgfalt und Umsicht, mit der er als " Angestellter " die Herden managt, wie auch die ihm zugestandene Eitelkeit und Arroganz (als zukünftiger Entscheidungsträger) seine Arbeitswilligkeit und Effizienz beschränken. Dieser fehlende, oder besser auf andere Ziele gerichtete Antrieb schlägt sich deutlich in der Leistungsfähigkeit und Herdenstruktur der von ihm gehüteten Tiere nieder. Von Kriegern gemanagte Herden zeigen klar einen weitaus geringeren Anteil weiblicher Tiere, disproportionalen Ballast an Böcken oder Bullen (intact males) und einen erhöhten Prozentsatz an Kastraten, der auf eine Herdennutzung

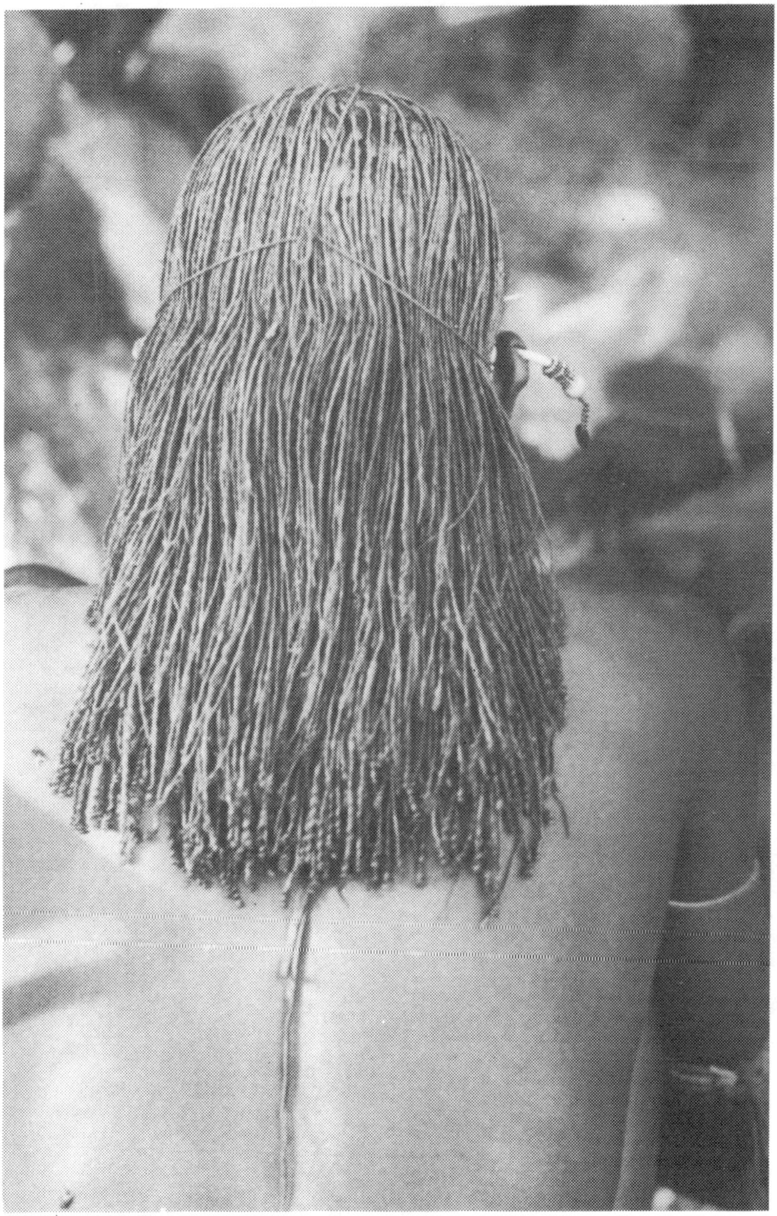

Abb. 32: "...wie auch die ihm zugestandene Arroganz und Eitelkeit seine Arbeitswilligkeit und Effizienz beschränken. "

Abb. 33: Ariaal-Krieger

Abb. 34: Ariaal-Witwe

zum Fleischkonsum hinweist. Produktionsziel in Kriegerherden ist a priori die Bedürfnisbalance und -sättigung der Hirten, wobei exessiver Fleisch- und Blutverzehr eine bedeutende Rolle zur Heranbildung superiorer Maskulinität spielen. Dieses individuelle Produktionsziel, das aus einem überbetonten gesellschaftlichen Selbstverständnis erwächst, kollidiert gewöhnlich mit den wirtschaftlichen Erfordernissen, wie sie für die Familie, Kommune oder den Clanverband bestehen. Nichtsdestotrotz verkörpert das Hineinwachsen des Kriegers in die Führungsschicht ein <u>soziales</u> Produktionsziel, dem man ökonomische Interessen unterordnet.

Ganz anders verhält sich das im Fall der Witwe. Ihr Sozialstatus ist stark erodiert, da im Witwentum kein unvorhersehbarer Schicksalsschlag gesehen wird, sondern eine kalkulierte Fügung übergeordneter Macht, der das Flair der Bestrafung anhaftet.Daraus resultiert, daß sich die Gesellschaft aus allen unterstützenden Verpflichtungen zurückzieht und die Witwe zu absoluter, wirtschaftlicher Autonomie zwingt. Der ihr verbleibende Viehanteil aus dem Besitz des verstorbenen Mannes ist klein, so daß sich aus dieser Größenordnung bereits eine grundsätzliche Änderung im Management-Typ ergibt. Witwenherden bestehen überwiegend aus weiblichen, geschlechtsreifen Tieren, männliche Tiere zum Decken werden häufig geborgt, jedoch nicht als unnötiger Ballast behalten. Der Anteil weiblicher Jungtiere (Lämmer) ist deutlich höher als in Kriegerherden, da man zugunsten des regelmäßigen Melkens die männlichen Lämmer bewußt vernachlässigt. Das Produktionsziel hier ist die kontinuierliche Milchversorgung, wie sie als Subsidenz- und Überlebensstrategie in dieser Situation am sinnvollsten ist. Weide- und Tränkemanagement sind intensiv und erfolgen dicht am Siedlungsort; damit operieren Herde und Besitzer in wesentlich engerem Verbund, als die extensive nomadische Viehhaltung es normalerweise zuläßt. Bedingt durch diese Nähe sind Verluste durch Unfall oder Verlorengehen der Tiere durch Nachlässigkeit gering, - ein dezimierender Faktor, der in Kriegerherden sehr auffällig ist. Weiterhin sind Management-Praktiken bekannt, wie man sie sonst nur in intensiveren Systemen der Viehhaltung erwartet, wie Stallbau, Handfütterung und präventive Hygienemaßnahmen (Säuberung der Vieheinfriedungen, Absammeln von Ektoparasiten, Klauenpflege, Geburtshilfe etc.). Die Kenntnis von traditioneller Veterinärmedizin ist stark entwickelt und wird regelmäßig angewendet. Siehe hierzu die tabellarische Gegenüberstellung von der Anwendung oder Unterlassung verschiedener Maßnahmen innerhalb der beiden sozialen Gruppen.

TABELLE 3:

VERGLEICH DES HERDENMANAGEMENTS BEI WITWEN UND KRIEGERN: 1 ALLGEMEINE MANAGEMENTPRAKTIKEN

	WITWEN	KRIEGER
SCHUTZHÜTTEN FÜR JUNGTIERE	+++	-
AUSRÄUCHERN DER SCHUTZHÜTTEN	++	-
AUSMISTEN DER NACHTEINFRIEDUNGEN	++	-
DRAINAGE DER NACHTEINFRIEDUNGEN	+	-
SCHNEIDEN VON FUTTER FÜR KRANKE TIERE	+++	+
HAND/FLASCHEN AUFZUCHT VERWAISTER TIERE	+++	-
SCHUTZFEUER GEGEN NÄCHTLICHE RAUBTIERE	-	+++
HÜTEN MIT HUNDEN	-	+++
SUCHE NACH VERLORENEN TIEREN	+++	++

- nicht ausgeübt; + gelegentlich; ++ oft; +++ immer ausgeübt

TABELLE 4:

VERGLEICH DES HERDENMANAGEMENTS BEI WITWEN UND KRIEGERN: 2 HYGIENISCHE MASSNAHMEN

	WITWEN	KRIEGER
ISOLIERUNG VON KRANKEN TIEREN	+++	++
ABSAMMELN VON HAUTPARASITEN	+++	+
REGELMÄSSIGES WASCHEN DER EUTER	+	-
HUFPFLEGE	++	-
GEBURTSHILFE	+++	-
SÄUBERUNG VON MUTTER UND JUNGEN NACH DER GEBURT	+++	-
VERGRABEN DER NACHGEBURT	+	-
VERGRABEN/VERBRENNEN VON INFIZIERTEN KADAVERN	++	-

- nicht ausgeübt; + gelegentlich, ++ oft, immer ausgeübt

TABELLE 5:

VERGLEICH DES HERDENMANAGEMENTS BEI WITWEN UND KRIEGERN: 3 KENNTNIS VON TIERKRANKHEITEN

	WITWEN	KRIEGER
ANTHRAX (MILZBRAND)	+++*	+++
TRYPANOSOMIASIS	-	++
TOLLWUT	+	+++
MAUL- UND KLAUENSEUCHE	+++*	+++
ANSTECKENDE LUNGENSEUCHE DER ZIEGEN	+++	++
RINDERPEST	-	+++
OSTKÜSTENFIEBER	-	++
TETANUS	+++*	+++
KAMEL-, KUH- UND SCHAFPOCKEN	-	+++
KLAUENFÄULE	+++*	+
RÄUDE	+++*	+++
WUNDEN	+++*	+++*
BRÜCHE	+++*	+++*

- nicht bekannt; + wenigen, ++ vielen, +++ allen bekannt; * traditionelle Heilmittel und Behandlungen werden angewandt

TABELLE 6:

VERGLEICH DES HERDENMANAGEMENTS BEI WITWEN UND KRIEGERN: 4 PRODUKTIVITÄTSDATEN IN VON WITWEN UND KRIEGERN BETREUTEN KLEINVIEHHERDEN

	WITWEN	KRIEGER
ANZAHL DER UNTERSUCHTEN HERDEN	12	12
ANZAHL DER ERFASSTEN TIERE	300	1881
ANTEIL DER WEIBLICHEN ZUCHTTIERE (%)	74,6	45,5
ANTEIL DER MÄNNLICHEN ZUCHTTIERE (%)	3,6	6,5
ANTEIL AUSGEWACHSENER KASTRATEN (%)	6,3	24,0
ANTEIL DER LÄMMER (%)	15,6	22,0
ANTEIL DER WEIBLICHEN LÄMMER (% ALLER LÄMMER)	65,9	54,0
MORTALITÄT DER LÄMMER (% ALLER LÄMMER)	34,0	56,1
MORTALITÄT DER WEIBLICHEN LÄMMER (% ALLER LÄMMER)	31,2	51,9

GRAPHIK 2: SOZIALSTATUS UND SEINE AUSWIRKUNG AUF MANAGEMENT-TECHNIKEN IN DER VIEHHALTUNG

SOZIALE GRUPPE	WIRTSCHAFTLICHE BASIS (ANZAHL KLEINVIEH)	SOZIALER STATUS	MANAGEMENT - AUFWAND
FAMILIENOBERHAUPT	300 - 400	ÜBERRAGEND	NICHT AUSGEÜBT
DIREKTER MÄNNLICHER VERWANDTER DER GLEICHEN ALTERSKLASSE, VERHEIRATET	200 - 250	HOCH BEWERTET	NICHT AUSGEÜBT
ERSTE EHEFRAU	50 - 100	STARK	BEDINGT AUSGEÜBT
ERSTGEBORERENER SOHN, UNVERHEIRATER KRIEGER	150 - 200	STARK	GERING
SPÄTER GEBOHRENE SÖHNE, UNVERHEIRATETE KRIEGER	100 - 150	ANERKANNT	ANGEMESSEN
ZWEITE EHEFRAU	40 - 50	ANERKANNT	BETONT
DRITTE EHEFRAU	30 - 40	GERING	HOCH
WITWE	0 - 30	ERODIERT	SEHR HOCH

Dieser Vergleich zweier Gruppen von " Managern " sehr verschiedener, gesellschaftlicher Bewertung zeigt unleugbar den Zusammenhang, der zwischen wirtschaftlicher Leistungsfähigkeit und zugeordnetem Sozialstatus besteht. Dabei ist evident, daß sich in beiden Gruppen Trends unterschiedlicher Stabilisierung entwickeln, die in ihrer Akzentuierung gegenläufig sind. In der status-priviligierten Gruppe der Krieger drückt sich diese Stabilisierung im Heranreifen des Befehlsempfängers zum Befehlshaber aus, wobei die Sorge ums Vieh der äußere Rahmen ist, in dem sich diese Persönlichkeitsentwicklung vollzieht. Produktionsziel ist <u>nicht</u> die Verbesserung der ökonomischen Basis durch Maximierung der Produktionsmittel sondern Elitenbildung durch Maximierung von Sozialprestige.

Bei den Witwen dagegen, der wirtschaftlich und sozial geschwächtesten Gruppe, wird ausschließlich eine Stabilisierung auf dem ökonomischen Sektor angestrebt und auch erreicht. Produktionsziel ist die klassische Maximierung und optimale Nutzung der Produktionsmittel durch erhöhten Aufwand des Management-Inputs. Eine Anhebung des Sozialstatus oder des Sozialprestiges ist damit nicht verbunden und wird auch nicht erwartet.

Produktionsziele innerhalb einer Gesellschaft können also mit unterschiedlichen Prioritäten versehen und gruppenbezogen verschieden definiert sein. Besonders in den traditionellen nomadischen Viehhaltergesellschaften findet <u>immer</u> eine starke Abwägung zwischen Festigung der soziokulturellen Basis und wirtschaftlicher Opportunität und Relevanz statt. Dies müßte Berücksichtigung erfahren, will man akzeptable Lösungen für die hochgradige wirtschaftliche Gefährdung anbieten, die für diese Gesellschaften fraglos besteht. Der Erfolg solcher Maßnahmen mag jedoch bezweifelt werden, verzichtet man weiterhin auf eine gründliche Analyse der Zielgruppe, um a. die verschiedenen Bedürfnisniveaus und b. das Potential für eine mögliche Intensivierung der Produktion festzustellen. Die Gegenüberstellung und Validierung von sozialen und ökonomischen Produktionszielen kann damit im praktischen Entwicklungsbereich weitaus mehr sein als eine rein akademische Übung.

Wo im einzelnen Ansätze im traditionellen Nutzungsbereich der wenigen Ressourcen liegen, die für eine mögliche Verbesserung miteinbezogen werden könnten, davon ist im nächsten Kapitel die Rede, das die traditionellen Anpassungsmechanismen beschreibt, die diese beiden Gesellschaften, Rendille und Ariaal, für ihr Überleben in dieser extremen Umwelt entwickelt haben.

STECKBRIEF SAISONALITÄT

Die Sequenz der Bilder auf den folgenden Seiten soll einen visuellen Eindruck vermitteln, innerhalb welcher extremen Grenzen diese soeben erwähnte Anpassung stattfinden muß. Dabei ist evident, daß es für jede Zwischenstation auf dem Gleis von einem zum anderen Extrem unterschiedlicher, dem saisonalen Stadium angepaßter Mechanismen und Techniken bedarf, um diesem in seiner jeweiligen Dimension gerecht zu werden.
In diesem Zusammenhang erscheint es wichtig, von welchem Begriffsinhalt und -verständnis allgemein ausgegangen wird, liegt die Betonung auf dem Terminus " SAISONALITÄT ": Was ist im geläufigen Sprachgebrauch darunter zu verstehen?

Der Duden kennt den Begriff der Saisonalität nicht, sondern beschränkt sich in der Definition auf die lat./franz. Entlehnung SAISON, gleichgesetzt mit einem " Zeitabschnitt, in dem in einem bestimmten Bereicht Hochbetrieb herrscht ". Ebenso steht als Erklärung für " Saison " verzeichnet: " Für bestimmte Bereiche (wie Sport, Wirtschaft, Fremdenverkehr etc.) wichtigster und bedeutendster Abschnitt des Jahres ", ergänzt durch das Beispiel: " Da die Saison beendet ist, ist das Hotel geschlossen ! "
Im Gegensatz dazu verweist er auf die " Saison morte ", (tote Jahreszeit), " ein Zeitabschnitt innerhalb eines Jahres mit geringem wirtschaftlichen Wert ". Soweit der Duden.

Dagegen füllt die englische Sprache den Begriff SEASON, (auch ihr fehlt " offiziell " SEASONALITY als akkreditiertes Wort, doch ist es fachsprachlich üblich und oft sogar bevorzugt), mit einem weitaus breiteren Inhaltsspektrum an. Diese Bedeutungsfülle ist für die hier vorliegende Arbeit entschieden angepaßter, sachbezogener und präziser, einen bestimmten, variablen Zustand zu beschreiben.

Unter dem Begriff SEASON heißt es u.a. im Concise Oxford Dictionary[46]:
" A proper time, favourable opportunity, time at which something is plentiful or in vogue or active. "

Diese übergeordnete Definition ist inhaltlich weitgehend deckungsgleich mit der des Dudens; idiomatisch kann jedoch der Begriffsinhalt sehr viel weiter in den subtilen Bereich der (erwartungsvollen) Spekulation gehen, wie folgendes Beispiel zeigt:

" A WORD IN SEASON: advice given when it is likely to be taken or needed. "

In einem solchen Fall ist das Ausdrucksvermögen im Deutschen schwach. Möglicherweise, rein spekulativ, kann hier als Erklärung dienen, daß das britische Empire und seine Expansion vor allem Länder mit sehr viel vitaleren Abhängigkeiten von jenen " seasons " einschloß und auf diese Weise die Semiotik der englischen Sprache beinflußt wurde. Es erscheint deshalb angängig, sich im hiesigen Kontext, - vor allem innerhalb des biologisch-ökologischen Bereiches -, sich gezielterer Wortinhalte zu bedienen,als die der saisonbedingten Schließung eines Hotels oder des rückläufigen Fremdenverkehrs. D.h., daß bezüglich des hier vorliegenden, deutschen Textes das angelsächsische Inhaltsverständnis als Grundlage dient, wenn von " Saison ", " Saisonalität " oder verwandten Wortverbindungen die Rede ist. Folgende Definitionen sollen deshalb als Verständnishilfe gelten, wie sie gedanklich und als Instrument der Interpretation in diese Arbeit übernommen worden sind.

A. SEASON

A period of indefinite or various length (may endure for a season, as would i.g. a SEASON OF ACTION OR INTERACTION).

Diese Definition ist streng genommen nur ein zeitliches Ordnungsmittel, ohne die Implikation von Regelmäßigkeit oder vorhersehbarem, periodischen Charakter. Darüber hinaus kann sie jedoch einen Anzeigewert für Motorik und Dynamik, (gleich von wem oder was ausgehend), beinhalten.

B. SEASON

One of the divisions of the year with distinguishable characteristics of temperature, rainfall, vegetation etc.

Bei dieser Definition handelt es sich um die konventionelle Begriffsabklärung, wie sie als solche auch im Rahmen dieser Arbeit am besten verstanden wird.

C. DRY AND RAINY SEASONS

Two seasons recognized in the tropics (instead of the four of temperate regions).

Jene Definition wurde als Parameter für diese Arbeit verwendet, als kennzeichnende Größe für die darin beschriebenen Handlungen und Reaktionen. (Eine ausführliche Auseinandersetzung bezüglich ihrer Bedeutung ist Gegenstand von Kapitel III und V).

D. TO SEASON

Bring into efficient or sound condition by habituation, acclimatization, exposure, special preparation, use or lapse of time.

Diese Begriffsklärung gibt Aufschluß über Möglichkeiten der Methode, saisonale Variable optimal zu nutzen (und ist ebenfalls Gegenstand von Kapitel III).

E. SEASONABLE

Meeting the needs of the occasion (i.g. seasonable aid or caution etc.).

Hier fehlt ein deutsches Äquivalent völlig, wird jedoch am ehesten beschrieben mit rationalem oder auch instinktivem Eingreifen in eine saisonal abhängige Situation, d.h. beinhaltet direkt oder indirekt die Erkenntnis einer außerhalb des Normalen liegenden Notwendigkeit. (Dieser Aspekt ist mit Betonung seines politischen Inhalts in Kapitel IV behandelt) .

F. OUT OF SEASON

At all time without selection.

Diese letzte Definition deutet im hiesigen Kontext den zu befürchtenden Trend an, dem der Pastoralist schon in absehbarer Zukunft ausgeliefert sein wird, so der entwicklungspolitische Optimismus einer " zwangsläufigen Anpassung an fortschrittsgeprägte Ziele " keine nachhaltige Disziplinierung erfährt. (Auch diesem Thema ist in Kapitel IV Raum gegeben).

Alle hier angeführten Definitionen sind wortwörtlich dem Concise Oxford Dictionary[46] entnommen und ohne jede Korrektur zitiert.

Abb. 35: At all times without selection, at all times without chance or choice

Abb. 36: Extremwerte der Ökologie (+)

Abb. 37: Extremwerte der Ökologie (-)

Abb. 38: Extreme Anpassung (+): Tier

Abb. 39: Extreme Anpassung (-): Tier

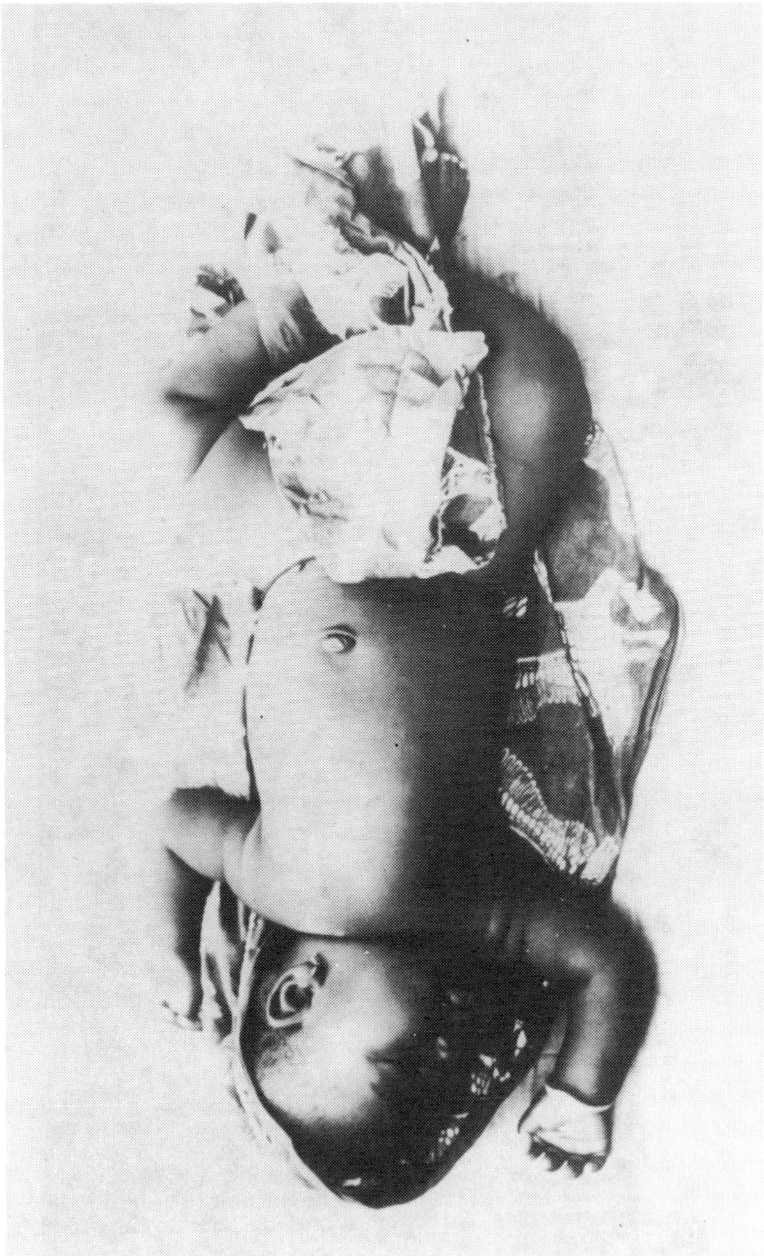

Abb. 40: Extreme Anpassung (+): Mensch

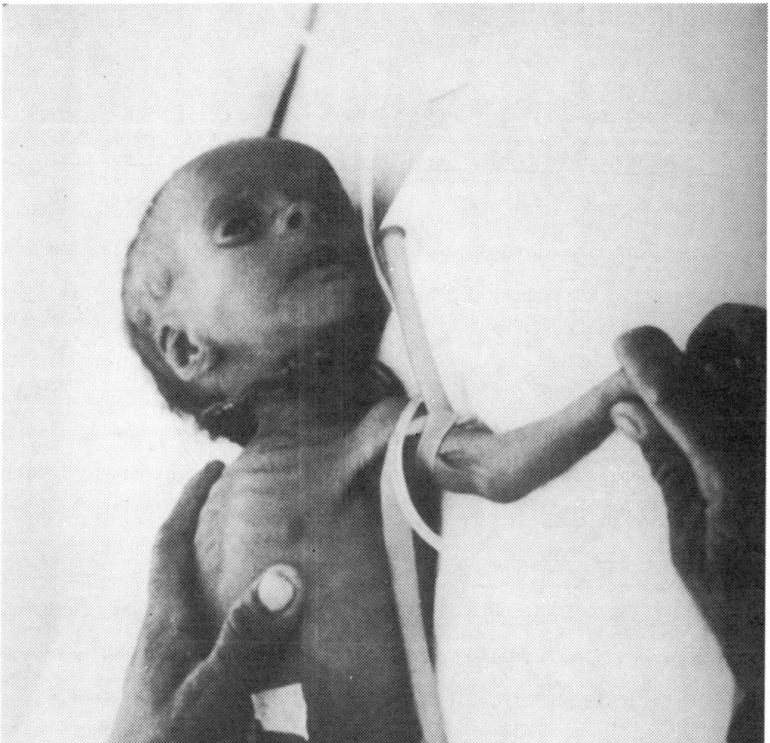

Abb. 41: Extreme Anpassung (-): Mensch

III. VOM PRINZIP DER ANPASSUNG

Im Einführungskapitel ist der Versuch unternommen worden, eine für diese Arbeit als notwendig erachtete Verständnisgrundlage zu schaffen, was " Nomadismus " und " Pastoralismus " sowohl im konventionellen als auch unkonventionellen Sinne bedeuten können. Dabei ist vor allem die Korrektur wichtig, daß weder die eine oder die andere, noch die Form ihrer Verschmelzung, - die zum modernen Pastoralismus -, als Primitivform des Verhaltens oder wirtschaftlichen Gebarens anzusehen ist. Respekt vor dem hohen Grad der überlegten Handlungsweise ist eine Grundlage, auf der die hier vorliegenden Beobachtungen und Untersuchungen zur Problematik der nomadischen Viehhaltung und derjenigen, die sie betreiben, beruhen.

Nachdrücklich ist auf die Gefahr einer Verallgemeinerung dieser Problematik hingewiesen. Das jedoch sollte nicht im Widerspruch dazu stehen, bestimmte Prinzipien herauszuarbeiten, wie sie allen Pastoralisten unter ähnlichen Umweltbedingungen eigen sind. Im gleichen Bedeutungsverhältnis sind dabei ebenfalls die ethnischen Spezifika zu berücksichtigen, wie sie sich aus den besonderen kulturellen und sozioökonomischen Hintergründen der gewählten Beispiele ergeben. Es wird davon ausgegangen, daß nur der Einbezug beider Faktoren, der des durchgängigen Prinzips und der des einmaligen Erscheinungsbildes, - reflektiert im Zusammenspiel kultureller, sozialer, politischer als auch wirtschaftlicher und umweltbedingter Wirkungsweisen -, Aufschluß über die Trendentwicklung geben kann, wie sie sich für das nachfolgend beschriebene Umfeld abzeichnet.
Als Beispiel für den äußeren Rahmen des nomadischen Pastoralismus steht hier die Region Nordkenias, als Beispiele für die besondere Problematik der nomadischen Viehhalter in dieser Region die Rendille und Ariaal, wie sie in Kapitel II " Tradition im Transit " ausführlich beschrieben wurden.

Die wichtigen Ws: Wahl der Weide

Rund zwei Drittel von Kenias Landfläche sind klassifiziert als semi-arid bis voll-arid mit Niederschlägen zwischen 50 - 600 mm im Jahr und bestehen hauptsächlich aus offener Buschsavanne und Trockengrasland. Diese Gebiete werden besiedelt und genutzt von ca. 2 Millionen nomadischer Viehhalter (etwa 8% der Gesamtbevölkerung) unterschiedlichen, ethnischen Ursprungs. Diese pastoralen Gesellschaften sind demzufolge sozial und kulturell unterschiedlich organisiert, ihr traditionelles Wirtschaftsmuster, - die Viehhaltung mit ihrer jeweils geltenden Ausprägung -, deren Management und die damit verbundene Weidenutzung ist jedoch vergleichbar, denn alle ihr zugehörigen Komponenten werden von ähnlichen bis identischen Umweltbedingungen diktiert.

Weide und Wasser, ihr wechselnder Zustand und ihre Verfügbarkeit bestimmen die traditionelle Nutzung dieser Resourcen und entscheiden über das Migrationsverhalten sowohl des Viehs als auch der Siedlungen und ihrer Bewohner. Der Parameter REGEN, und an ihm justiert das Futter für die Tiere, ist der vorrangig gültige Maßstab, den der nomadische Pastoralist als Überlebensstrategie anlegt. Ob Maasai, Turkana, Borana, Gabbra, Somali oder Rendille,- die wichtigsten nomadischen Viehhaltergruppen Kenias -, sie alle haben ein Nutzungs- und Management-System entwickelt, das diesen saisonalen Variablen Rechnung trägt. Ein solches Migrations- und Beweidungsschema beruht auf einer Strategie, die auf maximale Ausnutzung bei minimaler Abnutzung der Weideflächen ausgerichtet ist. Dieses System ist bestimmt von einem Raster saisonal zustandsabhängiger Weidetypen, der Regenzeit- und Trockenzeitweiden. Trockenzeitweiden sind jene, die selbst unter dürftigsten Bedingungen, - nämlich auf der absoluten Höhe der Trockenzeit -, noch Futter anbieten und sind deshalb vital für die zyklischen Engpässe im Jahresverlauf dieser marginalen Regionen. Der Verlust dieser Flächen oder ihre Einschränkung, gleich aus welchen Gründen, ist immer verbunden mit hohen Verlusten im Tierbestand und damit schwerer Erschütterung der Subsistenzbasis. Die Signifikanz dieses Tatbestandes wird noch an vielen Stellen des fortlaufenden Textes im jeweiligen Zusammenhang mit der gerade beschriebenen Situation ausführlich erklärt.

Dagegen sind unter Regenzeitweiden solche zu verstehen, die nur unter favorisierten Bedingungen ausreichend nutzbar sind, d.h. für die längste Zeit des Jahres wegen ihres geringen Potentials brachliegen; eine Überlastung ihrer Tragfähigkeit verbietet sich daher im Normalfall von selbst, es sei denn, die Regenzeit bleibt aus und macht sie zur allerletzten, desperaten Reserve. Auch auf diese Folgen wird zu einem späteren Zeitpunkt eingegangen.

Die hervorstechenden H s: Herden hüten und halten

Mit einer solchen Option des Weidetyps ist gleichzeitig eine saisonal angepaßte Umschichtung der Herden verbunden, die in produktionsstarke (laktierende Tiere, kastrierte Tiere zum Verzehr und Transporttiere) sowie in produktionsschwache (trockenstehende und nicht geschlechtsreife Jungtiere, männlicher Überschuß, Altbestand etc.) als Kategorien eingeteilt sind. Mit dieser Aufspaltung des Gesamttierbestandes und seiner Verteilung auf größere Flächen wird gleichzeitig erreicht, daß zeitweilig für den größten Teil der Siedlungsgemeinschaft längere Siedlungszeiten, - Ruhepausen -, möglich gemacht werden. Eine solche Entscheidung wird entweder während oder kurz nach der Regenzeit getroffen, (wenn die Weiden überall gut sind), oder auch in der Trockenzeit, vorausgesetzt man hat ein Weidegebiet mit ausreichendem Potential gefunden, das den produktionsstarken Teil der Herde längerfristig unterhalten kann. Nur damit ist die Ver-

sorgungsgarantie der Siedlung mit den Grundnahrungsmitteln Milch und Fleisch gewährleistet.
Die momentan unproduktive Restherde, die für die unmittelbare Subsistenz gerade bedeutungslos ist, bleibt weiterhin voll mobil und kann auf diese Weise das gesamte Weidespektrum, auch die Sektoren minderer Qualität oder nur kurzzeitiger Verfügbarkeit, maximal nutzen. Durch dieses großzügige Futterangebot entsteht auch nebenbei ein gewisser Beschleunigungseffekt im Fruchtbarkeitszyklus der pausierenden weiblichen Tiere.

Wird die produktionsstarke Herde immer in unmittelbarer Nähe der Siedlung gehalten, so mag die produktionsschwache erst nach Monaten wieder zum Siedlungsstandort zurückkehren, wo dann erneut eine Abwägung der Produktivität und damit ein Austausch der Tiere vorgenommen wird.

Der traditionelle Viehhalter unterzieht also ständig seine Produktionsmittel Weide und Vieh einer Qualitätskontrolle und trifft danach seine Managemententscheidungen, oft genug gegen den Komfort des längeren Verweilens an einem Platz, wenn dieser gefährlich überlastet, d.h. ökologisch ausgebeutet zu werden droht. Diese Herdendispersion und ebenso der Wechsel von längeren zu kürzeren Siedlungszeiten, je nach Umweltbeschaffenheit, zeigt deutlich, welche Mechanismen der Anpassung und Schonung in das intakte, traditionelle System eingebaut sind; genauso, wie die kontrollierte Reduzierung oder Aufteilung des Viehs in kleinere Herdeneinheiten verteilt auf größere Flächen es zu einer Überlastung der Weiden a priori gar nicht kommen läßt. Diese Voraus- und Vorsicht ist fester Bestandteil des überlieferten Verständnisses, das zweifellos nicht nur auf das produktionstechnische Optimum ausgerichtet ist, sondern dabei auch sehr rational die zumutbare Beanspruchung der Umwelt einkalkuliert. Die Prinzipien einer solchen Bewirtschaftung sind folglich nicht nur effizient, sondern erfüllen auch balanciert die Bedürfnisse von Bevölkerung und Ökologie, die häufig genug in viel strapazierfähigeren Umwelten in unvereinbarer Konkurrenz zueinander stehen.

Korrektur zur Vollkommenheit

Dieses Idealbild vom angepaßten Rationalismus des nomadischen Viehhalters ist, so kann man annehmen, auch in der Vergangenheit längst nicht immer erreicht worden, selbst wenn diese weitaus weniger von Störfaktoren beeinflußt war als die Gegenwartssituation. Abweichungen von der Verläßlichkeit jener Saisonalität, die das Fundament der beschriebenen Anpassung darstellt, hat es immer gegeben -, auch im Ausmaß der Katastrophe; und ob diese zeitlich heutzutage eine Beschleunigung erfährt, ist nach wie vor Gegenstand von Spekulation und weniger von Beweis. Feststeht, daß die Ausweitung der Kommunikation das Katastrophenbewußtsein sowohl der Betroffenen als auch das einer bessergestellten,und damit sich vage schuldig fühlenden Öffentlichkeit so weit geschärft hat, daß keiner mehr bereit ist, Not oder sogar die ultimate Katastrophe als systemimmanent zu akzeptieren: Der Betroffene nicht, weil er um die Möglichkeiten der Affluenz dieser Öffentlichkeit weiß, und die Öffentlichkeit nicht, weil Humanität zum politischen Machtmittel geworden ist, das Positionen festigt. An dieser Stelle ist bereits ein Gedanke vorweggenommen, der daraufhinweist, daß die Gegenwart des Pastoralisten mit einer grundsätzlich anderen und zusätzlichen Problematik belastet ist, als das noch vor wenigen Jahrzehnten der Fall war. Dieser neue Problemkomplex ist in seinem Ausmaß nur dann zu verstehen, wenn die Mechanismen bekannt sind, mit denen das traditionelle System den Gefährdungen seiner wirtschaftlichen Basis begegnete.

Die traditionellen T s: Tierzahlen und Tierarten

Noch bis in die jüngste Vergangenheit, - konkret bis vor etwa 20 Jahren -, war der nomadische Viehhalter so gut wie ausschließlich darauf angewiesen. Notlagen und Engpässe mit eigenen Mitteln zu bewältigen. Die Gründe für diese Drucksituationen wie Dürren und Seuchen, Viehraub oder Kriege untereinander waren für ihn überschaubar und verständlich, wenngleich auch keinesfalls immer bekämpfbar oder abzuwenden. Diesen extremen Belastungen war er gewöhnlich nur dadurch gewachsen, daß er seine Herde so groß wie möglich hielt, um Verluste besser abpuffern zu können. Maximierung von Vieh um jeden Preis war und ist für ihn viel weniger eine Frage des Prestiges, einer der langlebigsten Vorwürfe gegen den Pastoralisten, sondern in erster Linie eine Form der Anpassung an Risiken, die von ihrer Natur her er aktiv nicht beeinflussen kann. Prestige und Ansehen ist erst eine Folge, die sich logisch aus dieser Anpassung ergibt: Der mit dem besten Krisenmanagement nimmt nicht nur am wenigsten Schaden, sondern hat eindeutig überragende Fähigkeiten bewiesen, am besten der Kalamität gewachsen zu sein. Das ist das vorrangige Leitbild und viel weniger der Besitz, - die Zahl der Tiere -, als solcher. Ein weiteres wichtiges Instrument zur Risikominderung ist neben der Zahl die Art der Tiere, die er hält; denn mit Sicherheit kann man davon ausgehen, daß die Umwelt des Rinder-, Kamel-, Schaf- oder Ziegenhalters ursprünglich mit den Ansprüchen der jeweiligen Spezies vollauf übereinstimmte, was heute an vielen Stellen nicht mehr gewährleistet ist. Doch auch dann versagt der Anpassungsmechanismus nicht völlig. So ist es z.B. nicht ungewöhnlich, daß traditionelle Rinderhalter ihren Schwerpunkt auf die Kleinvieh- oder Kamelhaltung verlagern, haben sich die Umweltbedingungen für das relativ anspruchsvolle Rind so weit verschlechtert, daß nur noch die an dürftige Konditionen besser angepaßten Haustierarten (Kamel, Esel, Ziege) wirtschaftlich sind.

Dabei muß man respektvoll in Rechnung stellen, von welcher Tragweite eine solche Entscheidung ist; denn normalerweise ist die dominierende Tierart von großem kulturprägenden Wert, an der sich alle sozialen Verpflichtungen orientieren. Was diese im einzelnen beinhalten, ist Gegenstand von Kapitel II, das sich hauptsächlich mit den ethnischen Details der Beispielgruppen befaßt.
In diesem Zusammenhang ist vorerst wichtig, daß Flexibilität innerhalb des wirtschaftlichen Rahmens ein hervorstechendes Merkmal der pastoralen Gesellschaften ist, und als in sich selbst bewegliches Prinzip in vielen Entscheidungsprozessen eine weitaus größere Rolle spielt als konservative, unbewegliche Normen einzuhalten.

Die reziproken Rs: Risiko und Reaktion

Anders als in den temperierten Klimazonen, die viel konstantere Bedingungen für eine Vielfalt von Aktivitäten bieten und damit immanent flexibel sind, begrenzen sich die Trockengebiete auf nur sehr wenige Möglichkeiten, die zwar räumlich dehnbar (im physischen Umfeld, wo sie sich abspielen) sind, aber nicht inhaltlich (im Angebot der sinnvollen Aktivitäten). Daraus ergibt sich, daß die großräumige Nutzung dieser Trockenzonen, der der Viehhalter durch Mobilität Rechnung trägt, das nahezu einzige flexible Element in einem sonst starren, fast alternativelosen Rahmen darstellt. Eine solche Umwelt ist hochgradig empfindlich und risikoanfällig und beantwortet geringste Verstöße gegen ihre ökologische Verletzbarkeit (z.B. durch Überweidung und Überstockung) bereits mit großen Einbußen bezüglich ihrer Leistungsfähigkeit (z.B. durch Wüstenbildung, Erosion, Senkung des Grundwasserspiegels etc.). Sie zu bewirtschaften heißt, sie in ihrer Limitation der Möglichkeiten zu respektieren ohne gegen den Mangel an Manipulationen zu rebellieren. Das genau bestimmt die Handlungsweise des nomadischen Pastoralisten: er ist kein Agitator, sondern er reagiert.

Dazu ist er jedoch nicht nur in der Notsituation gezwungen, sondern jeder normale Jahresablauf beinhaltet Zeiten des Stress, für die die gleichen Reaktionsschemata gelten wie für die Extreme.

Jede Trockenzeit ist eine kleine Dürre, die nur überwindbar wird, wenn für sie andere Strategien gelten als für die Zeiten des beschränkten Überflusses, der nicht durch Suche (nomad: griech. nach Weide suchend) erst gefunden werden muß. Zwei Drittel auch eines " normalen " Jahres erfordern aber diesen Aufwand der Recherche, deren Erfolg nur davon abhängt, ob Vieh und Halter flexibel und mobil genug sind, ihre Ziele - Weide und Wasser - auch zu finden. Diese liegen gewöhnlich nicht auf des " nomad, des Suchenden " Türschwelle und sind zudem in ihrer Verfügbarkeit als Dauerzustand kaum erzwingbar, ohne daß sie sich nicht nach kurzer Zeit schon erschöpfen würden.

Die korrigierenden Ks: Kapazität und Kontrolle

Der unbehinderte Zugang zu ausreichend Land, groß genug, um Qualitätsschwächen seiner marginalen Eigenschaften durch " Masse ", - Quantität - auszugleichen, ist der kritische Punkt und die Begrenzung sowohl für die Ausweitung als auch Einengung des gesamten Systems und seiner Kapazität. Doch die Expansion des Viehbestandes ist ohnehin keinesfalls grenzenlos, auch dann nicht, nimmt man die zur Verfügung stehende Landfläche einmal als unbegrenzt an, ihre Qualität im Verhältnis zur Nutzung als gleichbleibend regenerierbar und man ließe den Pastoralisten in diesem Rahmen der unlimitierten Möglichkeiten walten wie er wollte.
Der Ausgang eines solchen Planspiels würde wahrscheinlich überraschen:

Die Tierzahlen blieben mit großer Sicherheit konstant, wenn auch vermutlich in der Größenordnung, wie sie für " gute ", verlustfreie Jahre gelten würde. Das heißt, daß die Anhäufung des Kapitals Vieh auch unter " Idealvoraussetzungen " eine ganz natürliche Regulierung erfährt; und das ist die der Hantierbarkeit, die wiederum abhängt von der zur Verfügung stehenden Arbeitskraft. Hier werden Anpassungsmechanismen und Regulative den sozialen und kulturellen Gegebenheiten entlehnt, die genau vorschreiben, wer überhaupt das Recht hat, mit diesem Kapital umzugehen. Wären es ALLE, dann läge darin tatsächlich ein Freibrief, die Produktionsmittel ad infinitum zu steigern, je nach Gutdünken und Fähigkeit eines jeden einzelnen Kapitalbesitzers, der nach den Gesetzen des freien Unternehmertums verfahren würde. Doch eine solche Zuordnung von Besitz, bei der jedes Individuum Berücksichtigung findet, verbunden mit Autoritätsgewalt ist so gut wie allen Viehhaltergesellschaften fremd. Besitz ist dem zugestanden, dem innerhalb der Hierarchie (der Familie, des Clans oder sogar des ganzen Stammes) eine Führerrolle zuerkannt wird, und derjenige rekrutiert dann innerhalb des vorgegebenen hierarchischen Rahmens die respektive Arbeitskraft: nicht die, die aktuell zur Verfügung steht, auch die nicht, die er tatsächlich brauchen könnte oder die er gar wünschte -, sondern die, die ihm zusteht aus der Resource seiner Familie. Das Arbeitskräfteangebot ist also absolut bestimmend für die Expansionsfähigkeit, Stagnation oder Schrumpfung des Viehbestandes und kontrolliert durch seinen begrenzten Rekrutierungsbereich (vornehmlich den der Familie) den Einzelbetrieb wie auch den Gesamtbestand der Tiere. Die Kontrolle der Kapazität (des Systems) liegt in der Anzahl der Abhängigen, die zur Arbeitsleistung herangezogen werden können.

Die verschwisterten V s: Verfügbarkeit und Verlust

Zwei Faktoren sind also die wesentlichen Limitationen für den nomadischen Pastoralisten und seine Herde, deren wirtschaftliche Gewichtung von unterschiedlichem Schweregrad sind.

1. die Begrenzung der Verfügbarkeit von Arbeitskraft (durch auf die Familie begrenzte Rekrutierung).
Sie reguliert den Besitzstand, d.h. unter traditionellen Bedingungen steht dieser im ausgewogenen Verhältnis zur Anzahl der von ihm existentiell Abhängigen. Der Viehbesitz jeder einzelnen Wirtschafts- oder Managementeinheit, entweder als Haushalt der Einzelfamilie oder als alle Haushalte der erweiterten Familie verstanden, überschreitet im allgemeinen nicht eine den Umweltverhältnissen angepaßte Norm. Diese Prämisse der limitierten Arbeitskraft bedingt, daß in den meisten pastoralen Gesellschaften in viel geringerem Umfang akkumulativer Reichtum angestrebt wird als vielmehr ein ausgeglichener Mittelstand, der sich nicht im ständigen Konflikt mit Mangel, - sei es in Form von Arbeitskräften oder der Verfügbarkeit von Land und Wasser - befindet.

Damit ist die zweite, weitaus kritischere Begrenzung angesprochen, nämlich die der Landeinschränkung und des temporären bis dauerhaften Landverlustes. Ausgehend davon, daß das traditionelle Management ein balanciertes Verhältnis zwischen zur Selbstversorgung nötigem Viehbestand und der dazu benötigten Landfläche erfordert, verschiebt sich diese Proportion in den Negativbereich, wenn jene Landfläche nicht mehr zur Verfügung steht. Tritt dieser Fall ein, wird augenblicklich der Viehbestand zu groß, obgleich er sich in absolut vertretbarem Verhältnis zu den Ansprüchen des Nutzers verhält. Die Überlastung entsteht nicht

KARTE 3: GEBIETSVERLUSTE DER RENDILLE/ARIAAL-TERRITORIEN IM ZEITRAUM ZWISCHEN 1941 UND 1982

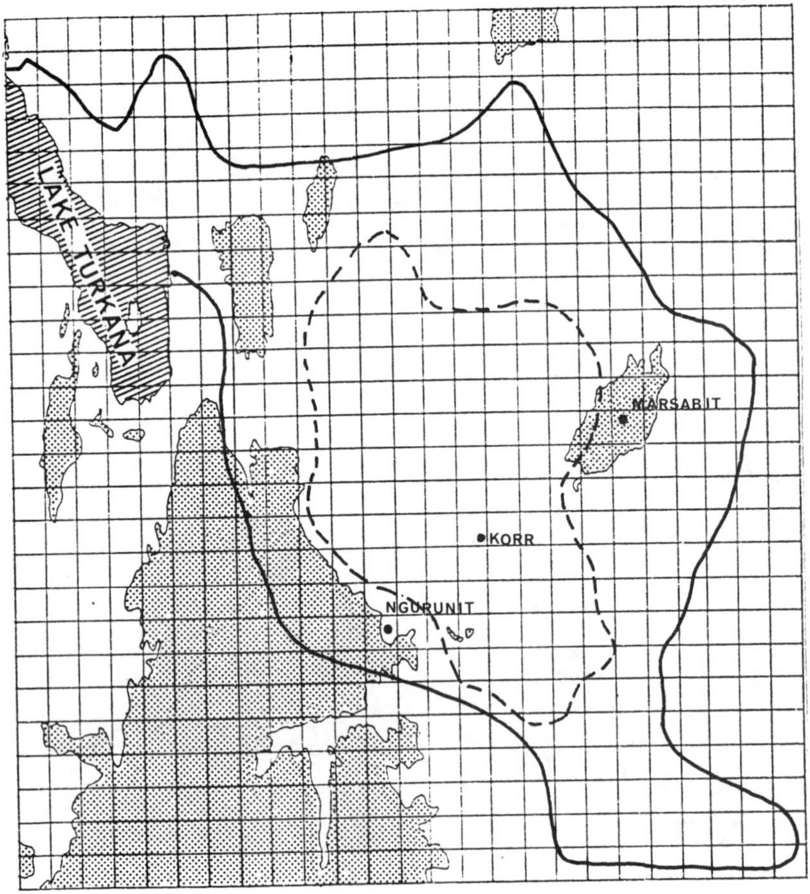

——— GRENZE DES RENDILLE-STAMMESGEBIETES 1941

- - - - - - GRENZE DES RENDILLE-STAMMESGEBIETES 1982

(JEDES PLANQUADRAT REPRÄSENTIERT 10 X 10 KM = 100 KM²)

(DIE SCHATTIERTEN FLÄCHEN ZEIGEN HÖHENLAGEN VON MEHR ALS 1000 M Ü.M. AN) durch fahrlässigen Exzess, sondern durch die Unterschreitung einer festen Größe, - die der Nutzungsfläche - proportional zur Besatzdichte. Die Größenordnung der Ländfläche wie auch ein festgesetztes Minimum des Tierbestandes ist jedoch zur Erhaltung der Subsistenzbasis vital, womit sich der Kreis schließt. Dieses Dilemma ist, soweit es seine Ursache z.B. in klassischen Auslösern wie den einer Dürre hat, dem traditionellen System durchaus bekannt, und ihm wird entweder durch drastische Senkung der Bedürfnisse begegnet, oder es wird als Fatalität hingenommen. Beides sind Formen der Anpassung, solange der Notzustand vorübergehender Natur ist und Perspektiven bestehen, daß der alte Zustand des Gleichgewichtes wieder hergestellt werden kann.

Circulus pastoralis diaboli

Was sind nun die Mechanismen, die zu diesem existenzbedrohenden Landverlust führen, der wiederum seinerseits hohe Tierverluste fordert und damit das nomadische Viehhaltertum insgesamt hochgradig gefährdet?

Dem muß zum Verständnis eine allgemeine Überlegung vorangestellt werden. Anders als beim Ackerbau, der bei einschneidender Umweltverschlechterung eher eine Risikoverteilung (in Form von Fruchtfolge oder Fruchtanpassung) zuläßt, ist Vieh ein starres Produktionsmittel mit nur bedingt veränderbaren Ansprüchen, und daher durch eine höhere Risikoanfälligkeit gekennzeichnet. Dazu kommt, daß die extensive Viehhaltung im allgemeinen nur dort anzutreffen ist , wo sich Ackerbau ohne Einsatz von Technologie von selbst verbietet, d.h. in Regionen, die ohnehin nur ein geringes ökologisches Potential aufweisen. Eine solche Umwelt ist von dem, was sie an Pflanzenwuchs bietet, äußerst sensibel, mit anderen Worten genauso risikoanfällig wie ihre Nutzer (Mensch oder Tier); sie beansprucht deshalb weitaus längere Regenerierungspausen als Umwelten besseren Potentials. Für den nomadischen Viehhalter heißt das, er muß diese Pausen respektieren, was er traditionell auch tut -, solange er kann. Kommt es nun jedoch zu Dürren längeren Ausmaßes (mehr als zwei ausgefallene Regenzeiten), entsteht unweigerlich erhöhter Nutzungsdruck auf jene Flächen, die am längsten einer Dürre standhalten können, und das sind die Trockenzeitweiden. Doch denen kann keine Rekonvaleszenz oder Pause mehr zugestanden werden, weil der temporäre Wechsel zur entlastenden Regenzeitwende durch die Dürre verhindert wird. Die Folge davon ist, daß nach Ende der Notzeit die eigentliche Katastrophe erst einsetzt, die ergiebigsten und robustestens Flächen, - die Stabilisatoren des ganzen Systems -, sind hochgradig ausgelaugt, erschöpft, wenn nicht gar irreversibel zerstört und auch in nachfolgenden guten Jahren kaum mehr nutzbar. Paradoxerweise sind es gerade diese " guten Jahre danach ", die letztlich den Zusammenbruch herbeiführen; sie stimulieren die in der Dürre " geschonten ", weil unbrauchbar gewordenen Regenzeitweiden und gleichzeitig die Erholung der dezimierten Herden. Das aber geht einher mit anhaltender Degradierung der Reserveflächen (der Trockenzeitweiden), die überbeansprucht während der Dürre, nun zu Zeiten der " nassen " Entspannung vorerst an Bedeutung verlieren. Die nächste, normale Trockenzeit ist dann das nächste, sich selbst beschleunigende Disaster: erholte Tierbestände bei gleichzeitigem Verlust der Trockenzeit-Reserven und spontaner Überlastung der Restflächen (Regenzeitweiden) minderer Qualität. Die endgültige Folge: erneut schwere Verluste in den sowohl verbliebenen als auch neu hinzugewonnenen Tierbeständen durch extremen Futterstreß bedingt durch Überweidung, Überstockung und aproportionalen Druck auf drastisch geschrumpfte, nicht mehr tragfähige Landflächen.

LANDNUTZUNG UND VIEHBESTAND oder

Die ökologische Strangulierung der letzten 30 Jahre

Diese graphische Darstellung (Nr. 3) ist auf zwei Grundelemente, die das Handeln des nomadischen Viehhalters a priori bestimmen, beschränkt;

1. auf die Verfügbarkeit von Weideflächen und
2. die Tierbestände, die durch sie erhalten werden müssen.

Dem Bearbeiter ist klar, daß diese Art der Beschreibung, reduziert auf die einfache Geometrie zweier Kreise, dem Kernproblem, Verhältnis Vieh zu Land, hier eine grobe Vereinfachung angedeihen läßt, die viele Faktoren, die zusätzlich das Weide- und Hüteverhalten beeinflussen, unberücksichtigt läßt. Obgleich die Problematik als solche (empirisch) erkannt worden ist, sieht sich der Autor in diesem Fall durch sein gesellschaftswissenschaftlich betontes Training ungenügend ausgerüstet, ein agrar-ökonomisches Problem der Sache angemessener darzustellen.
Aufgrund der übergeordneten Bedeutung des Sachverhaltes mag hier die u.U. als dilettantisch empfundene Form der Informationsübermittlung verziehen werden.

An mehreren Stellen wurde bereits ausführlich darauf hingewiesen, daß durch den Verlust von Weideflächen aus verschiedensten Gründen der Tatbestand der Überweidung, vor allem während der letzten Jahrzehnte, sich der Grenze einer akuten Überlastung nähert.
In der zeitlichen Abfolge läßt sich diese Entwicklung folgendermaßen beschreiben:
Jede geometrische Konfiguration zeigt jeweils zwei Kreise, die die LANDFLÄCHE (einfache Linienführung) im jeweiligen Größenverhältnis zum TIERBESTAND

GRAPHIK 3: LANDNUTZUNG UND VIEHBESTAND

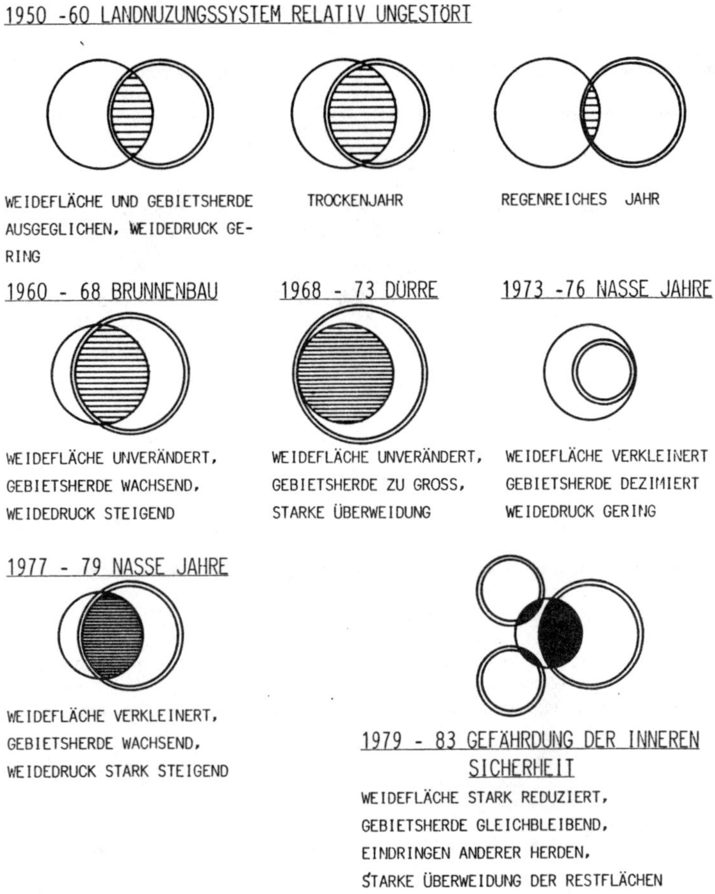

(doppelte Linienführung) repräsentieren. Die Überlappungsflächen stellen zum einen die Größe des Nutzungsraumes, zum anderen je nach Grad der Schattierung die Nutzungsintensivität oder den Beweidungsdruck dar.

Die Situationen a- c entsprechen in etwa dem Zustand, wie er als " normal " in der Zeit vor der Unabhängigkeit (1963) bestand, zum besseren Verständnis hier als " ungestört " (von äußeren Einflüssen) bezeichnet, wobei natürlich auch während dieser Periode es Notzeiten und Dürren gegeben hat. Dennoch war der Zustand der Balance, - die zur Verfügung stehende Landfläche im ausgewogenen Verhältnis zum Tierbestand -, wesentlich konstanter als in späterer Zeit, wie es auch Dokumente der kolonialen Administration sowie Augenzeugenberichte immer wieder bestätigen.

Alle drei Situationen a- c bewegen sich im Normalbereich, wobei a bei normalem Regenfall wenig Weidefläche aufgrund des guten Futteraufwuchses beansprucht und dieser wiederum, weil in Fülle angeboten, den Nutzungsdruck gering hält.
In der Darstelluung b, einem Trockenjahr, wird das schlechtere Futterangebot durch Ausdehnung der genutzten Weideflächen kompensiert, wobei die großräumigere Verteilung des Viehbestandes ebenfalls eine schädliche Intensivbeweidung verhindert.
Im nassen Jahr, Darstellung c, erübrigt sich wegen der extrem guten Weidebedingungen sowohl eine Expansion auf größere Flächen noch erhöht sich der Nutzungsdruck, da durch überdurchschnittlich reiches Futterangebot die Bedürfnisse des Tierbestandes auf kleiner Fläche und ohne Intensivbeweidung abgedeckt werden können.

Situation d: Dieser Zeitraum 1960 - 1968, also die unmittelbare prä- und postkoloniale Ära, war gekennzeichnet durch verstärkte Anstrengungen zur Verbesserung der Infrastruktur, meist initiiert von nach der Unabhängigkeit sich in Nordkenia etablierenden Missionen. Das Gros dieser Maßnahmen belief sich auf die Erschließung neuer Wasserstellen einschließlich Tiefbrunnen, die bis zu diesem Zeitpunkt unbekannt gewesen waren. Permanentes Wasser in vorerst unbegrenzter Quantität war die von allen Seiten begrüßte Innovation, deren Folgen niemand voraussehen wollte und weitgehend wohl auch nicht konnte. Weniger bedingt durch natürliches Herdenwachstum des in dieser Region heimischen Tierbestandes, als vielmehr durch Zuzug von Fremdherden aus anderen,(infrastrukturell benachteiligten) Gegenden kam es zum erheblichen Anstieg der Tierzahlen insgesamt, die sehr bald in die Gebietsherden eingemeindet und wie ihre Besitzer (auf gleich groß gebliebener Landfläche) transhumant oder rings um die Brunnen seßhaft wurden. Als Folge davon zeigte sich sehr bald ein stetig steigender Nutzungsdruck, insbesondere im Umkreis nunmehr fester Siedlungen und gleichermaßen eine Ausdehnung der Nutzungsflächen durch transhumante Viehhalter, die kleinere Teile ihrer Herden in unmittelbarer Siedlungsnähe hielt, den weitaus größeren Tierbestand jedoch auf entlegenere Weiden schickte.

Situation e, die Dürrejahre 1968 - 1973 zeigen deutlich eine totale, starke Nutzung der immer noch gleich groß gebliebenen Nutzungsfläche, die zumindest in den ersten Jahren für den zu großen Tierbestand, (durch Dürreverluste noch nicht reduziert), selbst bei intensivster Beweidung der Gesamtfläche und ihrem qualitativen sowie quantitativen Verlust im Futterangebot nicht mehr ausreicht. Als Folge stellt sich schwerste Überweidung ein, stellenweise mit irreparablen Vegetationsschäden verbunden, d.h. insgesamt sinkt die Weidequalität drastisch und trägt somit zur Verkleinerung brauchbarer Weideflächen bei.
Erst dann sinken die Tierzahlen (durch Verhungern) und es kommt zu

Situation f, 1973 - 1976, gekennzeichnet durch gute Regenfälle, die jedoch nicht bewirken können, daß die Nutzungsfläche sich auf ihre ursprüngliche Größe rehabilitiert. Dieser Landverlust fällt zu diesem Zeitpunkt noch nicht so schwer ins Gewicht, da er gleichzeitig an große Tierverluste gekoppelt ist, für die die Restflächen quantitativ und qualitativ so weit ausreichen, daß bei den geringen, noch nicht erholten Beständen überhaupt kein Nutzungsdruck auftritt.

Dies ändert sich drastisch in Situation g, 1977 - 1979, die eine Fortsetzung der vorangegangenen, nassen Jahre sind und nunmehr durch die Akkumulation von Zeit und günstigen Umweltbedingungen das Herdenwachstum (besonders beim Kleinvieh) erheblich stimulieren. Bei verkleinerter Landfläche, davon noch etwa ein Drittel für die Beweidung unbrauchbar geworden, kommt es bei steil ansteigenden Tierzahlen zu stark ansteigendem Weidedruck, ähnlich Situation e in den Dürrejahren.

Situation h, geltend für die Jahre 1979 - 1983, zeigt die Auswirkung einer neuen Problematik, die der Gefährdung der inneren Sicherheit. Bedingt durch die starke Reduzierung der Weideflächen aller nomadischen Viehhalter gleich welcher Ethnien, werden immer häufigere Übertretungen der traditionellen Grenzen, oft verbunden mit Überfällen auf Siedlungen und Viehraub zur Norm. Hinzu kommen die sich stärker ausdehnenden militärischen Konflikte entlang der Grenzen von Uganda, dem Sudan, Äthiopien und Somalia, die wiederum die in den Grenzzonen ansässige Bevölkerung als Flüchtlinge in andere Stammesterritorien drücken, wo sie meist nur durch Viehdiebstahle überleben können. Durch Einsatz von Militär und Polizei verschärft sich letztlich die Lage so weit, daß die ohnehin extrem verkleinerte Landfläche aus Angst vor Auseinandersetzungen, (gleich ob inter-tribalistisch oder mit der Armee), nur noch peripher genutzt wurde, d.h. bis zum Ende des Berichtszeitraumes Dezember 1983 mit aus den nassen Jahren resultierenden, trotz herrschender Dürre immer noch großen Tierbeständen, gehalten auf kleinster Fläche mit größtem Nutzungsdruck.
Abschließend sei als Zusatz vermerkt, daß neben dem immensen Landverlust aus

den hier ausführlich beschriebenen Gründen, die Etablierung von Wild- und Forstreservaten, bei Strafe zur Nutzung für den Pastoralisten gesperrt, ihr übriges getan haben, den Viehhalter zu lebenslanger Isolierhaft zu verurteilen; eine Abwägung der Rechte von Lebewesen ganz allgemein, die in ihrer Legitimität nicht einmal strittig wäre, würde sie nicht kommerziellem Diktat, (wie dem des Tourismus), unterliegen. Doch dies ist im vorliegenden Zusammenhang nur ein Seitengedanke, dessen gebührende Diskussion einer separaten, vollwertigen Arbeit bedürfte und als Thema es dringend verdiente.

" Gute " und " schlechte " Zeiten für Produzent und Konsument

Gegenläufig zu dem, wie sich die Situation scheinbar darstellt, ist es oft nicht das akute Stadium der Dürre selbst, das den Viehhalter ruiniert. Gegen diese mag er abgesichert gewesen sein durch hohe Tierzahlen, angepaßte Tierarten und größtmögliche Mobilität. Es sind die Jahre danach, die gekennzeichnet sind durch hohen Landverlust verbunden mit eingeschränkter Beweglichkeit; beide Faktoren sind kausal miteinander verknüpft und maßgeblich durch extremen Qualitätsverfall der Nutzungsflächen bedingt. Für diese Einbußen von Land und Mobilität reichen die Strategien des traditionellen, nomadischen Pastoralisten dann nicht mehr aus.

Aber die Mißinterpretation von Notzeiten, - wann sie beginnen, wann sie ihren Höhepunkt erreichen, wann sie als beendet oder auch als nicht vorhanden erklärt werden -, erfolgt nicht nur im Ausnahmezustand, obgleich sie dann ihre schwerwiegendsten Folgen hat. Auch ein ganz gewöhnlicher Jahresablauf mit seinen trockenen (allgemein als " schlecht ") und seinen nassen (allgemein als " gut " verstandenen) Phasen ist Gegenstand dieses überaus üblichen Deutungsfehlers.
In einer Umwelt, die so geprägt ist, sowohl von ihrer voraussehbaren Saisonalität als genauso von deren Abweichungen, kann es nicht erstaunen, daß auch das Individuum, das sich in ihr behaupten muß, alle seine Handlungs- und Verhaltensweisen auf diese Saisonalität abstellt. Wie der neutrale Außenstehende, so empfindet auch der Pastoralist die Trockenzeit als eigentliche Bedrohung, denn er ist sich immer der Gefahr bewußt, daß sie außer Kontrolle geraten mag. Demzufolge sind <u>alle</u> seine Maßnahmen und Vorkehrungen auf diese Eventualität ausgerichtet. Im vorangegangenen Text wurde bereits davon gesprochen, wie er sich als Produzent gegen

Risiken absichert. Dazu gehören die Zahl und Art der Tiere, die er hält, die Migrationsmuster, denen er folgt und der Weidetypus, den er wählt. Sind auch nicht alle Absicherungen, die er trifft, direkt oder zeitlich mit dieser Saisonalität verbunden, so stehen ihre Zielsetzungen jedoch immer zu ihr in irgendeinem Bezug: sei es aus Furcht vor ihrer Unberechenbarkeit, aus Panik vor der sich daraus ergebenden Konsequenz oder auch schlicht aus dem pragmatischen Wissen heraus, daß eine Anpassung an ihren Rhythmus und die Möglichkeiten, die sie dadurch bietet, den höchsten Gewinn bringt. Aber er ist als subsistenzorientierter Viehhalter ja nicht nur Produzent, sondern auch gleichzeitig Verbraucher, in Personalunion, der in dieser Eigenschaft als Konsument ebenfalls Strategien der Vorsicht aber auch solche, die ihm ein persönliches Wohlbefinden sichern, anlegt.

Hier ist auffällig, daß gerade die " schlechte ", die Trockenzeit es ist, in der der pastorale Verbraucher mehr in seinen eigenen Komfort investiert, als es das auf Maximierung (des Viehkapitals) gerichtete Gewissen des Pastoralisten eigentlich erlaubt. Auch für ihn spielt dabei eine große Rolle, daß sich die Normalität schon in kurzer Zeit in ein Dilemma wandeln könnte -, nur reagiert er darauf nicht mit Sparen, sondern Ausgeben. Ermutigt dadurch, daß seine Tiere zumeist bereits in schlechtem Zustand sind, ist er (wie zu keiner der " guten " Regenzeiten) vielmehr bereit, sowohl zu konsumieren als auch zu vermarkten; womit das an sich in der Trockenzeit zu erwartende Defizit an Nahrungsmitteln ausgeglichen wird. Hier wird die Anpassung ganz besonders deutlich: das Defizit entsteht genau da, wo es zu dieser Zeit entstehen muß -, nämlich auf der Produzentenebene, entlastet dadurch gleichzeitig das ohnehin nur spärliche Weideangebot und entspannt für den Verbraucher die vermeintliche " Notzeit ".

Hiermit ist nicht gesagt, daß es diese nicht gibt, nur entsteht sie in einem von Kalamitäten unbelasteten Jahresverlauf zu einer anderen Zeit -, während und nach den Regen. In dieser Zeit handeln Produzent und Verbraucher in vollem Konsens, indem sie ihre Reserven wieder auffüllen, ohne oder nur wenig an ihnen zu zehren. Das heißt, der Viehbestand wird wieder aufgebaut unter Konsumverzicht, der tatsächlich erhebliche Einschränkungen erfordert, die das Ausmaß einer echten Notzeit annehmen können.

Die Qualität von Notzeiten

Im traditionellen Rahmen des nomadischen Pastoralismus sind zwei Kategorien des Notstandes zu unterscheiden:

Die erste ist die sporadische, unverschuldete Existenzgefährdung durch im weitesten Sinne system-externe Faktoren wie Dürren, Seuchen, Kriege etc. Hier ist der Viehhalter, - ob traditionell oder progressiv -, ein Opfer unbeinflußbarer Umstände, und es liegt außerhalb seines Vermögens, die Größenordnung dieses Notstandes zu bestimmen.

Die zweite Kategorie ist wesentlich komplexer. Sie ist systemimmanent imengsten Sinne, denn sie wird vom Pastoralisten selbst initiiert. Sie stellt also einen absichtlich " verschuldeten " Notstand dar, dessen Zeitpunkt und Größenordnung er auch selbst bestimmt. Konsumverzicht ist dabei sein wichtigstes Instrument.
Der Nachweis für diese künstlichen und gesteuerten Engpässe sowie die Auswirkungen von natürlichen Disastern und Behinderungen sind das Kernstück des quantitativen Teils dieser Arbeit. Dabei wurde versucht herauszuarbeiten, inwieweit die extern ausgelösten Negativeinflüsse (" Schick-

salsschläge ") das pastorale System unterminieren, dagegen die intern kreierten Zeiten des Verzichts (" Schicksalsbeschwörungen ") zur wirtschaftlichen Sanierung und Stabilisierung beitragen.

Aufgrund ihrer Konsequenz wird die Kategorie I der " Schicksalsschläge " als destruktiver Notstand, die Kategorie II der " Schicksalsbeschwörungen " als konstruktiver Notstand verstanden.

Von seiner Natur her ist der destruktive Notstand ein Unglück, das alle erfaßt, d.h. die Gesellschaft ist insgesamt betroffen, alle erleiden grundsätzlich Schaden. Wie groß dieser für jeden einzelnen ist, ist abhängig davon, wie gefestigt seine wirtschaftliche Basis war. Doch unabhängig von seiner Schwere, ist dieser Schaden weder kurzfristig behebbar, d.h. nach Ende des Notstandes tritt nicht der Normalzustand an dessen Stelle, noch ist er für die Zukunft vermeidbar. Der Schaden als Produkt des destruktiven Notstandes überlebt den unmittelbaren Zeitraum (der Not) in Form der Nachwirkung, die ein Schneeballeffekt von Ursache (z.B. Dürre), Zielscheibe oder Opfer (z.B. Viehhalter), Direktwirkung (z.B. Weideverlust) und Indirektwirkung (z.B. Viehverlust) ist.
Die Nachwirkung wäre Hungerhilfe, Abhängigkeit, sozialer Verfall, kulturelle Auflösung, - Armut -, Alkoholismus, Kriminalität usw. in jeweils situationsgebundener Rangordnung. Der destruktive Notstand ist in seiner Wirkung kumulativ. Er beruht auf der Wechselwirkung einer oder mehrerer Ursachen mit einer Häufung von Folgen.

Dagegen ist der konstruktive Notstand kein Produkt äußerer Ursachen mit negativer Wirkung, sondern erwächst aus einem Entscheidungsprozeß, den jeder einzelne trifft, um entweder einer Negativentwicklung Einhalt zu gebieten (z.B. durch Herabsetzen der Bedürfnisse, Sparen), um einer

Negativentwicklung vorzubeugen (z.B. durch Maximierung der Produktionsmittel unter Konsumverzicht) oder auch um eine nicht gefährdete - Normalsituation - produktionssteigernd (oder positiv) zu beeinflussen.
In allen Fällen dient der künstlich geschaffene Engpaß immer einem positiven (konstruktiven) Zweck, ist aktiv vom Individuum beeinflußbar und daher auch zeitlich einzugrenzen. Niemandem erwächst Schaden, und nach Beendigung des Notstandes tritt automatisch der Normalzustand ein. Von seiner Natur her strebt er eine vorteilhafte Veränderung an, d.h. der konstruktive Notstand ist zielgerichtet oder direktional.

Sühne ohne Schuld

Aus der Gegenüberstellung zweier Situationen, die eine, wie sie befürchtet und im Eintrittsfall in Paralyse durchlitten, die andere, wie sie gewünscht und bewußt herbeigeführt wird, ergibt sich, daß das landläufige Bild von NOT für die hier beschriebenen Umstände subtiler und präziser untersucht werden muß. Nur so kann die echte, existenzbedrohende Gefahr einer sich anbahnenden Katastrophe, - (" genuine emergency ") -, rechtzeitig und in ihrer vollen Dimension erkannt und bekämpft werden. Denn fraglos ist es so, daß die Trockongebiete Afrikas heute zu den am schlimmsten von Hunger und Verhungern betroffenen Gebiete der Welt gehören, für dessen Beweis es vielerorts nichts anderem bedarf als des äußeren Erscheinungsbildes. Jede überflüssige Akademisierung, die in diesen Fällen eine spontane Katastrophenhilfe behindert, ist angesichts der ungeheuren Verelendung nicht nur moralisch fragwürdig, sondern zynisch. Für den akuten Zustand der aus jeder selbsttätigen Kontrolle geratenen Lebensgefahr gibt es bisher kein anderes Instrument der Hilfe, als das der internationalen Besinnung auf anderswo genossene Opulenz. Keine Strategie der Selbsthilfe kann mehr für den Zeitpunkt gelten, wo der Schwellenwert von

THE NAIROBI TIMES, 15.1.1983

Food aid blamed for depressing local prices

By JAMES TUMUSHIME

FOOD aid to developing countries has been blamed for depressing local food prices and thus making it unattractive for farmers in developing countries to step up their efforts, according to a West Germany publication [illegible] *Hunger* [illegible] *Aid to the Third World*. The publication went on [illegible]

[illegible] tion of self-help initiatives and alternative energy.

It was estimated in the report that there will be a world food shortage of 40 to 70 million tonnes by 1985 and that in the next 25 years the world's population will rise from about 4.0 billion to about 6.5 billion with a majority living in the developing countries. World food security will therefore be dependent on the intensification and expansion of agricultural production in the countries of the third world, the report observed.

[illegible] that it is the agricultural sector which [illegible] is the [illegible] of trade and industry in developing countries.

[illegible] of [illegible] Federal ministry of economic co-operation, the Rockefeller Foundation, and other German development agencies, the research priorities for the nineteen eighties were put forward.

These included improved fertiliser production, better use and conservation of water and soil and creation of improved systems for integrating animal husbandry into agriculture. Another field which was emphasised was fish-farming for raising protein production and providing rural people with a source of income.

The report finally noted that in view of the ever worsening food deficits of developing countries, international [illegible] must not be allowed to [illegible]

NYERERE CALLS FOR FOOD AID

[illegible]

Nyerere ... "Morally wrong"

selbstverantwortlicher und für sich selbst Sorge tragender Existenz zur hilflosen Agonie der absoluten Mittellosigkeit überschritten ist. In diesem Lichte ist auch Julius Nyereres Appell zu verstehen, gerichtet an die Right for Food Conference in Montreal, Mai 1984, in dem er davor warnt

" in accepting arguments that food aid is unnecessary and can be counterproductive by discouraging needy countries in producing their own food; ... It is morally and economically wrong for people and nations which have more food than they need to deny their surplus to those who are hungry. "

Ein solcher Aufruf darf nicht unter dem Vorwand der Wissenschaftlichkeit dahingehend erschüttert werden, daß diese Not, die Destruktion größten Ausmaßes und mit ihr alle Verpflichtungen gegenüber denen, die ihr ausgesetzt sind, nicht existiert oder " vielleicht doch nicht so schlimm ist, wie uns die Massenmedien weismachen wollen..." (Kommentar eines UN-Diplomaten, der während des Sahel-Disasters in Obervolta stationiert war!). Der wahrhaftigen Realität einer massiven Bedrohung kann und darf sich niemand mehr verschließen. Doch sollte man nicht vergessen, daß sie - noch - nicht permanent und ad infinitum besteht. DAS ist es, was es unter allen Umständen zu verhindern gilt. Es ist darum genauso wenig konstruktiv und stabilitätsfördernd für die Drittweltländer anzunehmen, daß blanke Überlebenshilfe, - allein und ohne flankierende Maßnahmen der Eigeninitiative -, nur im geringsten dazu beitrüge, den Ursachen der langfristigen Misere abzuhelfen. Sich häufende Disaster sind bestenfalls guter Boden für sich häufende politische Konditionen. Und mag auch der Mantel des humanitären Anspruchs der Überlebenshilfe zu dem Ruf der " Wunderheilung ", der " Unersetzbarkeit " verhelfen: sie ist keine Prothese, die ruinöse Ökonomien wieder gehfähig macht, sondern lediglich ein vorübergehendes Pflaster auf der Amputationswunde, - gestiftet von einer kühl berechnenden Wohlfahrt -, mit dem keiner wieder laufen lernt.

Das Opfer - Täter - Prinzip

Dringlicher als sie je war wird deshalb in allernächster Zukunft die konkrete Einschätzung sein, welche Möglichkeiten überhaupt noch verblieben sind, diese immer wieder, und wie es scheint immer mehr, zerrütteten Ökonomien Afrikas insgesamt so weit zu festigen, daß sie den internen wie auch externen Machtkämpfen annähernd standhalten könnten. Nur von untergeordnetem Interesse ist dabei vorerst, welcher ideologischen Färbung sie sind. Verelendung ist der weltweit akzeptabelste Anlaß für politische Entmündigung schlechthin, sowohl auf nationalem als auch internationalem Nīveau. Der, der für sich selbst nicht sorgen kann, ist abhängig von dem, der für ihn Sorge trägt -, das ist der paternalistische und imperialistische Anspruch, dessen Legalität von keinem bezweifelt wird, dicht gefolgt von der eigentlichen Sorge, ob er, der Abhängige, diese überhaupt verdient! Dazu schreibt Jean Copans[23] (1983):

" Whatever the context, for more than a century we have had that well known policy of making the victim the culprit. The culprit is the person who does not pay his taxes, even if he cannot pay them, even if he is dead! The culprit is the person who does not know how to profit from market economy. .... The culprit ist the bad producer. The culprit is an individual or a collection of individuals, but is never recognized as being caught up in a different socioeconomic system or history. "

Hier wird in ganzem Ausmaß deutlich, wie das Opfer zum Schuldigen wird, kommt es seinen wirtschaftlichen Minimalpflichten nicht nach; ... even if he cannot, ... even if he is dead!"

Der einzige Ausweg aus jener fast hoffnungslosen Diskussion über eigenverschuldete Bedrängnis, volkswirtschaftliche Bürde, soziale Isolation und politische Mißliebigkeit scheint nur über den Nachweis von Fähigkeiten möglich. Erst wenn diese überzeugen, erübrigt sich auch die Debatte, ob es sich lohnt, in diese, - vorerst nicht als vorhanden erklärt -, zu investieren. Ebenso stellt sich dann kaum noch die Frage nach Opfer oder Täter; denn weder um fähige Opfer noch um fähige Täter muß man sich übermäßig mehr sorgen als um die, die ohne ihr Zutun keines von beiden sind.

Von der traurigen Ironie der Intervention

Kaum einer anderen Bevölkerung hat man weitaus mehr Fähigkeiten aberkannt als zugesprochen wie dem nomadischen Pastoralisten Afrikas. Die guten Gründe dafür glaubt man heute darin bestätigt, daß auch kaum eine andere Bevölkerung so spektakulär (und tatsächlich) sich in ständigem, akuten Zustand einer fortschreitenden Verarmung befindet. Was dabei übersehen, wenig verstanden und wenn, ignoriert wird, ist die lokale Expertise, die ihn trotz der gewaltigen Einschränkung und Gefährdung, der er ausgesetzt ist, noch immer überleben läßt. Es mag bezweifelt werden, ob dies der Fall wäre, verließe er sich auf die Unfehlbarkeit umweltsfremder Strategien, wie sie zur Abwendung der zu jedem Zeitpunkt angenommenen Katastrophe angeboten werden. Dabei ist schwer zu sagen, welche Institutionen, ob national oder international, in Krisen oder auch in der Normalität, - die häufig aus Profilierungsgründen zur Krise befördert wird -, stärker intervenieren. Beiden ist eigen, daß sie für sich die " besseren Konzepte " beanspruchen als die der örtlichen Bedingungen. Da letztere kaum dort gelten, wo diese vermeintlich besseren Vorlagen entstehen, - nämlich a priori im technokratischen Sumpf einer urban deformierten Administration -, werden sie demzufolge als lokales (" inferiores ") Wissen und Können auch nicht einbezogen. Wadell[24] (1983) bemerkt dazu:

" The ultimate irony of this displacement of responsibility for dealing with disasters is that power becomes vested in the hands of people and nations who are environmentally extremely unsophisticated. "

Wie komplex jedoch dieses Environment ist oder sein kann, war Gegenstand des vorangegangenen Textes. Die Beurteilung solcher fragilen Umwelten vom katastrophenfreien Standpunkt (und Standort!) aus, meist auch noch basierend auf der Vorstellung von unlimitiertem Kapital, verbunden mit unlimitiertem, technischen Know how und Personal, ist angesichts der vorliegenden Umstände oft genug absurd. Darüber hinaus stützt sich die Beurteilung lokaler Verhältnisse nicht selten auf eine Attitude, die typisch für den Geist der kolonialen Vergangenheit und ebenso für die Machtstrukturen (inter-extern oder national-international) der Gegenwart ist. Noch einmal sei Wadell[24] (1983) zitiert, der dazu unmißverständlich sagt:

" This judgement was (or is) reinforced by the kind of paternalism typical of a colonial situation; it was (or is) assumed the expatriates had (or have) superior knowledge, foresight and judgement to the local population. They therefore dit not (or don't) bother to consult the latter. "

Da alles darauf hindeutet, daß diese koloniale Situation nach wie vor besteht, mißt man sie am Normalverhalten des normalen Experten in der Normalsituation der unterentwickelten, doch hochbezahlten Verbannung irgendwo auf der suspekten Nord-Süd-Achse, dann kann das o.g. Zitat mit aller Berechtigung im Präsens gelten.

Pastoraler Patient und entwicklungspolitische Chirurgie

Für die Lage des nomadischen Viehhalters ist die Annahme der ununterbrochenen Katastrophe - noch - falsch, was nicht ausschließt, daß sie jederzeit dazu werden kann. Bei aller Erschwernis der Bedingungen und seiner ernsthaft kranken Subsistenzökonomie, verbringt er dennoch auch heute die längste Zeit in einer nicht-katastrophalen Alltagsroutine, der er sich allerdings mit Minimalansprüchen anpassen muß, die keinesfalls mehr der traditionellen Norm entsprechen. Über diese aktuelle Bedürfnislage, und wie sie abgedeckt wird oder auch zeitweilig unerfüllt bleibt, ist allgemein so wenig bekannt, daß Interventionen und die Erklärung zum Notstand bereits oder erst dann erfolgen, wenn die Zeit entweder noch nicht gekommen oder, - genauso häufig -, schon überschritten ist. Jede dieser Fehldiagnosen hat schwerwiegende Folgen.
Die erste, die des zu frühen Eingriffs, zeitigt sehr wohl counter-produktive Erscheinungen, eben die, vor denen Nyerere warnt, sie zu glauben: sie schwächen die Initiative, " to grow their own food " und nehmen damit ein wesentliches Motiv, sich von Nahrungsmittelhilfe und -importen unabhängig zu machen. Hierfür gibt es unzählige Beispiele, nicht nur in den Entwicklungs- sondern genauso in den entwickelten Ländern, wie allein ein kurzer Blick in die Geschichte der Subventionen und Agrarstützungspolitik zeigt.
Die zweite Folge, die des zu späten oder nie erfolgenden Eingriffes, ist viel eher jene, die die Anklage rechtfertigt, daß es moralisch und

wirtschaftlich nicht vertretbar ist " to deny surplus to those who are hungry ". Hier wird auffällig, wie selten es zu einer der Situation angepaßten Intervention in Zeit, Dimension und Wahl der Mittel und unter Berücksichtigung der Anpassung, die die Betroffenen ohnehin selbst an der Situation vornehmen, kommt. Adaptierte Konzepte sind ein entwicklungspolitisches, kaum ausrottbares Tabu und werden folglich nur als Rarität formuliert ohne Absicht der Implementation. Kurz, eine realistische Feststellung der Verhältnisse wird unterlassen, sei es aus Unkenntnis, falsch eingesetzter oder mangelnder Humanität oder - wie in den meisten Fällen - aus Gründen der Anpassung an wirtschaftliche und politisch opportune Direktiven. Denn nicht nur Kriege schaffen neue Märkte, sondern jede Art des menschlichen Mißgeschicks.

Kreation eines Zustandes durch bürokratischen Willen

" A drought becomes a drought when someone wants it to be so. Historically there have been droughts nobody even mentioned. Now people do not stop talking about droughts. Any slight climatic change, any ecological imbalance calls immediately for a drought, the central feature being that this itself is treated as if it were an explanation. " sagt Copans[23](1983) im Zusammenhang mit der Saheldürre. Dieser entwicklungspolitischen Wahrheit, daß ein tatsächlicher oder willkürlich kreierter Zustand als Erklärung bereits in sich selbst genügt, um (bürokratische) Handlungsweisen mit Abstand mehr als richtig denn falsch auszuweisen und, wenn nötig, zu entschuldigen, kann man sich kaum mehr entziehen oder leugnen. Das sollte jedoch nicht darüber hinwegtäuschen, daß die Erklärung, - der Aufschluß über einen Sachverhalt -, das einzige Mittel bleibt, um Negativzustände zum Vorteil der Betroffenen zu verändern; denn für den Nachteil kann auf Wissen insgesamt verzichtet werden.

Die hier vorliegenden Beobachtungen und Untersuchungen zur Bedarfslage des nomadischen Viehhalters erheben vorerst nicht den Anspruch einer nachhaltigen, - positiven -, Beeinflussung seiner Umstände; diese kann nur indirekt in der Hand des theoretischen Bearbeiters liegen. Es ist jedoch zu hoffen, daß mehr Kenntnisse und Aufschlüsse dazu beitragen werden, letztlich auch Planer und Entwickler zum Überdenken hinfälliger Konzepte zu bringen. Damit wäre ein kleiner Schritt zur Eindämmung eines fundamentalen Disasters getan, - dem der Ignoranz. Aber Planer und Entwickler sind keine Pastoralisten und nicht wie diese zum stetigen Nachdenken, Überdenken, Umdenken gezwungen. Für sie reicht die Anpassung an die jeweils herrschende Opportunität aus; nicht für den Pastoralisten, er muß sich an beides anpassen, an Opportunität und Realität.

Das Prinzip der Anpassung wird damit letztlich zum Prinzip des ungleichgewichtigen Konfliktes: zwischen Planer und Entwickler am Schreibtisch und dem nomadischen Viehhalter " in the developed cage of minimized chances " (S. Schwartz, in Vorb.).

Teil 2
Quantitäten des Systems

IV. QUANTIFIZIERUNG VON GRUNDBEDÜRFNISSEN ALS BEURTEILUNGS KRITERIUM FÜR ODER GEGEN DIE ÜBERLEBENSFÄHIGKEIT PASTORALER SYSTEME

GRUNDLAGEN DER HAUSHALTSÖKONOMIE NOMADISCHER VIEHHALTER IN NORDKENIA.

Dieser Teil der Arbeit ist nicht nur als supplementierendes Kapitel zu verstehen, das eine definierte Wirtschaftsweise, praktiziert von zwei pastoralen Gesellschaften, durch Maß und Zahl ergänzt. Eine solche Beschränkung und inhaltliche Unterordnung der Quantifizierung zugunsten einer qualitativen Beschreibung noch bestehender oder bestandener Verhältnisse ist mit den nachfolgenden Untersuchungen, Ergebnissen und sich daraus entwickelnden Interpretationen und Spekulationen nicht bezweckt.

Wahr ist, daß " most of the literature on pastoralism falls within the area of anthropology, natural sciences and environmental studies " (Konczacki[20], 1978). Das gibt gerechtfertigten Anlaß, hier eine recht einseitige und lückenhafte Betrachtungsweise zu vermuten; denn sie sind nicht die allein bestimmenden Faktoren für das, was dem Individuum, der Familie oder, wie in dieser Arbeit durchgängig als Referenz benutzt, dem Haushalt als reale Lebensgrundlage zur Verfügung steht.

Die verschlossene Tür: der pastorale Haushalt

Um die Größenordnung dieses Lebensstandards festzustellen, ist es notwendig, weitaus tiefer in die " Intimsphäre " des Einzelhaushalts einzudringen, als es der Fall ist, betrachtet man den Viehhalter in erster Linie als Produzenten. Seine Aktivitäten sind hauptsächlich außerhalb des häuslichen Bereiches konzentriert, und häufig reicht allein die genaue Beobachtung aus, um diese zu verstehen und zu interpretieren. Ferner kommt hinzu, daß der Pastoralist als Produzent viel eher ein Subjekt der Öffentlichkeit ist; denn alles, was er tut, spielt sich nicht hinter verschlossenen Türen ab, sondern immer vor den aufmerksamen Augen seiner Nachbarn und der gesamten Siedlungsgemeinschaft. Er ist es also gewöhnt, in allen seinen Handlungen ständig kontrolliert zu werden, was ihn wesentlich aufgeschlossener für jede Art von Befragung macht. Entschieden anders reagiert er in der Gestalt des Verbrauchers. Hier ist der ganz individuelle Entscheidungssektor seines Haushaltes betroffen, dessen Beeinflussung er mit allen Mitteln zu verhindern sucht.

So sind z.B. die alltäglichen Mahlzeiten niemals ein kommunaler Akt, sondern immer ein Vorgang, der im Haus und nur unter den nächsten Angehörigen stattfindet. Wieviel und was gegessen und getrunken wird, unterliegt zwar keinem Geheimhaltungskodex, ist jedoch auch nicht freiwilliger Gesprächsstoff. Diese Reserviertheit, den Lebensstandard der Familie publik zu machen, bezieht sich ebenfalls auf andere, als strikt " familiär " angesehene Transaktionen wie Tauschen, Verleihen, Borgen, Verkaufen und ebenso auf das Geben und erhalten von Geschenken. Diese intersozialen Handlungen sind es aber oft, die die tägliche Bedarfslage und den Verbrauch im Haushalt mitbestimmen. Hier werden Erhebungen äußerst schwierig, sofern man nicht über einen langen Zeitraum, d.h. mehrere Jahre, als Mitglied einer solchen Siedlungsgemeinschaft zugebracht und innerhalb dieser seinen eigenen Haushalt unter nahezu identischen Bedingungen geführt hat. Nur so ist es möglich, sich das Vertrauen der einzelnen Haushaltsvorstände zu erwerben, um nicht nur zu beobachten, sondern auch wiegen und messen zu dürfen; daneben braucht es auch eine lange Zeit, um Wahrheit von höflicher Lüge unterscheiden zu lernen.

Grundsätzlich gilt für Untersuchungen dieser Art und in diesem spezifischen Umfeld, daß man so weit wie möglich überall selbst " dabei sein " muß, um zu wirklich soliden Ergebnissen zu kommen. Damit ist eine lange, kontinuierliche Präsenz des Forschenden erforderlich, die für diese Arbeit sechs Jahre, von 1978 - 1983, bedeutete.

Wie in den meisten Gesellschaften ist es auch hier nicht anders, daß die Haushaltsökonomie, - die Versorgung der direkten Familie -, weitgehend in den Händen der Hausfrau, hier ausschließlich der verheirateten Frau liegt. Daraus ergibt sich eine weitere Hürde, und das ist die der absoluten Diskretion und des sich " unwissend " Stellens, wie man es allgemein von ihr erwartet. Dabei ist sie es allein, die über verläßliches Wissen aller haushaltsbezogenen Vorgänge verfügt, seien es Einnahmen und Ausgaben oder Erwerb und Verbrauch von Produkten, die von ihr qualitativ und quantitativ eingeschätzt und verwaltet werden. Darüber Auskunft zu erhalten heißt vor allem, ihre Ängstlichkeit und ihr Mißtrauen abzubauen, daß die von ihr preisgegebene Information als Reflektor nicht für den Wohlstand, jedoch für das Wohlbefinden ihrer Familie angesehen werden könnte.

Die Wahrnehmung von Wohl und Wehe

Dieses Wohlbefinden wird in den seltensten Fällen an der eigentlichen Versorgungslage gemessen, sondern ist vielmehr davon geprägt, wie gut oder wie schlecht man mit " guten " oder " schlechten " Zeiten umgehen kann. Die psychologische Disposition, Lebensqualität und die mit ihr verbundenen Bedürfnisse der jeweiligen Situation nach oben oder unten anzupassen, wird als äußerst wichtige Fähigkeit gewertet, die in der traditionellen Sichtweise auch das soziale Ansehen bestimmt. Dagegen wird ständige Klage und die Offenbarung der Mittellosigkeit fast immer als Anzeiger für Mißwirtschaft im weitesten Sinne angesehen, deren Folgen die Betroffenen so weit vereinnahmen, daß man ihnen nur wenig sinnvolle Funktionalität im gesellschaftlichen Verband unterstellt. Hieraus resultiert im wesentlichen die Zurückhaltung, Außenstehende in die tatsächliche Bedürfnis- oder gar Bedürftigkeitslage einzuweihen; denn nichts ist dem Ruf abträglicher, als abhängig von Almosen zu sein und damit eingestehen zu müssen, auch den intersozialen Verpflichtungen nicht mehr nachkommen zu können. Dieses festgelegte Verständnis von wirtschaftlicher Autarkie, - dem Schein nach oder real -, wirkt sich besonders schwerwiegend da aus, wo es durch offenkundige Abhängigkeit (von Hungerhilfe oder sonstiger Wohltätigkeit) unterminiert wird, und hat immer die Auflösung von traditionellen Bindungen zur Folge.

Bemerkungen zum Bearbeitungskonflikt des Themas

Es besteht kein Zweifel, daß über den Charakter und die Ausmaße jener überlieferten und teilweise immer noch als Wertmaßstab angesehenen Verflechtungen " anthropologists must be credited with the accumulation of valuable material (although) of a qualitative rather than a quantitative nature " (Konczacki,[20] 1978). Dieser Umstand ist nicht nur erklärbar, sondern auch vollauf akzeptabel in Hinblick auf die Zielsetzung der Disziplin. Die Frage und Problematik, die sich hier jedoch stellen, sind nicht dokumentarischer, beschreibender Natur im Sinne von kulturgeschichtlicher Entwicklung, sondern die: Welches Stadium ist heute unter den dem traditionellen System gegenläufigen Bedingungen erreicht? Dazu sei bemerkt, daß es nicht leicht fällt, eine solche Bestandsaufnahme vorzunehmen, die sich vorerst in der Form lebloser Diagramme einer hochgradigen Existenzerschütterung darstellen, gleich ob diese so empfunden oder eingestanden wird. Der Maßstab des Eindringlings oder des an der Peripherie des Geschehens stehenden Besuchers muß subjektv sein; denn er ist geprägt von dessen eigenem Vermögen, Härten und Gefährdungen zu ertragen. Diese Belastungsfähigkeit des intellektuellen Betrachters liegt so gut wie immer weit unter dem, was in diesen Gesellschaften heutzutage nicht selten als auskömmliche Norm hingenommen wird. Insgesamt erscheint damit die Erstellung von normierten Größen wie die der " Armutsgrenze " oder das Über- und Unterschreiten einer künstlich angenommenen

Subsistenzlinie fragwürdig. Doch trotz der Vergegenwärtigung einer solchen subjektiven Einschätzung, wann Verhältnisse noch als " erträglich und menschenwürdig " gelten und wann sie diesen Schwellenwert unterschreiten, sieht man sich einer schwer überwindbaren Sperre gegenüber, den Status quo in einer Weise zu registrieren, kategorisieren und validieren, die von dieser Subjektivität abrückt. Denn für die objektive Ebene ist erforderlich, das Ausmaß von Einschränkung, Verzicht und Not schlechthin auf das Niveau einer " numerischen " Anonymität zu bringen.

Verfremdungen der Objektivität

Kaum etwas scheint für statistische Zwecke besser geeignet, als die Auflistung bestimmter Charakteristika, - auch jener menschlichen -, seien es die von Gruppen, Gemeinschaften, Völkern und deren daraus sich ableitende Handlungsweisen. Dieser Ansatz, zumindest in dem hier diskutierten sozioökonomischen Umfeld, erschöpft sich in der Frage: WER (aufgrund zugeordneter Charakteristika) tut WAS (Handlungsweise als Folge des definierten WER) ?
Nichts dagegen jedoch eignet sich weniger für die Erfassung in Maß und Zahl als die Fragestellung: WARUM wird WAS von WEM getan ? Diese Beantwortung, unter Einbezug der Wahrscheinlichkeit und nicht, daß es unweigerlich so ist, muß Gegenstand der Interpretation und Spekulation bleiben. Nur der Zusammenschluß von beiden mag der Wahrheit näherkommen, wie sie für die Betroffenen gilt und nicht, wie sie von Außenstehenden empfunden, bewertet und behandelt wird.

Im Kontext des hier bearbeiteten Kernstückes des Themas, der quantitativen Untersuchung einer spezifischen Grundbedarfslage innerhalb eines spezifischen, (wirtschaftlichen, biologischen, sozialen, kulturellen und politischen)

Umfeldes soll deshalb überwiegend den Sachverhalten Rechnung tragen, die als Tatbestand (das, was wirklich getan wird) meßbar sind. Ihnen wird unterstellt, im Rahmen der Erhebungsbedingungen objektiv, d.h. überprüfbar zu sein; die Deutung ihrer Wirkungsweisen nicht. Sie können stabil sein oder sich genauso stetig verändern, ohne daß ihre Konstanz oder Dynamik im limitierten Berichtszeitraum ausreichend erfaßt werden kann. Diese Abläufe und ihre Konsequenzen mögen auf Gesetzmäßigkeiten beruhen, auf die im Einzelfall auch hingewiesen wird, sie werden jedoch nicht zur absoluten, zeitlich ungegrenzten Wahrheit erhoben. Im Grunde gelten sie vorerst nur für den Zeitraum der unmittelbaren Anwesenheit des Erhebenden, und erst eine fortgesetzte Forschung kann die Ergebnisse verifizieren oder widerlegen.
Folgende Konfliktbereiche ergeben sich beim derzeitigen Forschungsstand:
Die Fragestellung WER tut WAS? ist für viele Gesellschaften bearbeitet und auch ausreichend beantwortet worden -, kaum aber für die afrikanischen Pastoralisten,es sei denn retrospektiv und deskriptiv. Diese Beschreibungen berücksichtigen das gegenwärtige Zerfallstadium der pastoralen Wirtschaftssysteme wenig oder gar nicht, denn ein solches stünde der Projektion einer " weitgehend unerforschten, heilen Welt " im Wege. Diese Sichtweise wird von all denen bevorzugt, die aus Profilierungsgründen den Seltenheitswert ihres Studienobjektes durch intakte Exotik " aufgewertet " sehen wollen. Dienlich ist es der Forschung nicht. Dabei bleibt unbestritten, daß diese vergangenheitsorientierten " heilen " Kenntnisse überaus wertvoll sind für die Beurteilung des sich heute vollziehenden Abbaus traditioneller Werte.

Fragenkatalog zum Thema

Nicht selten wird von einer affluenten, nicht-pastoralen Außenwelt die flamboyante Ansicht vertreten, daß selbige Werte und traditionelle Gefüge sich <u>selbsttätig</u> verlieren, wenn es zu signifikanter bis existentiell gefährdender Erschütterung der wirtschaftlichen Basis kommt. Hier müssen mehrere kritische Fragen gleichzeitig gestellt werden, die die Notwendigkeit einer quantitativen Erfassung eben dieser ökonomischen Basis unterstreichen:

- Angenommen, jene wirtschaftliche Destabilisierung hat bereits die Grenze zu einer eigenständigen Rehabilitierung überschritten -, aus welchen Quellen, - system-fremd und/oder als Relikte system-immanent -, werden die Lebensbedürfnisse dieser Bevölkerung abgedeckt?

- Welche Elemente dieser Ressourcen können in der vorliegenden Situation als subsistenzerhaltend, mindernd oder eliminierend angesehen werden?

- Wie und mit wieviel (materiellen und adaptiven) Aufwand wird überhaupt noch ein Überlebensniveau erreicht?

Aus diesen, dem traditionellen System an sich fremden Bewertungskriterien von wirtschaftlicher Eigenständigkeit (Erhaltung, Schwächung, Liquidierung) ergeben sich weiterführend zwei Zentralfragen, deren überzeugende Beantwortung (wenn sie möglich ist) nur im quantitativen Bereich zu liegen scheint:

- Inwieweit ist die <u>Verfügbarkeit und Nutzung</u> von Ressourcen (hier gleichgesetzt mit für den Verbraucher lebensnotwendigen Produkten) angepaßt an natürliche Zwänge der Umweltbedingungen (Saisonalität) und ihre sowohl voraussehbaren, normalen als auch spontanen, irregulären Schwankungen? Inwieweit ist hier der <u>Anpassungsspielraum</u> flexibel?

Die zweite Kernfrage ist die nach der <u>Beeinflussung</u> dieses Spielraums durch immer noch bestehende, kulturprägende oder von außen herangetragene Zwänge.

Behindern die Erstgenannten durch ihre überlieferte Selbstverständlichkeit den Einsatz einer solchen Rationale (ausgedrückt in der vorher beschriebenen Kalibrierung von Subsistenzstufen in der Sequenz ihrer Stabilität) ? Sind diese konservativen Normen nur Ballast traditionellen Eigensinns oder erleichtern sie u.U. den Einbezug neuer, traditionsfremder Belastungen, indem die tradierten (gewohnten) Anpassungsformen willig übertragen werden? Entsteht hier vielleicht durch " trial and error " ein neues Adaptierungsmuster mit Gültigkeit für die Forderungen der unvermeidbaren Veränderung?

Jeder Themen- und Problembereich, der in die hier gestellten Fragen eingebaut ist, ist aktiver Bestandteil überlegten, menschlichen Handelns und kann nicht als eigenmotorisches Phänomen einer wirklichkeitsfremden, überholten Lebenssphäre angesehen werden. Immer wieder begegnet man der Auffassung, daß in Gesellschaften mit als " niedrig " oder " primitiv " unterstellter Kulturebene überlieferte Gebräuche und Praktiken unreflektiert und unkritisch von Generation zu Generation transportiert werden, ohne daß sie eine Modifizierung an sich ändernde Gepflogenheiten erfahren

Vom historischen Mangel an quantitativen Vergleichsgrößen

" Der Wilde denkt nur an sich, und er denkt nur an die Gegenwart. Was darüber hinaus liegt, ist seinem Geistesleben so gut wie verschlossen. Wenn deshalb viele Beobachter ihm seinen grenzenlosen Egoismus, Hartherzigkeit gegen seinesgleichen, Begehrlichkeit, Diebessinn, Trägheit, Sorglosigkeit im Hinblick auf die Zukunft, Vergeßlichkeit vorwerfen, so liegt darin, daß Mitgefühl, Gedächtnis, Schlußvermögen noch völlig unterentwickelt sind. Dennoch wird es sich empfehlen, gerade von diesen Eigenschaften auszugehen, um das Verhalten des Naturmenschen zur Güterwelt zu begreifen "; konstatiert Bücher[25] (1913) in seinem Werk

" Die Entstehung der Volkswirtschaft ".

Nimmt man an, daß derartige Feststellungen in einem Zeitgeist entstanden, der wenige Anstrengungen unternahm, diese Abwertungen und Anschuldigungen durch konkrete und systematische Untersuchungen zu untermauern, so sieht man sich genauso der weitverbreiteten Tatsache gegenüber, daß jener Zeitgeist sich im Laufe der letzten 70 Jahre in ähnlichem Maße erhalten hat, wie die vermeintliche Ignoranz, die er dem Pastoralisten anlastet. Aus dieser vorherrschenden Sichtweise eines in jeder Hinsicht " inferioren Erbes " erklärt sich das minimale Interesse, die wirtschaftliche Kapazität der hier diskutierten Gesellschaften festzustellen.

Aus der Vergangenheit, wie sie dokumentiert ist durch frühe Reisende wie Thomson[26] (1885), Caillie[27] (1830), v. Höhnel[28] (1891), Merker[29](1910) u.v.a. ist über die Lebensqualität der nomadischen Viehhalter wenig bekannt geworden, was sich als Vergleich für die Situation von heute heranziehen ließe. Allgemeinplätze wie z.B. die von " unübersehbaren Herden ", " saftigem Gras bis zum Horizont ", " Wasser im Überfluß " oder die überzitierte " verbrannte Erde " begleitet von " Hungersnöten " geben kaum darüber Aufschluß, welchen konsumierbaren Anteil das Individuum an der Gesamtmasse dieses Überflusses hatte; und genauso wenig sind reportierte Dürren, Seuchen, Massaker und Raubzüge Anzeiger für einen zu diesem Zeitpunkt einsetzenden, wirtschaftlichen Niedergang. Reiste man heute mit den gleichen Aspirationen jener Entdecker durch die Trockengebiete Afrikas, würden die Resümees sich vermutlich kaum voneinander unterscheiden. Zustände des Augenblicks, - der Durchreise -, sind die denkbar schlechtesten Deskriptoren für eine Umwelt, die es nie zuließ, daß ihre Nutzer sie an ihre eigenen Wünsche anpaßten. Diese Anpassung erfolgte immer, auch zu Explorers Zeiten, reziprok, d.h. der Nutzer formte seine Ansprüche von vornherein so, daß sie mit dem, was die Umwelt bot, nicht kollidierten.

" There was in fact no solutions to human ills or wellbeing; there were arrangements, deals that nobody could label victory or defeat ", sagt Sanders[30] (1982). Diese sehr schlichte Beschreibung eines solchen Mechanismus spiegelt präzise die Handlungsweise und Taktik des Pastoralisten wieder, wie sie bis vor kurzem noch bestanden. Arrangements, " deals " zwischen den Parteien Umwelt und Umweltnutzer wurden geschlossen, Kompromisse eingegangen und Risiken herausgefordert oder umgangen, immer mit der Zielsetzung des höchsten Profites, doch auch immer mit der überlegten Zurückhaltung in der ultimaten Ausbeutung, die die augenblicklichen Profite in augenblickliche, unaufholbare Verluste hätte umwandeln können.

Trotz dieser Augenfälligkeit im Habitus ist nichts Konkretes darüber bekannt, wie " gut " oder " schlecht " es dem Pastoralisten zu Zeiten auch jenes besser eingehaltenen Equilibriums und verantwortungsbewußten Regimes seiner wirtschaftlichen Möglichkeiten ging. Die Vermutung liegt jedoch nahe, daß seine " human ills " wie auch sein " wellbeing " in ihren Dimensionen so angelegt waren, daß eine irreversible Zerstörung seiner Existenzgrundlagen nicht stattfand. Wie anders hätte sonst seine Lebens- und Wirtschaftsform, - er selbst in Gestalt des Viehhalters -, für Tausende von Jahren überlebt?

Die kritische Wende

Dieser nicht nur ökologische, sondern vor allem ökonomische " Erosionsprozeß ", wie er heute überall seine Auswirkungen in den Trockengebieten Afrikas hat, ist keine urplötzliche Erscheinung mit akkurater Datierung. Ähnliche Tendenzen haben sich ebenso in weniger marginalen und wirtschaftlich höher entwickelten Gebieten gezeigt, nur waren die Auffangmechanismen mit dem Einsatz von bereits vorhandener Technologie oder Maßnahmen, die synchron zum auftretenden Problem entwickelt wurden, stärker ausgebildet. In Europa gibt es bekanntlich Gründe genug, von Überstockung, Überbeanspruchung, Verwüstung und rückhaltsloser Ausbeutung nicht regenerierbarer Resourcen zu sprechen, hätten Forschung, Industrie und Politik nicht Mittel und Wege gefunden, die fundamentalen Verstöße gegen eine akkreditierte, " dem Menschen zuträgliche Umwelt " in wirtschaftliche Tugenden umzuwandeln.

Hinsichtlich des nomadischen Pastoralismus gibt es also im Rückblick keine ökonomischen Vergleichsgrößen, die quantitativ detailliert darüber Aufschluß geben, wann und in welchem Umfang der Viehhalter einen höheren Subsistenzstandard unterhielt, als den, der mit der Renaissance der anthropologischen Forschung zu Beginn der 50er Jahre deskriptiv und vage angedeutet wurde. Zwar sah man auch bereits zu diesem Zeitpunkt die Versorgung des pastoralen Haushaltes als kritisch an (Gulliver[31], 1955) und äußerte den Verdacht der Instabilität, doch fehlen alle Anhaltspunkte, was unter diesen Kriterien zu verstehen war.
Im Rahmen dieser Arbeit wird als zeitliche Zäsur für die drastische Ein- bis zu Unterschreitung eines wie immer verstandenen Subsistenzniveaus der Anfang der 60er Jahre angenommen, als erste, massive Interventionen in Form von Nahrungsmittelhilfe für die Region Nordkenias notig wurden. Dieser Zeitpunkt fällt zusammen einmal mit der Unabhängigkeitserklärung Kenias von der britischen Kolonialherrschaft, zum andern mit dem Einzug der christlichen Missionen in dieses Gebiet. Beide Ereignisse hatten entscheidende Einflüsse auf die lokale Infrastruktur und trugen dazu bei, die bis dahin gültige, überwiegend auf traditionellen Produkten beruhende, Subsistenzbasis zu verändern. Dabei erscheint es nicht gerechtfertigt, vorschnell eine Bewertung in positiver oder negativer Richtung vorzunehmen, sondern

lediglich den Sachverhalt zu registrieren, daß bedingt durch diese Ereignisse Veränderungen eintraten.

Die hier vorliegenden Untersuchungen zielen darauf ab, Konsum- und Vermarktungsmuster zweier für dieses Gebiet typischen Viehhaltergesellschaften zu erfassen, die zum jetzigen Zeitpunkt nicht mehr voll selbstversorgend operieren, sondern spasmodisch durch Hunger- und Katastrophenhilfe subventioniert werden. Diese Stützungsmaßnahmen sind jedoch so wenig reguliert, daß ohne die quantitative Kenntnis des eigenständig beigesteuerten Anteils am Lebensunterhalt eine vernünftige Entlastungsstrategie des als chronisch erklärten Notstandsgebietes kaum erarbeitet werden kann.

Behinderungen in der Adaptation

Die Bewirtschaftung des Rangelandes in Nordkenia, hier als Beispiel herangezogen die Stammesterritorien der Rendille und Ariaal, ist nach wie vor ausschließlich subsistenzorientiert und beruht auf extensiver Viehhaltung, vornehmlich Kleinvieh (Ziegen und Schafen), gefolgt von Kamelen und Eseln und in bedingtem Umfang bei den Ariaal auch Rindern. Neben dem Eigenverzehr spielt jedoch auch die Vermarktung des Viehs eine größere Rolle, die man bisher als so gut wie nie stattfindend betrachtet. Darunter ist allerdings weitgehend der Tausch von Vieh gegen andere Güter zu verstehen, weniger der Verkauf gegen Bargeld, obgleich dessen Tendenz ansteigend ist. Für die Stimulierung einer " echten " Vermarktung fehlen jedoch noch adäquate Infra- und Marktstrukturen, die faire monetäre Geschäfte für den Pastoralisten attraktiv machen würden. Im allgemeinen verkauft er nicht, weil er nicht kann und nicht etwa, weil er nicht will. Und wenn er die seltene Möglichkeit hat, bringt sie ihm meist keinen Vorteil. Insofern reflektieren die im Rahmen dieser Erhebungen ausgewiesenen Vermarktungsziffern nicht das Optimum seiner Absichten, sondern sind limitiert von der Absorbtionsfähigkeit des lokalen Marktes.

Ein hervorstechendes Merkmal dieser Konsum-, Tausch- und Verkaufsmuster ist, daß sowohl die Nutzung bestimmter Produkte wie Milch, Fleisch und deren Substitut Maismehl als auch die Vermarktung von Häuten und Lebendvieh bestimmten, saisonalen Rhythmen unterliegen und eine strikte Anpassung an die Saisonalität der Umwelt erfahren. Bedingt durch drastische Landverknappung (wie bereits beschrieben), Einschränkung der Mobilität von Siedlungen und Herden, Degradierung von Weideflächen, politische Unruhen, sowie diversen anderen Einflüssen und Reglementierungen, wie sie das traditionelle System nicht kennt, ist diese Anpassung heute oft behindert bis paralysiert. Dazu gehören vor allem Quarantänen, die Einrichtung von Grazing Blocks, Group Ranches und die Etablierung von Wildparks und Waldreservaten neben Vordringen des Trocken- und Bewässerungsfeldbaus, plus damit einhergehender Änderung der Siedlungspraktiken hin zu verstärkter Seßhaftigkeit.
Das hat zur Folge, daß die hier vorliegenden Daten, erhoben in den Jahren 1978 - 1983, eher den Zustand des Überganges (Transition) vom wahrscheinlich produktiveren, mobilen Traditionalismus zur mit Sicherheit produktionsgedämpften, modernen Sedentarisation reflektieren.

Die Philosophie der Basic Needs

Abgesehen von sporadischen Katastrophenzeiten wissen wir über die ordinäre Alltagslage des pastoralen, in seiner Mobilität eingeschränkten Haushalts wenig, und weniger noch über den mengenmäßigen Umfang, durch den seine Bedürfnisse, die vielzitierten Basic Needs, eigenständig, kommunal, durch Stützung von außen oder im Verbund miteinander abgedeckt werden. Dieses Gesamtfeld der Grundbedarfsanalyse von sogenannten unterentwickelten, und wie man daraus schließt, deshalb verarmten Gesellschaften, ist " overquoted and underresearched ". Jeder spricht von Basic Needs, doch kaum einer weiß, was darunter zu verstehen ist.

- Beschränken sich diese ausschließlich auf die Ernährung?
- Sind z.B. Schuhe (besonders in der Dornbuschsavanne) nicht ein heute zu Recht angestrebtes Minimalbedürfnis?
- Ist die Taschenlampe noch zu verweigern (als Bestandteil der Subsistenz), wo die Erfahrung lehrt, daß sie sinnvoll Gefahren reduziert?
- Und ist nicht letztlich auch das Transistorradio ein legitimes Standardrecht auf erweiterte Kommunikation?

Diese Fragen reißen nur an, wie weitgesteckt der Verständnisradius jener Basic Needs ist oder sein kann, und es wird nachdrücklich hier vertreten, daß jeder theoretische Purismus bei der Definition von Grundbedürfnissen in der Praxis kaum seine Berechtigung hat. Insofern werden jene Basic Needs, die hier hauptsächlich zur Diskussion stehen, - ausgedrückt in verschiedenen Grundprodukten zur Ernährung und ihre Verwertung durch den pastoralen Verbraucher -, lediglich als (wenn auch wichtigster) Teilbereich aus einer vielfältigeren Palette an Bedürfnissen verstanden. Hierbei ist ausschlaggebend, in welcher Sequenz diese Produkte saisonal genutzt werden; denn nur so, kann man mit großer Sicherheit vermuten, wird eine permanente Unterschreitung des Lebensminimums vermieden und eine wenn auch dürftige, so doch ausgeglichenere Versorgungslage im Rahmen der äußerst beschränkten Bedingungen gewährleistet.

Parameter Regenfall

Abb. 42: " Never allow people complain again about rain. Instead send them all over to us ! "

Abb. 43: (From a letter written by a local tour operator to his company in Great Britain after the last devasting drought in Australia). " Commonwealth Holidays are worthwile worldwide " ist spezialisiert auf Ferienreisen innerhalb Englands, nach Irland, Canada und Australien.

GRAPHIK 4: NIEDERSCHLÄGE IN NGURUNIT 1978 - 1982

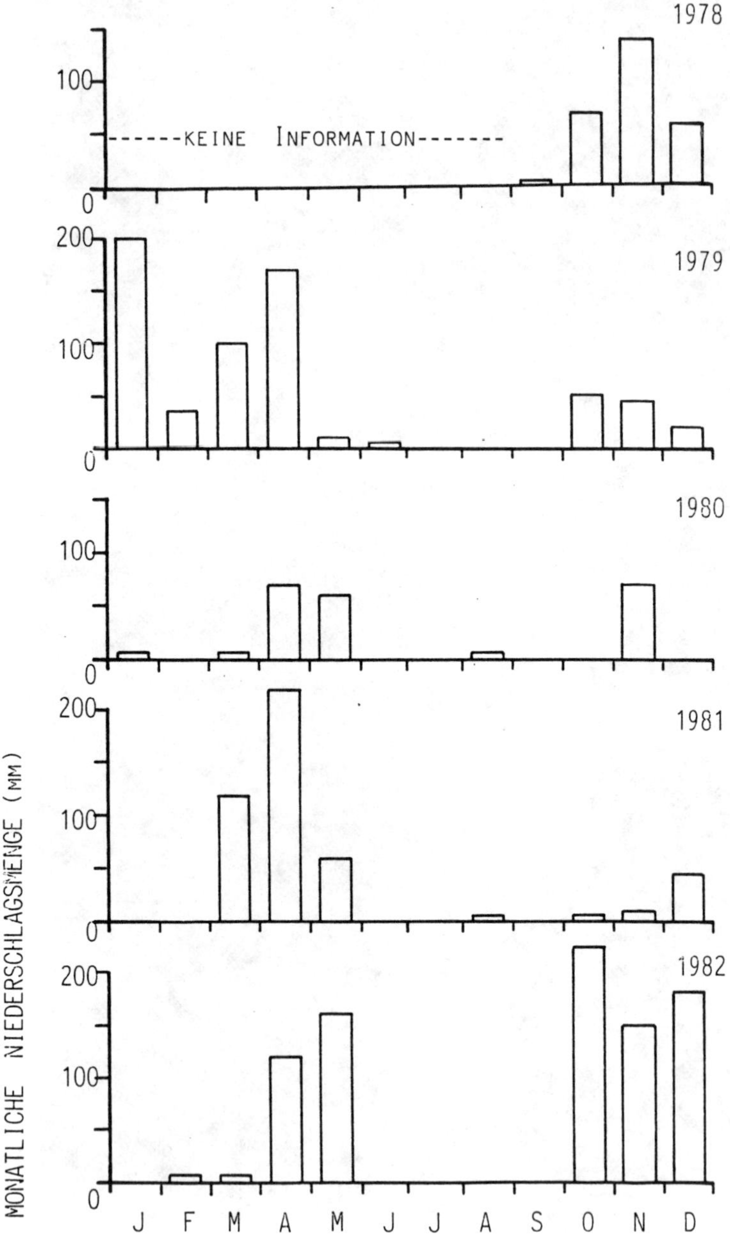

GRAPHIK 5: NIEDERSCHLÄGE IN KORR 1980 - 1982

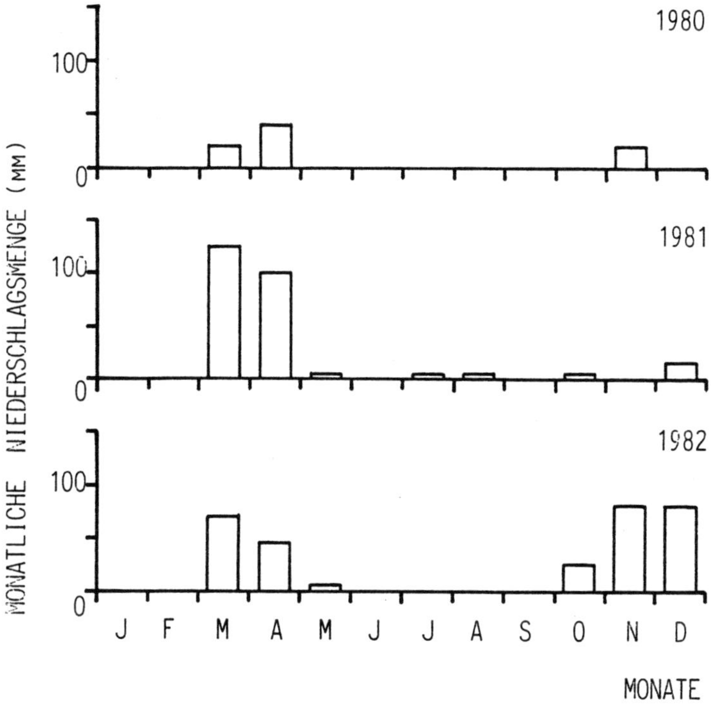

TABELLE 7 : NIEDERSCHLÄGE IN KORR 1980 - 1982; NIEDERSCHLÄGE IN NGURUNIT 1978 - 1982

Monatliche Niederschläge in KORR (mm)

JAHR	JAN	FEB	MÄRZ	APRIL	MAI	JUNI	JULI	AUG	SEPT	OKT	NOV	DEZ	GESAMT
1980	---	---	20,4	40,1	---	---	---	---	---	---	18,9	---	79,4
1981	---	---	125,2	100,2	2,4	---	1,4	1,3	---	0,3	---	15,2	246,0
1982	---	---	68,0	44,4	3,5	---	---	---	---	24,6	77,2	78,2	295,9

Monatliche Niederschläge in NGURUNIT (mm)

JAHR	JAN	FEB	MÄRZ	APRIL	MAI	JUNI	JULI	AUG	SEPT	OKT	NOV	DEZ	GESAMT
1978	----------keine Information----------								3,7	73,2	140,3	64,4	---
1979	197,1	38,5	92,0	172,8	10,0	5,0	---	0,1	---	51,8	44,1	20,1	631,5
1980	5,4	---	1,5	78,3	60,7	---	---	2,3	---	---	72,0	---	220,2
1981	---	---	122,5	220,4	59,8	---	---	0,5	---	5,4	9,8	46,6	465,0
1982	---	4,4	7,7	119,2	156,1	---	---	---	---	224,8	152,4	179,8	844,4

Der sinnvolle Verfolgungswahn: Saisonalität

Wie in allen Regionen mit extremen Klimaten spielt der saisonale Jahreszyklus im Bewußtsein der Bevölkerung die mit Abstand gravierendste Rolle und bestimmt so gut wie jede Aktivität, Planung und Entscheidung. Die Erwartung und Hoffnung auf Regen ist übergreifend typisch für alle ariden Zonen und die enthusiastische Zurkenntnisnahme, wenn dieser einsetzt, bildet fast immer das Fundament einer jeden Kommunikation in dieser Zeit. Jene Intensität, mit der die Regen- und Trockenzeiten den gesamten wirtschaftlichen und soziokulturellen Ablauf beherrschen und regulieren, ist von so ausgeprägter Dominanz, daß selbst die Verständigungsmuster, der verbale Umgang und Austausch miteinander, auffällig an diese Saisonalität gebunden scheint (S. Schwartz[32], in Vorb.).

Beobachtungen über saisonale Kommunikationsverhalten lassen vermuten, daß bestimmte Themenbereiche und Gesprächsinhalte, fixiert auf diese variablen Umweltbedingungen, zu gewissen " Prekär-Zeiten " fast paranoide Ausmaße annehmen können; d.h. das verwendete Vokabular wird weitgehend formalisiert, inhaltlich focussiert und repetiert (z.B. in tagelang anhaltenden Regengebeten), daß es zur praktischen Informationsübermittlung kaum noch brauchbar ist. Diese " abnormalen " Verhaltensweisen entstehen aus rationaler, tiefer Besorgnis, - nicht weil sie traditionell Sitte sind -, und rücken erst in einer Phase der Überreizung auf die irrationale Ebene. Wie diese auch gewertet wird, sie ist ein überaus nützlicher Detektor für sich anbahnende Krisenzeiten und keinesfalls Ausdruck einer temporären psychischen Störung, auch wenn sie sich äußerlich als solche manifestieren mag. Wenngleich auch eine dergestalte durch Stress hervorgerufene " Verwirrung " vordergründig nur wenig Bezug zu der wirtschaftlichen Adaptierung an die vorherrschenden Umweltverhältnisse zu haben scheint, so ist der augenblicklich fehlende Kontakt zwischen emotionalem Verhalten und ökonomischem Prag-

matismus in der Tat nur vordergründig. Um zu verstehen, warum sich bestimmte Verhaltensmuster, - gleich welcher Natur -, in diesen Gesellschaften nur sehr langsam, in entwicklungspolitischen Zeiteinheiten sorgar nur kaum ändern, genügt es nicht, uns vorerst unverständliche Facetten dieses Verhaltens als absurden " face value " hinzunehmen.
Wird das getan, und es wird -, so wird auch die eingangs beschriebene Konfliktfrage: WARUM wird WAS von WEM getan? als Gegenstand akademischer Nachfrage ebenfalls unlösbar; denn sie beschrännkt sich nur auf die dem Befrager geläufigen Ausdrucksnormen. Die aber sind selten identisch mit denen, deren Grundlage die Extreme sind und nicht der viel bequemere Umgang mit temperierten, modellierfähigen Verhältnissen.

Ob ein solcher interpretatorischer Nachvollzug durch den an Extreme nicht gewöhnten Außenstehenden absolut möglich ist, ist eine Frage, die so lange unbeantwortet bleiben muß, bis der erste Rendille oder Ariaal ihn übernehmen kann. Bis dahin ist die Deutung, - und das muß klar gesehen werden -, dem für diese Umwelt unterentwickelten und mit unzureichendem Verständnis ausgerüsteten Besucher überlassen.

Grundsatzentscheidungen im Konsum- und Vermarktungsverhalten

In den hier besprochenen Gesellschaften pastoraler Viehhalter, den Rendille, den Ariaal und in den Überlappungsgebieten den Samburu, sind zwei verschiedene Konsummuster festzustellen, die sich an zwei Hauptproduktgruppen orientieren.
Die erste Gruppe ist die der tierischen Erzeugnisse Milch, Fleisch und in geringerem Umfang Blut, wie sie traditionell das Bild der Diät bestimmen. Ihre Verfügbarkeit und Quantität ist abhängig von der Leistungsfähigkeit des Viehbesitzes. Unter dieser Leistungsfähigkeit ist in erster Linie die Größenordnung und Zusammensetzung des Viehbestandes zu verstehen, und zwar

nach den Kriterien Anzahl und Spezies und innherhalb dieser nach dem Anteil weiblicher und männlicher Tiere. Dieser Prozentsatz der jeweiligen Kategorie, die die Herdenzusammensetzung ausmacht, richtet sich überwiegend nach den Konsumpräferenzen der Halter; d.h. Milch als bevorzugtes Produkt wird sich im Anteil der weiblichen Tiere widerspiegeln, wird Fleisch der Vorzug gegeben, im Anteil des männlichen bzw. kastrierten Bestandes.

Präferenzen

Insbesondere bei den Rendille und Ariaal ist das traditionelle Verlangen nach Milch vorherrschend und ihre Verknappung oder gar Fehlen wird selbst in Zeiten, wenn andere Produkte ausreichend vorhanden sind, als Einschränkung oder selbst " Hungersnot " empfunden. Diese Beobachtung bestätigte sich auch an anderen Standorten, wie sie z.B. Brown[33] (1981) für die Pokot (nilotische Viehhalter aus dem NW Kenias) in den Bewässerungsprojekten beschreibt:

"Pastoralists used to a staple diet of animal products find it difficult to subsist on the produce of their plots. Above all they crave milk; we cry for milk is the constant complain. "

Merker[29] (1910) unterstreicht dieses Produktmonopol bei den Maasai so weit, indem er feststellt:

" Kühe werden nie geschlachtet, auch dann nicht, wenn sie schon zu alt sind, um zur Zucht zu taugen."

Doch ebenso, wenn auch längst nicht so häufig, ist unter den Pastoralisten als Verzehrspriorität Fleisch anzutreffen, wie in Ostafrika sehr ausgeprägt bei den Turkana und Toposa. Ihnen sagt Eriksen[34] (1978) nach, daß ihre Herdenkomposition deshalb über einen ungewöhnlich hohen Prozentsatz, - 25% und darüber -, von " unproduktiven " männlichen Tieren aufweist. An diesem Beispiel wirft sich naturgemäß die Frage auf, was in diesem Zusammenhang nun tatsächlich als " produktiv " oder " unproduktiv " zu werten ist. Hier mag ganz generell zu vertreten sein, daß beide Produktionsziele letztlich auf der Basis eines bestimmten Outputs beruhen, dessen Höhe und Art viel eher vom Managementtyp abhängig ist (und dieser von der Präferenz) als von der künstlichen Festsetzung, was unter Umständen " vernünftig " (produktiv) oder " unvernünftig " (unproduktiv) sein mag. Beide Zielsetzungen erfordern eine kontinuierliche Leistung, die vom Verbraucher (und Halter) gefordert und festgelegt wird. Damit entfällt an sich jede produktionstechnische Wertung, solange in irgendeiner Weise das Produktionsziel die vom Konsumenten artikulierten Bedürfnisse abdeckt. Die im Kontext mit dem Pastoralismus gängige Kategorisierung von produktiven und unproduktiven Viehbeständen entbehrt jeder Grundlage; denn beide erfüllen einen bedarfsdeckenden und damit produktiven Zweck, gesteht man dem Verbraucher die Freiheit des individuellen Geschmackempfindens zu.

Wechselwirkung von Produkten

Milch und Fleisch sind Produkte, die zu unterschiedlichen Zeiten im Jahr genutzt werden, wobei Milch nur in bestimmten Monaten in Quantitäten zur Verfügung steht, dagegen der Fleischverzehr gesteuert werden kann. Beide Verbrauchsmuster sind saisonal gebunden, legt man den Ablauf eines " Normaljahres " zugrunde. Dieser Begriff wird auch im nachfolgenden Text immer dann verwendet, wenn er den klimatischen Zyklus des Jahres so beschreibt, wie er im Verbund mit der Viehhaltung als ausgewogen, zufriedenstellend, " so wie es sein soll " verläuft.
In einem solchen Normaljahr sind die lange Regenzeit von etwa Mitte März bis Anfang Mai, die kurzen Regen von Mitte Oktober bis Mitte/Ende November zu erwarten. Die Gesamtmenge des Niederschlages schwankt jedoch selbst auf kurzen Distanzen sehr stark, so daß Standorte im Radius von 30 km bis 50 km ein

sehr unterschiedliches Potential aufweisen können. Weniger als man annehmen würde, variieren dagegen die wirtschaftlichen Anpassungsvorgänge, die trotz der variablen Umweltsqualität relativ stabil eingehalten werden. Bezogen auf die Verbrauchsmuster von Produkten ist zu beobachten, daß diese grundsätzlich komplementär zueinander stehen, d.h. wenn ein Erzeugnis nicht mehr oder nur noch gering verfügbar ist, tritt an seine Stelle ein anderes. Durch diese Wechselwirkung werden Versorgungsengpässe ausgeglichen.

Das Fleischsortiment

Wie bereits bemerkt, beschränkt sich traditionell das Produktangebot in der Hauptsache auf Milch und Fleisch. Obgleich Fleisch in der Präferenz von Milch übertroffen wird, kommt ihm insofern erstrangige Bedeutung zu, da es sich um das klassische Nahrungsmittel der Trockenzeit handelt. Dabei sind Ziegen und bedingt Schafe die für den Verzehr bevorzugten Tierarten, wohingegen Rinder und Kamele als Fleischlieferanten geringe Bedeutung haben. Sie sind als Konsumobjekt entweder rituellen Situationen vorbehalten oder werden verzehrt, wenn sie auf natürliche Weise versterben. Schlachtungen ohne besonderen Anlaß als den der routinemäßigen Fleischversorgung sind bei diesen Tierarten ungewöhnlich. Sie sind deshalb auch in den Schlachterhebungen nicht miteinbezogen worden, da sie das prinzipielle Bild nur geringfügig beeinflussen. Sehr wohl jedoch kann der Anteil verstorbener Tiere, vor allem in Dürrezeiten oder bei Ausbruch von Seuchen, den Gesamtfleischkonsum entscheidend verändern. Dieser Prozentsatz (Verhältnis von geschlachteten zu verendeten Tieren) wurde beim Kleinvieh quantitativ erfaßt, der Anteil verstorbener Rinder in der Gesamtmenge des verzehrten Fleisches pro Haushalt mitberücksichtigt, soweit Mengenangaben durch Befragung zu ermitteln waren. Eine präzise Angabe der Sterbequote, - ausgedrückt in Tierzahlen -, ließ sich bei der Struktur der Untersuchungen weder bei Rindern noch bei Kamelen feststellen, da sich ihr Endverbrauch (anders als beim Kleinvieh) niemals auf einen, sondern immer auf mehrere Haushalte erstreckt. Es kann jedoch davon ausgegangen werden, daß eine Verzerrung des Grundmusters damit kaum gegeben ist, da an beiden Untersuchungsstandorten Rinder nur eine untergeordnete Rolle spielen und Kamele in unmittelbarer Siedlungsnähe nur selten versterben.

Management-Techniken zum Fleischkonsum

Letztgemachte Beobachtung erklärt sich dadurch, daß vor allem ältere und nicht mehr zuchttaugliche Tiere einem anderen Managementregime unterliegen, d.h. fern der Siedlung gehalten werden. Ihre Kadaver bilden eine wesentliche Nahrungsgrundlage für die Hirten, sind für die mehr seßhaften Haushalte kaum signifikant. Daraus ergibt sich, daß der Konsum von Kamelfleisch nur für eine sehr kleine Gruppe der Bevölkerung Bedeutung hat, wohingegen vor allem Ziegen für die Mehrzahl die Fleischversorgung garantieren. Hier zeigt sich insgesamt, daß sich Schlachtungen und der Gesamtfleischkonsum, (der sich zusammensetzen kann aus Hausschlachtungen, gestorbenen Tieren, Geschenken oder auch Zukäufen von Teilstücken), auf der Höhe der Trockenzeiten konzentrieren, wenn Milch nicht mehr verfügbar ist. Dieser Ersatz eines Grundnahrungsmittels gegen ein anderes ist der Hauptfaktor, der diese Verschiebung Fleisch gegen Milch und vice versa bedingt, wobei die Quantität oder die Dimension der Verschiebung von unterschiedlichen Einflüssen und Notwendigkeiten abhängig ist. In einem Normaljahr steht für die Managemententscheidung auf der Produktionsebene im Vordergrund, die Herde durch Konsum zu reduzieren, d.h. sie nicht größer als unbedingt nötig zu halten, um einen Risikoabbau zu bewirken. Diese Entscheidung wird einmal dadurch erleichtert und stimuliert, daß erheblicher Druck auf der Versorgungslage besteht, dabei gleichermaßen verstärkter Druck auf das Futterangebot für die Tiere. Beide Faktoren reichen gewöhnlich aus, um Tiere für den Eigenverzehr aus der Herde abzuziehen. Dies verstärkt sich noch dadurch, daß mit der Länge der Trockenzeit auch die Unsicherheit zunimmt, den Bestand in vollem Umfang bis in die Regenzeit hinein erhalten zu können.

Präventives Schlachten ist auch in einem Normaljahr die Regel, besonders symptomatisch allerdings bei Anzeichen einer sich ankündigenden Dürre. Bewahrheitet sich diese, wird das Schlachten ohnehin zum Muß und ist nicht mehr als vorbeugende, regulierende Maßnahme zu sehen.

Ferner nehmen auf das Reduktionsmanagement der Trockenzeit (im Gegensatz zum Aufbau in der Regenzeit) periodische Zeremonien Einfluß, die rituelles Schlachten erfordern. Auch solche, wenngleich mit dem Alibi der kulturellen Verpflichtung behaftet, entlasten nachhaltig eine sonst sehr wahrscheinliche Nahrungsmitteleinschränkung und sind den vorliegenden Umständen entsprechend plausibel. Fast alle großen Festlichkeiten fallen in die " schlechte " trockene Zeit der Verknappung, die dadurch erheblich an Stabilität für den Verbraucher gewinnt.

Milch für die pastorale Welt!

Milch als zweites Erzeugnis der traditionellen Produktgruppe ist bei allen Viehhaltern in dieser Region das mit Abstand favorisierte Nahrungsmittel und gewinnt dadurch, daß es nur kurzfristig nach den Regen (Mai/Juni/Juli und Nov./Dez./Jan.) in größerer Menge erhältlich ist, noch an Extrawert des seltenen Genusses. Alle gehaltenen Tierarten, mit Ausnahme von Eseln, sind als Milchproduzenten akzeptiert, wobei hier das Kamel sowohl in der Präferenz als auch in der kontinuierlichen Milchleistung an erster Stelle steht.

Obgleich beim Kleinviehmanagement die Ablammzeiten möglichst asaisonal über das ganze Jahr hinweg verteilt sind, ist die Laktationsleistung bei der Ziege weitaus stärker von der Futtergrundlage abhängig als beim Kamel (H.J. Schwartz[35], 1983). Eine konstante Milchleistung ist deshalb trotz

Abb. 44: " Wir wissen, daß in euren GOP's aus grauem Stein die Kamele einsam sind. Darum geben sie auch keine Milch. Wie macht ihr das bloß ?" (Mzee Lengima vom Masula Clan, 1980)

der Geburtenstreuung nicht gewährleistet. Eine andere Praktik wird beim Kamel angewendet. Hier wird darauf geachtet, daß die Fohlzeiten möglichst in die kurzen Regen oder gleich danach fallen, also zwischen Ende Okt. und Mitte Januar. Diese Periode ist im allgemeinen kritischer als die Wintermonate zwischen langen und kurzen Regen Mai - Okt., die von der zeitlich länger anhaltenden und gewöhnlich höheren Niederschlagsmenge der ergiebigeren Regenzeit von März/Mai auch länger profitieren. Insofern ist die hohe Milchleistung der Kamele in den biologischen Engpaßmonaten des Jahreszyklus äußerst vital, weil dadurch eine wirtschaftliche Entspannung und Festigung für diese sonst produktionsschwache Zeit erreicht wird, zu der keine andere Tierart mit ihren unterschiedlichen Produktionsleisungen fähig ist. Bedeutend ist weiterhin, daß trotz der langen Reproduktionsintervalle in Kamelbeständen (nur etwa alle 2 - 3 Jahre ein Fohlen pro Stute) dieser Verlangsamungseffekt im Herdenwachstum durch extrem lange Laktationszeiten (12 - 15 Monate) ausgeglichen wird. Durchschnittliche Milchleistungen pro Laktationsperiode liegen in Nordkenia bei 1500 - 2500 l, wobei 50% der Gesamtmenge auf das erste Zeitdrittel nach dem Fohlen entfällt, also idealerweise in die kritischen Sommermonate Dez.-März (H.J. Schwartz[35]). Hier ist die überaus wichtige, stabilisierende Wirkung des Kamels und seiner Milch unübersehbar.
Rinder und Schafe sind in der hier diskutierten Region auch als Milchproduzenten von nur untergeordneter Bedeutung, da das ökologische Potential der vorwiegenden Dornbuschsavanne ihren Futteranspüchen als Graser kaum gerecht wird.

Rinder, die schlechte Geschichte machen

Auf sie trifft in dieser Umwelt in hohem Maße die berechtigte Kritik zu, daß ihre Haltung überwiegend von soziokulturellen Zwängen belastet ist und wenig zur Produktionssteigerung des Gesamtsystems beiträgt. Mit zunehmendem

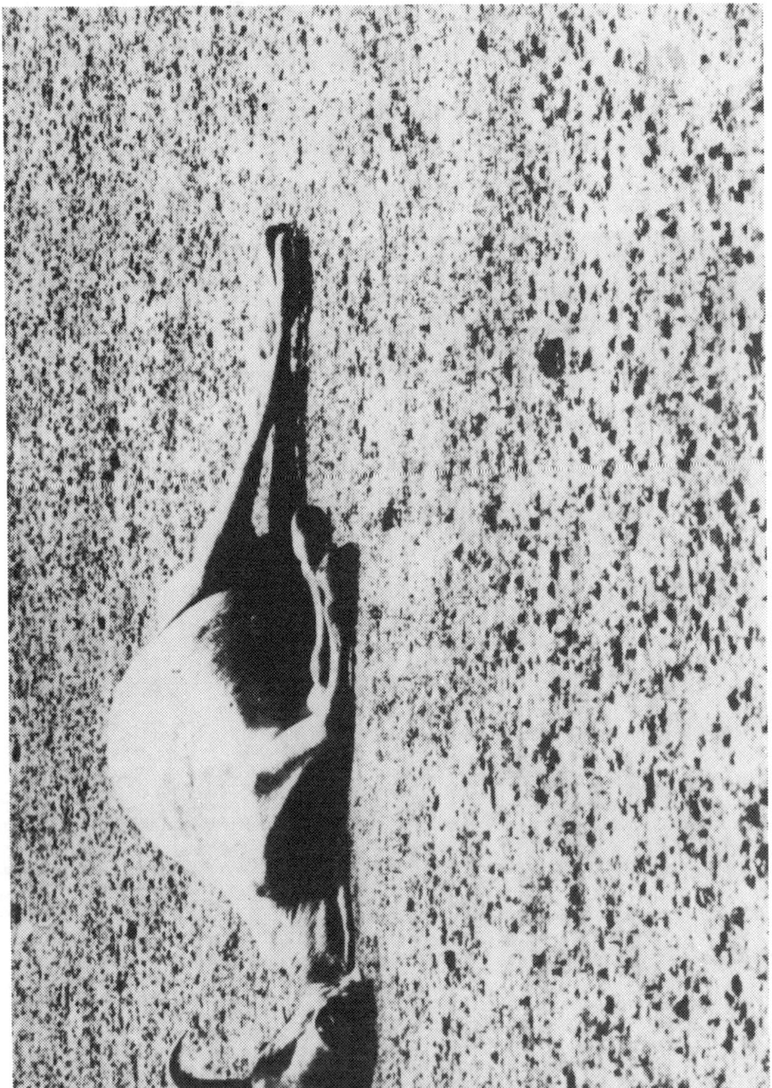

Abb. 45: " La saison morte ". Eine Zeit ohne wirtschaftlichen Wert

Abbau traditioneller Verpflichtugen sind jedoch beide Tierarten, besonders Rinder, aber auch Schafe, wegen ihrer Anfälligkeit, in den Gesellschaften, wo sie vornehmlich eine Rolle spielen, - den reinen Samburu und Ariaal -, im Rückgang begriffen. Beide Grupppen konzentrieren sich heutzutage immer mehr auf die Kamel- und Ziegenhaltung und tragen damit zunehmend der pragmatischen, wirtschaftlichen Adaptation Rechnung als der ursprünglich durch die Großtierart geprägte, kulturellen Identität.

Ein für den ostafrikanischen Großraum typischer und hartnäckiger Fehler ist, daß die Mehrzabl der nomadischen Viehhaltervölker fast ausnahmslos mit der Rinderhaltung identifiziert werden, wie überhaupt die gesamte Milchwirtschaft und ihre Kulturgeschichte. So spricht z.B. Hahn[36](1909) in seiner Arbeit über die Einführung der Milch in die Wirtschaft des Menschen von dieser nur im Zusammenhang mit Rindern, wie er gleichermaßen den Nomaden (verstanden als Viehhalter) als " Halbkulturmenschen " jede wirtschaftliche Überlegung abspricht. U.a. heißt es:

" Stellenweise sind die Rinder, wo sie nicht einmal Milch geben, wirtschaftlich ja ganz nutzlos; beim Dinka z.B. (Ostniloten aus dem Südsudan) wurde, ausgenommen bei Opferfesten, kaum je ein Rind geschlachtet. Wenn eins fiel, aß eine Kondolenzversammlung es auf, während der leidtragende Besitzer sich meist aus Schmerz nicht am Essen beteiligte. Natürlich hatten seine Rinder für den Dinka Wert; wenn er es über das Herz gewann, seinen fiktiven Besitz einzuschränken, so konnte er dafür wirklich wirtschaftliches Kapital eintauschen: Weiber. "

Bei aller vordergründigen Komik dieser in ihrer Wissenschaftlichkeit äußerst suspekten Arbeit, ist jedoch nicht zu unterschätzen, welchen nachhaltigen Eindruck eine solche Betrachtungsweise und seltsame Kausalität bis zum heutigen Zeitpunkt hinterlassen hat. Rein sachlich müßte hier natürlich sofort nachzufragen sein: Wenn die Rinder schon keine Milch gaben (und dem-

zufolge auch der Milchgenuß unbekannt war), Tiere auch nicht geschlachtet werden durften -, wovon hat sich der Dinka der Jahrhundertwende (als reiner Viehhalter!) dann ernährt? Wie hat er überhaupt überlebt?! Sicherlich nicht durch Weiber allein!
Vielleicht aber ist dieses ungeklärte Mißgeschick des Dinkas die langfristige Erklärung für die bis dato ungebrochenen, höchst erfolglosen Exporte von Deutschem Fleckvieh in die von ähnlichen Schicksalsschlägen getroffenen, rinderhaltenden Drittweltländer -, zur Sanierung des politischen Harems. Denn produktiver sind die Rinder keinesfalls geworden, allenfalls durch exotischen Stress früher gestorben! Doch zurückkommend auf das skurrile Hahn'sche Beispiel: hier wird sehr deutlich, wie bestimmte Beobachtungen als rein optische Wahrnehmung durchaus richtig sind, - z.B. die Zweifel an der Wirtschaftlichkeit dieser Tierart in jener Umwelt -, daß sie jedoch aus bloßer Schwärmerei nicht genutzt wurden und werden, ist ein absolut falscher Schluß. Überall in den semi-ariden und schon ganz und gar in den vollariden Gebieten Afrikas ist nachgewiesen, daß die Rinderhaltung durch ein erhöhtes Produktionsrisiko einschließlich deutlicher Produktionsschwächen gekennzeichnet ist (Payne[37], 1965; Ruthenberg[38], 1980; Jahnke[39], 1982). Dies hat zur Folge, daß, um dem Halter einen bedarfsdeckenden Produkt-Output zu garantieren, die Bestände größer gehalten werden müssen, sowohl absolut zum vergleichbaren Großtier Kamel, als auch relativ zu Ziegen und Schafen. Gewöhnlich ist der Grund für eine (Rinder-)Herdenexplosion nicht das damit verbundene, " in sich völlig unproduktive " Prestige, sondern die tatsächliche, sehr niedrige Leistung dieser Haustierart in dieser spezifischen Umwelt. Der Cattle-Complex als Motiv für soziales Ansehen und Statussymbol innerhalb einer vorgegebenen Hierarchie ist das argumentativ sich anbietende Symptom einer grundsätzlich ökonomischen Ursache. Er verschleiert in Wahrheit ein ärmliches Produktionsniveau, indem er einen " Wohlstand " im Sinne von gesellschaftlicher Aufwertung vorspiegelt.

Die kaufmännische Lehre: der lokale Markt

Die zunehmende Bereitwilligkeit, diesen soziokulturellen " Reichtum ", d.h. die durch Tierkopfzahl bewertete Position im Rahmen der Gemeinschaft zu verringern, drückt sich heutzutage in der Verkaufs-, Tausch- und weitergefaßt ganz allgemein in der Vermarktungswilligkeit aus. Diese wird angereizt durch die steigende Nachfrage nach importierten Produkten (Maismehl, Tee, Zucker und andere Kleingüter des täglichen Bedarfs), die der ersten Produktgruppe, - die der traditionellen Erzeugnisse -, ziemlich gleichrangig gegenübersteht. Dem zugrunde liegt die Absicht, zu bestimmten Zeiten die Versorgung zu ökonomisieren, nämlich dann, wenn der Bedarf an Fleisch (durch Fehlen der Milch) hoch ist, und demzufolge eine höhere Reduktionsrate (off take) in den Herden erforderlich wird. Hier erfolgt eine ganz pragmatische Abwägung, das " teure " und wenig ergiebige Erzeugnis Fleisch gegen " billige ", weil länger vorhaltende Getreideprodukte einzutauschen. Nimmt man an, daß der Schlachtkörper einer Ziege für maximal drei Tage den Haushalt versorgt, so reicht der durchschnittliche Gegenwert (wie er für lange Zeit galt) von 45 kg. Maismehl als Ration eines halben Monats aus. Bei diesem Beispiel wird an dieser Stelle nur von sehr groben Durchschnittswerten ausgegangen, da sie lediglich Demonstrationscharakter für den Vorgang als solchen haben. Diese hypothetischen Werte entsprechen einer Ziege von 25 kg. Lebendgewicht und einer Haushaltsgöße von 3.2 MAE (Male Adult Equivalents). Die präziseren Äquivalenzen sind Gegenstand des nachfolgenden Textes.

Dazu muß vorausgeschickt werden, daß die Umrechnungskurse für Vieh als auch die echten Viehpreise starken Schwankungen unterliegen, wie auch die äquivalenten Güter diesen Schwankungen angepaßt werden (s. Tabellen 17, 18). Das hat z.B. dazu geführt, daß sich innerhalb der letzten drei Jahre die für lange Zeit gültige Währung von einem rund 40 kg. schweren kastrierten

Abb. 46: Im Gegensatz zur herrschenden Meinung, der Viehhalter verkaufe nicht: Er nimmt jede faire Möglichkeit wahr, es zu tun; solange sie vorteilhaft ist. Warum in aller Welt sollte er auch Entscheidungen zu seinem Nachteil treffen? Fairness ist hier das Schlüsselwort: unverträglich mit der Praxis des Marketing.

Tier, getauscht gegen den 90 kg. Standardsack Maismehl, durch den Verfall der Vieh- und den Anstieg der Getreidepreise fast verdreifacht hat. Legt man jedoch die klassische Faustformel zugrunde, - pro kg. Lebendgewicht/ Tier = 2 kg. Getreidemehl -, so ist die Verteuerung wiederum relativ; denn monetär ist, über die Jahre hinweg beobachtet, der lokale Markt verbraucherfreundlich, tauschwertmäßig jedoch, was ja ein direktes feed back auf die Produktionsebene hat, absolut ruinös.

Richtig ist, daß heute - 1984 - drei Tiere statt einem für die gleiche Quantität Maismehl gefordert werden, wie es noch vor drei Jahren der Fall war. Doch dabei wird gleichzeitig toleriert, daß das zum Verkauf/Tausch angebotene Tier eher 20 kg. statt 40 kg. wiegt. Preislich/tauschmäßig verhält sich das so:

Noch 1981 (s. Tabelle Nr. 17) wurden für eine kastrierte Ziege in der hohen Gewichtsklasse (40 kg.) auf der Höhe der Trockenzeit 140/- KShs. bezahlt oder verrechnet, 90 kg. Maismehl für 130/- KSh. gehandelt. Da die Differenz in dieser Größenordnung gewöhnlich nicht ausgezahlt wird (aus Gründen der somalischen Händlerpolitik!), machte der Verkäufer/Tauscher 10/- KSh. bzw. 7% Verlust.

1983 (s. Tabelle 18) war der Preis pro Tier mit etwa 130/- KSh. in etwa gleich geblieben, die angebotene Gewichtsklasse jedoch von 40 kg. auf rund 25 kg. gleich 37% entsprechend gesunken. Der Preis für die Standardmenge Maismehl (90 kg.) betrug zu diesem Zeitpunkt 280/- KSh. Zwei Tiere von zusammen 50 kg. Lebendgewicht oder entsprechend im Werte von 260/- KSh. wurden dafür bezahlt. Der Profit, wäre die Transaktion monetär erfolgt, hätte 10/- KSh. oder 7% betragen: Dabei blieb jedoch das Verhältnis 1 : 2, - kg. Lebendgewicht/Tier zur doppelten Menge Maismehl -, ungefähr konstant.

1984 lagen die Viehpreise bei 60/- KSh. pro Stück Kleinvieh von 20 kg. Durchschnittsgewicht, Maismehl bei 230/= KSh. pro 90-kg-Sack* Der z.Zt. gültige Gegenwert betrug drei Tiere. Bei dieser Verkaufs-/Tauschaktion gewinnt der Verkäufer 50/- KSh. bzw. 15%, die er in dieser Größenordnung auch heutzutage meist verrechnet bekommt. Der Faktor kg. Lebendgewicht/ Tier zu kg. Getreide hat sich aber drastisch verschoben und beträgt nun bei drei Tieren von insgesamt 60 kg. zu 90 kg. Mais 1,5 : 2,* also einem Tauschwert- und Erzeugerverlust von 50%. Hier wird sehr deutlich, daß die Währung Vieh gegenüber Geld eine völlig andere Gewichtung hat, d.h. monetäre Profite können gleichzeitig effektiv Verluste bedeuten, wenn mit ihnen eine Abwertung des Tauschindexes verbunden ist.

* legt man das alte Standardmaß 40 kg/Schlachttier zugrunde,

Der bürgerliche Pastoralist und sein Kapital

Eine solche Gewinn-Verlust-Bilanz, wie eben beschrieben, wird vom Viehhalter jedoch kaum gezogen, wenn er die Möglichkeit hat, sein in Krisenzeiten risikoanfälliges Kapital zu verringern zugunsten stabiler Produkte, die zum Zeitpunkt des Engpasses wirtschaftlicher, d.h. billiger weil ergiebiger sind. Für diese Sicherung der Versorgungslage opfert er heutzutage fast immer sein gewöhnlich überschätztes Sozialprestige, - sein Vieh -, indem er verkauft gegen Geld oder tauscht gegen andere Güter. Beide Vorgänge werden in diesem Zusammenhang als Vermarktung verstanden, obgleich es sich nicht um Überschüsse handelt, deren Erlöse in subsistenzfremde Sektoren oder in einschneidend neue Bedürfnisse investiert werden. Bis zum Augenblick bestehen rund 70% der für Vieh erhandelten Äquivalenzwerte aus Nahrungsmitteln wie Mais, Tee, Zucker, Salz und Fett, die restlichen 30% können für Schulgeld oder im Krankheitsfall aufgewendet werden, genauso aber auch für traditionelle Luxusgüter wie Tabak, Glasperlen und die lokal übliche Kosmetik von Ocker und Zinnober. Daneben besteht der Bedarf nach Seife, Taschenlampen samt Batterien, aus Autoreifen gefertigten Sandalen, bunten Wickeltüchern als Bekleidung, gelegentlich einem Haumesser (universales Gerät in jedem pastoralen Haushalt), simplem, lokal gefertigtem Hausrat, Emailletassen oder dem Neuerwerb des obligaten Speeres.

Im Rahmen der vorliegenden Arbeit wird keiner dieser Artikel als subsistenzsprengend oder als neu gewecktes Bedürfnis angesehen. Eine solche Subsistenz"moral" wäre absolut weltfremd und würde einer realistischen Einschätzung von Grundbedürfnissen nirgendwo gerecht. Denn letztlich sind auch Grundbedürfnisse geknüpft an ein Mindestmaß an Wohlbehagen, was diesen Gesellschaften ohnehin nur zu oft versagt bleibt.

Verkaufen wollen versus Verkaufen können

Vermarktung von Vieh ist also ein durchaus üblicher Vorgang, einmal um Engpässe in traditionellen Produkten durch importierte Nahrungsmittel zu entlasten, und zum anderen, um Minimalwertgüter zu erwerben, die die konservative Subsistenz sinnvoll ergänzen.

Wie bei jeder Entscheidung, die die Reduktion des Viehbestandes beinhaltet, ist auch der Viehverkauf oder -tausch im allgemeinen der Jahressaisonalität angepaßt und entspricht in etwa dem Muster der Schlachtungen und des Fleischkonsums. Lebendviehvermarktung beschränkt sich weitgehend auf die Trockenzeiten, wobei das präventive Abstoßen von Vieh genau die gleiche Funktion erfüllt wie das präventive Schlachten. Zwischen beiden Maßnahmen bestehen jedoch Abhängigkeiten, so daß z.B. rituelle Gelegenheiten, die die Haushalte zu Tieropfern verpflichten, die Verkaufsfähigkeit erheblich einschränken können; und ebenso ist die Situation nicht mehr ungewöhnlich, daß rigorose Verkäufe aus Gründen umstandsbedingter Opportunität (temporär hohe Vieh- und vergleichsweise Getreideniedrigpreise) die Einhaltung traditioneller Schlachtgebräuche verhindern.

Im Gegensatz zum Konsum, der im wesentlichen im individuellen Entscheidungsbereich des Viehbesitzers liegt, ist die Lebendviehvermarktung von einer Anzahl exogener Faktoren beeinflußt, die den traditionellen Gebräuchlichkeiten völlig fremd sind und auch nichts zu tun haben mit der jahreszyklischen Saisonalität. Vor allem wirken sich hier Quarantänen aus, sehr häufig Anthrax (Milzbrand), Maul- und Klauenseuche, Rinderpest und Pest der kleinen Widerkäuer, sowie die ansteckende Lungenseuche der Ziegen (CCPP) als auch die der Rinder (CBPP). Dabei ist relativ oft der Seuchenausbruch durch nasse Bedingungen begünstigt, die für die Krankheitserreger bessere Nährböden schaffen und dabei gleichzeitig die Tiere durch krasse Klimaschwankungen, gefolgt von Unterkühlung und Durchnässung, zusätzlich belasten und schwächen. Während der Regen und kurz danach ist die kritische Zeit für die Tiergesundheit, so daß Quarantänen oft in die Monate Juni-Sept. oder auch Dez.-März fallen, die gleichzeitig die bevorzugten Trockenzeitmonate für die Vermarktung sind. Diese Situationen werden anhand der jeweiligen Jahresdiagramme ausführlich beschrieben.

Neben dem Lebendvieh sind Häute, ausschließlich von Ziegen und Schafen, das zweite für den Verkauf geeignete Produkt. Der Häutemarkt ist generell wenig von Beschränkungen betroffen, wenn auch nicht völlig frei davon. Fast alle Quarantänen erlauben den Häutehandel, ausgenommen der von Anthrax, die gesetzlich die Vernichtung des gesamten Tierkadavers vorschreibt. Da der Milzbrand in diesen Gebieten endemisch ist, ist dementsprechend auch dieser An- und Verkaufszweig öfter davon betroffen, wenngleich auch hier das Gesetz häufig unterlaufen wird. Allgemein ist der Häuteverkauf nicht saisonal gebunden, da dieses Erzeugnis sehr oft vom Haushalt einbehalten wird, - sozusagen als Sparkasse für besondere Anlässe -, und damit sehr spontan auf den Markt kommt. Deshalb schließt sich nicht aus, daß zur Hauptschlachtzeit das Häuteangebot erheblich ansteigt, doch repräsentiert es gewöhnlich nur einen Teil der tatsächlich anfallenden Zahl. Der Rest verteilt sich entweder über das Jahr, - je nach Bedarf von meist Bargeld oder auch bescheidenem Luxus -, oder wird zu Haushaltszwecken wie Kleidung und Schlafstellen verwendet. Auch bei diesem Produkt schwanken die Preise wie bei der Lebendviehvermarktung erheblich und sind in erster Linie davon abhängig, wie der aufkaufende Händler dieses Erzeugnis an Zwischenhändler, Manufakturen oder Exporteure absetzen kann. Wie sich die Häutepreise in den Jahren 1980 bis 1983 verhielten, ist aus den Tabellen Nr. 19/20 zu entnehmen. Abschließend ist dazu zu sagen, daß Häute nach wie vor einen hohen Wert für den Hausgebrauch haben und als Innenausstattung des pastoralen Haushalts ein sehr sicherer Indikator sind, auf welcher Stufe der Tradition sich dieser noch befindet. Genauso trifft das zu auf Häute als Bekleidung, obgleich dieser Usus durch verstärkte Kampagnen der Regierung immer mehr verschwindet und nur noch an entlegenen oder an den am meisten frequentierten Plätzen , die der touristischen Attraktion, anzutreffen sind.

Von der Summe der Produkte

Zusammengefaßt spielen für die Konsummuster der nomadischen Viehhalter zwei Hauptgruppen die entscheidende Rolle:

I. Traditionelle Erzeugnisse Milch und Fleisch.
Sie sind vorwiegend vom Verbraucher selbst erzeugt und für den Eigenbedarf bestimmt. Ihre Verfügbarkeit ist saisonal abhängig und ihre Nutzung komplementär; d.h. Milch ist das vorrangige Nahrungsmittel der Regenzeit und der unmittelbaren Zeit danach, Fleisch das entscheidende Produkt für die Trockenzeit. Für diese traditionellen Erzeugnisse gilt, daß sowohl ihr Produzent als auch ihr Verbraucher in einer Person vereinigt sind.

II. Importierte Erzeugnisse Maismehl, Zucker, Tee, Fett etc.
Sie sind Produkte, die entweder durch Verkauf von Lebendvieh und Häuten erworben werden oder durch Nahrungsmittelhilfe in die Haushalte

einfließen. Gleich welchen Ursprungs der Erwerb dieser Produkte ist, ihr Verbrauch konzentriert sich auf die Trockenzeiten, wenn zum einen (aus beschriebenen Gründen) die Vermarktungs- und Tauschquote von Vieh ansteigt, oder, bedingt durch die äußerlich schlechten Bedingungen, ernährungsstützende Interventionen stimuliert werden. Auch für diese Produktgruppe ist grundsätzlich ein saisonal angepaßtes Verbrauchsmuster erkennbar, soweit die Kaufentscheidungen direkt an den Verbraucher gebunden sind. Daß diese häufig mit von außen herangetragenen Subventionen (z.B. Hungerhilfe) zusammenfallen, ist voneinander weitgehend unabhängig. Hinsichtlich der hier genutzten Erzeugnisse operieren Produzent und Verbraucher nicht mehr in Personalunion, d.h. der Konsument ist in viel größerem Maße abhängig von der Leistung zwischengeschalteter Nicht-Produzenten, vorwiegend Händler, oder im Falle der Nahrungsmittelhilfe von Regierung, Kirche oder anderen Wohlfahrts- und Entwicklungsorganisationen.

Naturgemäß sind die Einflüsse auf diese Strukturen saisonal nicht fixiert, sondern unterliegen in ihrer Kapazität vorwiegend den gerade vorherrschenden volkswirtschaftlichen Verhältnissen des Landes. Daraus folgt nicht selten der Konflikt, daß die saisongebundene Nachfrage des Verbrauchers nach bestimmten Produkten mit dem asaisonalen Angebot des Händlers nicht übereinstimmt, und damit eine größere Nutzungsstreuung bestimmter importierter Erzeugnisse zustande kommt -, gleich, ob sie im Augenblick förderlich oder notwendig ist.

Zusammengefaßt ergibt sich sowohl aus dem Produzentenverhalten des Pastoralisten als auch aus der Anpasspung seiner Konsumansprüche, daß die " schlechten " Trockenzeiten, - wohlgemerkt eines halbwegs normalen Jahres -, meist eine bessere Versorgungslage gewährleisten, als die durch Einsparen und Konsumverzicht gekennzeichneten " guten " Regenzeiten. In diesen entsteht gewöhnlich ein viel einschneidender Versorgungsengpaß,

" the green bottleneck which nobody perceives as the genuine time of scarcity in a functional pastoral system " (S. Schwartz[40], in Vorb.).

Dauraus ergibt sich logischerweise, daß die willkürliche Festsetzung von Notzeiten, als solche von einer nicht-pastoralen Außenwelt anhand äußerlicher Umstände wie dürftiger Vegetation, Vieh in schlechtem Zustand, Wasserknappheit etc. empfunden und spontan beurteilt, den system-internen Verhältnissen oft nicht entsprechen.

Darüber mehr Aufschluß zu geben und vor allem einen Beweis in Maß und Zahl anzustreben Was tut der pastorale Produzent als Konsument?, ist Sache der folgenden Diagramme, Tabellen und graphischen Darstellungen samt ihrer Interpretation und - unvermeidlich - auch ihrer Spekulation.

Messen mit Mißtrauen

V. MESSEN MIT MISSTRAUEN

ZUR METHODE: WELCHE MÖGLICHKEITEN BESTANDEN UNTER DEN GEGEBENEN FELDBEDINGUNGEN ZUR QUANTIFIZIERUNG?

In Arbeiten, die für sich beanspruchen, mit Maß und Zahl umzugehen, hängt naturgemäß das Resultat und dessen Genauigkeit weitgehend von der Erhebungsmethode ab. Oft genug ist dafür ein gewisser technischer Aufwand notwendig und unumgänglich, vor allem dann, wenn die absolute Genauigkeit der gemessenen Werte für die Aussage und Schlußfolgerungen von entscheidender Bedeutung sind. Weder das eine, ein gewisser technischer Aufwand, noch das andere, die absolute Genauigkeit, waren unter den gegebenen Bedingungen einzusetzen und zu erreichen. Deshalb müssen bestimmte Limitierungen und die zum Teil mehr unkonventionelle Vorgehensweise hier kurz beschrieben werden, um die vorliegenden Ergebnisse gerecht einschätzen zu können.

Die Zielsetzung in diesem Teil der Arbeit war, Verbrauchsmengen bestimmter Produkte, wie sie im pastoralen Haushalt verwendet werden, quantitativ zu erfassen, wobei die Proportionalität der Erzeugnisse und ihre jeweilige Verfügbarkeit innerhalb des Jahresverlaufes eher im Vordergrund stand, als die genaue Messung in Gramm und Milliliter zu jedem Zeitpunkt der Erhebung. Je nach Fragestellung wurden drei Methoden eingesetzt, die jede für sich einen bestimmten Ungenauigkeitsspielraum beinhaltet, und der bei der Interpretation der Aussagen und Ergebnisse berücksichtigt worden ist.

1. Die direkte Befragung.

Diese wurde immer dann nötig, wenn man am aktuellen Geschehen (z.B. Schlachten oder Verkaufen) nicht selbst teilnehmen konnte. An dessen Stelle mußte dann die Frage treten: wieviele Tiere habt ihr im letzten Monat geschlachtet bzw. verkauft? Um ein gewisses Maß an Sicherheit zu gewährleisten, wurden immer mehrere, mindestens zwei Haushaltsmitglieder getrennt befragt.

Bei überschläglich mehr als 2000 Befragungen im Laufe des gesamten Untersuchungszeitraumes waren die Differenzen in den Kreuzbefragungen so geringfügig, daß generell an der wahrheitsgemäßen Beantwortung für den Befrager kaum Zweifel bestehen, zumal Fragen dieses Inhalts auch keinen Anlaß zur Verschleierung oder Heimlichkeit geben. Das gleiche traf auf die Frage: wie oft habt ihr im letzten Monat geschlachtet? zu, ein Vorgang, der ohnehin meist öffentlich bekannt war. Komplizierter dagegen verhielt sich die Feststellung, wieviel des Schlachtkörpers zum Eigenverbrauch verwendet und was als " Geschenk " an Verwandte und Nachbarn abgegeben wurde. Hier wurde als Erfahrungswert das Durchschnittsgewicht eines Schlachttieres von ca 25 kg. angenommen, wenn keine weiteren Informationen wie z.B. " schwerer Kastrat " oder " Jungtier " vorlagen; in diesen Fällen wurde das Schlachtkörpergewicht nach oben oder unten (wiederum nach Erfahrungswerten) korrigiert. Das ungefähre Gewicht des Fleisches sowohl für den Eigenverbrauch als auch die weitergereichten Geschenke wurden auf der Basis der angegebenen Schlachtstücke kalkuliert, z.B. Vorderbeine, ein Hinterbein, Kopf und Füße für den Eigenverzehr behalten, Rippen und Innereien verschenkt usw. War man bei der Schlachtung selbst dabei oder einzelne Schlachtstücke noch vorhanden, wurden diese mittels einer Federwaage gewogen.
Dies beschreibt bereits den zweiten methodischen Ansatz:

Die direkte Beobachtung.

Jene war am zeit- und personalaufwendigsten und wurde vor allem bei allen Vorgängen des " Kaufens " angewendet. In der Praxis stellte sich das so dar, daß jeden Tag im einzigen Ladengeschäft von Korr jeweils ein Beobachter jeden Einzelkauf bestimmter Produkte wie Maismehl, Zucker, Tee, Glasperlen etc. nach Menge und Käufertyp (Frauen, Krieger etc.) registrierte, dabei gleichzeitig die Gesamtkäuferzahl und aufgeschlüsselt nach Produkten feststellte, und am Ende jeden Tages mit dem Händler zusammen Gesamtumsatz und Umsatz wiederum produktbezogen dokumentierte.

Als dritte Methode für die Feststellung des tatsächlichen Verbrauchs von Produkten wie Milch, Fleisch und Maismehl wurde die <u>direkte Messung</u> angewendet. Dieser Themenbereich " Konsum von drei Grundnahrungsmitteln im pastoralen Haushalt " stand als Idee ganz am Anfang dieser Arbeit und wurde bereits 1978 begonnen. In diesem Zeitraum 1978 - 1982 wurden jeden Monat jeweils 20 Haushalte täglich auf ihre Konsumgewohnheiten und -mengen untersucht, insgesamt also 240 Haushalte pro Jahr, für den Gesamtberichtszeitraum also 1500 Erhebungen des täglichen Verbrauchs dieser Erzeugnisse. Da Korr überschläglich nur etwa 500 - 600 permanente Haushalte aufweist, konnten Wiederholungen nicht ausbleiben, d.h. jeder Haushalt wurde in diesem Zeitraum ca. 2 - 3mal untersucht. Als " technisches Meßgerät " diente eine 500g-KIMBO-Dose, die jeweils für Zucker und Maismehl auf 125g, 250g und 500g kalibriert war. Diese Konservendose, die aus unerfindlichen Gründen ein Standard-Haushaltsutensil in so gut wie jedem pastoralen Haushalt ist, wurde deshalb, wegen ihres Vertrautheitsgrades, für das sonst Mißtrauen erweckende " Messen " gewählt, was mit einer Waage z.B. in einem konservativen Haushalt völlig unmöglich gewesen wäre. Für die Milchquantitäten wurde ein einfacher 1-Liter-Meßbecher verwendet, für Tabak und Tee Filmdosen, deren Volumen meist dem Gegenwert von 0,50 KSh. entsprach. Diese direkten Messungen im Haushalt selbst, der, wie bereits beschrieben, sehr souverän und eigenständig von der Hausfrau verwaltet wird, konnten nur von einer Assistentin oder der Bearbeiterin selbst durchgeführt werden, da Informationen diesen Inhalts an männliche Mitarbeiter nicht vermittelt worden wären. Eine der Hauptschwierigkeiten am Anfang lag deshalb im Trainieren einer jungen, verheirateten Frau, die weitgehend diese kontinuierlichen Untersuchungen durchführen konnte. Schulmädchen,

Abb. 47: Lowest Key Technology

Abb. 48: Um in der Wüste zu quantifizieren

die einer solchen Aufgabe leichter gewachsen wären, kamen deshalb nicht in Frage, weil auch ihnen als " Nicht-Ehefrauen " die entsprechenden Auskünfte nicht gegeben würden.
Neben der Methode mußte also auch der Status und das Geschlecht des jeweiligen Interviewers berücksichtigt werden, um entsprechende Informationen überhaupt sammeln zu können.

Diese kurze Beschreibung des methodischen Vorgehens soll lediglich zeigen, daß, so wünschenswert ein hoher Grad an Genauigkeit gewesen wäre, dieser unter den gegebenen Feldbedingungen nicht zu erreichen war. Die hier vorliegende Quantifizierung kann deshalb nur als Kombination von Frage/Antwort, Messung/Schätzung und langjähriger Beobachtung gewertet werden, die sehr wahrscheinliche, nicht jedoch unumstößliche, auf die Kommastelle genaue Ergebnisse produziert hat. Das Bild, das vermittelt werden kann, ist ein ungefährer Verlauf, nicht jedoch die immer nachvollziehbare Verlaufskontrolle pastoraler Haushalte.
Da jedoch der Wissensstand über die saisonale Anpassungsfähigkeit haushaltsökonomischer Vorgänge, wie sie in diesen Gesellschaften stattfinden, noch sehr gering ist, wäre es nur zu begrüßen, daß diese Unvollkommenheiten in zukünftigen Arbeiten dieser Art mehr und mehr überwunden werden könnten.
Ohne Zweifel wird der Zugang zu diesen Fragestellungen durch zunehmende Aufgeschlossenheit und verbesserte Kommunikationslage erleichtert werden, so daß Schwierigkeiten, wie sie für diese Untersuchung noch galten, in wenigen Jahren wahrscheinlich nicht mehr bestehen werden.
Nur eines wird sich dann genauso verändert haben, und das ist die Lage des pastoralen Haushaltes selbst. Insofern sind die hier angedeuteten Schwierigkeiten und Unvollkommenheiten aktiver Teil des hier beschriebenen Status quo.

Abb. 49: Der pastorale Haushalt: Heute noch eine Gleichung mit Unbekannten, aber das wird nicht so bleiben.

Durchschnittliche Verbrauchsgrößen des Haushaltes

Abb. 50: Größter und verläßlichster Milchproduzent: Das Kamel

SAISONALE PRÄVALENZ VERSCHIEDENER MILCHARTEN IN DEN JAHREN 1980 - 1983

Standorte: NGURUNIT (ARIAAL) und KORR (RENDILLE)

Stichprobengröße: je 60 Haushalte pro Standort; konstant

Haushaltsgröße: 3,2 MAE = 4,8 Personen absolut

Methode: Befragung, direkte Beobachtung, Messen

Fragestellung: Welche Milchart wird getrunken?
Wie hoch ist der jeweilige Prozentsatz zur Gesamtmenge der verzehrten Milch?

Hier steht nicht die aktuelle Verzehrsmenge des Produktes Milch zur Diskussion, sondern es wird der Anteil der Milchart dargestellt, unabhängig davon, ob der Konsum hoch oder niedrig ist. In dieser Verhältnisdarstellung sind nur zwei Milchtypen berücksichtigt, die des Kamels und die der anderen Haustiere Ziege und Rind, beschrieben als " Mischmilch ". Schafe werden für dieses Erzeugnis nicht genutzt. Auffällig ist hier bei der saisonalen Verteilung des prozentualen Anteils der Milchart, daß die Grundmuster über den Beobachtungszeitraum weitgehend stabil bleiben. Obgleich die saisonalen Schwankungen und Abweichungen innerhalb dieser vier Jahre erheblich waren, ändert sich an der Dominanz des Kameles für die Monate August - Dezember wenig, mit Ausnahme des Dürrejahres 1980, wo es noch zusätzlich in der ausgebliebenen langen Regenzeit zwischen März und Mai an Bedeutung gewinnt.

Zwei Faktoren spielen dafür eine übergeordnete Rolle:

a. Die Fohlzeiten des Kamels fallen in den o.g. Zeitraum. Da der Milchertrag zum Beginn der Laktation am höchsten ist, kann für den menschlichen Verzehr bei jedem Melkvorgang etwa 50% abgezogen werden; die andere Hälfte wird dem Fohlen überlassen. Diese 50% (ca. 6-7 l pro Tag/Kamel) würden für den Einzelhaushalt von einer durchschnittlichen Größe von 3,2 MAE (Male Adult Equivalents) = 4,8 Personen absolut, voll ausreichen, selbst wenn nur ein Tier zur Verfügung stünde, verteilen sich jedoch meist auch auf die Haushalte von Zweit- und Drittfrauen, die keine Kamele besitzen. Dadurch ist der Milchkonsum in diesem Zeitraum niedriger als es die Produktionsleistung des Kamels zuließe. Hinzu kommt, daß die Ziegen als zweiter Milchlieferant in diesen Monaten trockenstehen. Wenn also in dieser Zeit Milch genossen wird, besteht diese zu 90 - 100% aus der des Kamels.

b. Als einziges Haustier ist das Kamel in der Lage, über das ganze Jahr hinweg Milch zu produzieren. Ihr Anteil am Gesamtmilchverzehr nimmt jedoch dann ab, wenn die anderen Tierarten als Milchproduzenten wieder an Bedeutung gewinnen. Das fällt gewöhnlich mit der bereits fortgeschrittenen Laktation der Kamelstuten zusammen und dem Rückgang ihrer Milchleistung. Durch die Verfügbarkeit anderer Milcharten wird hier die sonst unausbleibliche Konkurrenz zwischen menschlichem Bedarf und dem des Fohlens vermieden, so daß letzterem ein ausreichendes Quantum verbleibt. Der Anteil der Kamelmilch sinkt also signifikant nach den kurzen, während und nach den langen Regen (Jan. - Juni, mit Tiefpunkten im April/Mai, den Laktationshöhepunkten der Ziege und des Rindes.

Zwar ist es richtig, daß auch beim Kleinvieh und bei den Rindern eine stufenmäßige Synchronisierung der Trächtigkeit angestrebt wird, die eine gleichmäßigere Verteilung der Milchproduktion über den gesamten Jahresverlauf ermöglichen würde. Das jedoch wird in der Praxis kaum erreicht, da für Jung- und Muttertiere dieser Tierarten die Futtergrundlage sowohl für den Zeitpunkt der Konzeption, als auch für die Laktation, eine größere Rolle spielt als beim Kamel. Damit ist unvermeidbar, daß in der Mitte des

Jahres Produktionsschwachzeiten auftreten, die je nach Schweregrad der Trockenheit und damit des Futterangebotes wiederum das Kamel als Stabilisator für die Milchversorgung fordern. Dies trifft gewöhnlich auf die Monate Juli bis Oktober zu. Hier ist der Anstieg des Kamelmilchanteils am insgesamt niedrigen Konsum darin begründet, daß die Leistung dieses Tieres selbst noch im späten Stadium der Laktation ausreicht, um dem Konsumenten ein Minimum dieses Produktes zu sichern. Jene Angaben finden sich bestätigt in den Saisonalkurven des Milchverbrauchs (s. Graphiken Nr. 14 - 18), die das Einzelprodukt und seine jeweils verzehrte Menge reflektieren.

GRAPHIK 6: SAISONALE PRÄVALENZ VERSCHIEDENER MILCHARTEN 1980 - 1983

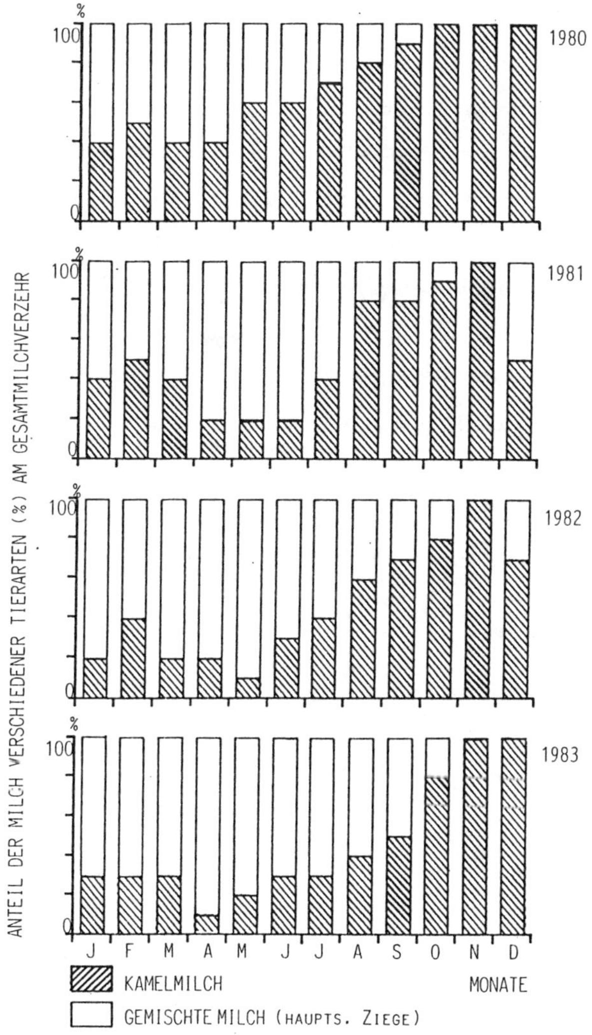

Für die Prävalenz der Milcharten in den Jahren 1980 - 1983 ergibt sich folgendes Bild:

1 9 8 0 war ein extrem trockenes Jahr und die Fortsetzung einer bereits 1979 begonenen Dürre. Hier zeigen sich deutlich Produktionseinbrüche von Ziege und Rind, deren Milch nur etwa ein Viertel am Gesamtmilchverzehr ausmacht. Leichte Anstiege sind lediglich in den Hauptablamm- bzw. Abkalbezeiten zu verzeichnen, sowie in den Ausläufern beider Regenzeiten, den 79er kurzen und 80er langen Regen. Dominierend für zwei Drittel des Jahres ist die Milch des Kamels mit stetigem Aufwärtstrend, beginnend im April. Hier tritt klar das große Anpassungsvermögen dieser Tierart in Erscheinung samt seiner Fähigkeit kontinuierlicher Milchleistung selbst unter extremen Bedingungen. Milch war in diesem Jahr in allen Tierarten ein rares Produkt, wobei die Rinder mit 5 - 10% Anteil an der Gesamtmenge keine Rolle mehr spielten.

1 9 8 1 galt als nasses Jahr mit wieder zunehmenden Milcherträgen in den Ziegen- und Rinderpopulationen. Das Verhältnis der Milcharten war in etwa ausgeglichen, die Verzehrsmenge (s. Graphik 17) jedoch stark beeinflußt durch die in der Dürre dezimierten Tierbestände. Bedingt durch den guten Futteraufwuchs wurde mehr Kleinvieh als üblich in unmittelbarer Siedlungsnähe gehalten, woraus sich für dieses Jahr der hohe Anteil an Mischmilch in den Monaten April - Juni erklärt. Kamele konzentrierten sich in dieser Zeit auf abgelegeneren, für diese Tierart besser geeigneten Weiden vom Dornbusch- und Baumsavannentyp, vor allem, um auch Futterkonkurrenz mit dem Kleinvieh zu vermeiden. Sie wurden erst in der zweiten Jahreshälfte wieder zurückgetrieben, als die Leistung der anderen Tiere schon rückläufig war. Insgesamt jedoch ist die Verzehrsmenge in diesem Zeitraum sehr niedrig und erreicht sogar im November fast den Nullpunkt, da die Fohlzeit der Kamele sich durch die Dürre verschoben hatte. Mischmilch fehlt zu diesem Zeitpunkt ganz und gewinnt erst wieder im Dezember durch das erste Ablammen der Ziegen an Bedeutung, selbst wenn auch in diesem Monat das Fohlen der Kamele einsetzte.

1 9 8 2 zeigt sich die Verteilung eines " Normaljahres " mit ausgewogenem Verhältnis von Trocken- und Regenzeiten. Gemischte Milch dominiert bis zur Mitte des Jahres und kann als Anzeiger gelten, daß der Futteraufwuchs zwischen den kurzen 81er und den langen 82er Regen stabil genug war, um die zwischenzeitlichen Trockenperioden zu überstehen. Das gleiche galt für die Ablammzeiten der Ziegen im April/Mai und das Fohlen der Kamele im Nov./Dez., die in diesem Jahr fast Lehrbuchcharakter hatten. Hier spiegelt das Diagramm des Milchartenanteils klassisch wider, wie sich die einzelnen Haustierarten im Jahreszyklus ergänzen: als Milchproduzent überwiegt in der weniger kritischen Zeit des dynamischen Futteraufwuchses die Ziege, die graduell diese Stellung mit zunehmender Trockenheit an das Kamel abgibt. Damit ist jedoch nicht gegeben, daß zu jeder Jahreszeit der Milchkonsum für den Menschen balanciert ist. Trotz der Intervention des Kamels erreicht er Tiefstwerte in der Höhe der Trockenzeiten, im Normaljahr (s. Graphik 18, 1982) in den Monaten Jan./Feb./März und Aug.-Okt. Dies ist jedoch weniger bedingt durch den Leistungsabfall dieses Tieres, als vielmehr durch die Kompensation des erhöhten Fleischverzehrs seines Halters (s. Graphik 18, 1982). Jener erlaubt dem Fohlen in dieser Zeit einen zusätzlichen Milchkonsum, der für sein gesundes Aufwachsen vital ist, da es das dürftige und grobe Futterangebot der Trockenzeit noch nicht optimal verwerten kann.

1 9 8 3 setzt sich als Normalmuster bis etwa zur Mitte des Jahres fort, zeigt aber in der zweiten Hälfte starke Symptome einer sich ankündigenden Dürre. Äußerlich überwiegt zwar der Anteil der Mischmilch, dies jedoch im wesentlichen bedingt durch die Zulieferung von Trockenmilch als Nahrungsmittelhilfe in den Monaten Juni - Sept. In Erwartung der Oktoberregen, die jedoch ausblieben, wurde diese Stützmaßnahme Ende Sept. wieder eingestellt. Das hatte zur Folge, daß größere Kamelherden früher in Siedlungsnähe zurückgeholt wurden und auch länger, - bis zum jetzigen Zeitpunkt Juni 1984 -, dort noch immer gehalten werden.
Im Diagramm zieht sich deshalb die Hundertprozentlinie des Kamelmilchanteils aus dem Nov./Dez. 83 bis in das erste Drittel des Jahres 1 9 8 4 hinein. Diese Angaben beruhen jedoch nicht mehr auf gemessenen Erhebungen, sondern Beobachtungen und Schätzungen, da der Untersuchungszeitraum beendet war.

Obgleich das Diagramm 1983 nahezu identisch mit dem des normalen Vorjahres ist, sind die Ursachen der ausgewiesenen Proportionalität unterschiedlich. In 1982 war der Anteil von Mischmilch ein natürliches Resultat der Produktionsleistung hauptsächlich der Ziegen (und bedingt der Rinder). Diese wurde zu Beginn der Dürre ersetzt durch Trockenmilch, die aus falscher Erwartungshaltung der Spender sehr bald wieder zurückgezogen wurde. Die traditionelle Reaktion darauf war der verstarkte Einsatz von Kamelen, die ab Oktober ausschließlich die Milchversorgung übernahmen. Auch hier liegen keine systematischen Daten mehr vor, es kann aus der Kenntnis der Situation jedoch angenommen werden, daß bedingt durch den hohen Bedarf an Milch für die menschliche Population, die Jungtiersterblichkeit in den Kamelbeständen (vor allem im Infant-Stadium Jan.-April 84) signifikant zugenommen hat. Eine realistische Bemessung der Nahrungsmittelhilfe hätte hier zweifellos eine solche gefährliche Unterminierung der Subsistenzbasis verhindern können, die ja ihrerseits schon nach kurzer Frist wieder Subventionen nötig machte.

Fazit: der falsche Zeitpunkt des Einsatzes von Nahrungsmittelhilfe gefährdet nicht nur Menschen, sondern, wie man an diesem Fall sehen kann, bringt auch Kamele um!

Abb. 51: Empfangscoctail beim Begräbnis des camelus dromedarius, beigesetzt im Pfarrhof der katholischen Mission: Trockenmilch (oder, wie hier, ihr Äquivalent).

Abb. 52: Bester, bevorzugtester und verläßlichster Fleichproduzent: Die Ziege

SAISONALE PRÄFERENZ VERSCHIEDENER FLEISCHARTEN IN DEN JAHREN 1980 - 1983

Standorte: NGURUNIT (ARIAAL) und KORR (RENDILLE)

Stichprobengröße: je 60 Haushalte pro Standort; konstant

Haushaltsgröße: 3,2 MAE = 4,8 Personen absolut

Methode: Befragung, direkte Beobachtung, Messen

Fragestellung: Welche Fleischart wird gegessen?
Wie hoch ist der jeweilige Prozentsatz zur Gesamtmenge des verzehrten Fleisches?

Ebenso wie bei der vorangegangenen Darstellung der saisonal verteilten Milcharten, steht auch hier nicht die Fleischmenge, sondern der prozentuale Anteil der Fleischart im Vordergrund, wie er sich im Jahresverlauf ergibt.
Grundsätzlich gilt für dieses Produkt, daß das Konsumfeld vom Kleinvieh, überwiegend jedoch von der Ziege und nur zu besonderen Gelegenheiten vom Schaf, beherrscht wird. Dabei ist ausschlaggebend, daß Großvieh ganz allgemein, ob Rinder oder Kamele, neben der Milcherzeugung hauptsächlich als kulturprägende Tierarten angesehen werden, deren Hauptfunktion in den soziokulturellen Bereich fällt. So sind z.B. alle Sozialschulden wie Brautpreise, Kompensationen, langfristige Leih- und Borggeschäfte, ritenbegleitende Geschenke wie zur Beschneidung oder Heirat, ausschließlich an diese Spezies gebunden; abhängig davon, welcher ethno-ökonomischer Hintergrund besteht, der der Rinder- oder Kamelhaltung.
Hieraus ergibt sich klar, daß auch in historischer Zeit diese Tierarten niemals exklusiv gehalten wurden, sondern immer in Symbiose mit dem Kleinvieh, das in seinem Verwendungszweck viel weniger traditionellen Re-

striktionen unterliegt, als vergleichsweise die Großtiere. Trotz der wirtschaftlichen Bedrängung, der der nomadische Viehhalter mit Sicherheit heute mehr als in der Vergangenheit ausgesetzt ist, reicht dieser " Leidensdruck " nicht immer aus, ökonomischen Rationalismus, wie er als " fortschrittsorientierte " Denkweise von einer schulgebildeten Öffentlichkeit postuliert wird, vor die diversen Zwänge tradierter Üblichkeiten zu stellen, denn nach wie vor operiert der Pastoralist in einem Umfeld, dessen soziale und kulturelle Normen zeitweilig noch immer stabiler sind, als von außen herangetragene Innovationen sogenannter " wirtschaftlicher Vernunft ".
Mit anderen Worten heißt das, daß die hier beschriebenen Gesellschaften nach einem Katalog von Prioritäten verfahren, die sowohl konservativer (traditioneller) als auch innovativer (systemfremder, " moderner ") Natur sein können.

Bezogen auf die hier vorliegende Untersuchung, - der Prävalenz und gleichzeitigen Präferenz bestimmter Tier- bzw. Fleischarten (s. Tabelle Nr. 1) für den Konsum, sind jene überlieferten Wertvorstellungen von erheblich größerer Bedeutung, als für das eher wertneutrale Produkt Milch.
Das liegt vor allem daran, daß die Nutzung der Milch, anders als die des Fleisches, ja nicht mit der unweigerlichen Vernichtung des Produktlieferanten verbunden ist, d.h. die Konsumentscheidung ist relativ konsequenzarm und nicht radikal.

Wie beim Definierungsversuch der Notzeiten, - als konstruktiv oder destruktiv beschrieben -, verhält es sich ähnlich mit der Nutzung von Milch und Fleisch: Milch ist ein konstruktives Element im Rahmen des Konsums, denn sie ist gleichzeitig Sinnbild für Fertilität und damit ein Fundament des Aufbaus. Als Sekundärerzeugnis wird sie als " lebendig " betrachtet, ähnlich wie in anderen Gesellschaften z.B. das Ei. In dieser Betrachtungsweise, die die überhöhte, oft mystifizierte Verehrung von Fruchtbarkeit und Fortpflanzungsvermögen beinhaltet, mag auch die Erklärung liegen, daß Milch fast allen Hirtengesellschaften als bevorzugtes Nahrungsmittel gilt. Dem widerspricht nicht, daß sie auf der Bewußtseinsebene als wertneutral empfunden und behandelt wird; doch liegt die Vermutung nahe, daß jene ausgeprägte Präferenz viel tiefere Wurzeln hat,als die des subjektiven Geschmacks.

Dagegen ist Fleisch als Primärprodukt ein " totes " Erzeugnis, das immer in Zusammenhang steht mit irreversibler Zerstörung, - mit Destruktion einer " lebendigen " Basis. Ist diese, wie hier, auch noch an ein Raster soziokultureller Schuldverschreibungen gebunden, die nicht Produkte oder ihren Geldwert, sondern intakte Produktträger fordern, so wird klar, daß sich diese Verpflichtungen in starkem Maß auch auf das Konsumverhalten niederschlagen. Wie angedeutet, sind diese Obligationen fast immer an Rinder oder Kamele gebunden, und ihr kultureller Wert übertrifft in Entscheidungsprozessen oft die wirtschaftliche Notwendigkeit, sich ihrer zu entledigen. Bloßer Konsum wird bei diesen Tierarten schlicht als vulgär empfunden und reicht als Motiv nicht aus, sie bar jeden kulturellen Respektes zu sehen -, und ergo simpel zu schlachten. Daraus resultiert für den Verbraucher, daß sich das Fleischangebot für den Alltagsbedarf weitgehend auf das Kleinvieh beschränkt, sieht man von rituellen Gelegenheiten oder dem Versterben von Tieren ab, die dann den Verzehr von Rind und Kamel gesellschaftsfähig machen. Hiermit ist bereits angedeutet, daß dieser Rigorismus nicht durchgängig Anwendung findet, und es kommt durchaus vor, daß bei " Fehlen besonderer Gelegenheiten " solche ad hoc kreiert werden. Ein gutes Beispiel darür sind alle christlichen, islamischen und nationalen Feiertage, die plötzlich das " unbedingte Schlachten " eines

Bullen oder Kamelkastraten erfordern, was noch während der Kolonialzeit undenkbar war. Die Krönung der englischen Königin war jedenfalls noch nicht Anlaß genug, das Verbraucherverhalten der nordkenianischen Viehhalter spontan zu unterminieren -, so wird in Kreisen der alten Würdenträger berichtet.

Aber es sind nicht nur willkommene Modernismen, die ein Gelage sanktionieren. Genau so modisch ist die Wiederbelebung von Festlichkeiten, die selbst den alten Männern kaum noch geläufig sind. Über die immer noch strikt eingehaltenen Zeremonien ist in Kapitel III " Tradition im Transit " bereits berichtet worden.

Tabelle Nr. 2 gibt einen zusätzlichen Überblick, wie viele Gelegenheiten man heranziehen kann, um sich außerhalb der Normalität an Fleisch legitim sattessen zu können.

GRAPHIK 7: SAISONALE PRÄVALENZ VERSCHIEDENER FLEISCHARTEN 1980 - 1983

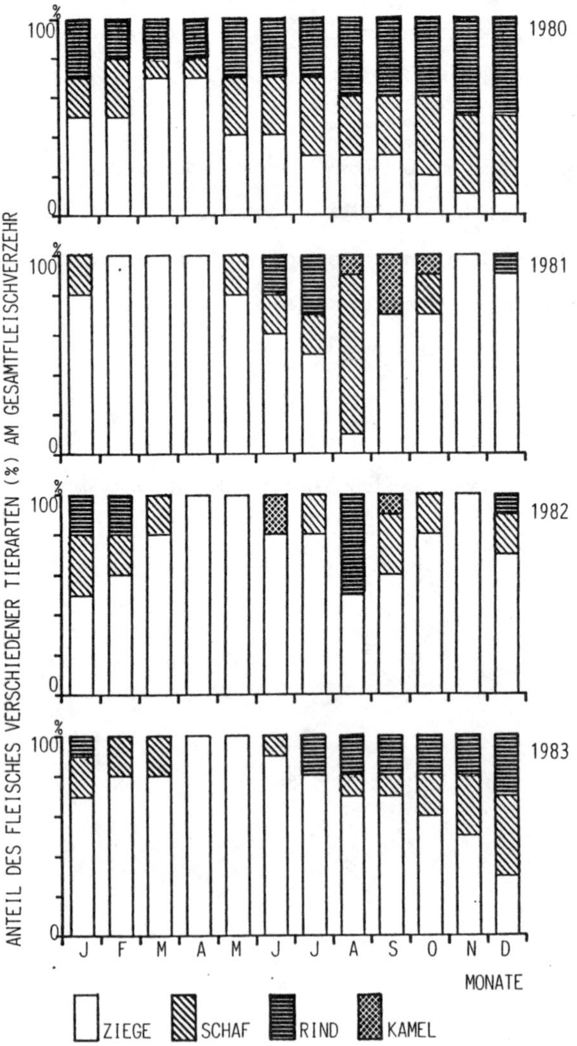

Für die folgenden Prävalenzen der Fleischarten in den Jahren 1980 - 1983 ergibt sich als Interpretation:

1 9 8 0 war als trockenes Jahr mit allen Charakteristika einer Dürre beschrieben. Daraus resultiert aus dem Diagramm, daß alle Tierarten mit Ausnahme des Kamels (und des Esels, der jedoch niemals gegessen wird) vertreten sind, da besonders Rinder und Schafe in großer Anzahl gestorben waren. Das Sortenangebot war also in diesem Jahr groß. Deutlich wird aus der Darstellung ebenfalls, daß noch zu Beginn des Jahres die Mortalität von Rind und Schaf sich offensichtlich in Grenzen hielt und erst als Fleischarten nach Ausfall der langen Regen im April/Mai stetig zunehmen, bis diese Tierarten im Dezember, nach Ausfall der kurzen Okt./Nov.-Regen, das Fleischangebot mit über 90% bestimmen. Ziegen wurden zu diesem Zeitpunkt nicht mehr geschlachtet, ihr geringer Anteil von nur 10% an der verzehrten Fleischmenge ist auf gestorbene Tiere zurückzuführen (eine Spezies also von hervorragender Dürreresistenz). Ziegenfleisch dominierte jedoch im ersten Drittel des Jahres mit Spitzenwerten im März/April/Mai (s.a. Graphik 16, 8 und 9, 1980), einer Jahreszeit, in der üblicherweise aus Gründen des Herdenaufbaus kaum geschlachtet wird. Auch hier ist der Grund das Ausbleiben der langen Regen, das für diese Monate, sonst gekennzeichnet durch steilen Anstieg der Milchproduktion, sehr geringe Erträge für dieses Produkt mitsichbrachte (s. Graphik 16). Kompensatorisches und präventives Schlachten ist hier die Folge. Mit zunehmender Verschlechterung der Bedingungen und der Zunahme verstorbener Rinder und Schafe verliert die Ziege als Schlachttier wesentlich an Bedeutung. Darüber hinaus war die Mortalität dieser Spezies gegenüber Rindern und Schafen niedrig, wie auch die Kamele die Dürre unbeschadet überstanden.

1 9 8 1 , ein nasses Jahr, ist bezüglich der verzehrten Fleischart absolut dominiert von der Ziege, bei insgesamt jedoch sehr niedrigem Fleischkonsum (s. Graphik 17). Nur wenige Tiere wurden geschlachtet (s. Graphik 8 und 9), um die Herden wieder zu sanieren, die während der Dürre entweder dezimiert worden waren (Schafe und Rinder) oder stark an Kondition verloren hatten (Ziegen). Kamele bleiben weitgehend davon unberührt. Im Verlaufe diesen Jahres war die Tiersterblichkeit stark gesunken, mit Ausnahme zum Jahresanfang, wo ein Ausbruch der Rinderpest (begünstigt durch die übernassen Bedingungen) den Genuß von Rindfleisch geringfügig stimulierte, obgleich dieser an sich bei dieser Seuche verboten ist. Die darauf einsetzende Quarantane dauerte bis in den Mai hinein, so daß der Anteil des Fleisches dieser Tierart wegen strengerer, veterinärmedizinischer Kontrolle als zu Anfang an der Gesamtverzehrmenge gleich null war. Ähnlich verhält sich der 100%-Anteil von Ziegenfleisch im November, der bedingt war durch den Ausbruch von CCPP (der ansteckenden Lungenseuche der Ziegen), die trotz gesetzlicher Bestimmungen, allerdings lascher gehandhabt als bei der Rinderpest, den Konsum nicht verhinderte. Die Dominanz des Schafes im August ist wahrscheinlich begründet mit dem Ende der Ramadhan-Zeit, Idd-Ul Fitr, das von der islamischen Bevölkerung mit dem Schlachten von Ziegen gefeiert wird. Da der Prozentsatz der Moslems in dieser Region allerdings nicht sehr hoch ist, kann angenommen werden, daß auch etliche andersgläubige Rendille und Ariaal diesen Anlaß zum Feiern ad hoc benutzt haben. 1980 fiel dieses Ereignis kaum ins Gewicht, weil vielfach aufgrund der hohen Verlustquote in den Schafbeständen auf zeremonielles Schlachten verzichtet wurde. Auffällig ist jedoch für das Jahr 1981 das Auftauchen von Kamelfleisch im Verbrauchsmuster der Monate Aug./Sept./Oktober. Dies erklärt sich nicht (wie im Jahr darauf) durch rituelles Schlachten, sondern hatte zum Anlaß, daß bei Überfällen durch versprengte, somalische

Rebellen etwa zwei Dutzend Kamele direkt in den Rendillesiedlungen erschossen worden sind. Auf den Gesamtkonsum Fleisch (s. Graphik 17) hatte das jedoch wenig Einfluß, da die plötzlich anfallende Großmenge dieses unverhofften Produktes nicht schnell genug verbraucht werden konnte und große Teile verrotteten.

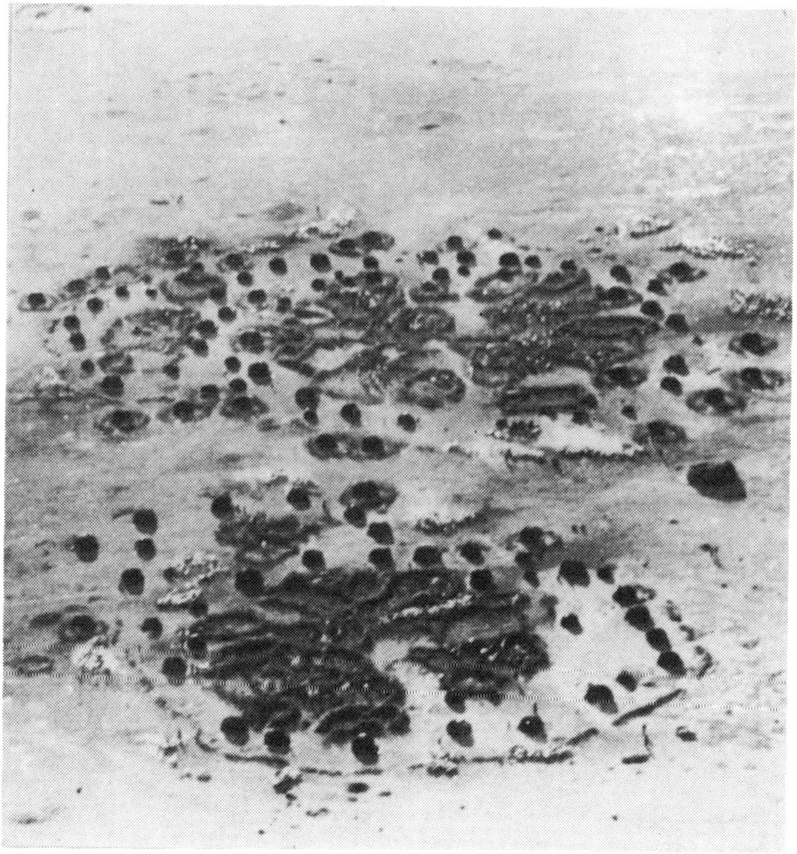

Abb. 53: Typischer Rendille Gop. Die weißen Punkte in den Einfriedungen sind Kleinvieh, die versprengten und größeren " Flecken " sind Kamele. Rigsum die Bomas zieht sich ein Kreis schwarzer Punkte: die Häuser.

1 9 8 2 , das Normaljahr, zeigt wie bei der Milch ein ausgewogenes Bild in den Anteilwerten der verschiedenen Fleischarten. Hier wird die Ziege als Hauptfleischlieferant am deutlichsten und verliert nur auf der Höhe der Trockenzeiten an Position, im Jan./Feb. und Juli/Aug./September. Zu Beginn des Jahres war der relativ hohe Anteil anderer Fleischsorten bedingt durch den Ausbruch der Maul- und Klauenseuche, den man durch heimliches Schlachten verbergen wollte. In diesem Fall wurde nicht gewartet, bis die Tiere verstarben, und demzufolge wurde die Mortalität mit gleich null angegeben (s. Graphik 8 und 9). Diese eigentlichen " Todesfälle " flossen in die Schlachtquoten ein. Jenes Verschleierungsschlachten bezog sich auf alle drei von dieser Krankheit betroffenen Tierarten, - Ziege, Schaft und Rind -, und verzögerte somit die Quarantäne, die erst im März bis April verhängt wurde (s. Graphik 23). Im Juni und September fanden zwei bedeutende Hochzeiten statt, bei denen man insgesamt drei Kamele schlachtete; aufgrund der Fleischmasse zeigen sich diese zwar in der graphischen Darstellung, waren für das Gesamtbild jedoch von nur sehr begrenzter Bedeutung. Für den Verzehrsanteil von Schaf und Rind im Aug./Sept. liegt keine befriedigende Erklärung vor. Der wahrscheinlichste Grund ist, daß es sich bei der fortgeschrittenen Trockenzeit um Tiere in schlechter Kondition handelte, die präventiv geschlachtet wurden. Im Nov./Dez. brach erneut die Maul- und Klauenseuche aus, die zu diesem Zeitpunkt mit sofortiger Quarantäne belegt war, da sich das Sterben in den Tierbeständen (s. Graphik 8+9) auffällig zeigte. Der für diese Monate ungewöhnlich hohe Fleischkonsum (s. Graphik 18) erklärt sich aus beidem, - Schlachtungen aus Vorsicht und Konsum verendeter Tiere -, so wie auch der Anteil der Fleischarten vom Seuchenausbruch beeinflußt war. Dieses Bild blieb bis in den April des nächsten Jahres hinein relativ stabil.

1 9 8 3 war bis zum genannten Zeitpunkt nachhaltig von der Maul- und Klauenseuche geprägt, d.h. mehr von der Quarantäne als von der Krankheit selbst; denn diese befand sich bereits im Abflauen. Schlachtungen und Mortalität (s. Graphik 8 und 9) waren in diesem Zeitraum ungefähr konstant und niedrig, die vorherrschend verzehrte Tierart Ziegen, die sich wegen einer rituellen Gelegenheit im Jan./Feb. trotz anderer anfallender Fleischsorten höher hielten, als ohne Feierlichkeit nötig gewesen wäre. Dieses Jahr zeigt schon zu Beginn nicht die normalen Trockenzeit-Hochwerte des für diese Zeit üblichen Fleischkonsums, sondern bleibt bis zur Jahresmitte im unteren Bereich. Die Fleischartenverteilung, mit 80% - 100% Ziegenfleischanteil, ist jedoch zu diesem Zeitpunkt typisch, zumal auch die mehr durch den Ausbruch von Maul- und Klauenseuche geschwächten Schaf- und Rinderbestände für den Verzehr geschont wurden. Bedingt aber durch das Ausbleiben der langen Regen im April/Mai verändert sich das Bild von Juli aufwärts stetig, und Schaf und Rind nehmen kontinuierlich an der Verzehrsmenge zu, da sich ihr Allgemeinzustand in der sich anbahnenden Dürre am ehesten verschlechtert.
Wie auch im Dürrejahr 1980, das in seiner Tendenz ein sehr ähnliches Muster aufweist, ist präventives Schlachten die bevorzugte Maßnahme zur unmittelbaren Abpufferung des Versorgungsengpasses. Dabei werden jedoch die dürreresistenten Tierarten Ziege und Kamel so weit wie möglich für den Konsum ausgenommen, um für die Zeit der Normalisierung, wie sie jedoch bis Mitte 1984 nicht eingetreten war, diese Tierbestände mit der größten Überlebenschance als Reserven zu erhalten.

Abb. 54: Schlachten, hier beim Öffnen der Jugularis, das das vollständige Ausbluten des Tieres erlaubt.

Abb. 55: Hausschlachtung ist der wichtigste Vorgang im haushaltsökonomishen Ablauf.

HAUSSCHLACHTUNGEN IM VERHÄLTNIS ZU GESTORBENEN UND VERZEHRTEN TIEREN FÜR DIE JAHRE 1980 - 1983

Standorte: NGURUNIT (ARIAAL) und KORR (RENDILLE)

Stichprobengrößen: je 60 Haushalte pro Standort, alle 2 Jahre alternierend

Haushaltsgrößen: N = 3,2 MAE/4,8 abs. ; K = 2,7 MAE/3,2 abs.

Methode: Befragung, direkte Beobachtung

Fragestellung: Wann (in welchem Monat) wird geschlachtet?
Wieviele Tiere werden geschlachtet?
Wann werden gestorbene Tiere verzehrt?
Wieviele gestorbene Tiere werden verzehrt?

Schlachtungen sind für die Subsistenzsicherung des pastoralen Haushalts eine der wichtigsten Entscheidungen, da von ihnen in großem Maße das Gleichgewicht zwischen Herdengröße und Abschöpfung (Off take) für die unmittelbare, menschliche Versorgung abhängt.
Grundsätzlich gilt für Normaljahre mit einer Niederschlagsmenge zwischen 250 mm (Standort Korr) und 600 mm (Standort Ngurunit), verteilt auf zwei Regenzeiten im April/Mai und Okt./Nov., daß sich diese auf den Höhen der Trockenzeiten konzentrieren, Jan./Feb. und Aug./Sept. Diese " Grundregel " findet sich aber im vorliegenden Berichtszeitraum nur einmal sehr ausgeprägt im Jahr 1982 bestätigt. Alle anderen Jahre waren entweder durch extrem trockene oder extrem nasse Bedingungen gekennzeichnet.

Da viele Charakteristika, wie Präventiv-, Verschleierungs- oder rituelles Schlachten bereits bei der Darstellung der Prävalenz verschiedener Fleisch- und Tierarten angesprochen worden sind, wird in den nachfolgenden Interpretationen die Bedeutung und Funktion dieser Vorgänge vorausgesetzt.

Lediglich neue oder für das jeweilige Jahr sich anders gestaltende Komponenten, wie besondere, zeremonielle Anlässe, Ausbrüche bestimmter Krankheiten und damit verbundene Quarantänen sowie Entscheidungen, die sich aus den Folgen von Extrembedingungen ergeben (z.B. der ausführlichen Gegenüberstellung von Dürrejahr und Jahr danach), wird in allen haushaltsökonomischen Abläufen wiederholter Gegenstand der Darstellung sein.

Die Prinzipien dieser Saisonalität werden also als Basis angenommen, im besonderen aber die Abweichungen davon und nicht so sehr die Normalsituation diskutiert. Obgleich diese nach wie vor sich in bestimmten Parametern (wie Niederschläge, Futteraufwuchs, Produktionsleistung der Viehbestände usw.) gut beschreiben läßt, so liegt aber die Wahrscheinlichkeit nahe, daß sie mehr als Orientierungshilfe für den Regelfall der Ausnahme nützlich ist.

Doch trotz aller Einflüsse, intern wie auch extern, die die verschiedenen Standardmuster der Management- und haushaltsökonomischen Anpassung an die Schwankungen der Saisonalität erfahren, wird bei fast allen Abläufen deutlich, daß die Differenzen mehr im quantitativen Bereich liegen, als daß sie sich prinzipiell und qualitativ ändern. Das heißt, so lange es geht, wird an diesen Grundmustern der Anpassung festgehalten. Deshalb wird die Interpretationsebene der graphischen Darstellung in ihrem Schwankungsbereich vorrangig als vertikal, - sich nach oben oder unten -, auf der y-Achse verschiebend, beschrieben, wohingehend sich horizontal, in der Verschiebung des Grundmusters auf der x-Achse, wesentlich weniger prinzipielle Veränderungen vollziehen.

Neben den Schlachtungen ist die zweite Versorgungsmöglichkeit des Haushaltes mit Fleisch der Verzehr gestorbener Tiere. Im Gegensatz zur Schlachtung ist dieser Off-take aus den Herden unkontrolliert und justiert sich an der jeweils vorherrschenden, biologisch-ökologischen

Situation, auf die der Viehhalter nur sehr bedingt Einfluß hat. Vor allem die Tiergesundheit ist wegen der schlecht entwickelten Infrastruktur ein hoher Risikofaktor und wird sich nur durch die Förderung leistungsfähiger Veterinärdienste verringern lassen. Bis dahin wird der Kadaververzehr eine große Rolle in der Haushaltsökonomie spielen, der jedoch mit Anhebung des Tiergesundheitsstatus durch sinnvolle Vermarktung ersetzt werden müßte. Nur so ließe sich Überstockung und Überweidung als Folge dieser Intervention vermeiden.

Der kontrollierte Off-take (in Form von Schlachtungen) und der unkontrollierte Off-take (in Form von Verzehr gestorbener Tiere) stellt sich beim Kleinvieh in den Jahren 1980 - 1983 wie folgt dar:

Für beide Erhebungen wurden an zwei Standorten unterschiedlichen, ökologischen Potentials (250 mm Niederschlag in KORR, 600 mm in NGURUNIT) jeweils pro Jahr 60 Haushalte untersucht. Diese änderten sich im Untersuchungszeitraum einmal, das heißt nach zwei Jahren wurden die zu untersuchenden Haushalte ausgetauscht, soweit das mit der Anzahl der gerade dort Siedelnden vereinbar war. Überlappungen von etwa 30 - 40% waren bei der relativ kleinen Siedlungsgröße zumindest in Ngurunit unvermeidlich. In Korr, einer größeren Ansiedlung, lag die Überlappung bei nur etwa 10%. Bei diesen Untersuchungen ließ sich eine ad random Wahl unter den vorgegebenen Feldbedingungen nicht befriedigend durchführen, weil über den langen Zeitraum eventuell zuviel untypischer Zufallsspielraum verblieben wäre. Das trifft besonders für den Standort Korr zu, der durch starke Fluktuation der Siedler und zusätzlich durch mehrere ethnische Gruppen (Emigranten aus den Nachbarvölkern) gekennzeichnet ist. Es wurde also die beste aller schlechten Lösungen gewählt,jeweils für zwei Jahre die 60 Haushalte konstant zu halten.

In anderen Untersuchungen, wie z.B. denen der Konsummenge bestimmter Produkte, wurde dagegen die ad random Wahl bevorzugt, um die Anzahl der Stichproben zu erhöhen, d.h. ein Maximum unterschiedlicher Haushalte zu erfassen. Dieses Vorgehen wird an entsprechender Stelle dann ausführlich erklärt.

Der Einfachheit halber wird im nachfolgenden Text der Standort NGURUNIT als N, der Standort KORR als K bezeichnet.

Abb. 56: Was wird übrigbleiben ?

TABELLE 8

PROZENT DER IN DER DÜRRE GESCHLACHTETEN UND

VERSTORBEN/VERZEHRTEN TIERE

KORR 1980 60 HAUSHALTE

MONAT	TOTALER KONSUM	GESCHLACHTET (%)	VERSTORBEN/ VERZEHRT (%)
JAN.	51	72,5	27,4
FEB.	44	61,4	38,6
MÄRZ	66	71,2	28,8
APRIL	54	72,2	27,8
MAI	45	62,2	37,8
JUNI	40	40	60
JULI	47	40,4	59,6
AUG.	43	25,6	74,4
SEPT.	46	34,8	65,2
OKT.	52	36,5	63,5
NOV.	35	17,1	82,9
DEZ.	37	32,4	67,6

TABELLE 9

PROZENT DER IM JAHR NACH DER DÜRRE GESCHLACHTETEN
UND VERSTORBEN/VERZEHRTEN TIERE
KORR 1981 60 HAUSHALTE

MONAT	TOTALER KONSUM	GESCHLACHTET (%)	VERSTORBEN/ VERZEHRT (%)
JAN.	18	77	33
FEB.	10	60	40
MÄRZ	13	46	54
APRIL	15	26,7	73
MAI	16	56	44
JUNI	7	57	43
JULI	9	67	33
AUG.	11	73	27
SEPT.	6	100	0
OKT.	5	100	0
NOV.	10	40	60
DEZ.	7	57	43

GRAPHIK 8: SCHLACHTUNGEN UND IHRE SAISONALE VERTEILUNG IM VERHÄLTNIS ZUM VERZEHR GESTORBENER TIERE: NGURUNIT 1980 - 1983

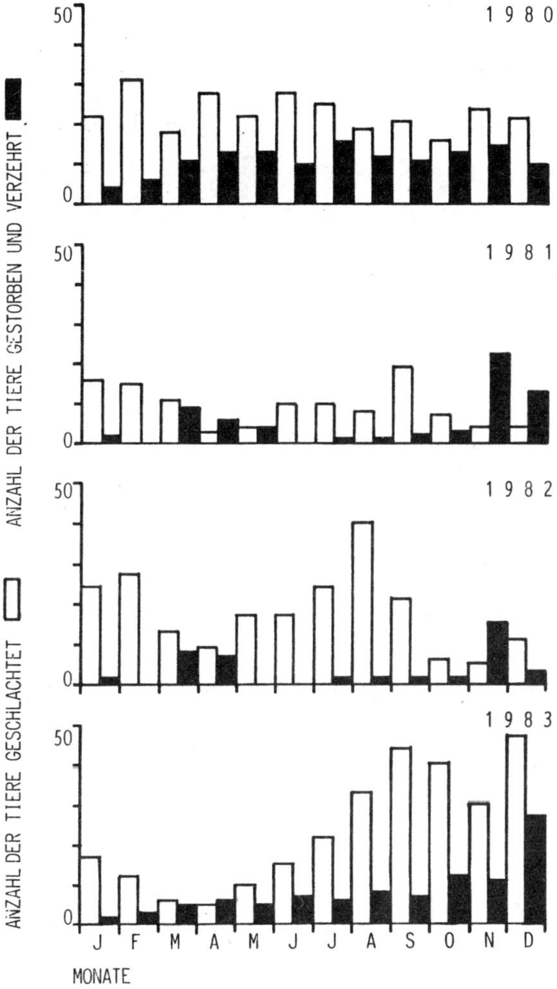

GRAPHIK 9: SCHLACHTUNGEN UND IHRE SAISONALE VERTEILUNG IM VERHÄLTNIS ZUM VERZEHR GESTORBENER TIERE: KORR 1980 - 1983

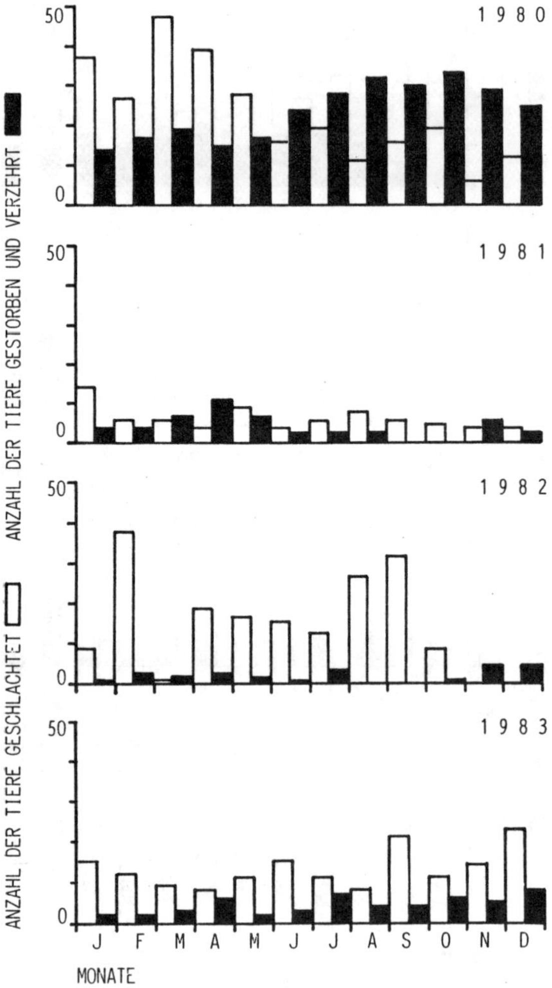

1 9 8 0 wurde an beiden Standorten die normale Niederschlagsmenge um etwa 50% unterschritten. Damit klassifizierten beide Siedlungen als voll arid. Schlachte- und Sterbequoten waren in diesem Jahr extrem hoch (s. Graphik 8 und 9). 4,5 Tiere wurden als Durchschnitt in N/Haushalt/Jahr geschlachtet, 4,6 Tiere in K/Haushalt/Jahr. Das Schlachtverhalten war also nahezu identisch. Unterschiede größerer Art ergaben sich jedoch bei den gestorbenen/verzehrten Tieren. Hier war die durchschnittliche Zahl in N mit 2,2 Tieren pro Hht/J relativ niedrig, was auf die ökologisch besseren Bedingungen zurückzuführen ist, selbst bei reduzierter Niederschlagsmenge. In K dagegen waren Schlachtungen und gestorbene/verzehrte Tiere mit 4,5 Hht/J fast gleich hoch. Die Herdengrößen entsprachen für den Standort N/172 St. Kleinvieh/Hht, für K/44 St. Kleinvieh/Hht. Daraus ergibt sich für die reichen N-Herden ein vertretbarer Gesamt Off-take für den Konsum (unter Ausschluß der Vermarktung) von 3,9%, für die ohnehin sehr kleinen K-Herden ein absolut ruinöser Off-take von 21%.

Anhand dieser Zahlen bestätigt sich aus der Sicht des Pastoralisten klar die Notwendigkeit, als Absicherung für Notzeiten seine Viehbestände so groß wie möglich zu halten. Ebenso zeigt sich jedoch auch hier ein Phänomen, das wahrscheinlich mehr psychologischer als mißwirtschaftlicher Natur ist: der Konsumanspruch, so wie er sich aus den Schlachterhebungen ablesen läßt, ist in den begünstigten N-Haushalten niedriger, nämlich mit 6,7 Tieren/Hht/J gegenüber den K-Haushalten, die mit 9,1 Tieren/Hht/J um ein Drittel höher lagen. Die geringere Mortalität am Standort N wurde also nicht durch Stimulanz des kontrollierten off-takes hinsichtlich des Konsumbedarfs ausgeglichen. Am Standort K dagegen war die Schlachtquote entschieden höher, als die Herdengröße es erlaubte, d.h. der off-take der armen K-Haushalte war um 17,1% höher als die der reicheren N-Haushalte, und der Konsum in absoluter Fleischmenge zeigte eine Differenz von 26,4% mehr im Verleich zu arm und reich.

Hier läßt sich vermuten, daß vor allem in Drucksituationen das wirtschaftlich benachteiligte und eingeschränkte Individuum eher zu Panik-Exzessen neigt, als der, der stärker abgesichert ist - aus dem Gefühl heraus " nichts mehr verlieren zu können ". Die Beobachtung zeigt jedenfalls, obgleich sie nicht schlüssig bewiesen werden kann, daß Haushalte, die bereits auf der Grenze des Existenzminimums operieren, naturgemäß eher die Situation als aussichtslos einschätzen. Als Folge entsteht eine größere Bereitschaft zum Ausverkauf, dessen momentane Hausse in der Lebensqualität als einziger noch zählender Gewinn gesehen wird und die unweigerlich folgende Baisse als unabwendbares Schicksal. Diese mögliche, emotionale Disposition mag entscheidend dazu beitragen, daß der Zeitraum des tatsächlichen Notstandes für den Verbraucher vorerst nicht einschneidende Negativveränderungen in seiner Versorgungslage mitsichbringt, sondern im Gegenteil: der Konsum steigt an und wird einstweilig auch von den Abfallprodukten des Notstandes, - wie hier durch die Dürreopfer aus den Tierbeständen -, abgedeckt. Erst wenn der Schwellenwert von Verfügbarkeit zur totalen Erschöpfung der Resourcen überschritten ist, kommt es zum wirtschaftlichen Kollaps, der oft, wie hier 1980/81 mit dem Ende des Disasters, der " Zeit danach ", verbunden ist.

1 9 8 1 entstand demzufolge eine sehr kritische Lage, sowohl für den Produzenten als auch für den Verbraucher. Zwar waren die N-Herden aufgrund des niedrigen Off-takes im Vergleich zum a priori viel größeren Herdenbestand weniger dezimiert, doch kam für diesen Standort eine höhere Verlustdunkelziffer hinzu, die durch die Unzugänglichkeit des Terrains bedingt war. Vor allem im Busch verendete Tiere, die als verzehrbares Produkt nicht mehr in die Haushalte einflossen, als auch Verluste durch Diebstahl bestimmten letztlich die Herdengrößen, die für 1981 für die N-Haushalte nur noch 103 Stück Kleinvieh/Hht betrugen, d.h. eine überaus große Dezimierung von 41,8% erfahren hatten. Hier war eingeschlossen, daß im Durchschnitt 2 Tiere/Hht im Dürrejahr 1980 noch zusätzlich vermarktet worden waren, was die Herdengrößen des begünstigten Standortes N von 172 auf 103 gebracht hatte. Mit diesem absolut gesehen hohen Restbestand, trotz relativ in Prozent ausgedrückt hoher Verlustrate, wurden in Ngurunit die Folgen der Dürre weitaus besser absorbiert als in Korr, dessen Ausgangslage durch geringere Tierzahlen pro Haushalt von vornherein geschwächter war. Hier beschränkte sich allerdings die Dezimierung der Bestände weitgehend auf die überschaubare Reduzierung durch Schlachten und gestorbene/verzehrte Tiere plus der sehr niedrigen Vermarktungsquote 1980 von nur 0,75 Tieren/Hht/J. Die Herdengrößen lagen 1981 bei 30 Stück Kleinvieh/Hht im Gegensatz zu 44 des Vorjahres, hatten sich also nur um 32% verkleinert. Die Dunkelziffer der Verluste war in den N-Herden mit 37% am Gesamt-off-take überaus hoch, wohingegen in den K-Herden nur 9%, hauptsächlich bedingt durch die übersichtlicheren Hüte- und Haltungsbedingungen.

Diese Gegenüberstellung der Off-take Relationen ist sehr geeignet, an ihr einmal prinzipiell darzustellen, wie sich ein Jahr der Dürre (in diesem Umfeld der schwerwiegendste Notstand) gegenüber dem des " Jahres danach " verhält. In den nachfolgenden Zusammenfassungen sind deshalb die Aus- und Wechselwirkungen von kontrollierbaren und unkontrollierbaren Verlusten zusammengefaßt dargestellt, um eine Vergleichsgröße für die darauf folgende Normalsituation in 1982 zu schaffen.

Auf den Konsum bezogen, war der Off-take in Korr mit 21% um 17% höher als in Ngurunit mit 3,9 %; der absolute Fleischverzehr mit 6,7 Tieren in Ngurunit um 26,4% niedriger als der in Korr mit 9,1 Tieren. Insgesamt gesehen wurden also die armen Haushalte, bedingt durch ihre kleinen Herden, auf der Produzentenebene einschneidend destabilisiert bei gleichzeitiger Anhebung des Konsums. Die reicheren Haushalte dagegen mit höheren Tierzahlen erhielten sich trotz der absolut höheren Verluste eine ausreichende Subsistenzbasis, bei jedoch um etwa ein Drittel eingeschränkten Konsums im Vergleich zu den armen.

ZUSAMMENFASSUNG: (s.a. Gegenüberstellung der monatlichen Verhältniszahlen von geschlachteten Tieren (kontrollierter Off-take) und gestorbenen/verzehrten Tieren (unkontrollierter Off-take) für das Dürrejahr 1980 und das " Jahr danach " 1981 für den Standort KORR, ausgedrückt in Prozent.)

Herdengröße NGURUNIT 1980	172	Stück Kleinvieh	
Herdengröße NGURUNIT 1981	103	Stück Kleinvieh	
Kontr. Off-take (Schlachtungen)	4,5	Tiere	= 2,6%
Unkontr. Off-take (gest./verz.)	2,2	Tiere	= 1,3%
Ges. Off-take für Konsum	6,7	Tiere	= 3,9%
Vermarktet	2,0	Tiere	= 1,2%
Verwerteter Off-take	8,7	Tiere	= 5,0%
Verluste (nicht verwertbar)	60	Tiere	= 37,0%
Gesamtdezimierung	69	Tiere	= 42,0%

Herdengröße KORR 1980	44	Stück Kleinvieh	
Herdengröße KORR 1981	30	Stück Kleinvieh	
Kontr. Off-take (Schlachtungen)	4,5	Tiere	= 10.2%
Unkontr. Off-take (gest./verz.)	4,6	Tiere	= 10,4%
Ges. Off-take für Konsum	9,1	Tiere	= 21,0%
Vermarktet	0,7	Tiere	= 1,7%
Verwerteter Off-take	10	Tiere	= 23,0%
Verluste (nicht verwertbar)	4	Tiere	= 9,0%
Gesamtdezimierung	14	Tiere	= 32,0%

Pastoralisten-Weisheit: Viel Vieh macht nicht reich -, in der Dürre aber auch nicht arm!

Es ist nicht vorgesehen, für jeden Jahreszeitraum und Teilbereich der Haushaltsökonomie eine solche detaillierte Bearbeitung vorzunehmen. Anhand des hier vorliegenden Beispiels läßt sich jedoch recht gut demonstrieren, welchen Effekt notorisch wiederkehrende Engpässe, wie extrem trockene Perioden, auf das Produktionssystem und die Konsumlage des nomadischen Viehhalters haben. Ein zu betonender Rückschluß, der sich aus diesem Vergleich und den daraus errechneten Zahlenwerten ergibt, ist, daß die Verringerung der Viehbestände (Destocking) keine Sanierungskur ist, wie sie von Ökologen und Umweltschützern gefordert wird. Natürlich bringt eine geringere Nutzung (durch weniger Vieh) eine Entlastung des strapazierten, biologischen Umfeldes mit sich, beschränkt man sich auf die Primärproduktion Vegetation zuzüglich Böden und Wasser. Doch für wen sind diese letztlich zu erhalten? Doch kaum mehr zum Selbstzweck. Erlaubt man sich als " Menschenschützer ", diesen Gedanken weiterzudenken, so muß man zu dem Schluß kommen, daß eine Dezimierung der Tierbestände per se den drastischen Abbau von Abfangmechanismen, wie sie in Prekärzeiten vital sind, bewirkt. Der viehlose und verarmte Viehhalter mag aus naturschützerischer Sicht wünschenswert sein, wirtschaftlich und sozial dagegen wird er zu einer mindestens gleichgroßen wenn nicht gar größeren Belastung, als die unmittelbaren Schäden, die er als intaktes, ökonomisches Wesen hervorrufen mag. Um hier zu einer akzeptablen Balance zu kommen, muß ein weitaus größerer Forschungs-Input erfolgen als der, den man z.Zt. für nötig hält.
Bezogen auf das Jahr 1981 bestätigt sich die Schrumpfung des Tierbestandes im typischen Versorgungsdilemma, das sich erst jetzt, in den " guten ", weil nassen Zeiten " danach " einstellt. Trotz schneller Erholung des Primärpotentials, der Futterflächen, ist die Notzeit für den Verbraucher in diesem Zeitraum am akutesten, weil die Produktionsebene keinen bedarfsdeckenden Off-take mehr zuläßt. Schlachtziffern liegen am

Standort K mit nur noch 1 Tier/Hht/J um 78%, am Standort N mit 2 Tieren/Hht/J um 54% niedriger als im Dürrejahr davor. Die Mortalität war ebenso durch die besseren Weidebedingungen drastisch gesenkt, was ebenso für den Verbraucher eine Einschränkung bedeutet (nicht natürlich für den Produzenten). In den K-Haushalten wurde nur noch 1 gestorbenes Tier verzehrt, ein Rückgang also um 80%; in den N-Haushalten 0,8 Tiere/Hht/J, was bei der geringeren Ausgangsmenge gestorbener/verzehrter Tiere immer noch einem Rückgang von 64% entsprach. An beiden Standorten wurde jedoch ein erheblicher Anstieg im Verkauf/Tausch von Lebendvieh, vor allem gegen Maismehl, verzeichnet, weil hinsichtlich der Produktionseinbrüche auf dem Fleischmarkt ein billiges, lange vorreichendes Erzeugnis für die Haushaltsversorgung eingesetzt werden mußte. Diese Verhältniszahlen werden bei der Behandlung der Vermarktung von Lebendvieh per Hht/J ausführlich gegenübergestellt.
Als Fazit stellt sich in diesem Zusammenhang, daß das Jahr nach der Dürre für die armen Haushalte den bereits erwähnten " Ausverkauf " brachte, aber auch für die reicheren Konsumverzicht in erheblichem Maße bedeutete. Im Gegensatz zum Dürrejahr 1980 wurde jedoch im eigentlichen Hungerjahr 1981 keine Stützung in Form von Hungerhilfe mehr gegeben, da äußerlich wieder normale Verhältnisse eingetreten waren (s.a. Graphik 16 und 17). Der Sachverhalt war der, daß das Dürrejahr mit guter Fleischversorgung durch Maismehlgeschenke subventioniert wurde, wohingegen dieses Produkt im Engpaßjahr durch an sich zu diesem Zeitpunkt unzumutbare Vermarktung zugekauft werden mußte. Dadurch entstand auf der Produzentenseite ein großes Defizit, das zwar kurzfristig die Bedürfnislücken beim Verbraucher auffüllte, langfristig aber die Subsistenzbasis schwer erschütterte.

1 9 8 2 hatte sich die Lage wegen der anhaltend guten Bedingungen gefestigt, da die Kleintierbestände sich schnell erholen konnten. Damit war verbunden, daß man rituellen Verpflichtungen auch wieder nachkam, die in den beiden Jahren zuvor vernachlässigt worden waren. Die sowohl am Standort N geschlachteten Tiere, 3,5 Tiere/Hht/J als auch die am Standort K mit 3,0 Tieren/Hht/J waren zum Großteil diesen Gelegenheiten vorbehalten. Der Anteil der gestorbenen/verzehrten Tiere war nicht mehr signifikant, sondern hielt sich im normalen Rahmen der Regenzeit-Maladien wie hohen Parasitenlasten, Klauenschäden, Unterkühlungen usw.

Herdengrößen konnten zu diesem Zeitpunkt nicht präzis ermittelt werden, da Vieh, das man nicht unmittelbar zur Versorgung des Haushaltes brauchte, auf Fernweiden gehütet wurde. Vor allem die Schlachthöchstwerte im Jan. und Aug. waren in beiden ethnischen Gruppen, Rendille und Ariaal, durch gemeinsame Festlichkeiten ausgelöst, die ähnliche Verteilung in den Monaten Mai - Juli auf die gewöhnliche Alltagsschlachtroutine der Trockenmonate zurückzuführen. In beiden Regenzeiten war das Schlachten minimal (wie es sein soll), um Tierverluste auszugleichen. Dabei spielten jedoch die größte Anzahl der in der nassen Zeit als gestorben ausgewiesenen Tiere für die menschliche Ernährung , - zumindest offiziell -, keine Rolle, da sie Anthraxopfer darstellen, die für den Verzehr ausgeschlossen sind. Das Jahr 1982 zeigt also die klassische saisonale Anpassung mit hohem Fleischverzehr in den Trockenzeiten, niedrigen Schlachtwerten während der Regen, verbunden in dieser Zeit mit hohem Milchkonsum, Anstieg wiederum der Vermarktung in den trockenen Monaten, der gleichzeitig Höhepunkte in den Maismehlkäufen bewirkte (s. Graphik 27).

Aus o.g. Gründen der Herdendispersion, ließen sich Tierzahlen nicht so genau ermitteln, als daß Off-take Raten für die jeweiligen Verwendungskategorien errechnet werden konnten.

Für Kleinviehverluste, gleich welcher Ursache, wird für deren Rehabilitation gewöhnlich ein Zeitintervall von zwei Jahren angenommen, um die Ausgangszahlen der Pre-Loss-Period (H.J. Schwartz[28]) zu erreichen. An beiden Standorten kann vermutet werden, daß weder in 1982 noch in 1983 nur annähernd die Herdengrößen der Vordürrezeit wiederhergestellt worden sind, da die hohen Vermarktungsquoten von 1981 (s. Graphik 12 und 13) die ohnehin in 1980 stark geschwächten Bestände noch zusätzlich dezimierten. Nichtsdestotrotz war aus allen Zahlen und Verteilungen der stetige Übergang zur Normalität erkennbar, wenngleich auch am Standort K, - den armen Haushalten -, diese nur durch Viehleihgeschäfte wieder möglich wurde, wie sie in Kapitel III beschrieben sind. Diese sind jedoch quantitativ nicht verläßlich erfaßbar, da sie einer Art Ehrenkodex unterliegen, der nie wahrheitsgetreue Informationen über die Größenordnung dieser Transaktionen zeitigt. Nach vielen vergeblichen Anläufen wurden Befragungen auf diesem Sektor eingestellt. Vorsichtige Schätzungen aus der Kenntnis dieser Aktionen lassen jedoch die Wahrscheinlichkeit zu, daß am günstigen Standort N die Herden mit etwa 10% (dem Normalherdenwachstums eines Jahres) in Leih- und Borggeschäften gestützt wurden, am ärmeren Standort K mit etwa 30%. Diese Prozentzahlen mit ihren Endbeträgen würden sich dann in etwa auf die Bestandsgrößen der Prä-Notstandszeit beziehen. Sicher sind jedoch diese Schätzungen nicht.

In 1 9 8 3 , einem Jahr mit extrem langen Trockenzeiten, waren die Haushalte also noch mit zusätzlichen Schuldverschreibungen belastet, die zumindest am Standort K die sonst üblichen " Notstands-Exzesse " niedrig hielten. Dies erklärt sich daraus, daß einmal Zurückhaltung bestand, geborgtes Kapital spontan auszugeben (es simpel aufzuessen!); zum andern wurden aber auch für die hochverschuldeten Haushalte Zinsen in Form von Viehrückzahlungen fällig, die dementsprechend den Konsum sehr wirksam beschränkten. Mit 1,7 geschlachteten Tieren/Hht/J zeigt dieses Jahr für den Standort K, auch in der sehr gleichmäßigen Verteilung des Schlachtens ohne Höchstwerte, eine sehr ähnliche Tendenz wie 1981, und war vom Einsparen gekennzeichnet. Völlig anders verhielt sich dagegen das Muster des reicheren Standort N. Hier machte sich entscheidend bemerkbar, daß die 80er Dürreschäden weitgehend überwunden waren, an denen die K-Haushalte immer noch krankten. Insofern wurde in Ngurunit in viel größerem Maße wieder die Grundregel für die Engpaßzeiten befolgt: Investition in den Konsum -, wobei die erste Hälfte des Jahres noch ein identisches Muster von dem in Korr aufwies, ab Jahresmitte aber eine Verdoppelung bis Verdreifachung der Schlachtwerte zeigte, nämlich 3,5 geschlachtete Tiere/Hht/J. Der Grund war ohne Zweifel der, daß man sich erstens präventives Schlachten wieder leisten konnte; zweitens aber, daß man in zwei wichtigen rituellen Situationen im Aug./Sept. und Dezember (ILMUGET s. Kapitel II) seinen obligaten, zeremoniellen Verpflichtungen wieder nachkommen konnte: dem rituellen Schlachten. Eine Einhaltung dieser Traditionen war zu diesem Zeitpunkt nur den bessergestellten Haushalten vorbehalten, und es bleibt abzuwarten, ob dies nicht überhaupt der allgemeingültige Trend schon für die allernächste Zukunft sein wird. Ziemlich feststeht, daß das Weiterführen von Traditionen, die zu ganz bestimmten Zeiten erhebliche Aufwendungen in Vieh fordern, sowohl für den klein- als auch mittelständischen Pastoralisten-

Haushalt zu teuer geworden ist. Es ist deshalb nicht erstaunlich, daß alle Anzeichen auf einen, wenn auch langsamen, doch mehr und mehr zunehmenden Wandel in von Importgütern geprägte Abhängigkeit hindeuten. Ob dafür die Produktionskapazität als Gegen- oder Exportwert ausreichen wird, oder ob an deren Stelle die permanente Zulieferung von Nahrungsmittelhilfe treten muß, ist eine Frage, die beim derzeitigen Wissensstand über die Leistungsfähigkeit der Viehhaltungssysteme nicht ausreichend zu beantworten ist. Wo diese Unwägbarkeiten liegen, d.h. welche oft soziokulturell bedingten Zwänge und Überhänge aus der streng regulierten Tradition auch heute noch Prioritäten setzen, läßt sich u.a. recht überzeugend aus der <u>Schlachtfrequenz</u> der Haushalte ablesen.

SCHLACHTFREQUENZ BZW. SCHLACHTHÄUFIGKEIT PRO HAUSHALT 1979 - 1983

Standorte: NGURUNIT (ARIAAL) und KORR (RENDILLE)

Stichprobengrößen: je 60 Haushalte pro Standort, alle zwei Jahre alternierend

Haushaltsgrößen: N = 3,2 MAE/4,8 abs.; K = 2,7 MAE/3,2 abs.

Methode: Befragung, direkte Beobachtung

Fragestellung: Wie oft wurde pro Jahr und Haushalt geschlachtet?

Hierbei stand der Schlachtakt, - das Ereignis - im Vordergrund, nicht die Anzahl der Tiere, die pro Gelegenheit geschlachtet wurden.

Für die Schlachtfrequenz oder -häufigkeit (s. Graphik 10 und 11) ergab sich für die Jahre 1979 - 1983 an beiden Untersuchungsstandorten folgendes Bild:

Hier muß vorausgeschickt werden, daß bei dieser Erhebung, WIE OFT im Jahr pro Haushalt geschlachtet wird, der unterschiedliche ethnische Hintergrund der jeweils dominierenden Gruppe, Rendille in Korr und Ariaal in Ngurunit, eine größere Rolle spielt, als bei den vorangegangenen Untersuchungen. Dies erklärt sich dadurch, daß hier ein Verhaltensmuster versucht wurde zu quantifizieren, welches in seiner graphischen Darstellung keinen Bezug hat zu dem sonst zugrunde gelegten Parameter der Saisonalität. Im Gegensatz zu der jahreszeitlichen Verteilung des Schlachtvorganges (s. Graphik 8 und 9), wo die Fragen WANN und WIEVIEL gekoppelt sind mit dem WARUM, bezogen auf die wirtschaftliche Anpassung, ist hier das WIE OFT in erster Linie mit dem WARUM, bezogen auf die soziokulturellen Obliegenheiten verbunden.

Der Untersuchungszeitraum schließt deshalb ein weiteres Jahr ein, 1979, das für die Rendille wegen seiner besonderen rituellen Bedeutung als Jahr der Beschneidung eine Sonderstellung einnahm.

Abb. 57: Ritualle Gelegenheiten beeinflussen nach wie vor die Konsummuster von Fleisch und bedingt von Milch

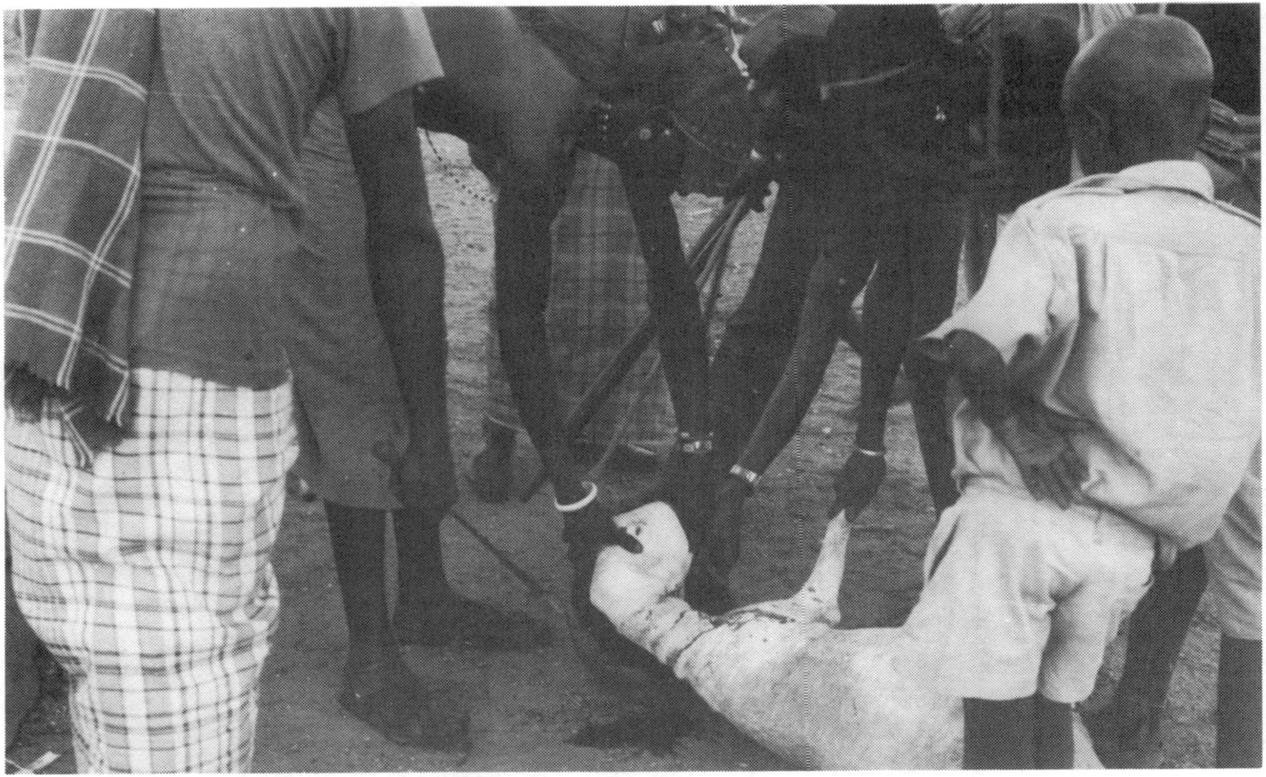

Abb. 58: Schlachten des Sorio-Schafes

1 9 7 9 war von seinen Klimamerkmalen her ein Normaljahr mit leichter Tendenz zur Trockenheit. Diese an sich günstigen Charakteristika fielen jedoch nur für eine der hier untersuchten Gruppen ins Gewicht, die Ariaal; dagegen überlagerte bei den Rendille das Ereignis der Beschneidung KHANDI den gesamten saisonal diktierten Rhythmus. Wie in einem typischen Engpaßjahr (s. Graphik 9, 1981 und Graphik 15, 1979) wurde hier die Schlachthäufigkeit auf 1 - 2 Male begrenzt, wobei jedoch bei jeder Gelegenheit meist mehr als ein Tier geschlachtet wurde. Für diesen Zeitraum liegen keine Vergleichszahlen der aktuellen, über das ganze Jahr hinweg verteilten Hausschlachtungen vor, doch lassen sich diese aus der verzehrten Fleischmenge (s. Graphik 15) schätzen. Die Durchschnittsmenge der im Jahr 1979 geschlachteten Tiere müßte am Standort Korr bei 4 - 6 Tieren gelegen haben, 80% davon etwa auf die Monate Mai/Juni entfallend, in denen die Zeremonie stattfand. Sowohl im Monat davor als auch danach war der Fleischverzehr Null, so wie er für das gesamte Restjahr extrem niedrig war. KHANDI, die Beschneidung, hatte alle Reserven absorbiert, die jedoch bei größter Einschränkung der Schlachtfrequenz den Hauptanteil des gesamten Jahresfleischverzehrs ausmachten. Hier wird der Konsumverzicht besonders deutlich, der streng eingehalten wird, sobald ein kultureller Zwang höchste Priorität erlangt.
Aufgrund ihrer anderen, soziokulturellen Struktur waren die Ariaal davon nur wenig betroffen, ausgenommen die Haushalte, die zu jenem Zeitpunkt stark " rendillisiert " waren. Die Majorität jedoch hielt sich in starker Anlehnung an die Initiationsriten der Samburu, die zeitlich nicht mit denen der Rendille proper zusammenfielen.
Demzufolge war für die Ariaal das Jahr '79 kaum von rituellen Situationen beeinflußt, abgesehen von vereinzelten Hochzeiten oder Erstgeburten von Söhnen in statusstarken Familien. Diese hatten auf die

GRAPHIK 10: SCHLACHTFREQUENZ: NGURUNIT 1979 - 1983

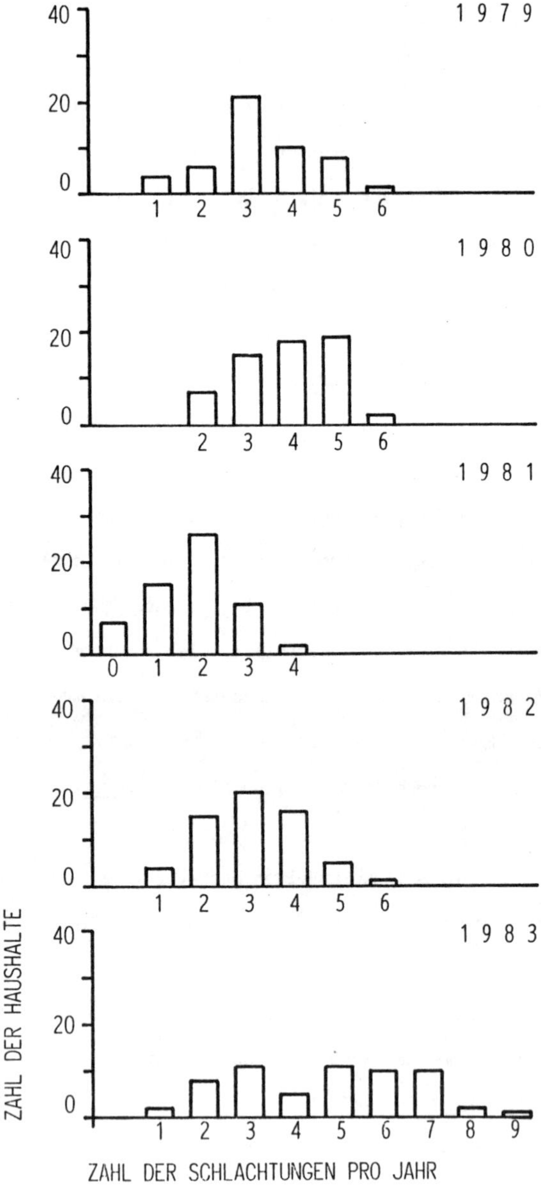

GRAPHIK 11: SCHLACHTFREQUENZ: KORR 1979 - 1983

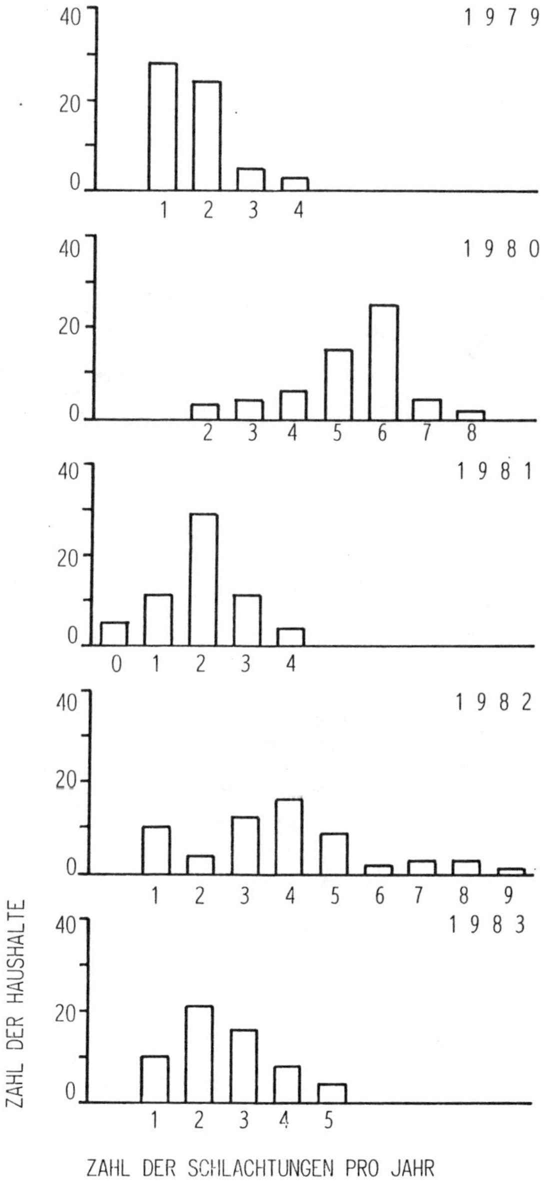

Schlachtfrequenz insofern Einfluß, als daß in einem Drittel der Ariaal-Haushalte 4 - 5 Male geschlachtet wurde, 1 - 2 Male häufiger als in denen, die nur zu Alltags- oder Routineangelegenheiten, - in der Mehrzahl 3 Mal im Jahr, sich zum Schlachten entschlossen. Die 1 und 2 Mal Werte deuten auf arme Haushalte hin, die sich mehr nicht leisten konnten. Dort, wo 6 Mal geschlachtet wurde, handelte es sich um einen bei der Mission angestellten Katechisten, dessen Einkommen es erlaubte, an allen christlichen Feiertagen ein Tier zu schlachten.

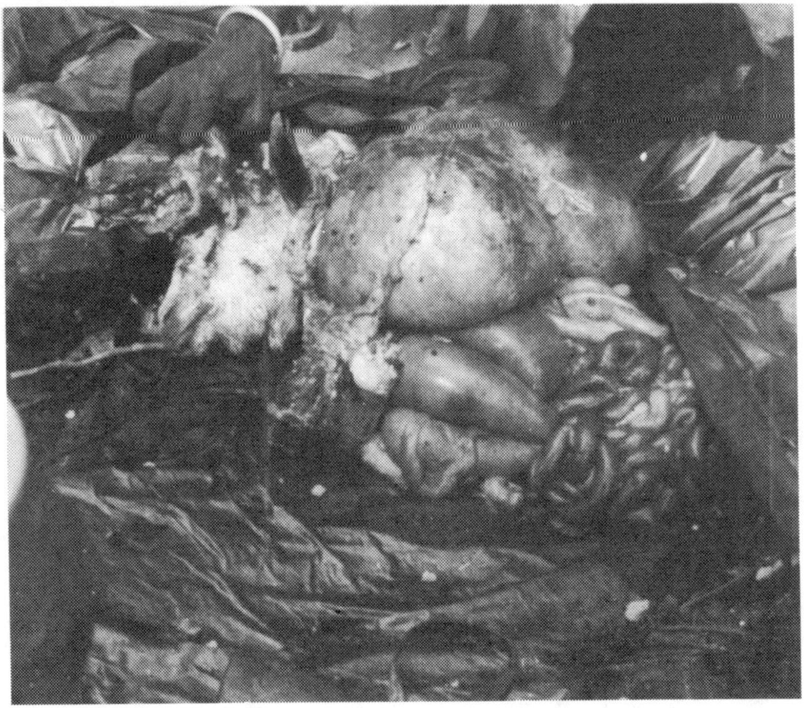

Abb. 59; Beim Schlachten wird jedes Teilstück verwendet. Kopf, Brustfett, Hoden und der Anus-Schießmuskel sind besondere Delikatessen.

1 9 8 0 , das Dürrejahr, zeigt für beide Standorte eine erhöhte Schlachtfrequenz, die für die Korr-Haushalte eine Häufigkeit von 66% in der Kategorie 5 - 6 Mal aufwies. Diese war darin begründet, daß man nach wie vor versuchte (im Glauben an das schnelle Ende der Dürre) den Verpflichtungen periodischer Festlichkeiten wie SORIO (s. Kapitel II) nachzukommen, was jedoch bei dem erhöhten Konsum schlecht konditionierter Tiere insgesamt kaum mehr als Besonderheit hervortrat; d.h. die Zeremonien zeichneten sich nicht durch "Exklusiv-Schlachtungen " aus, sondern gingen im vorherrschenden Verzehrshabitus des Dürreproduktabfalls unter. Ausgeglichener verhielt sich das Schlachtverhalten am Standort Ngurunit. 55% der 60 Haushalte schlachteten 3 - 4 Mal, 31% 5 Mal. Maßgeblich war hier, daß zwar auch bei den Ariaal rituelle Gelegenheiten anstanden, (wie z.B. Sorio, der von beiden Gruppen begangen wird), doch jene ebenfalls bequemerweise mit ohnehin vorgesehenen Notschlachtungen zusammenfielen, die ein Extra-Investment unnötig machten. Insgesamt reflektiert die Balance in der Schlachtfrequenz am Standort Ngurunit die allgemein größere Stabilität der Tierbestände, und daraus folgernd weniger ausgeprägt die Versuchung des Panikkonsums.

1 9 8 1 gab als einziges Jahr den deutlichen Hinweis auf eine akute Notzeit, " die Zeit danach ", in dem die Null-Kategorie in der Schlachtfrequenz an beiden Standorten vertreten war. 8,3% der K-Haushalte schlachteten in diesem Jahr überhaupt nicht, und ebenso nicht 11,6% der N-Haushalte. Dagegen war die 2-Mal-Kategorie mit 48,3% in Korr und 43,3% in Ngurunit am stärksten vertreten, was überwiegend im rigorosen Einsparverhalten begründet lag. Vergleicht man die Schlachtzeiten (s. Graphiken 8 und 9, 1981), mag von beiden Gruppen der Januar-Sorio in beschränktem Maße zelebriert worden sein, die zweite Gelegenheit des Schlachtens war zumindest in Korr willkürlich gewählt (als wahrscheinliche Erklärung schlicht - Hunger), bei Ignorierung aller anfallenden rituellen Anlässe.

Da der Februar (Sorio-Monat) und September am Standort Ngurunit mittlere Anstiege in den Hausschlachtungen (s. Graphik 8, 1981) zeigt, läßt sich vermuten, daß die zweite Gelegenheit für die N-Haushalte zum Schlachten weniger an spontanen Hunger gebunden war, sondern trotz der allgemeinen Beschränkung zwei Festlichkeiten der Krieger, - GALGULAME und LOMORRO, s. Kapitel II - honorierte. Dies jedoch ist Spekulation, die aus der Kenntnis der besseren Kapitalbasis jenes Standortes resultiert. Ebenso ist möglich, daß wie am Standort K, alle kulturgebundenen Ereignisse in diesem Jahr weitgehend vernachlässigt worden sind. Geht man jedoch davon aus, daß selbst in diesem Hungerjahr noch bedingt soziokulturelle Verpflichtungen eingehalten wurden, dann ist hier wiederholt die Behauptung bestätigt, daß dies nur nennenswert in der reicheren Kommune Ngurunit möglich war, die tradierte Normen noch (durch Vieh) bezahlen konnte. Damit erzwingt der nächste Denkschritt den Schluß, daß eine dauerhafte Kultur- und damit Identitätserhaltung dieser Völker vom Umfang einer bestimmten, durch traditionelles Kapital gestützten Affluenz abhängt und weniger von der mentalen Verhaftung mit traditionsgebundenen Üblichkeiten.

1 9 8 2 , das Normaljahr, zeigte für den Standort Korr kaum eine Konsistenz und deshalb nur ein schwer verfolgbares Muster, da das Spektrum der Schlachthäufigkeit von 1 Mal bis zu 9 Malen reichte. Eine Konzentrierung ließ sich jedoch in den Kategorien 3 - 5 Male feststellen, die zusammen 62% in dieser Verhaltensklasse ausmachen. Aus Vergleichen mit Hausschlachtungen 1982 (s. Graphik 9), die an diesem Standort Höchstwerte im Februar und August/September verzeichnen, kann angenommen werden, daß zumindest 1 Mal der Sorio-Verpflichtung im Jan./Feb. und 1 Mal einer zeitlich verschobenen Almhado-Festlichkeit (s. Kapitel II) im Aug./Sept. nachgekommen worden ist. Eine Umfrage ergab (s. Tabelle 2), daß Sorio von 65% der Bevölkerung als unumgängliche Feierlichkeit, Almhado von 82% als solche angesehen wird. Das erhärtet in diesem Zusammenhang die Annahme, daß bei einer Konzentration der Schlachtfrequenz in der 3 - 5 Mal-Kategorie diese rituellen Gelegenheiten wieder eine größere Rolle gespielt haben als in den Jahren davor. Die 1-und 2 Mal-Häufigkeit dürfte sich wieder auf den Anteil stark verarmter Haushalte beziehen, wohingegen die Kategorie der 6 bis 9 Mal schlachtenden Haushalte sich aus prosperierenden Händlern, Lokalpolitikern (Chief und Councillor) und aus Angehörigen der Administrative Police zusammensetzt,- mit dem Hintergrund eines geregelten Einkommens -, das eine ganz andere Größenordnung in der Schlachthäufigkeit zuläßt. Diese Kategorie war 1982, gemessen an der Zahl ihrer etablierten Haushalte, ein Novum und trat deshalb in den Jahren davor nicht in Erscheinung. Jene verstärkte Infrastruktur, die gleichsam wenn auch vorerst unauffällige doch in steigendem Maße spürbare Änderung der Siedlungs- und Haushaltsstrukturen nachsichzog, zeigte sich im Rahmen der haushaltsökonomischen Untersuchungen 1982 zum ersten Mal in Korr, 1983 dann in Ngurunit, als Posten der beschriebenen Art dort eingerichtet wurden. Eine nachhaltige Beeinflussung des Gesamtbildes sollte jedoch

damit nicht verbunden sein, da die Anzahl der Haushalte dieser neuen " Einkommensklasse " zumindest für die unmittelbar folgenden Jahre begrenzt bleiben wird. Wie aber bereits ersichtlich (s. Graphik 10, 1983 und Graphik 11, 1982), ist der Trend zur Verfestigung des Siedlungsmodus da, selbst wenn er sich wie hier vorerst nur in der (vielleicht unorthodoxen) Projektion einer veränderten Schlachtfrequenz abzeichnet.

Abb. 60: Kirchen sind sichere Anzeigewerte, daß einstmals Mobile (Menschen) zu " Immobilien " geworden sind, die an der Börse der verschiedenen Glauben verbissen gehandelt werden

1 9 8 3 war in der ersten Hälfte noch von Ausläufern der 82iger Normalität begünstigt, nahm jedoch in der zweiten Jahreshälfte feste Formen einer erneut einsetzenden Dürre an. Bezüglich der Schlachthäufigkeit, die ein nicht zu unterschätzender Indikator ist, wie eine sich anbahnende Notzeit " erfühlt " und eingeschätzt wird, verhielten sich beide Standorte, Korr und Ngurunit, sehr unterschiedlich. Der Influx von Haushalten mit monetären Einkommen in Korr schlug sich bei den Erhebungen deshalb nicht nieder, weil diese nicht innerhalb der 60 Haushalte, exemplarisch für 1983, erfaßt worden sind, da erhebliche Widerstände vonseiten der Haushaltsvorstände bestanden. Grund für die fehlende Kooperation war die Furcht der neueingesetzten Obrigkeiten, daß durch die nähere Untersuchung ihrer Haushaltssituation - unerwünscht - zu viel über ihre Vermögenslage hätte bekannt werden können. Insofern konzentrierten sich die Erhebungen auf die Durchschnittshaushalte der Durchschnittsbürger von Korr. Hier zeigten sich in der Schlachtfrequenz kaum Überraschungseffekte, d.h. die normale, vorsichtige Häufigkeit von 2 - 3 Schlachtungen im Jahr war vorherrschend, allerdings ohne gezielte Beachtung zeremonieller Gesetzmäßigkeiten (s. Graphik 9), die bei der saisonalen Verteilung der Hausschlachtungen keine Anstiege größerer Art vorweist. Hier bleibt die Frage offen, ob aus besagter Vorsicht, begründet auf dem Gefühl eines sich ankündigenden Engpasses, die Schlachthäufigkeit reduziert wurde, oder aber die Nahrungsmittelgeschenke der neu angesiedelten Don Bosco Mission (verbunden mit der Auflage, auf heidnische Gebräuche zu verzichten) rituelles Schlachten einschränkte. Es ist zu vermuten, daß beide Komponenten für die Schlachthäufigkeit eine in etwa gleichgewichtige Rolle spielten. Da für das Jahr '83 keine Konsumdaten aus den Haushalten selbst mehr erhoben werden konnten, bleibt diese Interpretation Spekulation.

Am Standort Ngurunit dagegen zeigte sich eine ähnliche Tendenz wie im Jahr zuvor in Korr. Bei mehr als 50% der Haushalte lag die Schlachthäufigkeit bei 5 - 7 Malen, maßgeblich beeinflußt von Neusiedlern, die in Voraussicht schlechter Zeiten mit ihren Gesamtherden das ökologisch begünstigte Ngurunit-Tal besetzten. Bei diesen Zuzüglern aus der Ebene, in ausgeglicheren Zeiten weitaus mobiler als die eingesessenen Haushalte in Korr und Ngurunit und gleichzeitig auch im Besitz größerer Herden, war aufgrund ihrer a priori besseren wirtschaftlichen Ausgangslage auch die Schlachtbereitschaft größer. Zusätzlich schlug sich bei den Haushaltsuntersuchungen die Einrichtung eines Administrative Police Postens, die Etablierung zweier Läden und eine höhere Quote von Angestellten in der in Ngurunit ansässigen African Inland Mission nieder; d.h. Haushaltsstrukturen mit regelmäßigem Einkommen, die öfter und ohne besonderen Anlaß den Verzehr von Fleisch erlaubten. 1983 reflektiert also der Standort N genau die Entwicklung, die am Standort K bereits 1982 eingesetzt hatte, eine Veränderung im Konsumverhalten bedingt durch eine veränderte (intensivere) Infrastruktur.

Abb. 61: Lokales Marketing von Kleinvieh ist meist Frauensache

ANZAHL DER VERKAUFTEN SCHLACHTTIERE PRO HAUSHALT 1980 - 1983

Standorte: NGURUNIT (ARIAAL) und KORR (RENDILLE)

Stichprobengrößen: je 60 Haushalte pro Standort, alle zwei Jahre alternierend

Haushaltsgrößen: N = 3,2 MAE/4,8 abs.; K = 2,7 MAE/3,2 abs.

Methode: Befragung, direkte Beobachtung

Fragestellung: Wieviele Tiere (Schafe und Ziegen) wurden pro Monat/Haushalt verkauft?

Wie verhielt sich die saisonale Verteilung dieser Verkäufe bzw. Vermarktung?

Der Verkauf von Kleinvieh bzw. die Vermarktung ist nicht, wie häufig angenommen, für den pastoralen Haushalt eine relativ neue Praktik, die sich erst durch die neuzeitliche Etablierung eines stabilen Händlernetzes oder durch den Zugang zu Auktionen oder zentralen Aufkaufstellen (wie die der parastaatlichen Livestock Marketing Division) durchgesetzt hat. Obgleich Ansätze einer solchen Infrastruktur heute eher bestehen als noch vor wenigen Jahren, werden in Wahrheit jene Möglichkeiten jedoch kaum genutzt, hauptsächlich deshalb, weil die Information über derartige Einrichtungen und wann und wo sie tätig werden, den lokalen Viehhalter nur selten zur rechten Zeit erreicht. Hinzu kommt, daß das gesamte Auktions- und Aufkaufwesen in diesen Regionen jeder lokal angepaßten Planung entbehrt, d.h. der Zeitpunkt einer Auktion wird oft genug dann festgelegt, wenn er mit der Verkaufsmotivation des Produzenten kollidiert oder sogar, wenn ihm das Abstoßen von Überschußtieren (die er zu diesem Zeitpunkt nicht hat), unmöglich ist. Demzufolge beschränkt sich das Verkaufen (Vermarkten) von Tieren nach wie vor weitgehend darauf, an alt eingesessene oder wie früher durchziehende Händler, die vor allem ohne großen Aufwand zu erreichen sind, zu verkaufen, mit dem zusätzlichen Vorteil der Wahl des angemessenen Zeitpunkts. Diese Praktik des Vertauschens (zeitgemäß als Vermarktung gewertet) ist in keiner Weise ein Novum. Grundsätzlich gilt für den modernen Verkauf eine ähnliche Regel wie für die Hausschlachtungen, und die bevorzugten Zeiten sind die Höhepunkte der Trockensaison. Vorherrschend dabei ist der Gedanke, ein kurzlebiges, wenig ergiebiges Produkt wie Fleisch gegen länger vorhaltende Getreideprodukte wie Maismehl einzutauschen. Rein praktisch ist der im Durchschnitt 25 kg. schwere Schlachtkörper einer Ziege von einer 6 - 8 köpfigen Familie in spätestens zwei Tagen verzehrt, der Gegenwert (des Lebendtieres) in Mais, - angenommen mit 60 - 80 kg. je nach Marktlage -, kann den Bedarf der selben Familie für mehr als einen halben Monat decken, so daß ein eingeschränkter Fleischverzehr immer ein Indikator für bewußtes Wirtschaften ist.

Dieses Grundmuster der Vermarktung wird jedoch eher unterbrochen, wenn es zu drastischen saisonalen Engpässen kommt und verliert z.B. bei Seuchenausbrüchen und Quarantänen gänzlich seinen prinzipiellen Charakter. Insofern ist es ziemlich unmöglich, eine Art Faustregel aufzustellen, wann der Pastoralist aus eigenem Antrieb am willigsten verkauft; denn die Norm ist, daß diese Motivation kaum von ihm selbst gesteuert wird. Vorsichtig ausgedrückt mag jedoch gelten: vorausgesetzt er konnte in vorangegangenen guten Regenzeiten seinen Herdenbestand stabilisieren und aufbauen, so wird er geneigt sein, in der nächsten langen Trockenzeit jene Tiere abzustoßen, bei denen das Risiko zu groß ist, sie zu halten (alte und unproduktive Tiere), oder aber solche, die objektiv Gewinn für eine Subsistenzsupplementierung bringen (durch guten Preis und/oder entsprechender Menge an Getreide), ohne daß ihr Verlust die Milch- und Fleischproduktion gefährdet. Dies wäre allerdings die Ideal-

Abb. 62: Auf dem Weg zum Markt. Oder doch lieber behalten ? Das alte Lied der einsamen Entscheidung

Für die VERMARKTUNG/VERKAUF von Schlachttieren (s. Graphik 12 und 13) ergab sich für die Jahre 1980 - 1983 folgendes Bild:

1 9 8 0 im Dürrejahr verhielt sich der Verkauf von Kleinvieh an beiden Untersuchungsstandorten Korr und Ngurunit recht unterschiedlich. Obgleich die Hausschlachtungen in beiden Siedlungen relativ ausgeglichen hoch waren, zeigt sich für den ärmeren Standort K klar, daß mit dem Verzehr sowohl (meist präventiv) geschlachteter und gestorbener Tiere die Umsetzbarkeit des Produktes Fleisch=Tier erschöpft war und für eine etwaige Vermarktung kein Reservoir mehr bestand, wollte man nicht einen totalen Ausverkauf riskieren. Die Tiere, die die 80er Dürre überstanden hatten, wurden vorerst um jeden Preis behalten in der Hoffnung, damit die Herden wiederaufzubauen. Am reicheren Standort N dagegen, bedingt durch die größeren Herden und dem damit verbundenen relativ geringeren Verlust, bestand noch ein Puffer, der ohne echte Gefährdung der Kernherden absetzbar, zu vermarkten war. Wenn auch entschärft durch den sehr hohen Fleischverzehr, dem höchsten mit 180 kg./Hht/J im ganzen Berichtszeitraum, entstand jedoch in Korr dennoch ein erhebliches Nahrungsmitteldefizit, da kaum Getreideprodukte erhandelt werden konnten. Die geringen Mengen, die verzehrt wurden, bestanden zu 70% aus Famine Relief der Mission, der Rest aus dem Erlös der wenigen verkauften Tiere (s. Tabelle No. 13).

Wenngleich auch für Ngurunit keine Vergleichszahlen für den aktuellen Konsum von Milch, Fleisch und Mais vorliegen, wie sie für Korr in den Jahren 1978 - 1983 erhoben werden konnten, geht aus dem Vergleich der Vermarktungsfähigkeit doch ziemlich klar hervor, daß am Standort N die Subsistenzgefährdung um ein Wesentliches geringer war, da trotz der erlittenen Tierverluste noch Zusatzlebensmittel durch Tierverkauf zu erwerben waren.

GRAPHIK 12: VERKAUF VON SCHLACHTTIEREN (KLEINVIEH) IN NGURUNIT 1980 - 1983

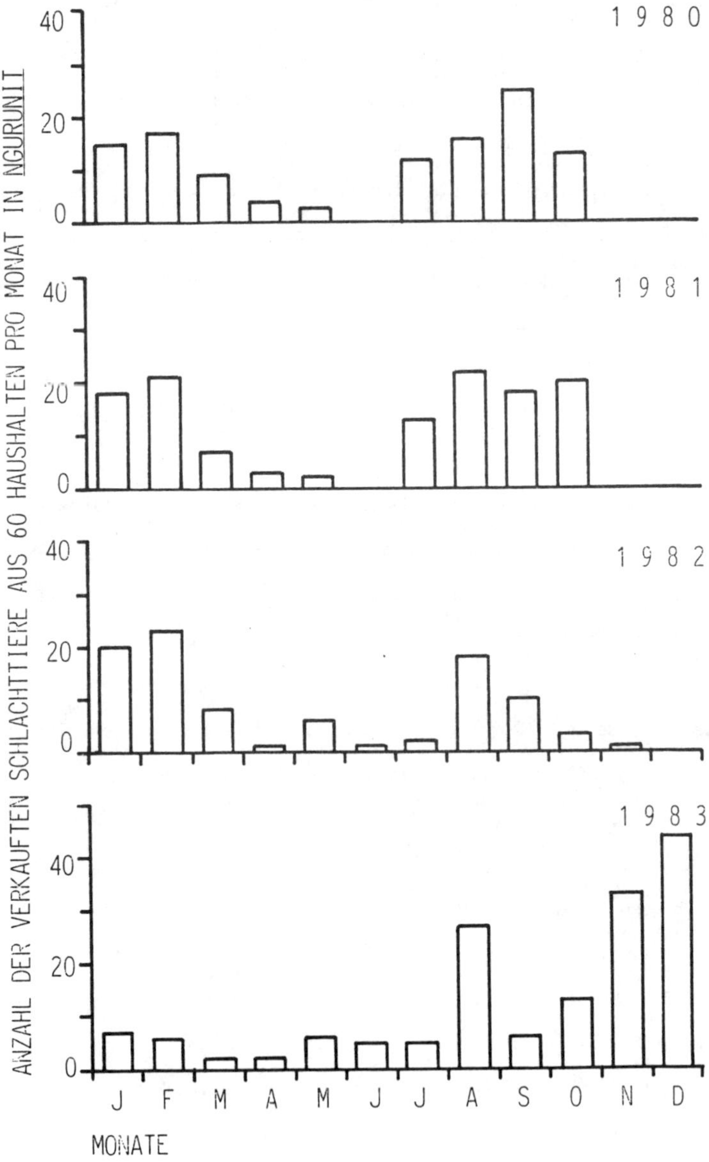

GRAPHIK 13: VERKAUF VON SCHLACHTTIEREN (KLEINVIEH) IN KORR 1980 - 1983

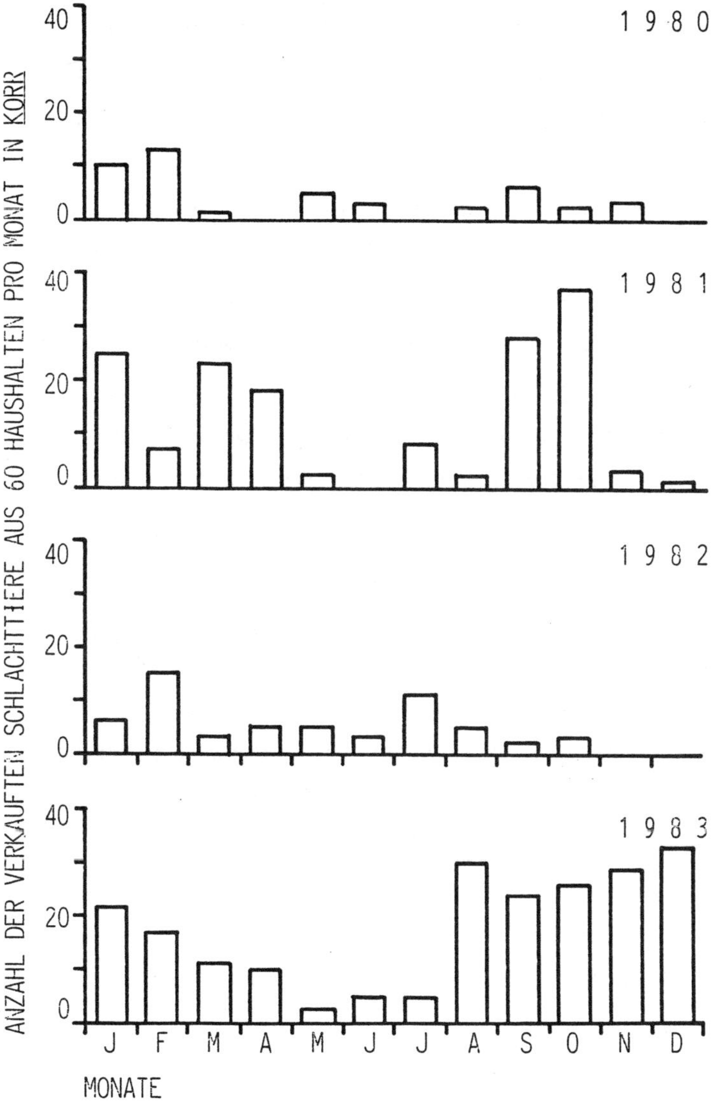

1 9 8 1 zeigte für den Standort N kaum eine drastische Veränderung bezüglich der Vermarktungslage, an beiden Standorten jedoch eine überaus starke Restriktion im Schlachten. Trotz der ähnlichen Verteilungsbilder, die die graphischen Darstellungen aufweisen (s. Graphik 8 u. 9), sind die Motivationen und Konsequenzen für die Einschränkung im Fleischkonsum an beiden Standorten unterschiedlich. In Ngurunit zeichnete sich die Tendenz einer Normalisierung ab, d.h. die Vermarktungsquote blieb relativ konstant, womit durch die erhandelten Getreideprodukte ein einigermaßen gesichertes Nahrungsmittelauskommen gesichert war. Durch die bewußte Unterschreitung der Schlachtquote wurde der Herdenaufbau nicht zusätzlich behindert. Der Verzicht auf tierische Produkte, in erster Linie Fleisch, ist für das auf die Dürre folgende, " nasse " Jahr typisch, am reichen Standort N jedoch freiwillig, in K als Folge der hohen Dürreverluste erzwungen. Der Fleischverzehr erreichte in Korr 1981 mit 51 kg./Hht/J seinen Tiefstwert, dagegen ging die Vermarktungsquote sprunghaft in die Höhe. Bei diesem Phänomen handelt es sich um ein " Marketing out of desparation ", um sogenannte Verzweiflungsverkäufe, d.h. so gut wie alle verbliebenen Resttierbestände werden ausverkauft, da die verbliebene Produktivität zum Überleben nicht mehr ausreicht. Maismehl ist der einzige Stabilisator, dessen Verzehrquantität gegenüber dem Vorjahr, dem Dürrejahr, um fast 60% anstieg (vergl. dazu Graphik 17). Normalisierte sich am Standort N durch die ausgeglicheneren Tierzahlen und ihr restriktives Management die Lage wieder, so nahm sie am Standort K die Dimension einer katastrophalen Notsituation an, zumal aufgrund der scheinbar guten, äußeren Umstände (s. Graphik 4 und 5, Tabelle 7 und 8) auch kein Famine Relief gewährt wurde.

1 9 8 2 , das " Normaljahr ", zeigte an beiden Standorten geringe Vermarktungsquoten, in N, weil die Notwendigkeit für Mais nicht mehr in übermäßigem Umfang bestand, in K, weil keine Tiere zum Verkauf mehr vorhanden waren. Kam es dennoch zu relativ häufigen Schlachtungen, - selbst im desperaten Korr -, so lag das daran, daß Viehgeschenke einen erheblichen Anteil am Nahrungsmittelverbrauch der K-Haushalte hatten, vor allem aber geborgtes Vieh (von reichen Verwandten aus ferneren Gegenden) das Gros der neuetablierten Herden ausmachte. 1982 war für den Viehhalter in Korr das Jahr der großen Verschuldungen, d.h. etwa 80% des Viehbestandes 1982 am Standort K war " Fremdvieh " und wird von den Kindern und Enkeln der Borger in den nächsten Jahrzehnten abbezahlt werden müssen. Ohne daß dies exakt erhoben werden konnte, muß in diesem Zusammenhang erwähnt werden, daß sowohl die Jahre 1982, 1983 bis zum jetzigen Zeitpunkt Ende '84 einen stetigen Anstieg in Viehdiebstählen und intertribalistischen Auseinandersetzungen zeigten, was nicht zuletzt als eines der Ergebnisse dieser Verschuldungen zu werten ist. Da gestohlenes Vieh oftmals die Brandzeichen der rechtmäßigen Eigner trägt, erklärt sich daraus ebenfalls die sehr geringe Vermarktungsquote gegenüber der relativ hohen Schlachtfrequenz.

Ein ebenfalls gewichtiger Grund für restriktive Vermarktung war der Wechsel bzw. die Umbesetzung der katholischen Mission in Korr als auch in Ngurunit, d.h. die italienische Consolata Mission wurde von Patres des goanesischen Don Bosco Ordens übernommen. Da als Asiaten von der lokalen Bevölkerung nur mit größter Zurückhaltung geduldet, wurden als Propaganda- und Werbegeschenke große Mengen an Nahrungsmittelhilfe gewährt, ohne daß dafür eine reale, sondern lediglich eine klerikale Notwendigkeit bestand. Weder erstaunlich noch unverständlich ist, daß durch diese Maßnahme die eigenen Ressourcen geschont wurden, auch dann, wenn die Vergabe von Lebensmitteln (in der Hauptsache Maismehl und Zucker) mit Taufzwang verbunden war. Jene Gelöbnisse standen in diesem Jahr in direkter Beziehung zur Aufstockung der Herden, so wie sie gleichermaßen den Willen zur Selbstversorgung und Selbständigkeit unterminierten.

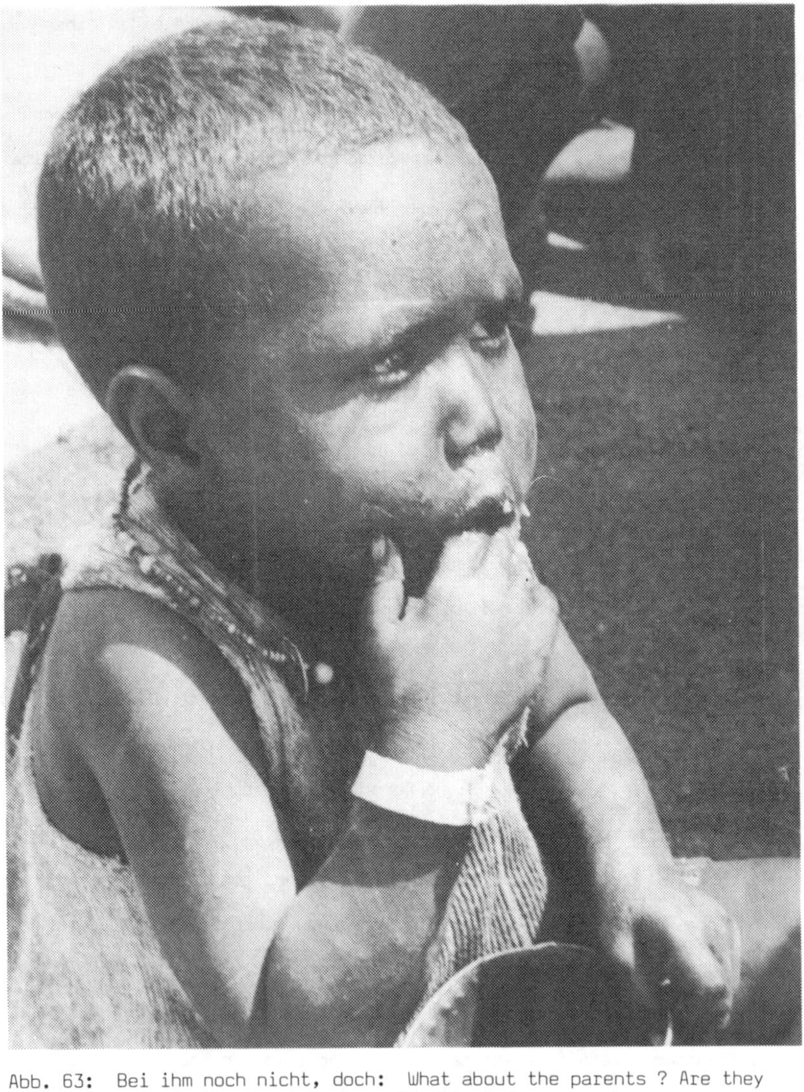

Abb. 63: Bei ihm noch nicht, doch: What about the parents ? Are they selfreliant ? Do they want to be selfreliant ?

1 9 8 3 ist von dem Bearbeiter nur spekulativ interpretierbar, zumindest, was das Vermarktungsverhalten betrifft. Weder die Tierbestände noch die haushaltsökonomischen Abläufe waren bereits wieder so weit als " normal " konsolidiert, als daß die Reaktion auf die sich erneut anbahnende Dürre als folgerichtig oder logisch zu erkennen ist. Naheliegend erscheint, daß bei den insgesamt verringerten Tierbeständen, ein Verhaltenswechsel im " präventiven Verbrauch " stattgefunden hat, d.h. die frühzeitige Vermarktung gegenüber dem Schlachten als unmittelbare Maßnahme gegenüber den unvermeidlichen Verlusten an Boden gewann. Hinzu kommt, daß vor allem in permanenten, festen Siedlungen ganz allgemein eine ansteigende Tendenz besteht, Getreideprodukte und vor allem Tee und Zucker als Alltagsdiät tierischen Produkten vorzuziehen. Bedingt durch die verstärkte Zulieferung von Nahrungsmittelhilfe gerade in den letzten zwei Jahren, kann ein gradueller Geschmackswechsel nicht ausgeschlossen werden, genauso wenig der Bedarf an anderen Gütern wie Kleidung, Schuhe, Taschenlampen, Seife etc., deren Erwerb die Vermarktung natürlich stimulieren. Für den Augenblick scheint es am einleuchtendsten, daß hier mehrere Komponenten in diesem sich anbahnenden Trend des verstärkten Verkaufs eine Rolle spielen: als Lernergebnis der letzten Dürreperioden wird die Tierhaltung nicht mehr ausschließlich als Subsistenzerhaltung gesehen, sondern in Ansätzen als Erwerbszweig für andere Güter, so man frühzeitig genug mit Verkauf reagiert.
Ein weiterer Grund mag in den hohen Viehverschuldungen liegen, die die vorangegangenen Engpaßjahre mit sich gebracht hatten. Wer wenig hat, kann wenig zurückzahlen, ist eine Devise, die immer öfter laut wird, und vor allem dann Unterstützung findet, wenn sich die Nahrungsmittelhilfe (wie es 1983 der Fall war) an diesen Standorten nur auf den " viehlosen Viehhalter " konzentrierte. Etliche Viehhalter wurden auf

diese Weise spontan (durch Vermarktung) viehlos!

Andere Aspekte, die saisonal den Viehverkauf fördern, werden noch in der Sektion der Händlerstatistik behandelt, die das Verkaufs- und Vermarktungsgeschehen von der Ankäufer- und nicht wie hier von der Verkäuferseite reflektiert.

Abb. 64: Kamele sind keine Ware für den Schlußverkauf. Wer auch nur eins hat, ist niemals " maskini " (arm).

Abb. 65: Milch — Maziwa (Kiswahili) — Hanu (Rendille) — Kule (Samburu)

TABELLE 10

DURCHSCHNITTLICHER VERZEHR VON MILCH, FLEISCH UND MAISMEHL PRO HAUSHALT UND JAHR VON 1978 BIS 1982 IN KORR

(Stichprobe: 20 Haushalte pro Monat)

JAHR	MILCH (l)	FLEISCH (kg)	MAISMEHL (kg)
1978	145	144	288
1979	256	117	256
1980	80	180	128
1981	146	51	219
1982	313	132	584

Die durchschnittliche Haushaltsgrößte betrug 5,2 Personen, bzw. 3,5 MAE (Male Adult Equivalents).

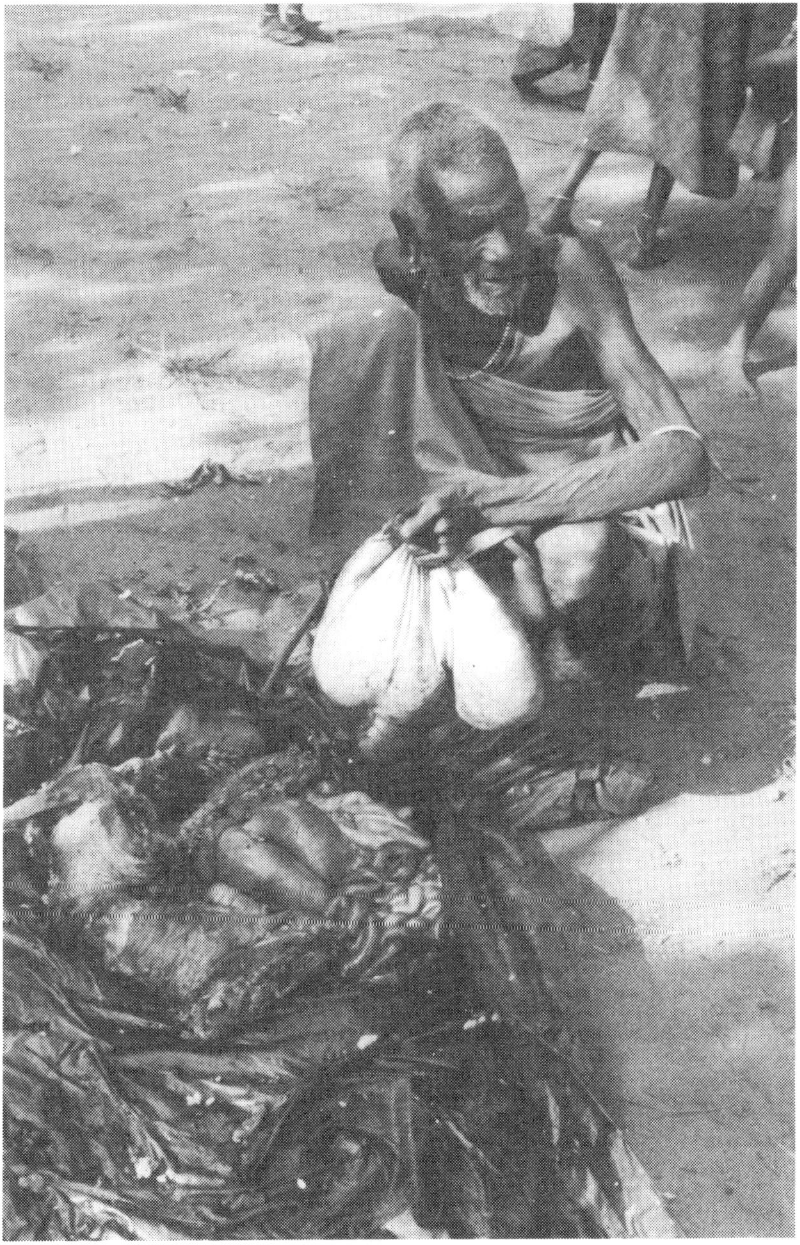

Abb. 66: Fleisch | Nyama (Kiswahili) | Jid (Rendille) | En Kerin'o (Samburu)

DURCHSCHNITTLICHER VERZEHR VON MILCH, FLEISCH UND MAISMEHL 1978 - 1982

PRO HAUSHALT/JAHR

PRO HAUSHALT/LITER/TAG (MILCH)

PRO HAUSHALT/KG/MONAT (FLEISCH)

PRO HAUSHALT/KG/TAG (MAISMEHL)

Standort: KORR (RENDILLE)

Stichprobengröße: 20 Haushalte pro Monat ad random

Haushaltsgröße: 3,2 MAE/4,4 abs.

Methode: direktes Messen

Fragestellung: Wann und in welcher Menge werden die Grundnahrungsmittel Milch, Fleisch und Maismehl bevorzugt verzehrt, d.h. wie verhält sich ihre Verfügbarkeit zur Saisonalität?

In welcher Sequenz werden diese Produkte genutzt?

Wann und in welcher Menge werden tierische Produkte (Eigenproduktion) durch Getreideerzeugnisse (Zukauf durch Viehverkauf/Tausch) ersetzt?

Viele für die Interpretation dieser Untersuchung wichtige Informationen sind bereits im Zuge des Schlachtverhaltens oder der Milch- und Fleischprävalenzen gegeben worden und auf eine Wiederholung kann verzichtet werden. Der hier folgende Text wird sich deshalb auf die für die einzelnen Jahre besonderen Ereignisse beschränken, die das Konsumverhalten der Haushalte maßgeblich beeinflußt haben.
Vorausgeschickt werden muß noch, daß aufgrund ihres Umfanges und der damit verbundenen Arbeitsintensität diese Daten nur an einem Standort, Korr, erhoben werden konnten, so daß es nicht möglich ist, wie bei

Abb. 67: Mais | Mahindi (Kiswahili) | Ichaba (Rendille) | Lpaeki (Samburu)

einigen anderen Untersuchungen, zwei wirtschaftlich unterschiedlich strukturierte Standorte zu vergleichen. Gemessen am Aufwand, der für diese Erhebungen nötig war, erscheinen die hier vorliegenden Ergebnisse relativ unspektakulär, fast dürftig, stellt man dabei nicht in Rechnung, daß über einen Zeitraum von fünf Jahren hier insgesamt das Konsumverhalten von 1200 Haushalten (bezogen auf die drei angeführten Grundprodukte) untersucht worden ist. Nichtsdestotrotz ist es jedoch diese Untersuchung, die den konkretesten Aufschluß darüber gibt, was dem Einzelhaushalt und dem Individuum für den täglichen Bedarf zur Verfügung steht. Nicht alle Jahre lassen sich hier mit anderen Erhebungen (wie z.B. Schlachtungen, Vermarktung etc.) zueinander vergleichen, und ebenfalls liegen für die Jahre 1978 und 1979 keine vollständigen Klimadaten vor. Für diesen Zeitraum ist deshalb der spekulative Bereich innerhalb der Interpretation größer als für die nachfolgenden Jahre, wo durch ergänzende Untersuchungen bestimmte Aussagen erhärtet werden konnten.

Für die Jahre 1978 - 1982 ergibt sich bezüglich des Konsumverhaltens der genannten Produkte folgende Interpretation (s. Graphik 14 bis 18, Tabelle 10 bis 15):

1 9 7 8 (Graphik 14, Tabelle 11) war für Korr hinsichtlich der klimatischen Bedingungen ein halbwegs normales Jahr mit leichter Tendenz zur (außerhalb der Norm liegenden) Trockenheit. Die jährliche Niederschlagsmenge kann mit etwa 220 mm vermutet werden. Einschneidend in diesem Jahr wirkten sich, und das bereits mit Jahresbeginn, diverse Seuchenausbrüche aus, die vor allem im Kleinvieh die Milchproduktion drastisch senkte. Vor allem in der ersten Jahreshälfte (März/April/Mai) herrschte akute Not, da die Kleinviehherden von Anthrax (Milzbrand) befallen waren, der weder Schlachten noch frühzeitiges Verkaufen oder Tauschen gegen Maismehl möglich machte. Milch-, Fleisch- und Maismehlkurven zeigen deshalb in diesen Monaten ihre Tiefpunkte. Trotz der in dieser Zeit verhängten Quarantäne wurde dennoch z.B. im April bedingt Fleisch verzehrt, da zu diesem Zeitpunkt das Fest Almadho zelebriert wurde. Der steile Anstieg der Fleischkurve im Juni/Juli war ähnlich begründet, denn er fällt zusammen mit den Sorio-Festlichkeiten, die, zumal die Quarantäne zu diesem Zeitpunkt aufgehoben war, exzessiv begangen wurden.
Insgesamt können jedoch die Herdenbestände nicht so stark dezimiert worden sein, als daß nicht in der zweiten Jahreshälfte in relativ großem Umfang Lebendvieh gegen Maismehl verkauft worden wäre, wie der recht hohe Verzehr dieses Produktes vor allem in den Trockenzeitmonaten Juli bis Oktober zeigt. Da der Famine-Relief-Anteil in diesem Jahr äußerst gering war (nach Aussagen eine Lieferung im August durch die Mission), kann nach den vorliegenden Verzehrsmengen geschätzt werden, daß in diesem Jahr 3 - 4 Stück Kleinvieh pro Haushalt vermarktet worden sind. Die langen

TABELLE 11

KONSUM PER HAUSHALT/MAE/JAHR/TAG

KORR 1978

HAUSHALTSGRÖSSE Ø 3,2 Erwachseneneinheiten = 4,4 Personen

	MILCH	FLEISCH	MAISMEHL
KONSUM/J/HHT	145 l	144 kg	288 kg
KONSUM/T/HHT	0,4 l	400 g	800 g
KONSUM/T/MAE	0.125 l	125 g	250 g
Gesamtwert in KSH	174/-	1296/-	518/-
davon gekauft	-	-	80%
Eigenproduktion	80%	70%	-
Geschenke	20%	30%	20% (Mission, Geschenke an Missionsangestellte)

PREISE 1978:	MILCH	= 1,20 KSH/pro l (Ø)
	FLEISCH	= 9,00 KSH/pro kg(Ø)
	MAISMEHL	= 1,80 KSH/pro kg

Regen im Nov./Dez. zeigen dann die normale Reaktion des " Viehsparens ", d.h. bestätigen die Restriktion, in der Regenzeit zu schlachten oder zu verkaufen, um die Viehbestände wieder aufzubauen.

GRAPHIK 14: KONSUM VON MILCH, FLEISCH UND MAISMEHL IM JAHRESZEITLICHEN VERLAUF IN KORR

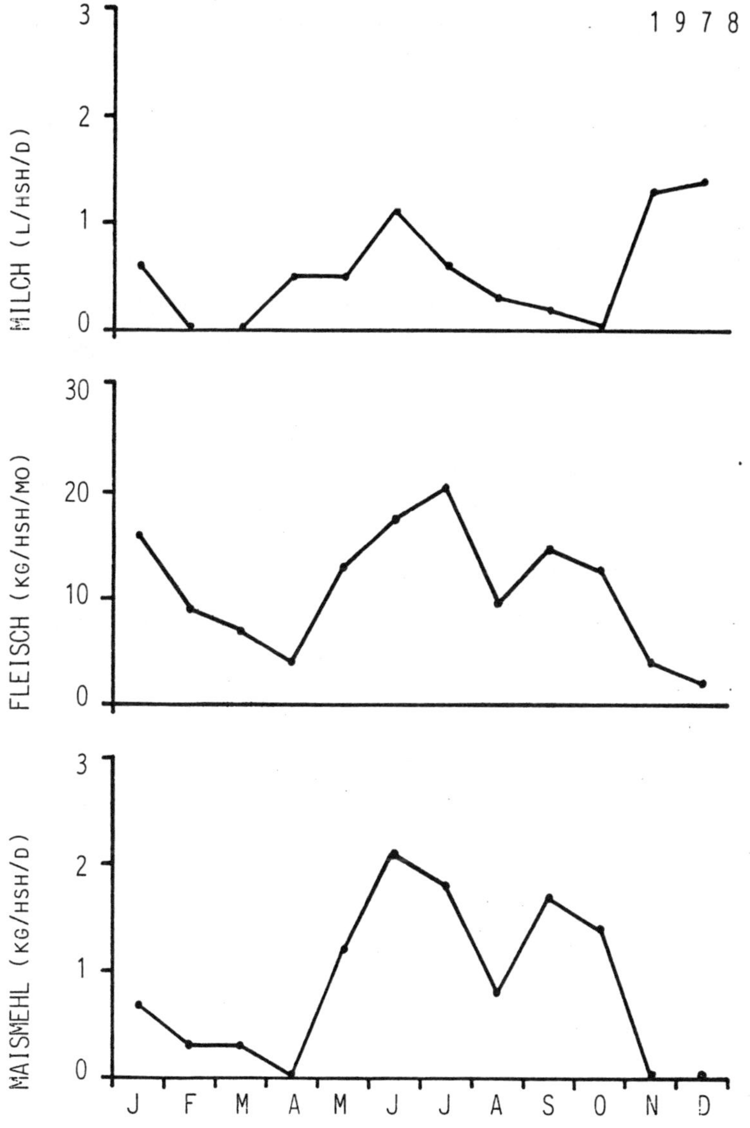

1 9 7 9 (Graphik 15, Tabelle 12) dagegen war ein außergewöhnliches Jahr. Obgleich die Tabellenwerte in den Verzehrsmengen für 1978 und 1979 nicht signifikant auseinanderklaffen, ist die Verteilung, auf die einzelnen Monate bezogen, grundlegend anders. 1979 war das Jahr nach der Beschneidung und KHANDI dominierte das Konsumverhalten ausnahmslos für das ganze Jahr. Bis auf die Monate der Festlichkeit selbst im Juni/Juli wurde kaum geschlachtet, wie die geringe Verzehrmenge an Fleisch in allen anderen Monaten zeigt. Milch war aufgrund der guten Aprilregen ebenfalls ausreichend vorhanden, d.h. durch drastisches Einsparen (restriktives Schlachten) plus guter Milchproduktion herrschte zur Zeit der Zeremonie eine Situation des Überflusses, die jedoch in allen anderen Monaten von einer echten (wenn auch zum größten Teil freiwilligen oder " künstlichen ", weil freiwillig induzierten) Hungersnot überschattet war. Dies ist durchaus akzeptabel, wenn es im gesellschaftlichen Konsensus geschieht und die Gesellschaft somit ihre Prioritäten formuliert. Grotesk in diesem Zusammenhang nimmt sich jedoch aus, daß der in diesem Jahr aufgrund einer Wahlkampagne des lokalen Abgeordneten großzügig verteilte Famine Relief zum selben Zeitpunkt verteilt wurde, als ohnehin <u>keine</u> Not bestand, nämlich genau während der zwei Monate der KHANDI-Zeremonie. An diesem Jahr wird zweierlei deutlich:

1. Bestimmte, - außergewöhnliche - Ereignisse bewirken ein totales Zusammenbrechen der traditionellen, saisonalen Anpassung. Hier hat das soziokulturelle Bewußtsein absoluten Vorrang gegenüber einer ökonomischen Rationale; diese wird bewußt vernachlässigt, um jenen traditionellen Pflichten nachzukommen.
2. Die völlige Fehleinschätzung der lokalen Situation durch von außen agierende Autoritäten, die weder mit der Identität noch den Bedürf-

nissen ihrer (" hilfsbedürftigen ") Zielgruppe vertraut sind. Selbstverständlich war für die Rendille 1979 ein Jahr des Hungers, das Famine Relief überaus nötig machte -, nur nicht zu diesem Zeitpunkt, als er ausgegeben wurde. Hier wird u.a. das ganze Ausmaß der Ignoranz deutlich, das hinsichtlich der kulturellen Prioritäten und ihren (wirtschaftlich einschneidenden) Verpflichtungen, die diese Völker sich immer noch bewahren, besteht.

DAILY NATION, 8.2.1984

PRICES of milk, meat, tea and rice have gone up from today. Milk price is 2.15 per half-litre packet of fresh homogenised and 2.60 for ultra-heat-treated.

Beef with bone goes up to 18/70 a kilo and boneless to 23/- in Nairobi and Mombasa. Mutton will sell at 21/60 and liver, heart, tongue and kidney at 18/- a kilo. Even matumbo has not been spared; the price is 10/90.

In Kiambu township and the Thika and Kamiti areas, beef with bone will cost 18/20 and boneless 22/50; goat meat 21/10; liver, heart, tongue and kidney 17/50; and matumbo at 10/40. In the rest of Kiambu District, a kilo of beef with bone is 17/70, boneless 22/-, mutton/goat at 20/60, liver, heart, tongue and kidney 16/50 and matumbo 9/90.

The Kiambu District prices are also

By KAMAU KANIARU

applicable to Murang'a, Nyeri, Kirinyaga, Nyandarua, Machakos District excluding Athi River (township), Embu, Meru, Nakuru District (apart from the municipality area), Laikipia, Eldoret, Kitale, Kwale District, Kilifi, Taita Taveta, Kisumu District (apart from the municipality), Kakamega and Bungoma.

In Athi River township, beef with bone is now 18/20, without bone 22/50, mutton/goat 21/10, liver, heart, tongue and kidney 16/50 and matumbo 9/90. The same prices are applicable in Kajiado, Ngong, Kiserian, Ongata Rongai townships and Nakuru municipality.

In Kitui District, beef with bone goes up to 17/20, boneless 21/50, mutton 20/10, liver 16/- and matumbo 9/40. The same prices are applicable in Kericho, Baringo, Nandi, Uasin Gishu, Trans Nzoia, Elgeyo Marakwet, Lamu District, Tana River, Kisii, Siaya and South Nyanza.

In Mandera, Garissa, Wajir and West Pokot, the new prices are beef with bone 15/40, without bone 19/50, goat/mutton 18/10, liver 14/- and matumbo 9/40.

For special cuts in Mombasa and Nairobi, the highest price per kilo is that of fillet 49/50, followed by goat/mutton, 49/-. The lowest is silverside 30/80.

In all other areas, fillet will cost 45/35, goat/mutton, 42/05 and silverside 27/15.

Basmati rice will cost 13/50 per 2-kilo packet in all parts of Kenya, except in areas like Mandera, Moyale, Tana River, Turkana, Garissa and Samburu, where the price will vary from 13/60 to 14/75.

A one-kilo packet of imported rice will cost 6/75 in all parts of Kenya, apart from the specified areas where it will cost between 6/80 and 6/95. Sindano rice will cost 5/55 per one-kilo packet in all parts, except the specified areas where the price will be from 5/60 to 6/25.

The prices of all brands of tea have also been raised, including those of Fahari ya Kenya, Karibu Chai and Safari Pure. The price of a 500 gm. packet of Fahari ya Kenya now is 12/45, 350-gm 6/25, 100-gm 2/25 and 50-gm 1/25.

• Beef to cost 18/70 per kilo
• Milk to cost 2/15 per packet
• Rice (Basmati) 13/50/2 kilos
• Tea to cost 12/45 per 500 gm

TABELLE 12

KONSUM PER HAUSHALT/MAE/JAHR/TAG

KORR 1979

HAUSHALTSGRÖSSE Ø 3,8 Erwachseneneinheiten = 5,6 Personen

	MILCH	FLEISCH	MAISMEHL
KONSUM/J/HHT	256 l	117 kg	256 kg
KONSUM/T/HHT	0.7 l	300 g	700 g
KONSUM/T/MAE	0.2 l	70 g	200 g
Gesamtwert in KSH	460/-	1170/-	486/-
davon gekauft	20%	-	30%
Eigenproduktion	50%	50%	-
Geschenke	30%	50%	70% (Wahlkampagne des lokalen Parlamentsabgeordneten)

PREISE 1979:	MILCH	= 1,80 KSH/pro l (Ø)
	FLEISCH	=10,00 KSH/pro kg(Ø)
	MAISMEHL	= 1,90 KSH/pro kg

GRAPHIK 15: KONSUM VON MILCH, FLEISCH UND MAISMEHL IM JAHRESZEITLICHEN VERLAUF IN KORR

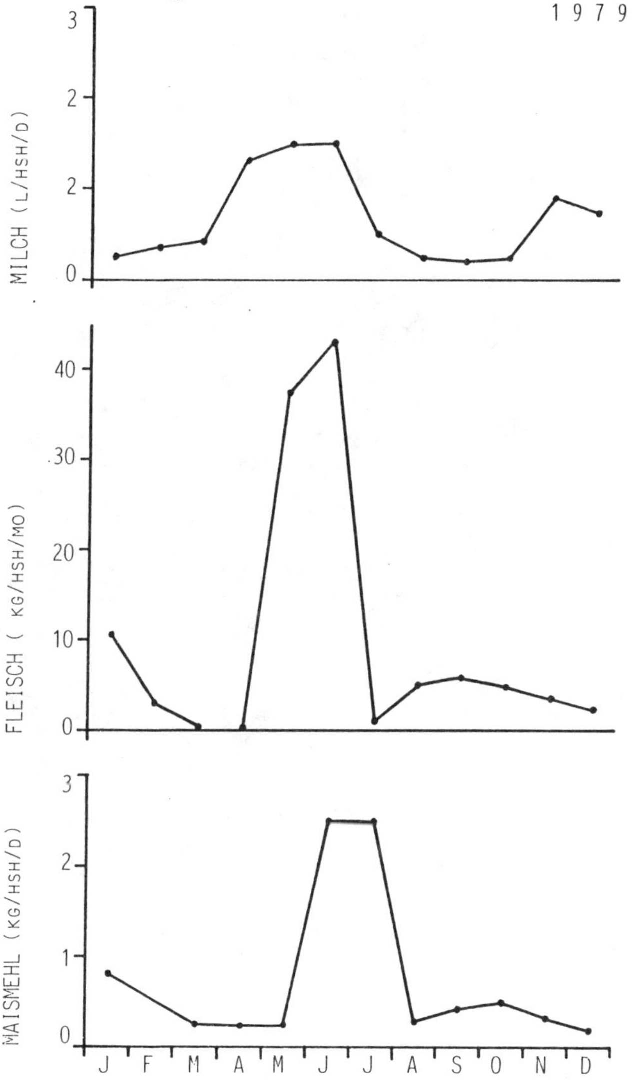

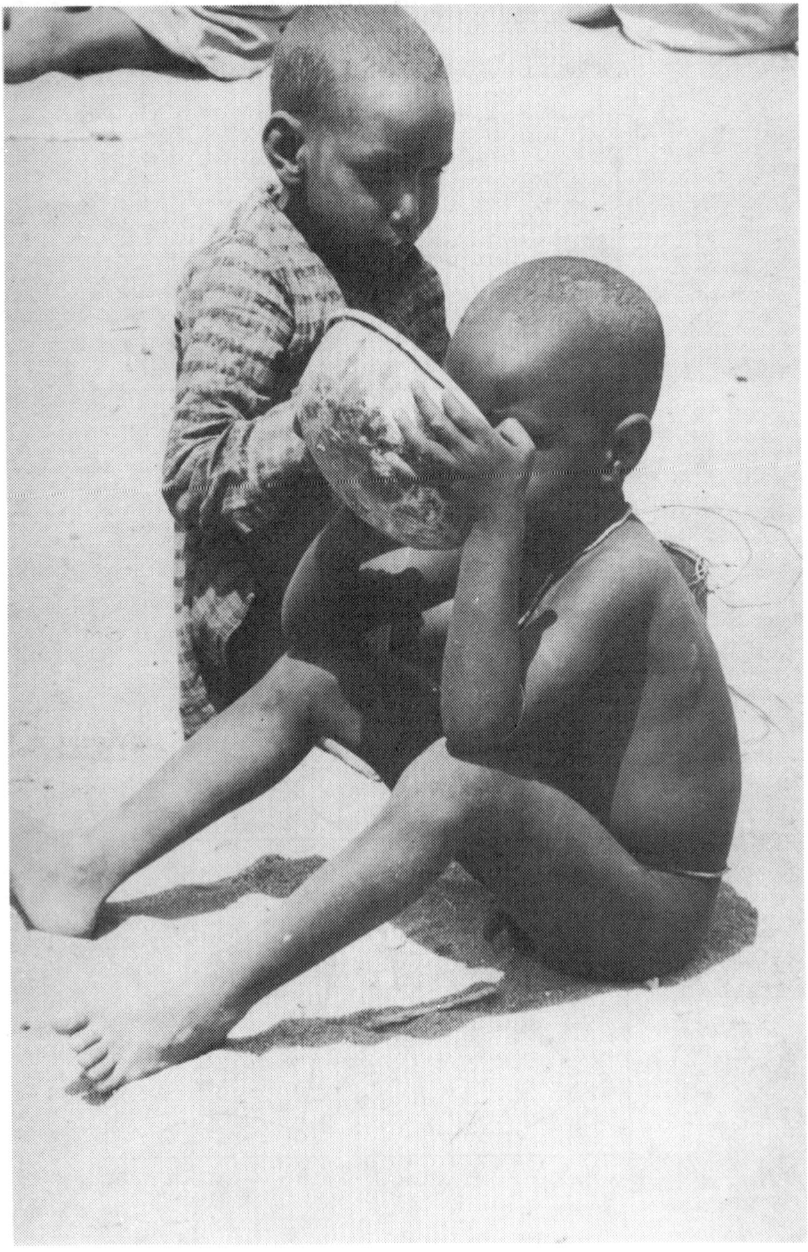

Abb. 68: Chakula ni chakula: Essen ist Essen. Eine chakula-liberale Generation wächst heran.

1 9 8 0 (Graphik 16, Tabelle 13), das Dürrejahr, bestätigt die Ergebnisse, die sich bereits in den Graphiken der Schlachtungen und toten und verzehrten Tiere zeigten. Aufgrund der Trockenheit war die Milchproduktion der Tiere äußerst niedrig, der Fleischverbrauch wegen verstärktem, präventiven Schlachten plus dem Genuß verstorbener Tiere hoch. Vermarktet, zumindest in Korr, wurde wenig (s. Graphik 13). Demzufolge konnte auch kein Maismehl erhandelt werden. Die geringen Quantitäten an Getreideprodukten bestanden zu 70% aus Famine Relief der Mission, von Regierungsseite erfolgte keine Unterstützung. Dennoch wurde diese Notsituation relativ gut durch hohen Fleischkonsum kompensiert, mit 180 kg/ pro Haushalt/Jahr der höchste im gesamten Berichtszeitraum, so daß echter Hunger, wie er fast das ganze Jahr 1979 oder 2/3 des darauffolgenden Jahres 1981 dominierte, nicht herrschte. Auch hier wird wieder klar, wie vorsichtig Durchschnittswerte, vor allem jährlich ausgedrückt, bewertet werden müssen, sieht man sie nicht aus der variablen, saisonalen Perspektive, die tatsächlich ein erhebliches Nahrungsdefizit für die längste Zeit bedeuten kann, obgleich laut " Jahres- oder Tagesverbrauch pro Kopf " gar keine Notsituation bestehen dürfte.

TABELLE 13

KONSUM PER HAUSHALT/MAE/JAHR/TAG

KORR 1980

HAUSHALTSGRÖSSE Ø 3,8 Erwachseneneinheiten = 5,6 Personen

	MILCH	FLEISCH	MAISMEHL
KONSUM/J/HHT	80 l	180 kg	128 kg
KONSUM/T/HHT	0.2 l	500 g	350 g
KONSUM/T/MAE	0.05 l	130 g	90 g
Gesamtwert in KSH	144/-	2160/-	282/-
davon gekauft	10%	15%	30%
Eigenproduktion	90%	40%	-
Geschenke	-	45%	70% (Famine Relief)

PREISE 1980: MILCH = 1,80 KSH/pro l (Ø)
FLEISCH = 12,00 KSH/pro kg(Ø)
MAISMEHL = 2,20 KSH/pro kg

GRAPHIK 16: KONSUM VON MILCH, FLEISCH UND MAISMEHL IM JAHRESZEITLICHEN VERLAUF IN KORR

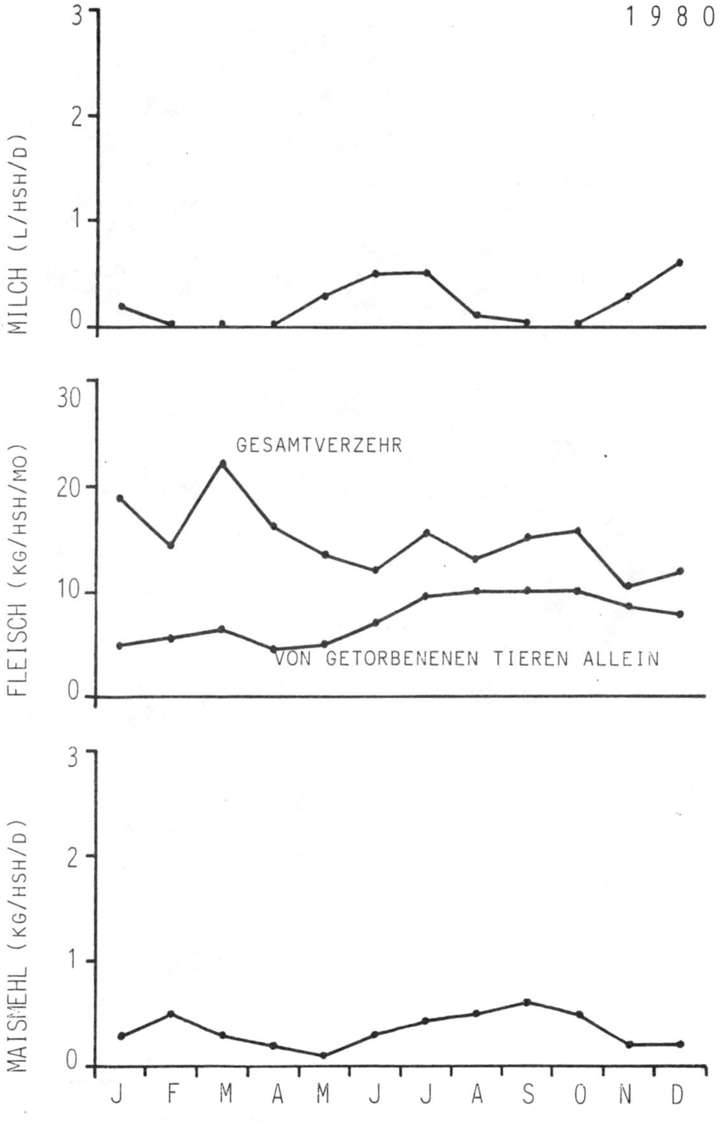

Abb. 69: <u>Nyama na maziwa peke yake:</u> Nur Fleisch und Milch. Die schönen jungen Krieger sind hier die Reste der alten Garde.

1 9 8 1 (Graphik 17, Tabelle 14), bestärkt ebenfalls in den Konsumkurven die äußerst kritische Zeit, die nach einer sogenannten Notzeit, gleich ob ausgelöst durch Dürre, Seuchen, Kriege etc, folgt. Hier sollte jedoch angemerkt werden, daß die Reaktion an einem Standort wie Korr als feste, permanente Ansiedlung als atypisch zu werten ist, da mangels Mobilität von Herden und Besitzern viele Mechanismen, den Folgen einer Notzeit zu begegnen, hier fehlen. Auch in diesem Fall können die in Tabelle 10 ausgewiesenen Durchschnittswerte leicht täuschen. Die Anpassung, die hier an die Nachkatastrophenzeit erfolgt, ist der totale Ausverkauf von Lebendvieh gegen Maismehl mit der Konsequenz, weder Schlacht- noch Zuchtvieh mehr übrig zu haben. Wie schon vorher erwähnt, stabilisieren zwar geliehene, in weniger intakten Familienverbänden " erbettelte " Tiere vorerst die Situation, tragen aber maßgeblich zu einem veränderten, - negativen - Besitzverständnis gegenüber des neuen Herdenbestandes bei, dem man nur wenig Sorgfalt bezüglich des Managements angedeihen läßt. Das muß nicht so sein, läßt sich aber in vielen Fällen nicht übersehen, besonders dann nicht, wenn zusätzlicher Famine Relief die tierzüchterische Initiative dämpft. Da dieses Jahr, 1981, in Korr noch weitgehend gekennzeichnet ist vom Leihen, Borgen, Erfragen neuer Tierbestände, auch Nahrungsmittelhilfe kaum gewährt wird, ist dieses Syndrom der Sorglosig- und Nachlässigkeit auch noch nicht so auffällig. Natürlich ist man zurückhaltend, das gerade geliehene Tier zu schlachten oder zu verkaufen, obgleich Letzteres vom Verleiher eher toleriert wird und es kommt öfter vor, daß dieser, gegen entsprechende Schuldverschreibung in der Währung VIEH, dieses gegen Bargeld selbst wieder zurückkauft. Hier ergibt sich für den Außenstehenden ein nahezu chaotischer Zustand des ständigen Besitzwechsels von Lebendtier, Bargeld und eingetauschten Güter, und nur so z.B. ist der recht hohe Maismehlverbrauch zu erklären. Dieser ist

TABELLE 14

KONSUM PER HAUSHALT/MAE/JAHR/TAG

KORR 1981

HAUSHALTSGRÖSSE Ø 3,4 Erwachseneneinheiten = 4,8 Personen

	MILCH	FLEISCH	MAISMEHL
KONSUM/J/HHT	146 l	51 kg	219 kg
KONSUM/T/HHT	0.4 l	140 g	600 g
KONSUM/T/MAE	0.1 l	40 g	170 g
Gesamtwert in KSH	321/-	714/-	558/-
davon gekauft	30 %	15%	80%
Eigenproduktion	60%	45%	-
Geschenke	10%	40%	20% (Mission, Geschenke an Missionsangestellte)

PREISE 1981:	MILCH	= 2,20 KSH/pro l (Ø)
	FLEISCH	= 14,00 KSH/pro kg (Ø)
	MAISMEHL	= 2,55 KSH/pro kg

GRAPHIK 17: KONSUM VON MILCH, FLEISCH UND MAISMEHL IM JAHRESZEITLICHEN VERLAUF IN KORR

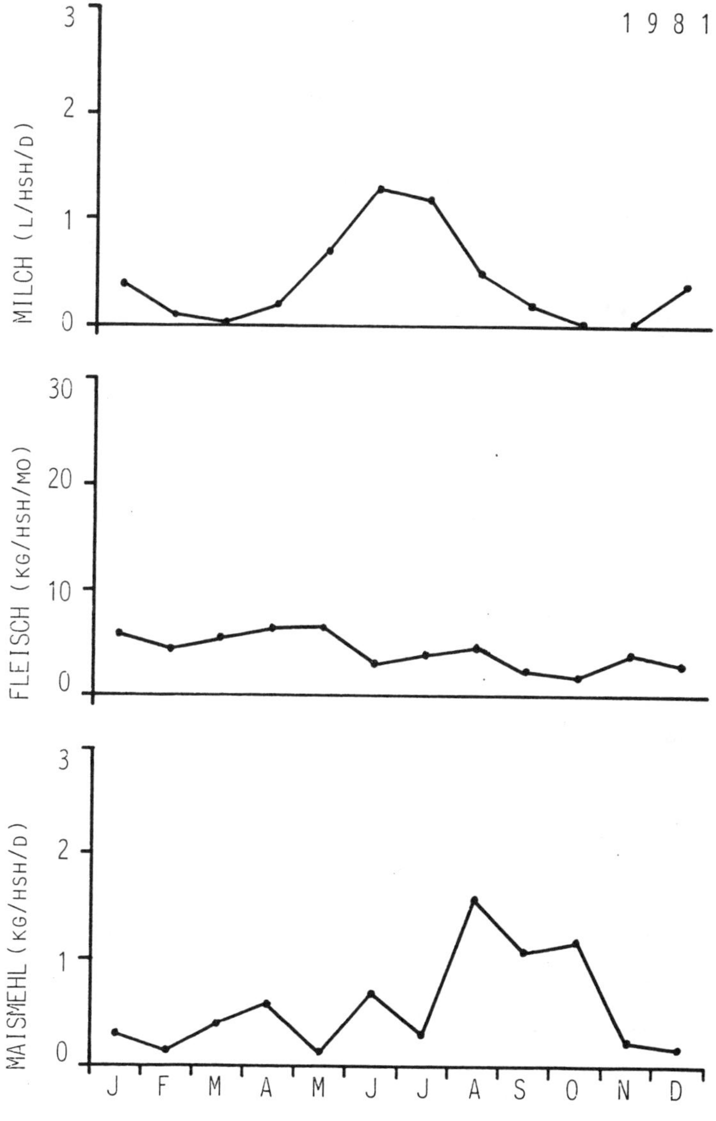

eindeutig zurückzuführen auf a. den Ausverkauf der - eigenen - Resttierbestände und b. auf Kredit, sei es durch geliehene und wieder verkaufte Tiere oder aber durch Bargeld mittels eines " Vieh garantierenden " Wechsels.

Die Folgen der Dürre abzufangen, ist also, wie man sieht, an einem Standort wie diesem eine komplizierte, stark kommerziell orientierte Aktion und weist viel Ähnlichkeit mit dem uns geläufigen Bank- und Kreditwesen auf.

Food Price increases

THE NAIROBI TIMES, 19.2.1983

YESTERDAY the government announced price increases for basic foodstuffs like meat, milk, rice and tea. Was this the start of the now famous mini budgets in which price increases occur between now and June, prior to the main budget?

In any case, following the increase in producer prices a week ago for maize, wheat, milk, rice and livestock, there was speculation that retail prices woud also go up. The producer prices went up for a good cause. To spur the farmers into greater and greater production of both the food and export crops. Given the current world recession and economic problems, the country needs to be self-sufficient in food and to export more. With weather permitting, the farmers should rise to the occasion for the incentive was of such a magnitude as to spur them on.

However, it is always difficult to raise producer prices without a corresponding rise in the consumer prices for the two are interdependent. It is therefore not surprising that some items have now gone up. And if that logic is to be followed to its end, further increases should be expected in the consumer prices for maize and wheat flour in the near future.

What is puzzling though are the price cuts that the treasury reportedly imposed on toothpastes and soft drinks early this week. The cuts were fairly drastic and if they were meant to cushion the consumer against yesterday's increases, they have not done so for the ordinary person for whom toothpaste and soft drinks may be costly luxuries. Price cuts in these two items do little to help such consumers.

1 9 8 2 (Graphik 18, Tabelle 15), das Normaljahr, ohne klimatische oder außergewöhnliche, rituelle Ereignisse, zeigt an sich klassisch, wie die Konsumkurven der einzelnen Produkte sich komplementieren.
Läßt man hier einmal außer acht, daß die Besitzverhältnisse der Herden auf unsicheren Füßen stehen, so zeigt sich hier deutlich, wie besonders in der Gegenüberstellung von Milch und Fleisch sich diese Erzeugnisse in ihrer Nutzung ideal ergänzen.
Als Grundlage für den hier angegebenen Verzehr, und der damit zugrunde liegenden Produktivität der Tierbestände, konnten 1982 in einer Stichprobe von 60 Haushalten folgende Tierzahlen festgestellt werden:

Zahl der Haushalte	60
Personenzahl (insges. in MAE)	165,9 MAE
Durchschnittl. Haushaltsgröße in MAE	2,7 MAE
Durchschnittl. Haushaltsgröße absolut	4,1 Personen
Kleinvieh (Schafe/Ziegen insges.)	3349
Kleinvieh pro Haushalt	56
Rinder (insges.)	509
Rinder pro Haushalt	8,5
Kamele (insges.)	173
Kamele pro Haushalt	2,9

Aus den als " Normalbild " angenommenen Kurven (Graphik 18) läßt sich ablesen, daß der Konsum von Fleisch mit dem des saisonalen Schlachtmusters identisch ist. Die hier ausgewiesene Verzehrsmenge von 132 kg. pro Jahr und Haushalt würde etwa 6 Stück Kleinvieh entsprechen, wobei der Anteil an Geschenken bei 50% liegt. Dies wiederum entspricht dem " Normalverhalten ", wie es im Familien- und Nachbarschaftsverkehr zu Gelegenheiten wie Sorio und Almadho üblich ist. Der Fleischkonsum ist

TABELLE 15

KONSUM PER HAUSHALT/MAE/JAHR/TAG

KORR 1982

HAUSHALTSGRÖSSE Ø 3,2 Erwachseneneinheiten = 4,4 Personen

	MILCH	FLEISCH	MAISMEHL
KONSUM/J/HHT	313 l	127 kg	603 kg
KONSUM/T/HHT	0.86 l	700 g	1.6 kg
KONSUM/T/MAE	0.26 l	200 g	500 g
Gesamtwert in KSH	688/-	1800/-	1541/-
davon gekauft	42%	20%	30%
Eigenproduktion	52%	30%	-
Geschenke	6%	50%	70% (Famine Relief)

PREISE 1982:	MILCH	=	2,20 KSH/pro l (Ø)
	FLEISCH	=	14,00 KSH/pro kg (Ø)
	MAISMEHL	=	2,55 KSH/pro kg

GRAPHIK 18: KONSUM VON MILCH, FLEISCH UND MAISMEHL IM JAHRESZEITLICHEN VERLAUF IN KORR

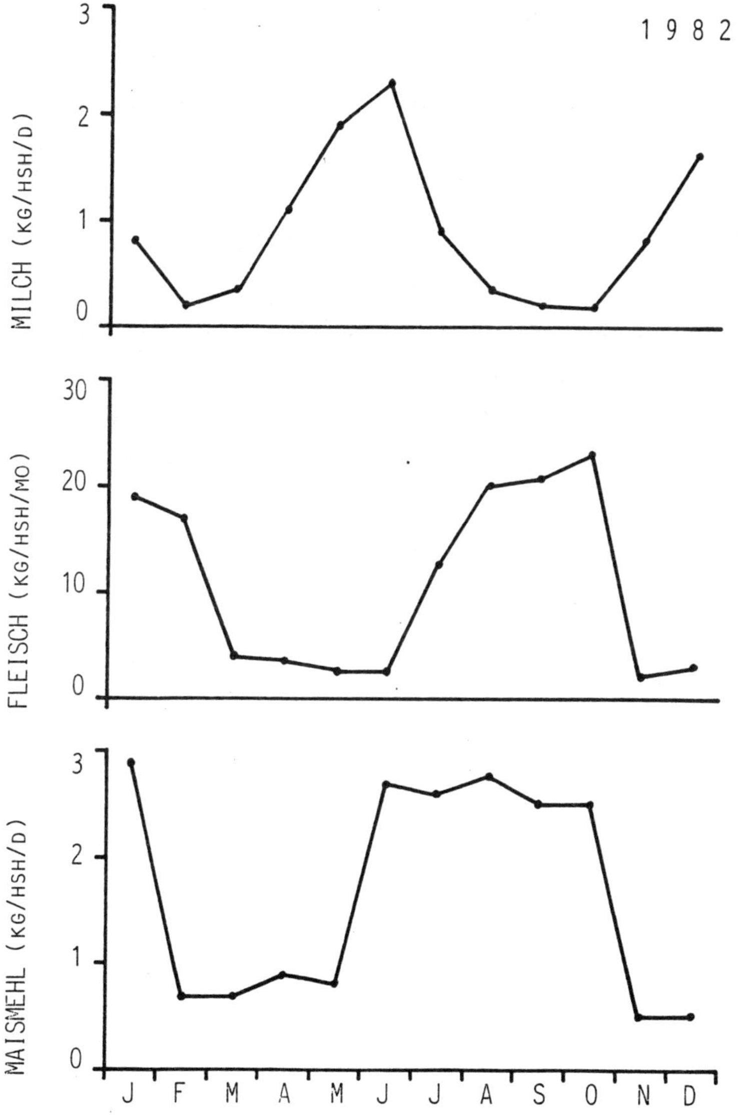

am höchsten auf der Höhe der Trockenzeiten Jan./Feb. und Juli bis Oktober, in deren Monate auch beide Feste des Sorio fallen, die unter ungestörten Bedingungen den Fleischkonsum erheblich beeinflussen. Milch, das mit Abstand als bevorzugtes Nahrungsmittel gilt, ist dagegen nur während oder kurz nach den Regen verfügbar, je nachdem, wie günstig die Ablammzeit gesteuert werden konnte. Ist diese, wie hier in 1982, ausreichend vorhanden, wird auf Fleisch so gut wie ganz verzichtet und die Diät lediglich durch Maismehl und vor allem Zucker supplementiert. Die Vermarktung in diesem Jahr war niedrig, der relativ hohe Maismehlverbrauch bedingt durch Famine Relief, der zwar überaus willig entgegengenommen wurde, in diesem Umfang jedoch nicht nötig war. In 1983, was nicht mehr systematisch erfaßt werden konnte und sich als ausgeprägtes Dürrejahr erwies, wurde so gut wie kein Famine Relief gewährt.

Umwandlung in kalorische Verbrauchsprofile

Die auf den folgenden Seiten nachträglich eingefügten Darstellungen, ausgewiesen als " KALORISCHE VERBRAUCHSPROFILE " , brauchen hinsichtlich ihrer Interpretationsfähigkeit, - und nicht zuletzt auch ihrer Glaubwürdigkeit -, etliche Zusatzinformationen, die absichtlich im vorangegangenen Text bisher nicht zur Diskussion standen. Als Begründung, und nicht als fade Entschuldigung für unleugbare Schwachpunkte, die die haushaltsökonomischen Erhebungen langzeitlich aufweisen, mag in erster Linie gelten: jene " Informationen " , die den Hintergrund und/oder Basis für den Versuch einer kalorischen Kontrolle bilden, sind weitgehend spekulativ. Nicht im praktischen, (gesehenen, erfahrenen), Sachverhalt, jedoch im wissenschaftlichen, quantitativ beweisbaren.
Damit wird die Information zur Beschreibung und damit subjektiv und anfechtbar.
Folgendes Problem stellt sich, d.h. im Kontext des hier zur Debatte stehenden Umfeldes, folgender Zweifel:
Als relativ unflexible Annahme gilt allgemein (in Literatur und Ansicht) ein durchschnittlicher Minimalkalorienbedarf bei mittelschwerer Arbeitsleistung von 1800 kcal/Tag/MAE. Nach allen Erfahrungen, wohlgemerkt auf den hier beschriebenen Lebensraum und seinen Spezifika bezogen, wird diese Versorgung nur selten erreicht. Ist das Jahr 1982, (für das die Verbrauchsprofile I und II erstellt wurden), im Sinne einer konkreten Abgrenzung (zur Unter- und Überversorgung) als " Normaljahr " bezeichnet, so ist diese Definition faktisch irreführend. Dieses Jahr steht exemplarisch für " normal " in einem artifiziell-generalisierenden Kontext, Extremwerte und -situationen außer Acht lassend. Im Vergleich zu den gewohnten Bedingungen, (nämlich in unserem Sinne einer akuten Unterversorgung von 40 - 50% der angenommenen Kalorienmenge), bestand im Jahr 82 realistisch eine optimale Versorgung. Die Differenz zwischen optimal, durchschnittlich, minimal und " für die Überlebensfähigkeit nicht ausreichend " ist in der Tat diskutierwürdig, wenngleich auch auf kaum abgesichertem, argumentativen Fundament.
Bislang besteht, (und nach Meinung des Autors im moralisch-ethischen Sinne zu Recht), erhebliche Zurückhaltung, die Anpassungsfähigkeit bzw. Dehnfähigkeit des menschlichen Organismus an Hunger und ultimat an Verhungern konsequent langzeitlich nachzumessen. Für den Augenblick ist im

Grunde nicht mehr bekannt, als daß die Adaptionsspielräume sowohl individuell als auch ethno-spezifisch große Unterschiede aufweisen. Zeigen z.B. die Jahre 1979 - 1981 eine durchschnittliche Kalorienversorgung von 800-900 kcal/Tag/MAE, die durchaus a priori in Zweifel gezogen werden kann, so muß jedoch genauso darauf hingewiesen werden, daß für den selben Zeitraum bei den Turkana Nordkenias, (einer ebenfalls pastoralen Gesellschaft in ähnlichem ökologischen Umfeld), Werte von nur 500-600 kcal/Tag/MAE erhoben wurden (Galvin, C. i. Vorb.)[49]. Diese Erhebungen sind insgesamt, gemäß nach aller uns zur Verfügung stehenden Informationen im Bereich der Enährungswissenschaft und Physiologie als " nicht vorstellbar und auf Erhebungsfehler zurückzuführend " abgewiesen worden.
Zu Recht? So wie es auch für diese Arbeit gilt, schließt ebenfalls Miss Galvin die Möglichkeit einer ungenauen Datenaufnahme nicht aus, sieht sie jedoch in ihrer Wahrscheinlichkeit als nachgeordnet. Stattdessen sollte man mehr Überlegung der Möglichkeit einräumen, ob und inwieweit extreme Umweltbedingungen nicht auch Anpassungsgrenzen, - physiologisch und metabolisch -, in andere Dimensionen rücken. Aus der Literatur ist, (zumindest die pastoralen Völker betreffend), zu diesem Thema so gut wie nichts bekannt, sieht man von den wenigen Arbeiten ab, die Mitte der 70iger Jahre über das Ernährungsverhalten der Maasai und dessen Konsequenz versucht worden sind (Gatenby-Davis, I.D.)[50]. Wenn auch nicht mit der wünschenswerten Ausführlichkeit und Konsistenz, so sind in diesen Arbeiten doch überzeugende Untersuchungsansätze enthalten, die klar aussagen: die ernährungsphysiologische Schulmeinung verliert hier ihre Gültigkeit. So wie z.B. innerhalb dieser Ethnie <u>keine</u> Interdependenz zwischen Höchstwerten im Blutfettspiegel und cardiovasculären Krankheitsbildern nachgewiesen werden konnte, so wird u.a. auch in der Diskussion betont, daß eine ungewöhnlich hohe Einschränkung des Energiebedarfs bei extremer Belastung, - vor allem Hitze- und Ernährungsstreß -, sichtbar wurde, genau jene 40 - 50% unterhalb der angenommenen Normalwerte (hier mit 1500-1600 kcal/Tag/MAE gerechnet).
Tun sich aus bereits angedeuteten Gründen die Humanwissenschaften mit einer experimentellen, " felderhobenen " Beweisführung auf diesem Gebiet schwer, d.h. mit der unmißverständlichen Fragestellung: Wieviele cal sind für den Menschen zum Verhungern nötig?, so könnte man annehmen, daß sich Antworten darauf sozusagen gewissenloser in der Tiermedizin und der

Tierernährung finden ließen. Dies scheint jedoch nicht der Fall zu sein, zumindest nicht bis in die jüngere Vergangenheit. Lange Zeit galt hier als fast einziger Trendsetter und Altmeister zugleich K. Schmidt-Nielsen[51], dessen weitgestreute Arbeiten unter dem übergeordneten Thema " Adaption and Environment " als Grundlage nach wie vor für eben diese Ungereimtheiten, die vermeintlichen Unverträglichkeiten in einer unberechenbaren, bis zur Höchstgrenze ausgereizten Natur gelten. Ein ausgezeichneter Einstieg in die Gesamtproblematik ist sein Standardwerk " Desert Animals "[52], das in ganz einmaliger Weise das Prinzip der Abweichung in einer solchen Umwelt darstellt, wie sie ja auch unter dem Aspekt der " Ökonomie des Hungers " diskutiert wird. Der Autor zögert in keiner Weise, gewisse " broadspectrum principles and structures " auch als gültig für den Humanbereich anzunehmen, wie z.B. " the interrelationship of quantity, quality and spacing of fodder (food) and the conversion in any kind of performance ".

Nehmen wir hier einmal für den menschlichen Bereich jene Performance als Arbeitsleistung an, so eröffnet sich sofort ein vitales Fragenfeld, was bislang ebenfalls kaum bearbeitet worden ist: Welche Bewertung erfährt (subjektiv) und sollte erhalten (objektiv) Arbeit (qualifiziert und quantifiziert nach Art, Dauer, Aufwand und Gruppierung, wer sie ausführt) in einer pastoralen Ökonomie? Was ist leichte Arbeit, was ist schwere? Ist Viehhüten schwer? Ist Wasserholen leicht? Oder vice versa? Wieviel Zeit wird auf leichte und/oder schwere Arbeit verwandt? Wer arbeitet mehr, länger, schwerer, leichter? Und noch eine Vielzahl mehr an Fragen stehen damit sofort in direktem Bezug zum aktuellen Energieverbrauch bzw. -bedarf, und ihre Beantwortung würde zweifellos das erstellte Kalorienprofil korrigieren müssen, da Mittelwerte einer in ihrer Arbeitsleistung/Energiebedarf als homogen angenommenen, künstlichen Gruppe (Erwachsenen-Einheiten!) keinesfalls der Fragestellung mehr gerecht werden würde. Auch hier gibt die Tierernährung wiederum Anlaß zum Nachdenken:

In einer Langzeituntersuchung soll nachgewiesen werden (Schwartz, H.-J., v. Engelhardt, W., Schultka, W.)[53], inwieweit unterschiedliche Haustierspezies Schwankungen im Futterangebot (bis in den Hungerzustand hinein) variabel nutzen und ausgleichen. Auch hier sind Übertragbarkeiten nicht ausgeschlossen, ersetzt man z.B. die Variable der Spezies durch unterschiedliche soziale Gruppierungen und unterschiedliche Arbeitsleistungen, die ihrerseits unterschiedliche Energie-/Versorgungs-/Bedarfslagen für

sich beanspruchen.
Wie gesagt, dieses ganze Gebiet ist hier weitgehend unbearbeitet geblieben und als bestimmender Einfluß aus den vorliegenden Darstellungen herausgelassen worden. Um ein geschlossenes Bild zu geben, wurde summarisch komprimiert, jedoch demgemäß <u>überschläglich</u> (denn als Male Adult Equivalents tun alle alles!) lediglich ein weitgehend realistischer <u>Überblick</u> gegeben, der demzufolge über einen einzigen Leisten geschlagen, (den der MAE), die Bedarfs- und Versorgungslage für mehrere Jahre zu verdeutlichen sucht. Das ist und bleibt unbefriedigend, solange eine differenzierte und quantifizierte Studie zur Arbeitserfassung und -leistung dem nicht gegenübergestellt wird. Auf zwei Arbeiten ist zu hoffen, die in den nächsten Jahren zu diesem Thema erscheinen werden, Labour and Labour Division in Samburu Society (Sperling, L.,i. Vorb.)[54] und etwa identisch für die Ariaal Gesellschaft (Fratkin, E.,i.Vorb.)[55]. Beide Arbeiten können viel Material, oder auch " the missing link " liefern, die eine profundere Ausarbeitung über Ernährung (angebotene und notwendige), d.h. kalorischen Bedarf bei spezifiziertem Arbeitsaufkommen innerhalb vorgegebener sozialer Strata erlauben würde.

Alle in den hier vorliegenden zusammenfassenden Darstellungen verwendeten Daten sind identisch mit denen für die einzeln ausgewiesenen Jahre. Ausgetauscht wurden folgende Meßeinheiten:

a. Menge (g/kg) gegen Energie (kcal)/pro Tag/MAE in Relation zum monatlichen Niederschlag (1982).

b. Menge (sortiert nach Produkten) konvertiert in kcal/Tag/MAE und <u>einzeln</u> dem jahreszyklischen Verlauf zugeordnet (1982).

c. Kalorisches Verbrauchsprofil, aufgeschlüsselt nach Produkten, in % eines kalorischen (angenommenen) Minimums von 1800 kcal/Tag/MAE in Relation zu den großen Zeremonien für die Jahre 1979 - 1982.

Zur Gegenüberstellung und zum Vergleich der Verbrauchsprofile I u. II s. Graphik 18, sowie Niederschlagsmengen Korr Graphik 5.

Zur Gegenüberstellung und zum Vergleich des Verbrauchsprofiles III s. Graphiken 15 - 18, sowie Tabelle 2.

KALORISCHES VERBRAUCHSPROFIL I: MILCH, FLEISCH, MAISMEHL UND ZUCKER (KCAL/MAE/TAG) IN KORR 1982

1 KG MILCH = 734 KCAL; 1 KG FLEISCH = 3010 KCAL;
1 KG MAISMEHL = 3590 KCAL; 1 KG ZUCKER = 4352 KCAL
QUELLE: NUTRITIONAL TABLES, NRS, WASHINGTON D.C., 1971

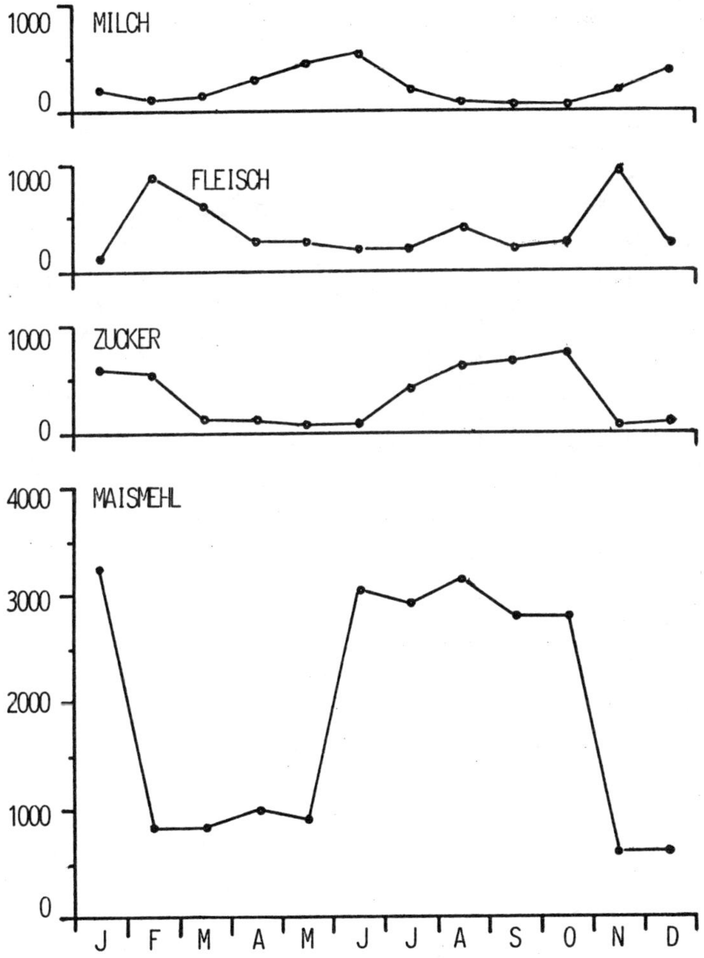

KALORISCHES VERBRAUCHSPROFIL II: GESAMTKALORIENVERBRAUCH (MILCH, FLEISCH, MAISMEHL, ZUCKER) IN KORR IM JAHR 1982

(DARGESTELLT IN % EINES KALORISCHEN MINIMUMS VON 1800 KCAL/MAE/TAG IN RELATION ZUM MONATLICHEN REGENFALL)

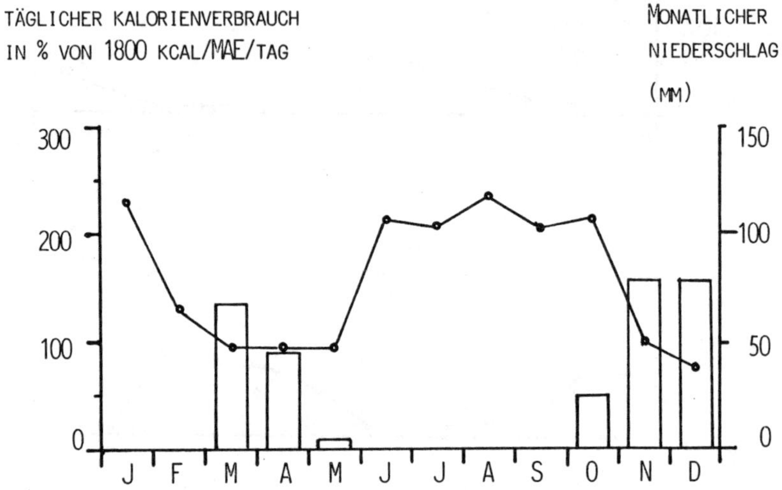

KALORISCHES VERBRAUCHSPROFIL III: MILCH, FLEISCH, MAISMEHL (DARGESTELLT IN % EINES KALORISCHEN MINIMUMS VON 1800 KCAL/MAE/TAG) IN RELATION ZU NIEDERSCHLÄGEN (MM/MONAT) UND GROSSEN ZEREMONIEN (SIEHE LEGENDE) IN KORR FÜR DIE JAHRE 1979 - 1982

(DIE SCHRAFFIERTE FRAKTION BEIM MAISMEHL REPRÄSENTIERT DEN ANTEIL, DER NICHT DURCH DEN VERKAUF VON KLEINVIEH ODER HÄUTEN FINANZIERT WURDE)

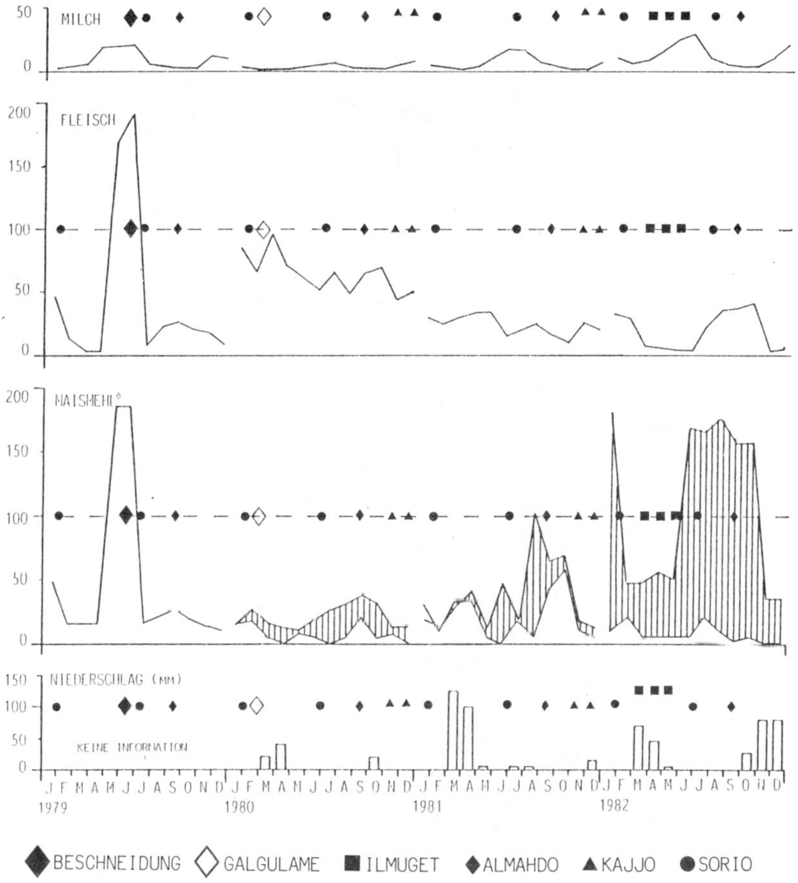

Abb. 70: Feuerholz ist nicht nur ein von Medien hochgespieltes Problem

Feuerholzverbrauch im Verhältnis zur Saisonalität und Produktpräferenz

Besonders in der Diskussion um die Sahelkrise aber auch generell im Zusammenhang mit Umweltausbeutung, -überbeanspruchung und ultimater Zerstörung ist Feuerholzverbrauch zum hochaktuellen Stichwort geworden, für das auf dem Sektor der angepaßten (Energie-) Technologie dringend nach Entlastungsstrategien, Ersatz- und Austauschprodukten gesucht, geforscht und experimentiert wird.

Trotz kleiner, zumeist regional begrenzter Erfolge, wie die Nutzung von Sonnenenergie oder der Entwicklung von Holz bzw. Holzkohle sparender Öfen für Haushalts- und Kochzwecke, ist es bisher nicht gelungen, funktionsfähige, solide Techniken und Instrumente anzubieten, die langfristig ökologische Schäden reduzieren oder, wie es schnell und nachhaltig nötig wäre, insgesamt stoppen könnten. Nach wie vor bleibt Feuerholz eines der unentbehrlichsten Verbrauchsgüter im ländlichen Haushalt und brauchbare Alternativen, im großen Stil anwendbar, sind zumindest für den Augenblick nicht abzusehen. In diesem Kontext stellt sich für den pastoralen Haushalt noch die zusätzliche Schwierigkeit, daß die wahrscheinlich einfachste Implementierung und Nutzung anderer Ressourcen wie die der Sonnenenergie durch das strikte Tabu außerhalb der Hütte, des Zeltes oder Hauses, - kurz gesagt: unter freiem Himmel -, zu kochen oder zu essen, stark behindert und bei den nordkenianischen Hirtenvölkern unter allen Umständen verhindert wird. Wenig oder gar nichts würde erreicht, diese soziokulturelle Sperre, (" Fisi tu nakula nje, nur Hyänen (fr)essen draußen "), gewaltsam durchbrechen zu wollen, wie es von Beraterdiensten im ländlichen Raum oft versucht worden ist. Die Folge war lediglich, und das gilt auch für andere Ethnien, Vertrauensverlust, erhöhtes Mißtrauen und vermehrter Widerstand, jene angebotenen Innovationen anzunehmen. Hierbei muß allerdings die Einschränkung erfolgen, daß diese Ablehnung mit ihrer Ausschließlich- und Endgültigkeit nur für die nomadischen Viehhalterhaushalte bestätigt werden kann und mit dem Anspruch der absoluten Richtigkeit nur für die hier behandelten Ethnien. Andere Gesellschaften, ackerbaulich oder urban verwurzelt, mögen fraglos andere Erfahrungswerte zeigen, doch dies liegt außerhalb des Beurteilungsvermögens des Bearbeiters.

Für den Komplex des Feuerholzverbrauches wird im Rahmen dieser Arbeit auch nur der zweitrangige Anspruch erhoben, eine überschlägliche Größenordnung zu geben und für den Konsum verschiedener Produkte ähnliche oder deckungsgleiche Anpassungen an saisonal abhängige Gegebenheiten nachzuweisen.

Die hier vorgestellten Ergebnisse sind deshalb nicht im echten Sinne quantitativ, da die Verbrauchsmengen nicht in konventionellen Maßeinheiten (z.B. Kilogramm) ermittelt worden sind. Eine solche Bearbeitung hätte eine völlig für sich stehende und exklusive Konzentration auf die umfangreiche Thematik " Energieverbrauch " oder den Verwendungzweck holziger Vegetation samt der sich daraus ergebenen Probleme erfordert. Ein solcher Versuch war niemals beabsichtigt, sondern explizit nur die Komplementierung durch übergeordnete Kategorien von Hoch- und Tiefwerten (im Verbrauch von Feuerholz) und wie sich dieser in Bezug auf saisonalen Konsum (Produktverbrauch) verhält.

Diese Untersuchungen wurden nur über den Zeitraum eines Jahres, 1983, angestellt, das als trockenes und in der zweiten Jahreshälfte als Dürrejahr nicht unbedingt repräsentativ sein muß. Dennoch zeigen die Erhebungen Grundsätzlichkeiten, die mit großer Wahrscheinlichkeit und lediglich in

Abb. 71: Übliche Tagesration Feuerholz: 8 - 10 " normal sticks " (entspricht im Durchschnitt 3,5 - 4,0 kg.)

Abb. 72: Oder auch einem Kloben wie abgebildet entsprechend

ihrer Dimension differierend, auch auf anders verlaufende, normale oder nasse Jahreszyklen übertragbar sein mögen.

Der tägliche Feuerholzverbrauch wird am Standort Korr in STICKS, d.h. Einzelästen von meist unterschiedlichen Baumspezies gemessen, wobei deren Zahl abhängig ist von a. dem vorgesehenen Kochgut und b. von der Holzart, die bezüglich des Produktes gezielt gesammelt wird. Die Abbildungen Nr. 68 und 69 sind als Tagesmenge für den durchschnittlich situierten Haushalt typisch, hat man sich als Mahlzeit für Fleisch oder Ugali (fester Maisbrei, ähnlich der Polenta) entschieden. Für das Rösten von Fleisch wird allgemein das Holz der Acacia tortilis , für das Kochen von Maisbrei das der Comiphora africana bevorzugt, beides Arten, die allgemein nicht als beste Feuerholzqualität gelten, doch im Umkreis dieses Standortes noch in ausreichender Menge vorhanden sind. Desgleichen spielen Größe und Gewicht der Aststücke eine Rolle, für die es lokal übliche Umrechnungsformen gibt. So entspräche z.B. der auf Abb. Nr. 69 gezeigte Kloben, ca. 1,20 m lang und ca. 40 cm im Umfang,etwa 6 - 8 " normal sticks ", etwa denen entsprechend auf Abb.Nr. 68. Für das Kochen von Tee, dessen Anteil an Milch jahreszeitlich variiert, im Idealfall jedoch 2/3 Milch : 1/3 Teesud plus, - je nach Finanzstand -, größter Quantität Zuckers bestehen sollte, (als geschmackliches Optimum gilt ungefähr 125 g pro 1 1/2 l Tee/Milch-Gemisch), wird selten in jeder Art als kostbar angesehenes Holz verwendet. Hier ist GOLOK, ein für die Trockengebiete dominierender Zwergbusch, botanisch Duosperma eremophilum, der bevorzugte Brennstoff, (s. Abb. Nr. 72), der zu jeder Jahreszeit in Fülle vorhanden doch ohne jeden nennenswerten Brennwert ist; ein Mangel, der für das bloße Aufkochen von Flüssigkeit nicht ins Gewicht fällt.

Auffällig für den Standort Korr sowie für das ganze Studiengebiet ist, daß Feuerholz so gut wie niemals frisch geschlagen wird, eine gegenläufige

Beobachtung zu der sonst vertretenen Meinung des für diesen Zweck betriebenen ökologischen Raubbaus. Abb. Nr. 73 , die eine Frau mittleren Alters mit der Durchschnittsmenge eines Sammelganges zeigt, läßt deutlich erkennen, daß es sich hier um totes Holz, meist als Schwemmgut aus den irregulär wasserführenden Wadis aufgelesen, handelt. Diese Praxis des Aufsammelns statt Schlagens ist allgemein üblich schon allein deshalb, weil die Reserve an Bäumen, - seit Menschengedenken, wie die orale Überlieferung berichtet, in dieser Gegend immer klein gewesen -, längst erschöpft ist und lange Wege nötig machen würde, verbunden mit großem physischen Aufwand bei geringem Ertrag. Die vorherrschende Devise in allen 120 befragten Haushalten war einheitlich die des Sparens und von keinem anderen Verbrauchsgut wurde mit so viel Respekt gesprochen wie dem des Feuerholzes. Diese hier beschriebene Tugend des schonenden Umgangs mit der Rarität mag jedoch begrenzt sein auf die " echten " Wüstenbewohner, die niemals durch " abundance ", - Hülle und Fülle -, zur Verschwendung verführt worden sind; und mit Sicherheit ergibt sich da ein anderes Bild, wo diese einst herrschte und Auslöser war für kommerzielle Ausbeutung.
Der Randartikel aus der " NATION " vom 6.8.1983 gibt darüber Aufschluß, wie innerhalb eines Distriktes die Wahrnehmung und Handhabung des biologischen Umfeldes unterschiedlich entwickelt sein kann, so daß strikte Verbote erforderlich werden. Die Gegend kennend, auf die sich die " NATION " bezieht, berüchtigt für ihren ausgedehnten Holzkohle-Handel, gibt in diesem Falle District Commissioner Ali Sheikh, als " Ausländer " von der 1000 km weit entfernten Küste sonst in vielen Fragen völlig unbewandert, jedes Recht zu dieser Warnung samt angedrohter Strafe. " Felling of trees " verdient tatsächlich diesen Bann; denn wo sonst, wie die Rendille sagen, " kann WACH (ihr Gott) ruhen, um die Regen des Jahres um sich zu versammeln, wenn nicht im Schatten der Bäume, der sie bei guter Laune hält " (Arnech, pers. Komm. 1983).

Abb. 73: Feuerholz ist ein Verbrauchsgut, mit dem in echten Wüstengegenden sehr sparsam umgegangen wird

DAILY NATION, 19.6.1983

Felling of trees banned

FELLING of trees in Sololo division, Moyale sub-district, has been banned and those found engaged in the activity will be prosecuted.

The ban was announced by Marsabit D.C., Mr. Ali Sheikh, early this week at Gologe trading centre, where he chaired a soil and water conservation meeting which was organised by Moyale Forester, Mr. Charles Celembo.

The D.C. expressed shock over the felling of trees in the Uran location where the already affected areas were posing a great danger to soil erosion.

He noted that thousands of trees had been felled carelessly creating deserts in several areas.

Calling on *wananchi* to stop felling trees forthwith, Mr. Sheikh directed chiefs to arrest those who continued with the activity. He told them to explain to *wananchi* on the importance of trees in order to contain the situation.

Addressing the same *baraza*, Mr. Celembo said felling of trees was very common during the garden clearing season. He added that farmers should use the cleared areas for farming instead of clearing on their own.

GRAPHIK 19: TÄGLICHER FEUERHOLZVERBRAUCH IN KORR 1983

(STICHPROBE 120 HAUSHALTE)

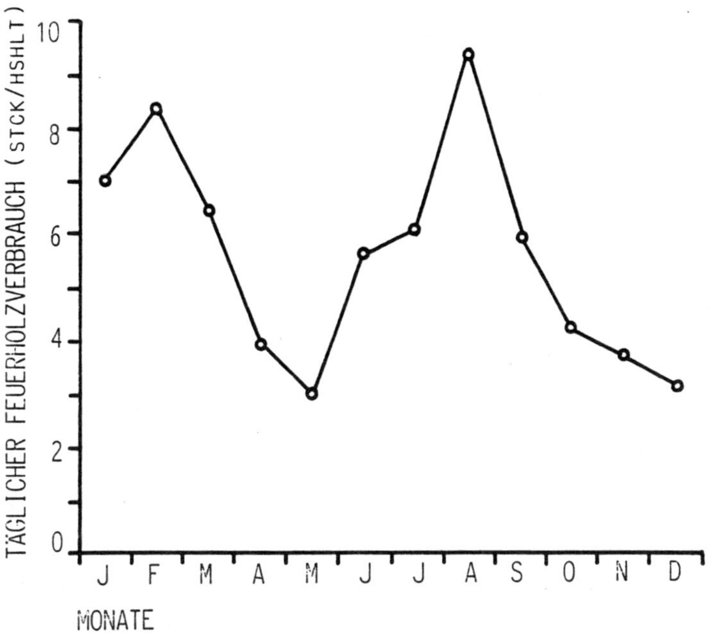

Das Durchschnittsgewicht des täglich verbrauchten Brennstoffes wurde mit 3,5 - 4,0 kg (Holz) ermittelt, Leichtbrennmaterial wie Golok und anderes Reisig mit ca. 2.5 - 3,0 kg. Auch hieraus bestätigt sich, daß in der allgemeinen Sparzeit, der Regenzeit, der Brennstoffverbrauch dem gleichen anpssungsprinzip unterliegt, wie alle anderen Produkte auch, d.h. der Verbrauch wird drastisch gesenkt.

Graphik 19 " Täglicher Feuerholzverbrauch in " sticks " pro Haushalt/Tag " zeigt in der Jahreskurve die saisonal abhängigen Hoch- und Tiefwerte dieser Kommodität, wie sie sich aus der Befragung und Beobachtung von 120 Haushalten am Untersuchungsstandort KORR für das Jahr 1983 ergab. Dieser Verlauf korrespondiert eng mit Graphik 18, die den durchschnittlichen Konsum von Milch, Fleisch und Maismehl 1982 aufweist. Da für 1983 letztere Daten nicht mehr erhoben werden konnten, ist jene Korrespondenz mit dem Faktor gewisser Unsicherheit belegt, die sich naturgemäß bei jeder zeitlichen Lücke einstellt. Dennoch wird das Prinzip trotz jenes Mankos ziemlich klar ersichtlich.

Alle vorangegangenen Untersuchungen bestätigen grundsätzlich Spitzenwerte für den Fleischverzehr in der Trockenzeit, für Milch in und unmittelbar nach der Regenzeit und den Verzehr von Mais als " Füllprodukt " in unregelmäßigen Intervallen, da seine Verfügbarkeit nicht saisonal (sondern infrastrukturell) bedingt ist.

Daraus ergeben sich für den Feuerholzverbrauch ebenfalls Höchstwerte in der Trockenzeit (Jan./Feb. und Aug./Sept.), da in diesen Monaten Fleisch das bevorzugte Nahrungsmittel ist und gleichermaßen auch das, welches die längste Zubereitungszeit braucht. Dies drückt sich 1. in der Menge (verbrauchter " sticks ") als auch 2. in der Qualität (Art) des gewählten Holzes aus, das in der Regel in diesen Monaten aus dem Acacia tortilis (s. Abb.Nr.70) besteht; einem Hartholz mit relativ hohem Brennwert, wie es dem Garen des Produktes Fleisch am besten entspricht.

Dagegen sinkt der Feuerholzverbrauch um etwa 70% in und nach den Regenzeiten April/Mai und Okt./Nov./Dez., da in diesen Monaten Milch verfügbar ist, die in Form von " Chai " (Tee) sowie auch roh als Hauptnahrungsmittel gilt, das wenig Zubereitungsaufwand erfordert. GOLOK, bzw. das, (wenn in der Regenzeit grün, in der Sonne gedörrte), Strauchwerk des Zwergbusches Duosperma eremophilum (s. Abb. Nr.72) tritt hier als Brennstoff an die

Abb. 74: Acacia tortilis

Abb. 75: Comiphora africana

Abb. 76: G o l o k oder Duosperma eremophilum

Stelle von Holz.

Die mittleren Verbrauchswerte, vornehmlich im März, Juni, Juli und die Übergangszeit Sept./Okt., wo bereits an Fleisch gespart wird, die Milchproduktion jedoch noch nicht eingesetzt hat, deutet auf starke Supplementierung durch Maismehl hin (s. Graphik 18), das für die Zubereitung quantitativ als auch qualitativ eines mittelmäßigen Standards bezüglich des Feuerholzes bedarf, der durch das der Comiphora africana (s. Abb.71) abgedeckt wird.

Zusammengefaßt gelten für den Feuerholzverbrauch in Verbindung mit den saisonal genutzten Produkten Fleisch und Milch sowie mit dem asaisonalen Verzehr von Maismehl folgende Faustregeln:

Hauptnahrungsmittel	Feuerholzart	Verbrauch	Saison
Fleisch	Acacia tortilis	hoch	Trockenzeit
Milch	Duosperma eremophilum	niedrig	Regenzeit
Maismehl	Comiphora africana	mittel	asaisonal, vorwiegend in Übergangszeiten

Weiterhin sei darauf hingewiesen, daß neben der Anpassung an das jeweilige Produkt der Verbrauch oder die Handhabung von Feuerholz auch einer ökologischen Anpassung Rechnung trägt. D.h., Aufwuchszeiten der Vegetation werden nur geringfügig gestört, wohingegen in der " Saison morte ", lt. Duden " eine Zeit ohne wirtschaftlichen (hier einsetzbar: ökologischen) Wert ", ihre Abfallprodukte in form von " bois mort ", - totem Holz - (das durch Bruch und Absterben in der Trockenzeit reichlich anfällt), optimal genutzt werden.

TABELLE 16: KENNDATEN : F E U E R H O L Z ; KORR 1983

KENNDATEN ZUR BESCHREIBUNG DES AUFWANDES FÜR DAS SAMMELN VON FEUERHOLZ IN KORR
(angegeben in % von 120 befragten Sammlern/Verbrauchern, erhoben Juni 1983)

SAMMELN ZUM AUSSCHLIESSLICHEN EIGENVERBRAUCH	42,5
SAMMELN ZUM EIGENVERBRAUCH UND VERKAUF	50,0
AUSSCHLIESSLICH KAUF	7,5
SAMMELN/KAUFEN TÄGLICH	30.0
SAMMELN/KAUFEN ALLE 2 TAGE	37,5
SAMMELN ALLE 3 TAGE	22,5
SAMMELN IN GRÖSSEREN ABSTÄNDEN	10,0
ZEITAUFWAND AM SAMMELTAG 1 STUNDE	33,4
ZEITAUFWAND AM SAMMELTAG 3 STUNDEN	20,8
ZEITAUFWAND AM SAMMELTAG 5 STUNDEN	35,8
ZEITAUFWAND AM SAMMELTAG 8 STUNDEN UND MEHR	2,5
KÄUFER	7,5

Mit zunehmender " Urbanisierung ", d.h. in permanenten Siedlungen mit Missionsstationen, Läden, Polizeiposten, Kleinhospitälern (Dispensaries), oder auch in gutsituierten Haushalten besteht besteht ein zunehmender Bedarf an Serviceleistungen wie Wassertransport und Feuerholzsammeln gegen Bezahlung. Vor allem Frauen haben diese " Marktlücke " erkannt und sichern als Dienstleistungsunternehmer ein zwar bescheidenes aber regelmäßiges Einkommen für die Familie. Die Menge Feuerholz auf Abb. 73 entspräche dem Durchschnittsverbrauch eines Normalhaushaltes (4,5 Personen) in drei Tagen und wird z.Zt. mit KSh 4/50 gehandelt. Je nach Holzqualität sind die Preise jedoch flexibel; so würde die gleiche Menge nur aus Hartholz (Akazienarten) bestehend KSh. 6/- kosten, Golok ca. KSh. 2/- und Comiphora KSh. 3/50.

Abb. 77: Feuerholz wird in dieser Gegend so gut wie nie geschlagen, sondern ausschließlich als Totholz gesammelt.

GRAPHIK 20: ANZAHL GEKOCHTER MAHLZEITEN PRO HAUSHALT UND TAG IN KORR 1983 (STICHPROBE 120 HAUSHALTE)

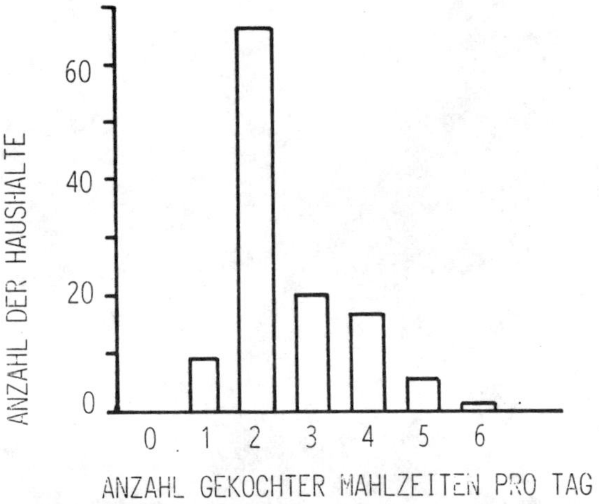

Fraglos ist der Feuerholzverbruach abhängig von der Anzahl der Mahlzeiten, sowie von den Produkten, die täglich pro Haushalt gekocht werden. In mehr als der Hälfte aller untersuchten Haushalte waren 2 Mahlzeiten üblich, davon eine (meist am Morgen) als " Schnellgericht " in Form von Milchtee oder " UJI " (Suppe aus Milch, Maismehl und Zucker) und einer festen Mahlzeit am Abend, entweder aus Fleisch oder " UGALI " (steifer Pudding aus Maismehl, Wasser, Fett und Salz) bestehend, je nach Jahreszeit und Budget. Alle Haushalte, die mehr als diese zwei Grundmahlzeiten angeben, rechnen Tee, der zwischendurch eingenommen wird, ebenfalls als " Mahlzeit ". Vor allem in der Regenzeit, wenn Milch verfügbar ist, wird häufig auf das substantielle Abendessen ganz und gar verzichtet und lediglich rohe Milch, ungekocht, verzehrt. Der Feuerholzverbrauch sinkt dadurch erheblich (s. Graphik 19).

Abb. 78: Die " holzfressenden " Jikos

Diese Art des Kochens auf " JIKOS ", die mit Holzkohle betrieben werden, sind eher mitbeteiligt an der ruinösen Abholzung der Waldgebiete als die " Drei-Steine-Feuer " in Rendille-, Samburu- und Massaihütten:
Jede Art des Holzverbrauches im häuslichen Rahmen ist ohnehin immer noch mit Abstand tolerabler als der bestimmter Industriezweige (z.B. Bau-, Papierindustrie etc.), die durch Umrüstung und Investition sehr viel eher auf Kunststoffe umstellen könnten, stünde tatsächlich das Anliegen im Vordergrund, Wälder zu schützen und zu rehabilitieren.

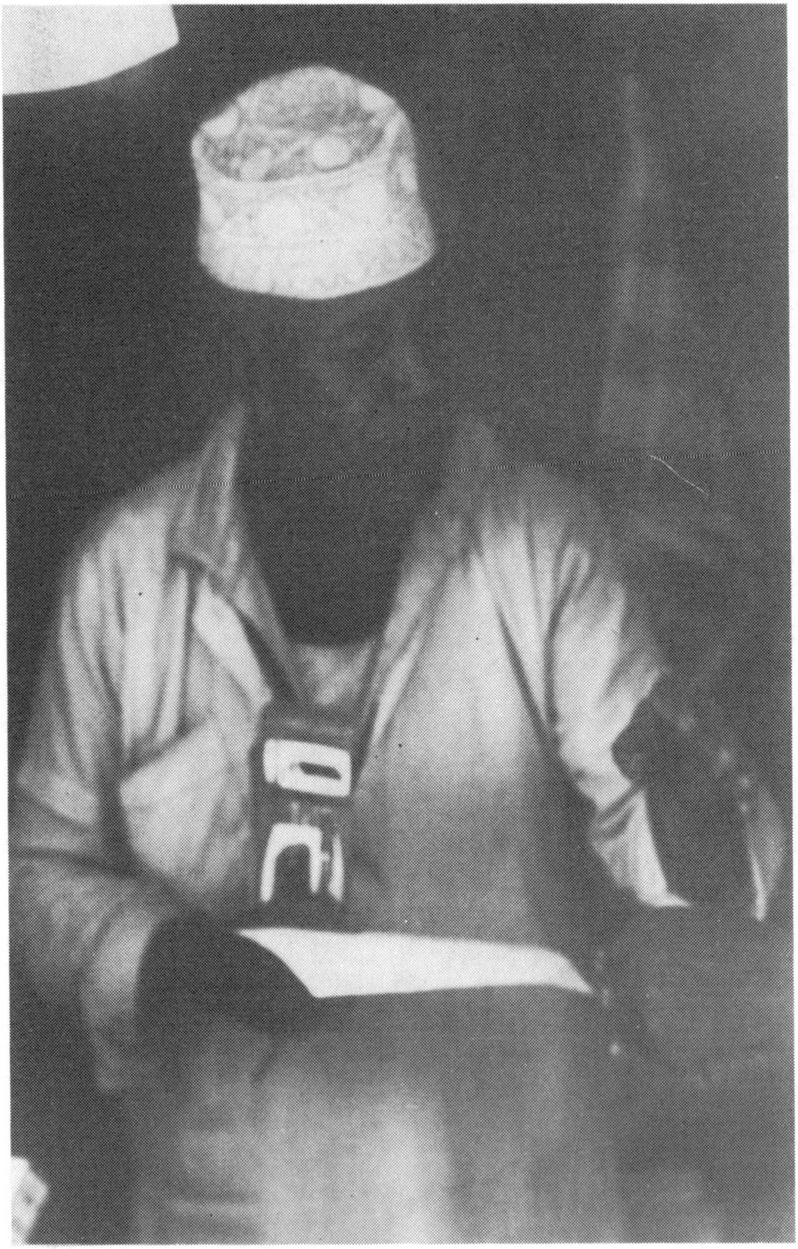

Abb. 79: Verkäufer, Vermittler, Verräter, Vertrauter

Händlerstatistik

in rohen Durchschnittswerten, gedacht als
1. Annex zur Überprüfung (cross-check) der haushaltsökonomischen Kerndaten und
2. Kurzinformation zum Investmentverhalten in »Luxusgüter«

Für diesen Teil der Arbeit, nachfolgend bezeichnet als

" HÄNDLERSTATISTIK IN ROHEN DURCHSCHNITTSWERTEN ",

wurde erst zu einem sehr späten Zeitpunkt in der Bearbeitung des Materials entschieden, die in diesem Zusammenhang erhobenen Daten mehr als Absicherung und Verifizierung der im Mittelpunkt stehenden Untersuchungen, die sich auf ABLÄUFE IM PASTORALEN HAUSHALT beziehen, zu verwenden, denn als vollwertigen Teilbereich aus der Perspektive des kommerziell orientierten Händlers. Allein schon bedingt durch die andere Zielsetzung des UNTERNEHMERS, dessen Bestreben an erster Stelle der UMSATZ von Produkten und nicht deren Produktion oder Verbrauch ist, bedürfte es hier einer sowohl anderen Bearbeitungstrategie als auch von Anfang an eines überlegteren Modus der Erhebungen als dem, wie er unter den im Berichtszeitraum herrschenden Feldbedingungen möglich schien.

Dennoch, vor allem bestärkt durch den Umstand des bis zur Zeit nur sehr beschränkten Wissens über Kauf- und Verkaufsquoten, sowie die Nutzung der erst seit wenigen Jahren existierenden Einrichtung eines " Ladengeschäftes " in einer bis dahin so gut wie " bargeldlos " operierenden Ökonomie, läßt die Präsentation des sowohl zeitlich als auch in seiner Vollständigkeit begrenzten Datenmaterials als sinnvoll erscheinen.
Wie aus den in diesem Annex zusammengefaßten Graphiken und Tabellen hervorgeht, sind jene Daten, - ausgenommen die der " klassischen " Subsistenzprodukte wie Lebendvieh und Häute, die in ihrem saisonal abhängigen An- und Verkauf von 1980 - 1983 erfaßt sind -, hauptsächlich im Jahr 1982, dem sogenannten " Normaljahr ", erhoben worden. Hier ließ sich am ehesten der Trend feststellen, in welchem Umfang sich die Bereitschaft etablierte, durch direkten Kauf statt traditionell durch direkten Tausch (ohne Umweg über den physisch greifbaren Gegenwert GELD), in importierte Güter wie

Maismehl und Zucker oder " Luxus " wie Tabak, Ocker, Zinnober und Glasperlen zu investieren. Inwieweit diese Investitionen aktiv oder passiv an durch saisonbedingte Liquidität (z.B. durch Vieh- und Häuteverkauf) gebunden sind, oder diese Liquidität bereits durch Sparen von Geld erreicht wird, das asaisonalen Konsum bestimmter Produkte gestattet, ist von seiten des Bearbeiters nicht ausreichend und zufriedenstellend geklärt worden. Dies müßte bei neuer Themenstellung und in neuem Untersuchungsrahmen dringend aufgearbeitet werden, sowohl qualitativ (z.B. durch Feststellung einer möglichen Änderung der bislang üblichen Tauschmotivation in Gegenüberstellung zu sich völlig neu bildenden Grundmustern von Kaufmotivation) als auch quantitativ, (wie z.B. durch kontinuierliche Erhebung des Umsatzes aller in " dukas " (Kiswahili: Ladengeschäft)) angebotenen Gütern, Kaufpräferenzen, Käufertyp oder Klientel für bestimmte Produkte etc.

Im gesamten Berichtszeitraum dieser Arbeit mit den frühesten Untersuchungen 1978 beginnend bis zum Ende 1983, wurde Korr weitgehend monopolisiert durch einen somalischen Händler. Dieser war als einziger kapitalkräftig genug, eine Infrastruktur, (in Form von drei Landrovern und einem 7-Tonnen-Lastwagen), zu unterhalten und damit, gemessen am Maßstab der Entlegenheit und Isolation des Ortes, eine relativ geregelte Versorgung mit Importgütern sicherzustellen.
Als Somali das Wirtschaftspotential nomadischer Viehhalter kennend, behielt er neben seiner Duka, die ein breites Sortiment verschiedenster Produkte, - Grundnahrungsmittel wie ebenso Artikel des täglichen Haushaltsbedarfes, (Taschenlampen, Kochtöpfe, Stoff etc.) anbietet, den Ankauf von Lebendvieh und Häuten bei. Dieses Unternehmen mit dualer Funktion erlaubt es, daß der meist immer noch " bargeldlose " Pastoralist auch tatsächlich von einem Ladengeschäft Gebrauch machen kann, das sein Vieh als Kreditkarte akzeptiert und dadurch nunmehr in der Lage ist, " Konsum " in größerem

Abb. 80: Die einzige " Duka " in Korr ist ein wichtiger Knotenpunkt in der Versorgung

Stil zu betreiben; d.h. eine Auswahl oder ein Angebot in Produkten steht ihm heute zur Verfügung, das seine (des Pastoralisten) Motivation, Vieh zu verkaufen, erheblich stimuliert hat.
Ausgeklammert aus der Diskussion soll bleiben, inwieweit " das Wecken neuer Bedürfnisse " begrüßens- oder beklagensert ist; mit Sicherheit ist es ein global herrschender Faktor, dem sich auf Dauer keine Gesellschaft entziehen konnte und wollte. Wenn auch sehr spät, so hat diese (selbst in Afrika vielerorts längst als selbstverständlich hingenommene) Entwicklung nun auch die Rendille erreicht und letztlich: warum sollte sie ihnen auch vorenthalten bleiben?

Wie funktioniert nun so eine Duka auf dem ländlichen Lande, wo, wie in diesem Fall, bis noch vor wenigen Jahren nur mit dem gewirtschaftet wurde, was man selbst auch produzieren konnte?
Da, wie vorher erwähnt,diese Händler-Statistik ursprünglich nicht eingeplant war und ebenso später nur als Seitenlinie betrieben worden ist, wurden als Beispiel bestimmte Produkte ausgewählt, die sich Produktgruppen mit bestimmtem Zweck zuordnen ließen.
Dabei entstanden folgende drei Kategorien:

1. Ersatzprodukt(e) für ein oder mehrere lebensnotwendige Verbrauchsgüter. Als Beispiel wurde für diese Gruppe das landesweit übliche und sehr populäre Maismehl (s. Tabelle 21 und Graphik 27) gewählt, als Terminus technicus in allen hier in Kenia beheimateten Sprachen nur als POSHO bekannt. Posho ist ein Wortderivat des englischen Begriffs " portion ", der in der Kolonialzeit, vor allem in der Armee und Polizei, den Status einer Art Entgeldes erhielt, doch ebenso für (Essens-) Ration, - von größter Bedeutung in dieser wie wohl zu jeder Zeit in Afrika -, stand.

Wie sich klar aus den haushaltsinternen Erhebungen ergab, ist heutzutage Posho aus rein ökonomischen Gründen, (geschmacklich wird es oft als fast ungenießbar empfunden), der Ersatzfavourit besonders für Fleisch, das der Produzent und Verbraucher, beide in einer Person, a. nicht ausreichend, billig und schnell genug produzieren, so daß b. der Verbraucher, - er selbst -, es sich leisten kann.

Ganz im Gegensatz zu der häufig vertretenen Meinung, der Pastoralist verkaufe nicht, ist zum jetzigen Zeitpunkt überall der steile Trend zu vermerken, Vieh als Ersatz für ein billigeres Grundnahrungsmittel anzubieten, das seinerseits wieder das teure " Genußmittel ", zu dem Fleisch (unter Normalbedingungen) geworden ist, ersetzt.

Die zweite Produktgruppe ist definiert als die vitaler Zusatzprodukte und als Beispiel dafür wurde ZUCKER gewählt. Zucker hat im Vergleich zu Maismehl oder Getreideprodukten insgesamt eine mit Abstand höher bewertete Einstufung erfahren, zumal ihm aus früheren Zeiten noch der Nimbus des " Genußmittels " anhängt, eine Position, die heute das Fleisch innehat. Auch in dieser Kategorie hat also eindeutig ein Wechsel stattgefunden. in Gestalt, daß ein Grundnahrungsmittel zum Genußmittel befördert wurde,für den Durchschnittsverbraucher damit (als einziger Energieträger in der traditionellen Diät) ausfiel, und demzufolge ein Zusatzprodukt rekrutiert werden mußte, um das Ersatzprodukt Mais, - im Vergleich zu Fleisch und Milch eine unzureichende Proteinquelle -, entsprechend zu supplementieren. Dies geschah auf indirektem Weg über die Milch im Tee plus Zucker. Die Verlaufsformel für diesen Positionenwechsel, der naturgemäß einschneidende Veränderungen im Konsumverhalten nach sich ziehen muß (und es schon tut), war die:

1. Bedingt durch die hohen Viehverluste im Zuge langer Dürreperioden der letzten Jahre verlor Fleisch seinen Status als Grundnahrungsmittel, um ihn auf höchster Ebene als " Delikatesse " zurückzugewinnen.

2. Dadurch wurden gezwungenermaßen Vakanzen für Ersatz geschaffen, der dringend nötig war, um das durch Verlust des wichtigsten Grundnahrungsmittels FLEISCH entstandene Vakuum wieder zu füllen. Maismehl war hier die einzig vernünftige Wahl, wenn auch keinesfalls aus ernährungstechnischer Sicht sondern ausschließlich aus Gründen ökonomischer Zumutbarkeit.

3. Obgleich Mais, wenn in großen Quantitäten verzehrt, ein relativ guter Energieaufbereiter ist, liegt seine große Schwäche im hohen Defizit an Protein, wohingegen Fleisch, - vor allem fettes -, beide Komponenten, Energie- und Proteinbedarf, ausgewogen abdeckt. Dieses Manko des Ersatzproduktes Mais, - fehlendes Protein -, wird nun vom Zusatzprodukt Zucker auf der Energieseite überkompensiert, (was unter den herrschenden Klimabedingungen keinesfalls von Schaden ist); da jedoch ausschließlich im " Chai " (Kiswahili: Tee) mit äußerst hohem Milchanteil genossen, ist diese Kombination von a. einem proteinstarken Grundnahrungsmittel wie hier der Milch und b. einem energiereichen Zusatzprodukt wie dem des Zuckers ein adäquater Ersatz für das Grundnahrungsmittel Fleisch.
Diese (notwendige) Kombination konnte jedoch nur durch die Degradierung des Zuckers zum Zusatzprodukt erreicht werden, um das Ersatzprodukt Mais tatsächlich zu einem vollwertigen Grundnahrungsmittel zu machen, mit dem Umweg über den ohnehin sehr populären Chai. Unschwer ist bei dieser Umstellung der Ernährungsgewohnheiten die Evidenz zu erkennen, daß nunmehr Milch das wichtigste Produkt ist, welches über die Ausgewogenheit der neuen Diät entscheidet. Und demzufolge liefert sie gleichfalls das nachdrücklichste Argument für die Beibehaltung der Viehwirtschaft im Subsistenzbereich und entkräftet entschieden den Schrei nach übermäßiger Vermarktung.

In dem gerade hier diskutierten Kontext sind folgende Graphiken und Tabellen wichtig:

A. Graphiken 21 - 26, Ankauf von Lebendvieh und Häuten sowie Verkaufte und für den Eigenbedarf einbehaltene Häute vermitteln einen Eindruck, in welcher Größenordnung und wann diese selbsterzeugten Produkte verkauft, bzw. aus Händlersicht angekauft werden, damit Bargeld zur Hand ist, um auf das oben beschriebene " Sparprogramm ", den Erwerb von billigeren Grundnahrungsmitteln, zurückgreifen zu können. Inwieweit das geschieht und in welcher Höhe bereits in Importe wie Maismehl und Zucker investiert wird, geht aus

B. Graphik 27 und Tabelle 21, Kenndaten: MAIS; Kauf und Verkauf sowie Graphik 28 und Tabelle 22, Kenndaten: ZUCKER; Kauf und Verkauf hervor.

Im Rückgriff auf die den einzelnen Haushalt betreffenden Daten und ihre Ergebnisse, bei denen die Anpassung der jeweiligen Aktivität oder des Konsums an den saisonalen Jahresverlauf im Vordergrund stand, so werden diese in großem Umfang auch aus der Händler- (bzw. Verkäufer/Ankäufer-) Perspektive bestätigt. Lebendvieh- sowie Häuteverkauf zeigen generelle Anstiege in der Trockenzeit, mit Ausnahme des Jahres 1983, das sowohl durch ununterbrochene Quarantänen als auch durch eine sich ankündigende Dürre gekennzeichnet war. Erst nach den zweiten ausgefallenen Novemberregen kam es zum Panikverkauf, als man die Tragweite anfing zu begreifen.
Hier muß angemerkt werden, daß eine grundsätzliche Übereinstimmung von Haushalts- und Händlerdaten nicht unbedingt von vornherein zu erwarten war, da der Aktionsradius des Händlers sich über Hunderte von Kilometern erstrecken kann und er damit natürlich auch ständig weitaus höhere Tierzahlen handhabt, samt einer ungleich größeren Klientel von Viehkäufern. Daß trotzdem das Grundmuster erhalten blieb,

ermittelt durch wesentlich kleinere Stichprobengrößen und beschränkt auf lediglich zwei Untersuchungsstandorte, lassen die Haushaltsergebnisse als genügend abgesichert erscheinen. Dies bezieht sich ausschließlich auf den Verkauf von Lebendvieh als Haushaltsentscheidung im Vergleich zum Ankäuferverhalten des Händlers.
Diese Verifizierung der Höchstwerte im Viehverkauf schlägt die logische Brücke zu den Höchstwerten im Maiskauf, ausgewiesen in Tabelle 21, welche ebenso in den selben Zeitraum fallen. Hier war ganz offensichtlich Bargeld, (erworben durch Viehverkauf), sofort für Maismehl ausgegeben worden.

Dagegen sind Zuckerkäufe nicht direkt dem Viehverkauf zuzuordnen, obgleich auch da während der Regenzeit sich Höhepunkte zeigen, die mit dem konventionellen Muster des hohen Milch- bzw. Teekonsums in diesen Monaten korrespondieren. Durchgängig ist dieses jedoch nicht und scheint zumindest nur teilweise saisonal abhängig zu sein. Hier kann bereits sich durchaus der Trend anbahnen, Bargeld zu sparen, um für den Kauf von Produkten wie Zucker sich einen größeren Entscheidungsspielraum zu bewahren. Als Beispiel wäre die durchaus vernünftige Überlegung denkbar, für Festlichkeiten in der Trockenzeit, (wie Sorio oder dem Milchfest Almadho), besser gerüstet zu sein, - d.h. Tee in großer Menge mit viel Zucker anbieten zu können -, und dabei gleichzeitig am Schlachten zu sparen, da der vorgeschriebenen Hospitalität auch durch ERSATZ (für das traditionell geforderte Fleisch) Genüge getan würde. Denn: wie an anderer Stelle bemerkt, ist Milch ein " lebendiges " Produkt, wo der Produzent erhalten bleibt, hingegen beim Fleisch wird der Produzent schlicht liquidiert, in Festtagslaune aufgegessen!

Zusammengefaßt sei gesagt, daß sich zum jetzigen Zeitpunkt belegbare Regelmäßigkeiten und Kausalketten bezüglich importierter, (nicht traditioneller) Produkte nicht feststellen lassen. Darüber hinaus war der Erhebungszeitraum viel zu kurz, um, angenommen es gäbe ihn, auf sicherem Fuß des Beweises zu stehen.

Abschließend sei noch etwas über die dritte Produktgruppe gesagt, die beschrieben ist mit " nicht lebensnotwendigen, - angenehmen -, Produkten ", - als Beispiel wurde TABAK gewählt -, und die der " Luxusprodukte ", zu der die traditionelle Kosmetik OCKER und ZINNOBER als auch GLASPERLEN zur Herstellung traditionellen Schmuckes gehören. Kenndaten dazu sind ausgewiesen in den Graphiken 29 und 30 (Tabak), Graphik 31 und Tabelle 23 (Ocker und Zinnober), und Graphik 32 und Tabelle 24 geben Aufschluß über die Höhe der Investition und WER in GLASPERLEN investiert.

TABAK, hier als nicht lebensnotwendiges doch " angenehmes " Produkt definiert, gilt im allgemeinen als Indikator für bescheidenes Wohlbefinden, das sich die ältere Generation gönnt, wobei auch die Krieger (aber auch nur in diesem Zusammenhang) sich oft als dazugehörig verstehen. Saisonal beeinflußt ist dieses Genußmittel nicht, sondern wird immer dann erworben, wenn unvorhergesehen ein unerwarteter Schilling verdient worden ist -; sein Genuß ist ein Produkt des Zufalls, dem der Tourismus zu hoher Frequenz verholfen hat, was besonders von den puritanischen Missionen protestantischer Herkunft sehr beklagt wird. Klare Abhängigkeit zeigt der Tabakverbrauch vom Tabakpreis, der, da nicht preisgebunden, stark und schnell fluktuiert (vgl. dazu Graphik 29: Tabakkäufer in der Kategorie 0.50 bis 1/- KSh. zu Graphik 30: Tabakpreis in den Monaten Juni/Juli). Spitzenzwerte in Käuferzahl und mittlerem Investment (1/- bis 3/- KSh.), deuten meistens auf Festlichkeiten hin, wobei ihr Ursprung, christlich, national oder animistisch, keine Rolle spielt. Jeder außergewöhnliche Anlaß, (s. dazu Tabelle 2, Feiertage und ihre Bewertung), ist Grund genug, den Kauf dieses Stimulants zu stimulieren, auch wenn es auf Kosten einer oder mehrerer Mahlzeiten geht.

Dagegen sind OCKER und ZINNOBER vornehmlich Produkte, deren Hauptkäuferschaft aus Jugendlichen besteht, aus jungen unverheirateten Mädchen und Kriegern, mit der allgemein normalen Motivation, dem anderen Geschlecht zu gefallen und auf sich aufmerksam zu machen. Auch hier gilt die Faustregel, daß hohe Monatsumsätze fast immer mit Festlichkeiten verbunden sind, wobei sich diese hier jedoch immer auf traditionelle Zeremonien und rituelle Gelegenheiten beziehen. Vergleicht man dazu Tabelle 23: Bedeutende Feiertage, so ist im Weihnachtsmonat Dezember und im Ostermonat (1982) März der Umsatz von Ocker und Zinnober bei seinem Tiefstpunkt, da die Missionen zur Feiertagsmesse nur frischgewaschene Gesichter dulden.

Ebenso GLASPERLEN gehören strikt in den traditionellen Bereich, obgleich ihnen weniger " provokatorische Absicht " angelastet wird. Die Mehrzahl der Käufer sind verheiratete Frauen, die jedoch nur zu einem Bruchteil am Umsatz beteiligt sind, wohingegen die Krieger, als Käuferschaft die absolute Minorität, das eigentliche " große " Geld einbringen. Die Erklärung dafür ist simpel; denn jeder Krieger auf Brautsuche hat nur dann Chancen, die Auserwählte für sich zu gewinnen, wenn er die Rivalen durch Perlengeschenke, größer als die der anderen Bewerber, aus dem Wege räumen kann. Ein Blick auf die Tabelle 24 bestätigt den November als Glasperlen-Boom -, mit der einfache Erklärung, daß zu diesem Zeitpunkt ILMUGET (s. Kapitel II) begangen wurde, ein Fest, das u.a. den Beginn der Brautschauzeit signalisiert. (Die gleiche Situation war im April gegeben, da ILMUGET in verschiedenen Clans zu unterschiedlichen Zeiten, wohl jedoch im selben Jahr zelebriert wird).

Insgesamt erschien es dem Bearbeiter wichtig, auf den ganz erheblichen Umfang der Investition in identitätserhaltende Produkte aufmerksam zu machen, die in ihrer Bedeutung niemals beachtet werden.

Selbstverständlich kann damit nicht gemeint sein, daß z.B. Katastrophenhilfe neben Medikamenten, Wolldecken und Nahrungsmitteln auch Glasperlen einzuschließen hat. Das wäre fraglos absurd. Angedeutet sei hier lediglich, daß, - wie wirtschaftlich schwach das Individuum auch sein mag -, der Wunsch nach MEHR als blanker Überlebenshilfe bestehen bleibt und sich selbst bei größter Armut das Verlangen nach Ausdrucksmöglichkeiten, " die das Leben lebenswert machen ", erhält.

Abb. 81: Bargeld wird gebraucht, und weil Kamele als "Verdiener" ausfallen, ist...

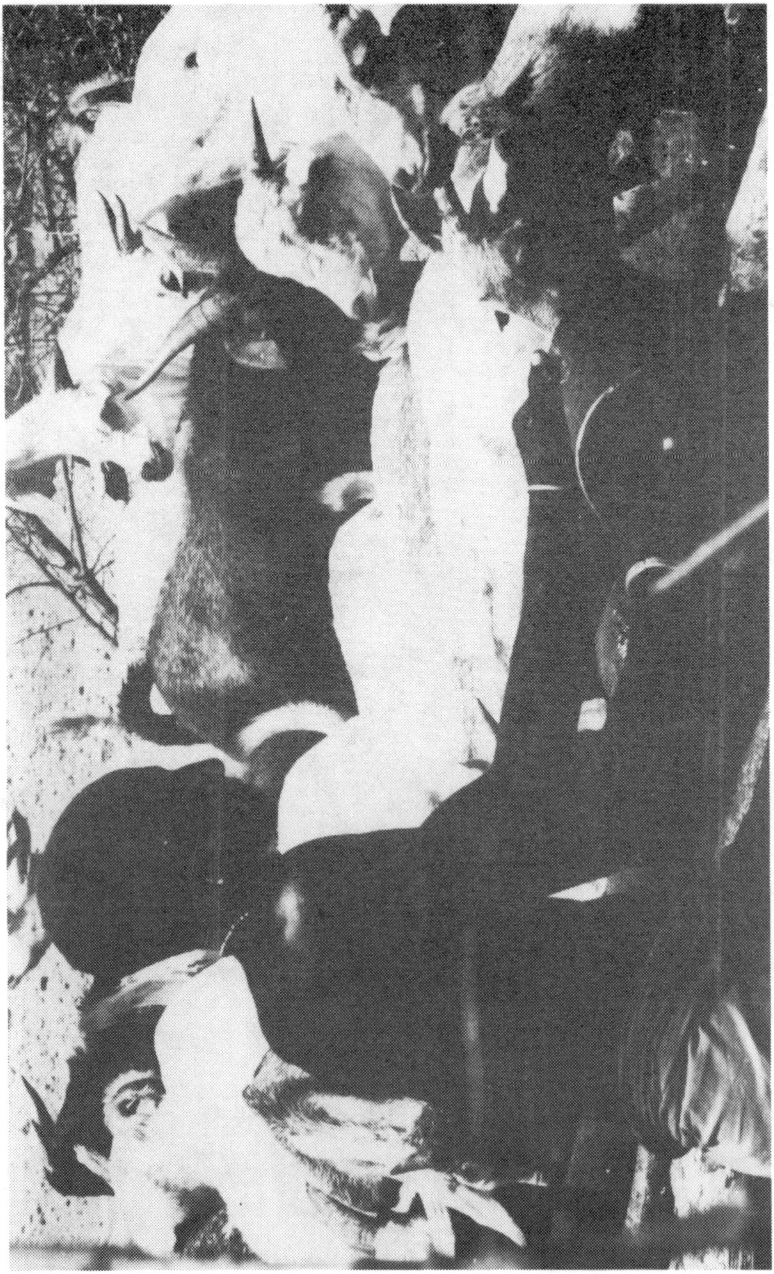

Abb. 82: ...der Verkauf von Kleinvieh (Schafe und Ziegen)...

Abb. 83: ...und der Verkauf von Häuten der Beginn des Anschlusses an eine Bargeld-Ökonomie.

GRAPHIK 21: ANKAUF VON LEBENDVIEH UND HÄUTEN IN KORR

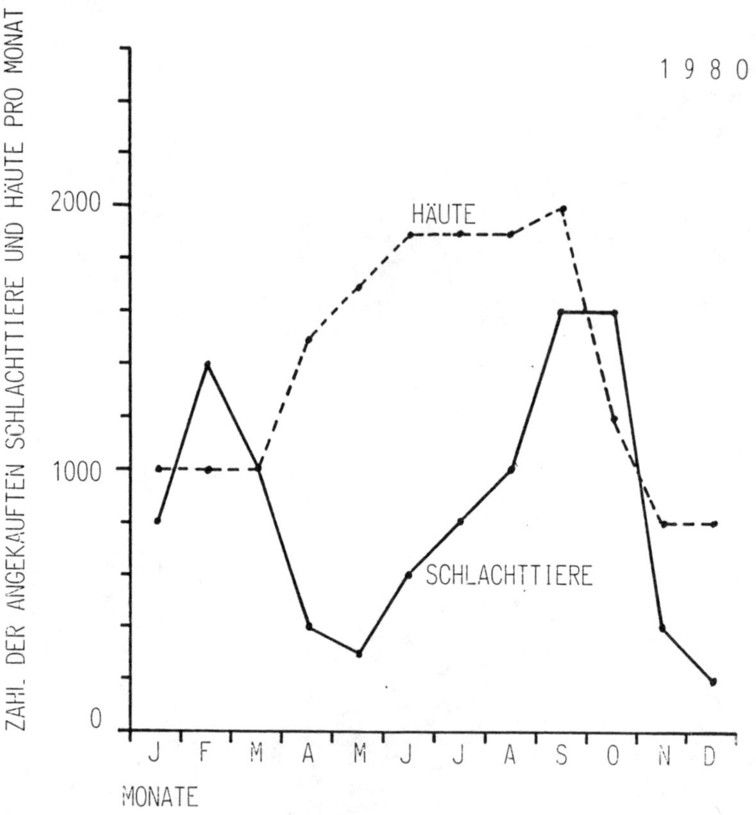

Panikverkäufe dominieren in der Trockenzeit, wobei auch in der Regenzeit (s. Graphik 8 u. 9 und Tabelle 8) entgegengesetzt zur Üblichkeit, geschlachtet wird, um die fehlende Milch auszugleichen. Vermarktung findet deshalb nur in geringem Umfang statt. Engpässe in den Trockenzeitmonaten werden durch gestorbene/verzehrte Tiere kompensiert, so daß der Spielraum der noch lebenden Tiere für den Verkauf gegen Maismehl genutzt werden kann. Der Häuteverkauf ist dennoch hoch und setzt sich zusammen aus

a.) in der Regenzeit geschlachteten und gestorben/verzehrten Tieren plus

b.) aus in der Trockenzeit gestorbenen/verzehrten Tieren

GRAPHIK 22: ANKAUF VON LEBENDVIEH UND HÄUTEN IN KORR

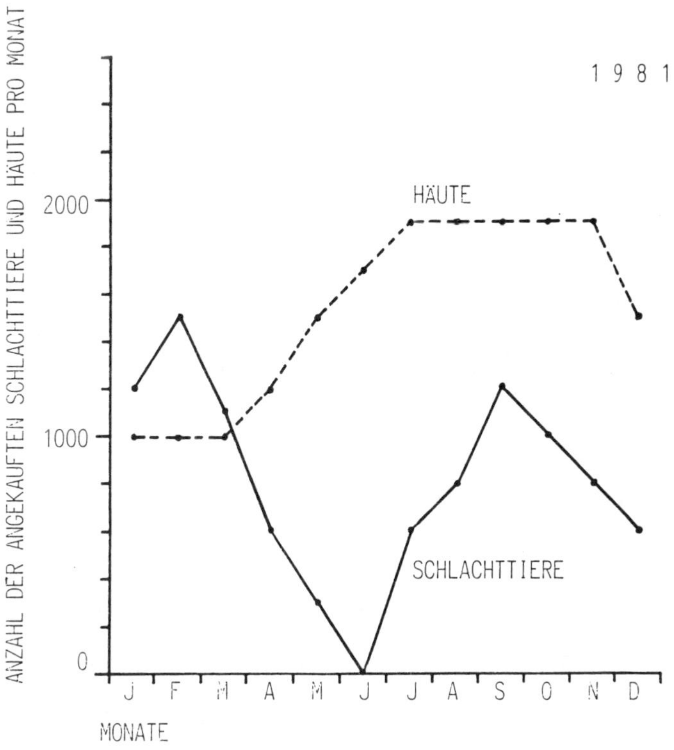

Lebendviehverkäufe Anfang des Jahres und besonders in den Monaten Aug./ Sept./Okt. sind der totale " Ausverkauf ". Geschlachtet wird im gesamten Jahresverlauf kaum noch (s. Graphik 8 u. 9 und Tabelle 9). Was an Vieh noch aus dem Dürrejahr übrig ist, geht in den Verkauf im Gegenwert von Maismehl (s. Graphik 17 und Tabelle 14). Der Einbruch im Juni d.J. bis auf den Nullwert ist bedingt:

1. durch eine bereits seit April bestehende (doch vorerst unterlaufene) Quarantäne wegen Maul- und Klauenseuche und

2. verstärkt durch die Abwertung des Kenia-Schillings, deren Bedeutung (d.h. deren nicht bestehende Signifikanz für den lokalen Markt) nicht verstanden, sondern als " weniger Geld für gleiche Ware " interpretiert wird; obgleich de facto eher das Gegenteil der Fall ist (s. Tabelle 17, Schlachtviehpreise). Hier verhindert eine völlig verdrehte und konfuse Informationslage die an sich guten (wenn auch wegen der Quarantäne illegalen) Absatzchancen für Lebendvieh, bedingt durch den landesweit herrschenden Mangel aufgrund der vorangegangenen Dürre. Der Häuteverkauf blieb hoch durch vom Vorjahr aufgesparte Häute zum Verkauf im " schlimmen Notfall ".

GRAPHIK 23: ANKAUF VON LEBENDVIEH UND HÄUTEN IN KORR

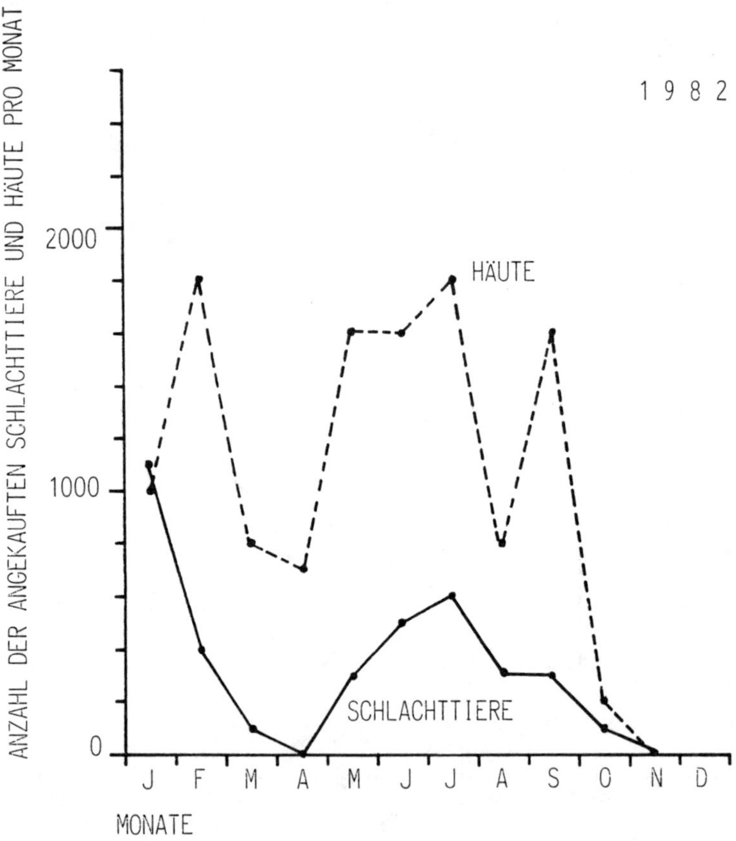

Der Spitzenwert im Jan. ist bedingt durch Verkäufer aus entlegenden Gebieten, die wegen Mangel an Famine Relief zum Verkauf ihrer Restviehbestände gezwungen sind. In Korr selbst bleibt als " Regulierungsmaßnahme " der Verkauf von Lebendvieh insgesamt niedrig, zumal auch ein großer Teil der Tierbestände " geborgt " sind. Deutlich wird jedoch wieder das Normalmuster, - Verkauf in der Trockenzeit, Aufbau der Herden in der Regenzeit -, das irreguläre Muster im Häutean und -verkauf kann nicht zufriedenstellend geklärt werden, ist jedoch möglicherweise ebenso durch Verkäufer von außerhalb des normalen Einzugsgebietes bedingt.

GRAPHIK 24: ANKAUF VON LEBENDVIEH UND HÄUTEN IN KORR

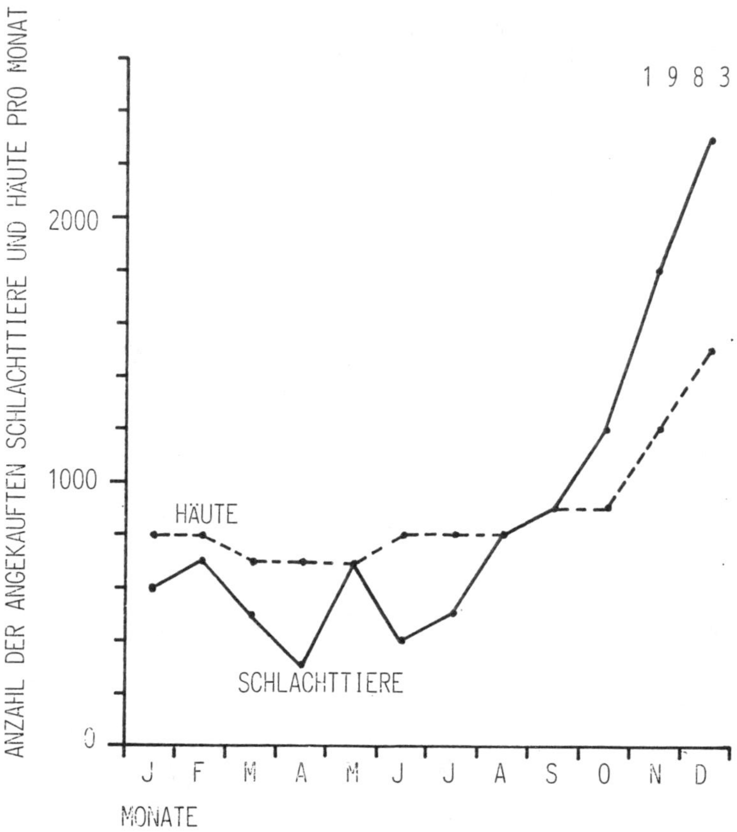

Hier zeigt sich typisch, daß man aus der vorangegangenen, bitteren Erfahrung gelernt hat. Zwar besteht vorerst noch Zurückhaltung im Verkauf, trotz aller Anzeichen einer verlängerten Trockenzeit, doch erst im Moment der Erkenntnis, daß diese sich zur Dürre ausweiten mag, gehen die Lebendviehverkäufe als Präventivmaßnahme sprunghaft in die Höhe (Okt. Nov. Dez.) im Austausch gegen Maismehl (s. dazu Graphik 27 und Tabelle 21, erhoben zwar in 1982, aus denen sich dennoch der neue Trend: NOTZEIT IN AUSSICHT = VERKAUFEN abzeichnet.

TABELLE 17 : SCHLACHTVIEHPREISE (KLEINVIEH) 1980 -1981

AN- UND VERKAUFSPREISE FÜR LEBENDES SCHLACHTVIEH IN KSh. PRO TIER

MONAT	ZIEGEN		SCHAFE		RINDER	
	ANKAUF	VERKAUF	ANKAUF	VERKAUF	ANKAUF	VERKAUF
			1 9 8 0			
JANUAR	120/=	160/=	80/=	110/=	500/=	600/=
FEBRUAR	120/=	160/=	70/=	100/=	500/=	600/=
MÄRZ	120/=	160/=	80/=	100/=	600/=	650/=
APRIL	105/=	140/=	90/=	90/=	550/=	-
MAI	105/=	140/=	90/=	90/=	500/=	-
JUNI	100/=	150/=	60/=	60/=	400/=	400/=
JULI	100/=	140/=	60/=	50/=	400/=	450/=
AUGUST	95/=	100/=	70/=	60/=	350/=	-
SEPTEMBER	95/=	100/=	50/=	50/=	350/=	-
OKTOBER	80/=	90/=	85/=	180/=	-	-
NOVEMBER	120/=	160/=	95/=	130/=	-	-
DEZEMBER	95/=	170/=	130/=	150/=	-	-
			1 9 8 1			
JANUAR	95/=	120/=	70/=	120/=	650/=	900/=
FEBRUAR	110/=	150/=	60/=	100/=	650/=	850/=
MÄRZ	160/=	200/=	50/=	80/=	700/=	900/=
APRIL	170/=	220/=	90/=	120/0	900/=	1000/=
MAI	130/=	170/=	90/=	100/=	800/=	1100/=
JUNI	130/=	170/=	70/=	120/=	600/=	1000/=
JULI	140/=	180/=	80/=	130/=	550/=	900/=
AUGUST	140/=	180/=	100/=	100/=	950/=	1050/=
SEPTEMBER	150/=	200/=	60/=	100/=	850/=	1000/=
OKTOBER	160/=	210/=	60/=	100/=	850/=	1100/=
NOVEMBER	160/=	170/=	160/=	140/=	1000/=	1100/=
DEZEMBER	170/=	140/=	170/=	140/=	950/=	1000/=

TABELLE 18 : SCHLACHTVIEHPREISE (KLEINVIEH) 1982 -1983

AN- UND VERKAUFSPREISE FÜR LEBENDES SCHLACHTVIEH IN KSh. PRO TIER

MONAT	ZIEGEN		SCHAFE		RINDER	
	ANKAUF	VERKAUF	ANKAUF	VERKAUF	ANKAUF	VERKAUF
			1 9 8 2			
JANUAR	140/=	200/=	60/=	110/=	750/=	-
FEBRUAR	140/=	200/=	50/=	100/=	750/=	-
MÄRZ	130/=	-	50/=	-	800/=	-
APRIL	120/=	-	50/=	-	800/=	-
MAI	110/=	140/=	65/=	100/=	900/=	950/=
JUNI	150/=	200/=	70/=	120/=	1000/=	-
JULI	160/=	210/=	70/=	120/=	950/=	1050/=
AUGUST	130/=	160/=	90/=	100/=	1100/=	-
SEPTEMBER	100/=	140/=	65/=	170/=	1000/=	1100/=
OKTOBER	110/=	180/=	65/=	110/=	1300/=	1500/=
NOVEMBER	200/=	200/=	160/=	140/=	1400/=	1600/=
DEZEMBER	190/=	210/=	170/=	-	-	-
			1 9 8 3			
JANUAR	100/=	150/=	90/=	120/=	800/=	900/=
FEBRUAR	100/=	150/=	100/=	130/=	850/=	900/=
MÄRZ	160/=	180/=	100/=	130/=	900/=	1050/=
APRIL	170/=	200/=	90/=	100/=	1100/=	1400/=
MAI	160/=	200/=	90/=	100/=	1100/=	1200/=
JUNI	-	-	-	-	-	-
JULI	130/-	140/=	80/=	90/=	700/=	800/=
AUGUST	150/=	130/=	140/=	90/=	600/=	600/=
SEPTEMBER	130/=	120/=	80/=	180/=	600/=	600/=
OKTOBER	130/=	110/=	90/=	100/=	500/=	550/=
NOVEMBER	160/=	-	110/=	-	500/=	-
DEZEMBER	170/=	250/=	120/=	140/=	500/=	-

TABELLE 19 : HÄUTEPREISE (KLEINVIEH) 1980 - 1981

AN- UND VERKAUFSPREISE FÜR ZIEGEN- UND SCHAFHÄUTE IN KSh. PRO STÜCK

MONAT	ZIEGENHÄUTE		SCHAFHÄUTE	
	ANKAUF	VERKAUF	ANKAUF	VERKAUF
		1 9 8 0		
JANUAR	14/=	15/=	10/=	13/=
FEBRUAR	14/=	15/=	10/=	13/=
MÄRZ	14/=	12/=	10/=	13/=
APRIL	14/=	10/=	8/=	10/=
MAI	7/=	7/=	3/=	2/=
JUNI	7/=	8/=	3/=	2/=
JULI	7/=	8/0	3/=	2/=
AUGUST	7/=	9/=	2/=	-
SEPTEMBER	7/=	9/=	3/=	-
OKTOBER	5/=	-	1/=	-
NOVEMBER	6/=	6/50	2/=	-
DEZEMBER	7/=	8/=	2/=	-
		1 9 8 1		
JANUAR	8/=	12/=	4/=	-
FEBRUAR	8/=	12/=	4/=	-
MÄRZ	6/=	8/=	2/50	-
APRIL	12/=	14/=	6/=	3/=
MAI	14/=	16/=	8/=	-
JUNI	10/=	12/=	6/=	4/=
JULI	10/=	10/=	6/=	4/=
AUGUST	8/=	8/=	4/=	-
SEPTEMBER	10/=	12/=	6/=	8/=
OKTOBER	10/=	10/=	6/=	8/=
NOVEMBER	12/=	-	8/=	10/=
DEZEMBER	14/=	-	10/=	12/=

TABELLE 20: HÄUTEPREISE (KLEINVIEH) 1982 - 1983

AN- UND VERKAUFSPREISE FÜR ZIEGEN- UND SCHAFHÄUTE IN KSh. PRO STÜCK

MONAT	ZIEGENHÄUTE		SCHAFHÄUTE	
	ANKAUF	VERKAUF	ANKAUF	VERKAUF
		1 9 8 2		
JANUAR	12/=	13/=	5/=	3/=
FEBRUAR	12/=	13/=	3/=	2/=
MÄRZ	7/=	7/50	3/=	2/=
APRIL	7/=	7/50	3/=	1/50
MAI	6/=	7/=	3/=	1/50
JUNI	6/=	7/=	3/=	1/50
JULI	6/=	7/=	2/50	4/=
AUGUST	8/=	-	8/=	-
SEPTEMBER	4/=	-	2/50	1/50
OKTOBER	4/=	-	2/50	1/50
NOVEMBER	-	-	-	-
DEZEMBER	-	-	-	-
		1 9 8 3		
JANUAR	9/=	10/=	4/=	2/=
FEBRUAR	9/=	10/=	4/=	2/=
MÄRZ	5/=	4/=	3/=	1/50
APRIL	7/=	5/=	3/=	1/50
MAI	7/=	5/=	3/=	1/50
JUNI	-	-	-	-
JULI	-	-	-	-
AUGUST	4/=	-	1/50	-
SEPTEMBER	5/=	5/=	2/=	2/50
OKTOBER	4/=	6/=	2/=	2/50
NOVEMBER	5/=	6/=	3/=	4/=
DEZEMBER	9/=	12/=	5/=	6/=

Abb. 84: Verheiratete Rendillefrau im traditionellen " Schürzenrock " aus Ziegenfellen.

Abb. 85: Doch ebenso sind Häute die heimliche Sparkasse des " modernen " pastoralen Haushaltes

GRAPHIK 25: ANZAHL DER VERKAUFTEN (WEISSE SÄULEN) UND DER FÜR DEN EIGENBEDARF ZURÜCKGEHALTENEN HÄUTE (SCHWARZE SÄULEN) IN 60 HAUSHALTEN IN NGURUNIT

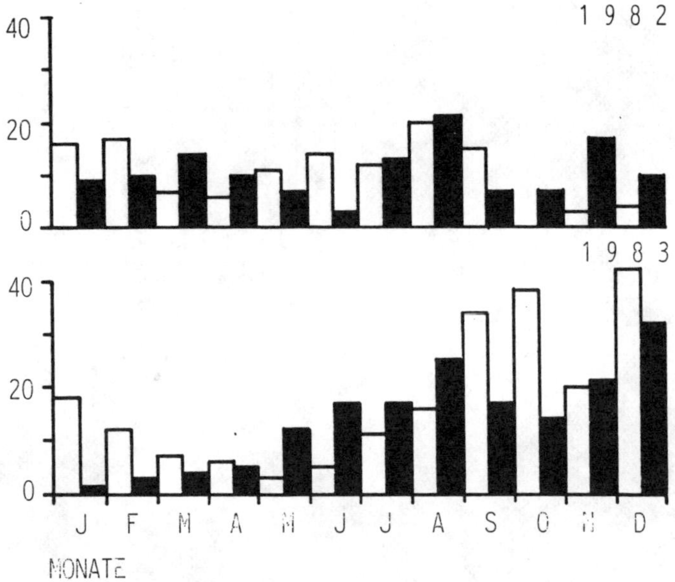

Häute und Felle dienen zweierlei Zwecken:

1. Traditionell stellen sie das Material, aus dem vor allem für Frauen und Kinder Kleidung hergestellt wird. Diese Tradition hat sich stärker erhalten, als man es nach den vielen Kampagnen der Regierung gegen das Tragen von Häuten vermuten sollte, wobei besonders die Frauen in den pastoralen Gesellschaften den größten Widerstand und Stolz zeigen, sich von ihrem traditionellen Habitus zu trennen.
   Anders verhält sich das bei den Männern, jungen wie auch alten, wo sich diese Tradition schon bereits seit mehr als hundert Jahren verloren und der sehr populären " Chuka ", einem Wickeltuch von ethnisch spezifischer Farbe (z.B. Rot in der Maasai-Gesellschaft, Blau- und Grüntöne bevorzugt von den Rendille, Gelb von den Somali etc.) Platz gemacht hat.

GRAPHIK 26: ANZAHL DER VERKAUFTEN (WEISSE SÄULEN) UND DER FÜR DEN EIGENBEDARF ZURÜCKGEHALTENEN HÄUTE (SCHWARZE SÄULEN) IN 60 HAUSHALTEN IN KORR

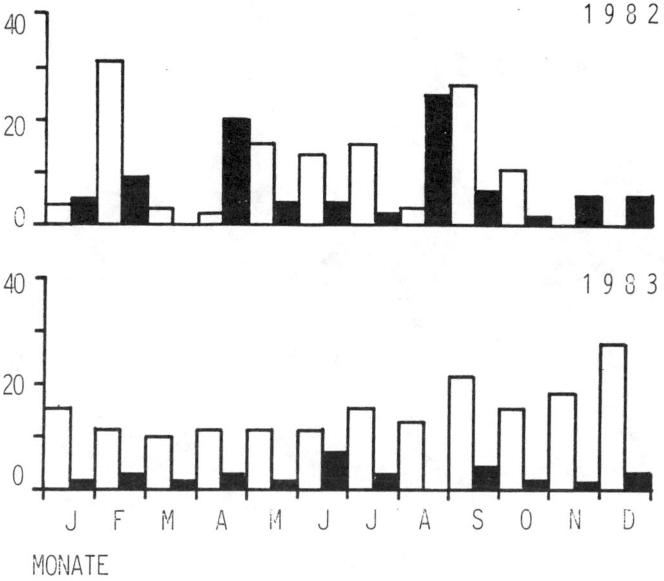

2. Häute und Felle sind wie der Lebendviehverkauf eine Einkommensquelle für Bargeld.
Vergleicht man einmal die hier vorliegenden Graphiken in ihren Standorten, so sind die in Mehrzahl zurückgehaltenen Häute (wie in Ngurunit) ein recht verläßlicher Indikator für noch stärker vorhandenen Traditionalismus, wohingegen in Korr (vor allem 1983 im Zuge immer stärker werdender Zentrumsbildung mit " urbanen Strukturen ") die Mehrzahl der Häute verkauft und wenn für den Eigenbedarf, dann nicht mehr als Kleidung, sondern Schlafmatten verwendet werden.

Abb. 86: In der Wüste im Lodenmantel, - Schenkungen der Mission -, denn: Darf der Christ von heute sich anmaßen " noch Tarzan zu spielen " ?
(Kommentar eines Paters der katholischen Consolata Mission)

Abb. 87: Den Traditionalisten ist offensichtlich wohler

Abb. 88: Ersatzprodukt

GRAPHIK 27: KAUFMENGE, KÄUFERZAHL UND KÄUFERVERHALTEN

M A I S, KORR 1982

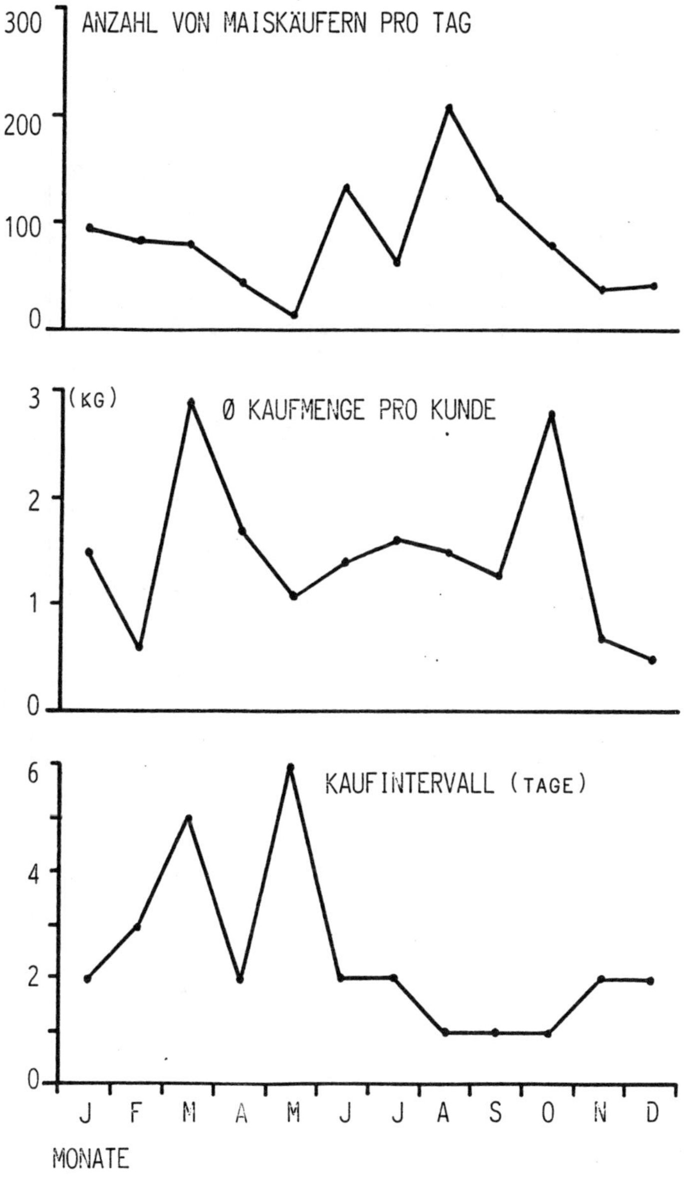

TABELLE 21: KENNDATEN M A I S KORR 1982

	MAISKAUF				MAISUMSATZ				MAISVERBRAUCH		
	Ø Anzahl von Maiskunden pro Tag	Ø Menge Mais pro Kunde (kg)	Ø Ausgabe pro Kunde (KSh)	Kaufintervall (Tage)	Ø Maisumsatz pro Tag (kg)	Ø Maisumsatz pro Tag (KSh)	Ø Maisumsatz pro Monat (kg)	Ø Maisumsatz pro Monat (KSh)	Ø Maisverbrauch pro Haushalt pro Tag (kg)	Ø Maisverbrauch pro Haushalt pro Tag (KSh)	Ø Maisverbrauch pro MAE pro Tag (kg)
JANUAR	94	1.5	4/95	2	141	469/=	4263	14.070/=	0.75	2/50	0.288
FEBRUAR	83	0.6	2/=	3	44	146/=	1327	4.380/=	0.20	0/65	0.076
MÄRZ	81	2.9	9/60	5	114	369/=	3445	11.370/=	0.60	1/90	0.230
APRIL	45	1.7	5/60	2	76	251/=	2282	7.530/=	0.85	2/80	0.326
MAI	15	1.1	3/65	6	18	60/=	540	1.800/=	0.18	0/60	0.070
JUNI	133	1.4	4/60	2	192	634/=	5763	19.020/=	0.70	2/30	0.270
JULI	64	1.6	5/30	2	74	246/=	2220	7.380/=	0.80	2/65	0.307
AUGUST	205	1.5	4/95	1	306	1.011/=	9190	30.330/=	1.50	4/95	0.576
SEPTEMBER	124	1.3	4/30	1	161	533/=	4845	15.990/=	1.30	4/30	0.500
OKTOBER	80	2.8	9/25	1	224	748/=	6720	22.500/=	2.80	9/25	1.076
NOVEMBER	41	0.7	2/30	2	29	96/=	872	2.880/=	0.35	1/15	0.135
DEZEMBER	44	0.5	1/65	2	20	67/=	609	2.010/=	0.25	0/80	0.096
JAHRESMITTEL	84.1	1.47	4/85	2.4	117	386/=	3506	11.605/=	0.85	2/80	0.326

Abb. 89: Vitales Zusatzprodukt

GRAPHIK 28: KAUFMENGE, KÄUFERZAHL UND KÄUFERVERHALTEN

ZUCKER, KORR 1982

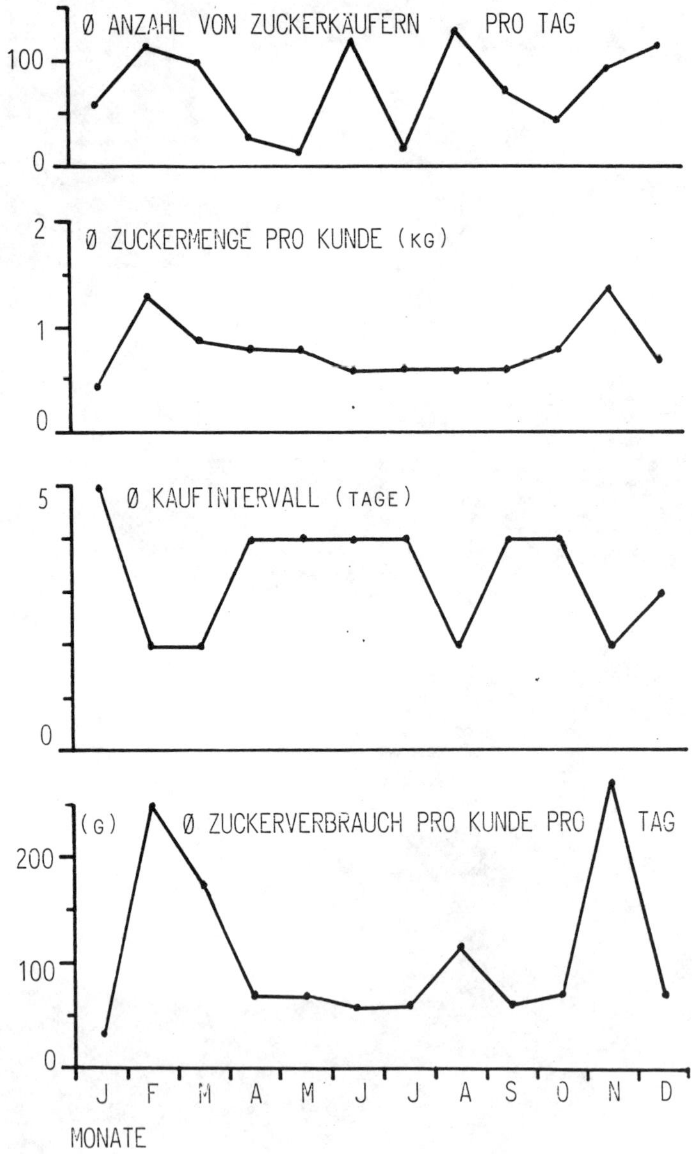

TABELLE 22: KENNDATEN Z U C K E R KORR 1982

	ZUCKERKAUF				ZUCKERUMSATZ				ZUCKERVERBRAUCH		
	Ø Anzahl von Zuckerkunden pro Tag	Ø Menge Zucker pro Kunde (kg)	Ø Ausgabe pro Kunde (KSh)	Kaufintervall (Tage)	Ø Zuckerumsatz pro Tag (kg)	Ø Zuckerumsatz pro Tag (KSh)	Ø Zuckerumsatz pro Monat (kg)	Ø Zuckerumsatz pro Monat (KSh)	Ø Zuckerverbrauch pro Haushalt pro Tag (kg)	Ø Zuckerverbrauch pro Haushalt pro Tag (KSh)	Ø Zuckerverbrauch pro MAE pro Tag (kg)
JANUAR	58	0.45	2/50	5	27	146/=	796	4.380/=	0.09	0/50	0.033
FEBRUAR	114	1.30	7/=	2	145	796/=	4341	23.880/=	0.65	3/50	0.241
MÄRZ	100	0.9	5/=	2	92	506/=	2760	15.180/=	0.45	2/50	0.166
APRIL	29	0.8	4/50	4	24	130/=	720	3.900/=	0.20	1/10	0.074
MAI	16	0.8	4/50	4	14	77/=	420	2.323/=	0.20	1/10	0.074
JUNI	122	0.6	3/30	4	69	377/=	2056	11.310/=	0.15	0/80	0.056
JULI	20	0.6	3/30	4	12	67/=	360	2.010/=	0.15	0/80	0.056
AUGUST	128	0.6	3/30	2	79	432/=	2356	12.960/=	0.30	1/70	0.111
SEPTEMBER	75	0.6	3/30	4	47	259/=	1412	7.770/=	0.15	0/80	0.056
OKTOBER	46	0.8	4/50	4	38	207/=	1140	6.210/=	0.20	1/10	0.074
NOVEMBER	96	1.4	7/90	2	137	755/=	4118	22.650/=	0.70	3/85	0.259
DEZEMBER	117	0.7	3/80	3	88	484/=	2640	14.520/=	0.20	1/30	0.074
JAHRESMITTEL	76.7	0.80	4/41	3.3	64.3	353/=	1926.6	10.591/08	0.29	1/59	0.102

Abb. 90: TABAK. Ein nicht lebensnotwendiges, jedoch " angenehmes " Produkt.

GRAPHIK 29: KÄUFERZAHL UND KAUFMENGE T A B A K IN KORR 1982

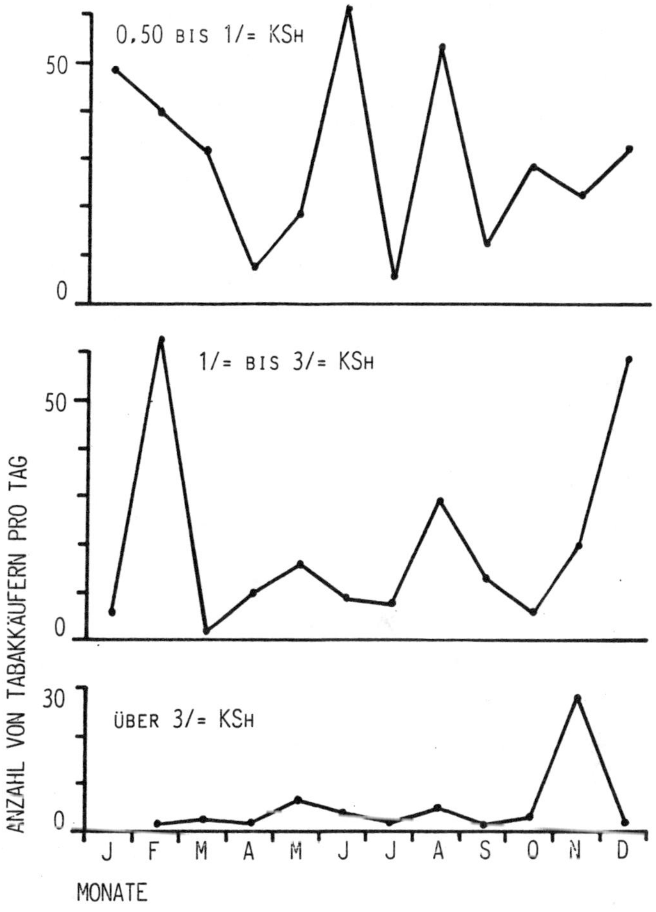

Tabak ist ein Produkt, das sowohl von Männern als auch von Frauen entweder gekaut oder (versetzt mit Sodasalz) geschnupft genossen wird. Sein Gebrauch ist so weit verbreitet, daß er die Kategorisierung als Luxusgut kaum mehr verdient, vor allem nicht, weil er bewußt in Zeiten der Nahrungsmittelverknappung als " Hungerdämpfer " (ähnlich der Betelnuß, Coca oder anderen pflanzlichen Anregungs- und Betäubungsmitteln) benutzt wird. Seine Bewertung ist auf S. 350 - 351 näher beschrieben.

Als Kaufgruppen sind die beherrschend, die 0.50 KSh. und jene die 1/-KSh. bis 3/-KSh. pro Kauf, der irregulär erfolgt, aufwenden. Als klassisches Mengenmaß gilt eine Rollfilmdose eines 35mm-Films. Voll gefüllt ist sie das Äquivalent pro 1/-KSh.

GRAPHIK 30: PREIS UND UMSATZ FÜR T A B A K IN KORR 1982

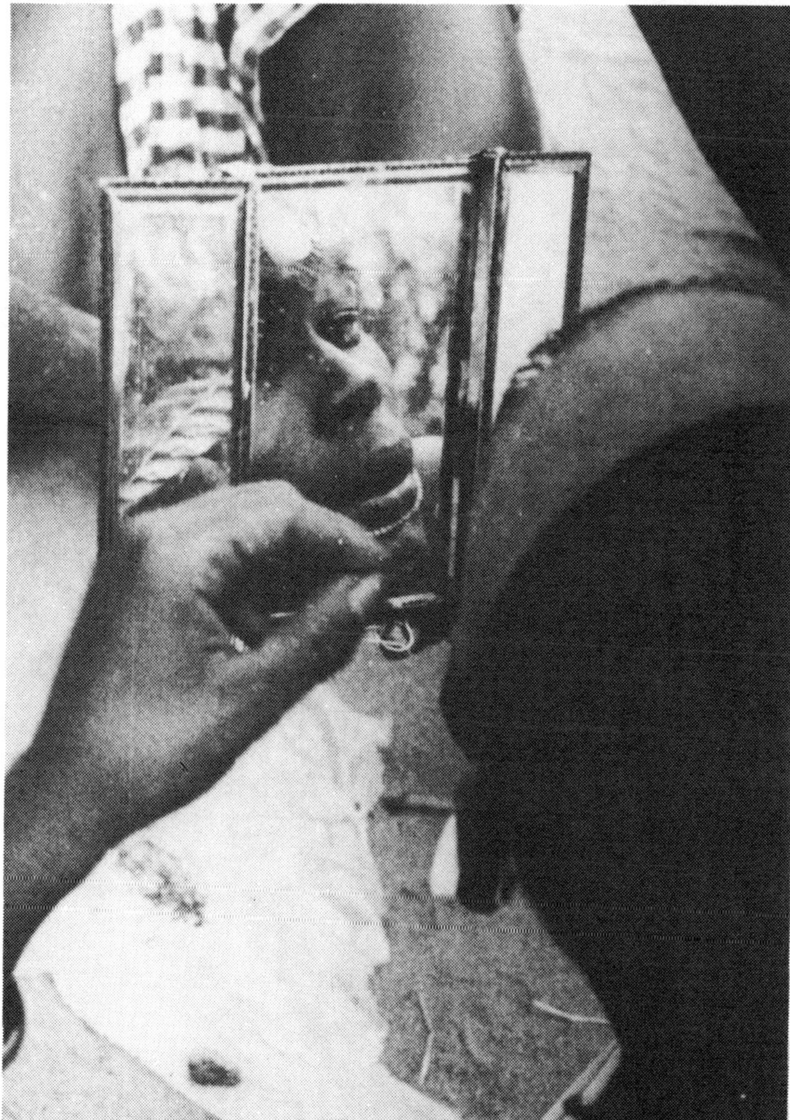

Abb. 91: Pastoraler Luxus oder identitätserhaltende Produkte

Abb. 92: Was sollen wir auf dieser Welt
mit unserer Lieb und Treue?
Das Alte wird hintangestellt:
Was soll uns denn das Neue?
O ! Einsam steht und tiefbetrübt,
wer heiß und fromm die Vorzeit liebt. (Novalis, 1803)

TABELLE 23: KENNDATEN O C K E R / Z I N N O B E R IN KORR 1982

MONAT	ZAHL DER KÄUFER PRO MONAT	TAGESUMSATZ KSh.	MONATSUMSATZ KSh.
JANUAR	330	15/=	450/=
FEBRUAR	840	38/=	1140/=
MÄRZ	60	3/=	90/=
APRIL	1230	50/=	1500/=
MAI	180	5/=	150/=
JUNI	420	19/=	420/=
JULI	225	11/50	345/=
AUGUST	2400	98/=	2940/=
SEPTEMBER	270	15/=	450/=
OKTOBER	510	25/=	750/=
NOVEMBER	1110	53/=	1590/=
DEZEMBER	60	5/=	150/=

THE STANDARD, 3.4.1983

WEARING OF RED OCHRE BANNED BY CHIEF

By Kenya News Agency

CHIEF Thomas Lekisat of Ndoto location Bangoi division, Samburu District, has banned the wearing of red ochre by morans saying that this practise was retarding development in the district.

Chief Lekisat also banned immediate effect, the selling of red ochre in all trading centres within the location.

The chief, who was addressing a baraza at Lesirikan Trading Centre, noted that the ban would ensure that many morans in the location enrolled in adult education classes.

The meeting was also attended by among others, the Baragoi District Officer, Mr. Richard Wanasakami who advised the wananchi to form a united front and to co-operate with their leaders so that rapid development could be realised.

Meanwhile, Mr. Wanasakami has warned traders in the division who overcharge on essential commodities to stop the practice or face the consequences.

He was addressing wholesalers and retailers in his Baragoi office. Also present at the meeting was the area senior chief, Mr. Leteren Lenaitorono.

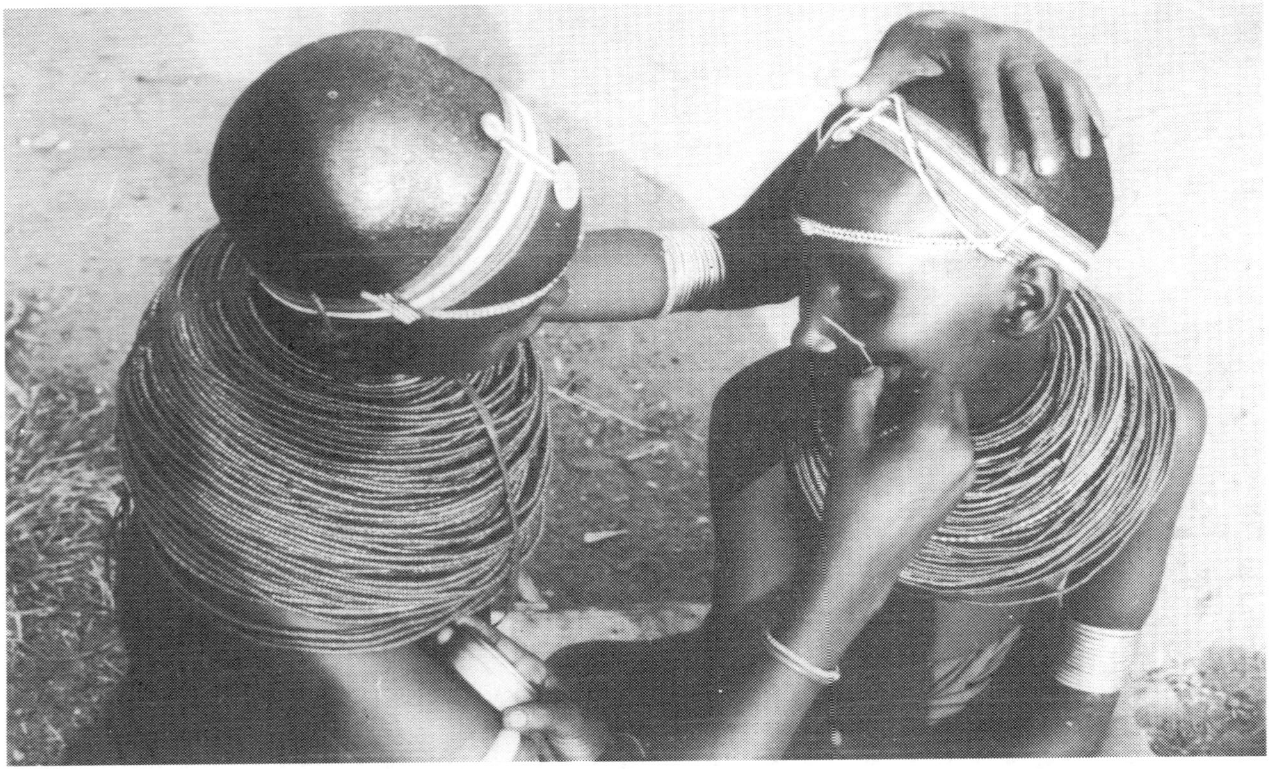

Abb. 93: Verläuft der Zinnoberstrich längs der Nase auf den Backenknochen zu, hat zumindest s i e ihre Wahl schon getroffen

GRAPHIK 31: KÄUFERZAHL UND KAUFWERT VON O C K E R UND Z I N N O B E R IN KORR 1982

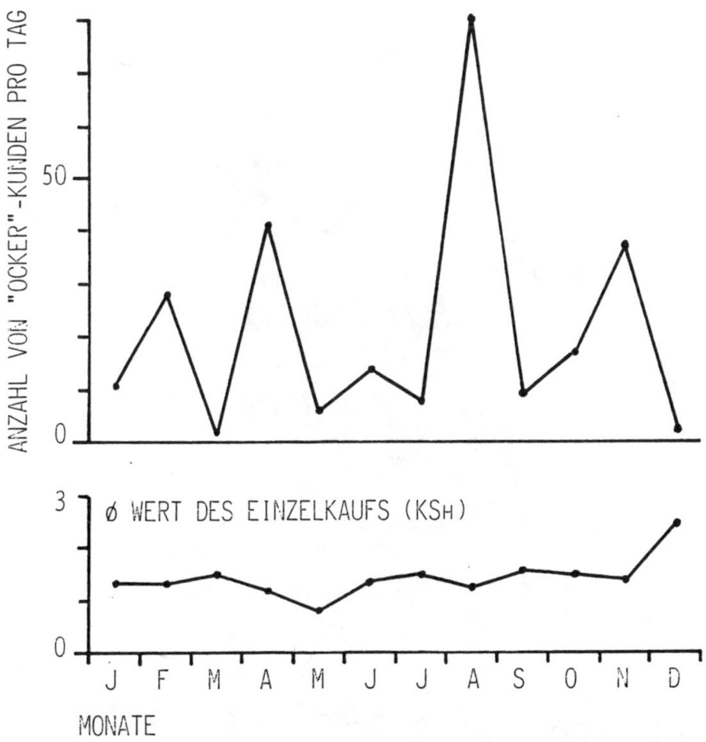

Ocker und Zinnober sind die traditionelle Kosmetik sowohl der Rendille als auch Ariaal. Spitzenwerte in den Käufen sind gewöhnlich mit (nicht christlichen) Zeremonien und Festlichkeiten verbunden wie hier mit dem Jan./Feb. - SORIO, mit einem Teil der Juli/Aug. stattfindenden ILMUGIT-Feste (nicht alle Clans feiern zur gleichen Zeit), ALMADHO, das Milchfest im April fordert gleichfalls Schminke, wie auch der zweite Teil des ILMUGIT, die Schlachtung des weißen Bullen, der Beginn der Brautschauzeit ist.

Grundsätzlich jedoch gehen Kosmetik-Käufe in den Monaten der Regenzeit stark zurück mit der einfachen Erklärung, daß die teure Farbe zu schnell von den Backen fließt!

Abb. 94: Dieser Perlenkragen, das Wettbewerbsergebnis vieler Liebhaber, keinesfalls eines einzigen. Der Wert eines solchen Kragens erreicht leicht die 10.000/- KSh.-Grenze, wenn er aus vielen Lagen besteht.

GRAPHIK 32: FLUKTUATION VON KÄUFERZAHLEN IN KORR FÜR G L A S P E R L E N 1982 (WEISSE SÄULEN = FRAUEN, SCHWARZE SÄULEN = KRIEGER)

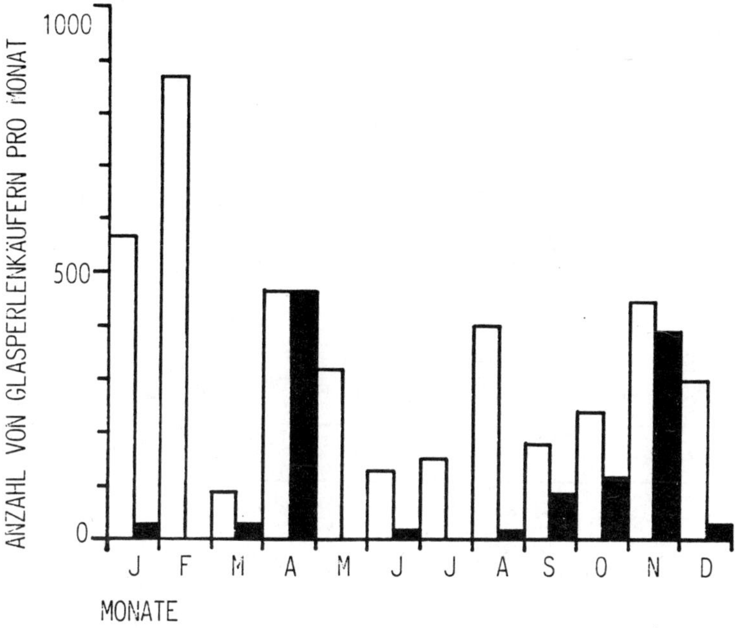

Perlen sind der Bankrott eines jeden Liebhabers. April und November werden auch hier stark vom Fest des ILMUGIT beeinflußt (s. dazu auch Graphik 31), für das die Krieger auf Mädchensuche mit großem Aufwand in Perlen investieren, entweder durch Verkauf eigener Tiere oder, - und nicht selten -, sich das nötige Bargeld durch Viehdiebstahl beschaffen.

Die Kaufspitzen verursacht durch Frauenkunden sind eine Folge diverser Festlichkeiten (Jan./Feb. SORIO, ALMADHO im April etc.) wo zwar jede Frau sich versucht eine einzelne Perlenschnur zu leisten, doch niemals als Käufergruppe insgesamt einen Monatsumsatz von ca. KSh. 20.000/- (wie im Nov.) zustande brächte.

TABELLE 24 : KENNDATEN : G L A S P E R L E N ; KORR 1982

GLASPERLENUMSATZ NACH KÄUFERGRUPPEN

MONAT	UMSATZ FRAUEN		UMSATZ KRIEGER	
	KSh.	anteilig %	KSh.	anteilig %
JANUAR	935/=	72,4	355/=	27,6
FEBRUAR	1200/=	100	-	-
MÄRZ	121/=	27,0	330/=	73,0
APRIL	1325/=	6,4	19404/=	93,6
MAI	480/=	100	-	-
JUNI	245/=	45,0	294/=	55,0
JULI	270/=	100	-	-
AUGUST	891/=	87,0	143/=	13,0
SEPTEMBER	297/=	11,0	2520/=	89,0
OKTOBER	480/=	9,5	4560/=	90,5
NOVEMBER	1350/=	6,5	19350/=	93,5
DEZEMBER	525/=	45,0	660/=	55,0
GESAMT	8119/=	14,6	47473/=	85,4

Abb. 95: Perlenschmuck der verheirateten Rendille-Frau

Politik der Systeme

Abb. 96: Er weiß mehr...

Abb. 97: ...als dieser zugibt, oder wissen will

VI. WAS FANGEN WIR MIT " DIESEN NOMADEN " AN ?

DISKUSSION MIT VERHALTENEM ZORN

Das ist der übliche, halbherzig gefragte, immer mit der Tendenz verärgerter Resignation versehene Stoßseufzer eines jeden Politikers, Planers und Entwicklers, spricht man ihn auf etwaige Lösungen für eben jenes Problem an, welches durch " diese Nomaden ", " diesen Nomadismus ", " jenen Starrsinn, der den Fortschritt blockiert " verursacht wird; ein Problem, das heute mit frappierender Urplötzlichkeit entwicklungspolitisch en vogue ist, so wie es noch vor wenigen Jahren ignoriert oder sogar vergessen schien. Das ist die Integrierung einer nomadischen, meist viehhaltenden Bevölkerung in eine seßhafte, meist vom Ackerbau dominierte Nationalökonomie. Stellt sich nun diese Frage, - und sie stellt sich immer öfter und pressender -, ist mit der einstweiligen Beantwortung, gleich welcher Prägung diese vorerst sein mag, gewöhnlich eine seßhafte, nichtnomadische politische Lobby beauftragt, deren Kenntnisstand über mobile Viehhalter dem entspricht, als hätte man solche gar nicht im Lande und nie gehabt. Die psychologische Weiche für die eingangs erhobene Frage ist damit justiert und die hastige Antwort auf das peinliche Zugeständnis, es unter anderem auch mit nomadischen Bürgern zu tun zu haben, ergibt sich von selbst: Seßhafte und " well behaving " Farmer aus ihnen zu machen, das ist der vorschnell und unsauber gefertigte " neue " Schlüssel für das alte Schloß des nomadischen Pastoralismus; ein Schlüssel, der jedoch nur selten paßt. Unter der Überschrift " Rendilles advised " reportiert dazu der " STANDARD ", Kenias unabhängigste Tageszeitung, vom 5.6.1983:

" Marsabit DC (District Commissioner) Tom Ogech has appealed to the nomadic Rendille people to change some of their outmoded customs and traditions. Observing that some of the traditions and customs which the

Rendille still hold in high esteem were hindering their development, the DC said he wondered why it had taken too long for them to change some activities like other tribes had done. Mr. Ogech particulary criticised the people's lack of interest in farming. He said they attached too much time on uneconomic activities. "

Mr. Ogech, seiner Herkunft nach Nandi, einer vornehmlich Ackerbau treibenden Gesellschaft der Kalenjin-Gruppe, drückt hier sehr präzise die allgemeine Erwartungshaltung jener seßhaften, nichtnomadischen Lobby aus, deren politisches Wort in Kenia Gültigkeit hat, und zeigt deutlich das Unvermögen, umwelt- und daraus resultierend gesellschaftsbedingte Verhaltensweisen sachgemäß, - den Umständen angepaßt -, einzuordnen. Warum wohl, so drängt sich spontan die Frage auf, sind die Rendille und ihre viehhaltenden, nomadischen Nachbarn keine Farmer? Ist es vorstellbar, daß ganze Völker wissentlich wirtschaftliches Versagen züchten, indem sie " uneconomic activities " nachgehen,trotz der Kenntnis anderer, unterstellt besserer Möglichkeiten? Die Antwort ist mehr als simpel: nicht Mangel an Interesse,sondern Mangel an geeigneten Voraussetzungen ist es, der Ackerbaukulturen in diesen Gebieten nicht hat entstehen lassen.

Im Zuge einer Projektevaluierung im Turkana Distrikt, einer Maßnahme u.a. mit der Zielsetzung, Pastoralisten zu Ackerbauern umzuerziehen, erschien eine Schlußfolgerung als besonders notwendig, die vom Auftraggeber der Studie mit Empörung zurückgewiesen wurde:

" Not only in Turkana, but all in all there is little room to improve rural economies through innovative ideas. Most structures have developed quite confidently and are self-adjusting to the prevailing circumstances. If certain activities are missing it can be safely assumed that they are not needed. Insofar it can be concluded that most initiatives originating from different economic, social and cultural backgrounds are seldom meaningful to situations where they were not developed and for which they often show very little adaptive potential. Any forceful attempts to intodruce such measures, e.g. beekeeping where it has no tradition and bees are feared, blacksmith work where blacksmiths are regarded as a curse or making shoes where the shoemaker carries a social stigma should be avoided. If there is an economic potential it will be recognized and exploited, not always at the planners convenience, but nevertheless it will. " (S. Schwartz[41], 1984).

Der Grad des Unmuts, mit dem diese Bemerkung aufgenommen wurde, signalisiert, mit welcher Unaufmerksamkeit und Nonchalance man jene Auseinandersetzung betreibt, die vor allem in bezug auf nomadische Viehhalter restaurativ und hinsichtlich des Status quo nicht um jeden Preis innovativ sein sollte, so lange nicht, bis umsetzbare und zumutbare Ideen nicht mehr die Ausnahme sind.

Eine bereitwillig konstruktive Diskussion des Pastoralismus sowie der Trockengebiete ganz allgemein findet jedoch leider nur in sehr kleinem Kreise statt und auch dann nicht in politisch aktiven Zirkeln, die, wenn sie wollten, die Lage positiv verändern oder es zumindest versuchen könnten. Sowohl die in der Sache engagierte Szene, durchweg besetzt mit Abkömmlingen der Wissenschaft unterschiedlichster Disziplinen, deren Gemeinsamkeit oft hinderliche Exzentrik ist, als auch jene andere irritierte Szene, dominiert von politischen Repräsentanten und Administratoren, deren Konsensus sich in Verantwortungs- und Problemscheu ausdrückt, bleiben als mögliche Basen des Handelns strikt getrennt. Dem Engagement und der Kompetenz fehlt die Macht, und der Macht mangelt es an Know how, Kreativität und dem Willen, sich beides anzueignen. Gleich welchem dieser Zirkel man sich anschließt, dem der intellektuellen Belebung oder dem des bürgerlichen Siechtums -, die angestrebten Aktivitäten, - vorerst dahingestellt, ob richtig oder falsch -, und das Durchsetzen von Ideen - vorerst zweitrangig, ob durchführbar oder nicht -, bewegen sich querschnittsgelähmt nur im Rollstuhl, dessen Aktionsradius von einflußlosen akademischen Kathedern oder einflußreichen ministeriellen Schreibtischen begrenzt wird.

Es muß darum deutlich gesagt werden, daß belegfähige Aussagen, schriftlich niedergelegt und abgesichert, zu einer konsistenten Politik der kenianischen Regierung bezüglich der Trockengebiete vom Bearbeiter nicht gemacht werden können, weil, abgesehen von den District Development Plänen und dem sogenannten ASAL-Plan[42] (Arid and Semi-arid Lands Development in Kenya, 1978) richtungsweisende und gültige Dokumente fehlen. Wahr ist, daß es Ansätze dieser Art gegeben hat, wie u.a. das mit deutschen Treuhandmitteln an UNESCO finanzierte Forschungsvorhaben IPAL (Integrated Project in Arid Lands), in dessen Zielsetzung, Strategien zur Eindämmung fortschreitender Desertifikation zu erarbeiten, innerhalb einer 8jährigen Laufzeit 20 Millionen DM geflossen sind. Der nicht geringe Zeit- und Geldaufwand wurde von der Tageszeitung " NATION " vom 3.12.1903 wie folgt honoriert:

" Scientists present plan.

UNESCO on Monday presented a plan which Kenya could use to develop arid areas. The scientists have been researching in Marsabit (jenem District, in dem auch die hier vorliegenden Untersuchungen erhoben worden sind, Anm. d. Verf.) for the last six years to find ways of stopping the spread of the desert. Presenting the plan in Marsabit, the project co-

THE STANDARD, 3.12.1983

KEEPING DESERTS AT BAY

JUST how big are the world's deserts? asked an eminent Egyptian ecologist during the opening of the United Nations' Conference on Desertification in Nairobi in 1977. An analysis revealed that 43 per cent of the earth's surface is arid or semi-arid. Out of this, 6.7 per cent has been brought about by the carelessness of humankind.

By OGINAH OPAR

The situation is, however, not the same as it was in 1977. According to the Executive Director of the Nairobi-based United Nations Environment Programme (UNEP), Dr. Mostafa K. Tolba, the areas of the world running the risk of desertification house some 850 million people.

The Kenyan situation is not very different from that of other nations which have been hit hard by the scourge of the creeping deserts. In the northern parts of Kenya, drought and the degradation of land are already prompting fears of desertification. Long spells of drought are fast eating even the cool highlands and Nairobi, the capital, has been badly hit by the worst drought in many years.

The major cause of desertification is the settlement of more people in the major catchment areas, poor grazing and wanton destruction of trees. This is what prompted President Daniel arap Moi to set up a permanent Presidential Commission on Soil Conservation and Afforestation. Although it is still premature to say whether the commission is a success, one of its positive functions has been to create awareness of the need to preserve the environment.

The commission's chairman, Mr. Zephaniah Anyieni, said one important step the commission has made is to educate the people on the importance of soil conservation and on the need to plant more trees.

The afforestation programme is now tailored to reach the people. The President's call to Kenyans to "cut one tree and in its place plant another tree" has been fully implemented by an average Kenyan.

According to the Development Plan of 1984/88, a goal has been set to plant 200 million seedlings per year, whereas during the 1981/82 plan period, only 50 million seedlings were planted per year. If this plan continues to the year 2000, Kenya will derive nearly 50 per cent of her total national power needs from fuelwood.

The development of fuelwood as an alternative power source may reduce the country's heavy dependence on oil for energy. It is also expected in the long run to reduce heavy capital expenditure on established energy sources and to concentrate on using simple technology.

DROUGHT

Planners say a total of 193 million US dollars will be spent in tree-planting from now until the year 2000. This is cheaper than providing hydro-electric power which can hardly meet 20 per cent of the total power needs by the year 2000. In addition to fuelwood as a source of power, there will also be other uses of wood in national development.

However, the rapid population increase has been blamed for soil degradation and destruction of the rivers. Poor grazing methods in the semi-arid lands have resulted in the formation of more galleys and sheet erosion. But whereas it is harder to control population or higher birth rate, it is easy to control grazing.

The Kenya Government is working in collaboration with UN agencies like Integrated Plan for Arid Lands (IPAL) and has introduced a formula to control the deteriorating vegetation cover. Although the formula has been affected by the drought, the model can as well be applicable in areas which are not heavily affected by drought.

— APS Features

THE STANDARD, 31.8.1984

Scientists present plan

UNESCO on Monday presented a plan which Kenya could use to develop arid areas.

The scientists have been researching in Marsabit for the last six years to find ways of stopping the spread of the desert. Presenting the plan at Marsabit, the project co-ordinator called on government officers in the area to take their work seriously as the last development plan had emphasised the development of arid areas.

The co-ordinator, Dr. Lusigi said water development and a good market for livestock were priorities in the development of Kenya's arid areas. He added that since it would be too expensive to increase the number of bore-holes, people have to make do with the existing water resources.

Thirteen shallow wells operated by handpumps would be constructed if the whole of the study area was to be set aside for proper grazing blocks.

—KNA

ordinator Dr. L. said water development and a good market for livestock were priorities in the development of Kenya's arid areas. He added that since it would be too expensive to increase the number of boreholes, people have to make do with the existing water resources. Thirteen shallow wells operated by handpumps would be constructed if the whole of the study area was to be set aside for proper grazing blocks. "

Dieses lapidare Zitat zur Inauguration jenes kostspieligen Unternehmens, genannt " Integrated Resource Assessment and Management Plan for Western Marsabit District, Northern Kenya ", ist nicht etwa als absichtlich den Sachverhalt entstellendes Teilstück einer großzügigeren Würdigung entnommen. Subjektiv aus der Sicht des Bearbeiters und objektiv, wie sich betont die Landespresse versteht, deckt die mehr als kurzangebundene, inhaltlose Pflichtberichterstattung insgesamt ab, zu welchen Ergebnissen und Empfehlungen diese aufwendige Forschung gekommen ist, wobei die Implementierung von 13 " shallow wells ", einfachste Brunnen bei hohem Grundwasserspiegel, immer noch ihren Geldgeber sucht. Für diesen guten Rat, im Kontext der Entwicklung von Trockengebieten ausgesprochen nicht gerade originell oder gar forschungsbedürftig, war augenscheinlich das 20-Millionen-Budget zu knapp kalkuliert; und ebenfalls bleibt fraglich, ob zukünftig die zu mehr Arbeitseifer ermahnten Regierungsbeamten nachhaltigen Einfluß auf die fortschreitende Degradierung und Desertifikation der von ihnen betreuten Region haben werden. Hier muß man die bittere Frage stellen:
Wo sind die Grenzen, was sich noch Forschung nennen darf, und:
Wo sind die Grenzen von diffusem, entwicklungspolitischen Prestige, das sich anmaßt, Pläsanterien (wie 13 Brunnen) und Banalität (wie das Schulmeistern von Government Officials) als Forschung zu verkaufen? Liegt hier nicht der Verdacht nahe, daß nur allzu leicht und verantwortungslos der

Abb. 98: Turning Nomads into Farmers

Abb. 99: ...nicht nur in Kenia die " Lösung ".

Dritten Welt Standards angeboten werden, die sich jeder Qualitätskontrolle entziehen, lediglich durch ihren finanziellen Aufwand an scheinbarem Inhalt gewinnen und nirgendwo in den anderen zwei Welten einer Sachprüfung standhalten würden?

Ein Jahr später lehnte die kenianische Regierung den hier als Beispiel herangezogenen " IPAL-Managementplan "[43](1984) trotz beflissener Redigierung ab, und der " STANDARD " vom 31.8.1984 greift diesem Fehlschlag vor, indem er seinen Artikel " Keeping deserts at bay " damit schließt:

" The Kenyan Government is working in collaboration with UN agencies like Integrated Project for Arid Lands (IPAL) and has introduced a formula to control the deteriorating vegetation cover. Although the formula has been affected by the drought, the model can as well be applicable in areas which are not heavily affected by drought. "

Jener Plan also, der sich auf Grundlagendaten einer überaus dürregefährdeten Region stützt, d.h. dessen Schlußfolgerungen ein Präventivinstrument gegen ein solches Dilemma darstellen sollen, ist nur dort einsetzbar, wo ein derartiges Risiko kaum besteht. Der massive Vorwurf, der sich aus diesem Beispiel ableitet, ist nicht der Umstand, kein brauchbares Rezept gefunden zu haben, sondern der, es als solches anzubieten im Verlaß darauf, daß die Integrität der Forschung per se nicht angezweifelt und damit auch nicht kontrolliert wird. Konsequenzen entstehen dadurch nicht; denn genauso wahr ist, daß Forschung mit der Zielsetzung einer praktischen Anwendung nur wenig Förderung erfährt, ergo bei der Konzipierung und Implementierung von Entwicklungsprojekten im ländlichen Raum kaum eine Rolle spielt und das Wunschdenken von Geber- und Nehmerseite als Planungsgrundlage gilt. Diese optimistische Haltung, verbunden mit der Philosophie von " trial and error ", spiegelt der Artikel " High hopes for Kenya's arid areas ", der hier als Faksimile eingefügt ist, sehr gut wider.

Unzählige Projektdokumente (project outlines, plans of operation), Prefeasibility-, Feasibilitystudies und Evaluierungsberichte erwecken den Eindruck ungeheurer Betriebsamkeit und Aktivität, und orientierte man sich einzig an der Menge des Papiers, so müßten die Trockengebiete Nordkenias mit Projekten durchbrochen sein wie Brüsseler Spitzen. Das ist bei weitem nicht der Fall. Viele dieser Projekte sind Absichtserklärungen, zum Teil als existent und lebendig ausgewiesen und legalisiert durch eine minimale, meist nicht einmal funktionstüchtige Infrastruktur, die sich in Tag- und Nachwächtern für halbfertige Gebäude, verwitterte Wassertanks und sonstiger, dem Verfall preisgegebener Technologie ausdrückt. Andere Maßnahmen befinden sich in viel zitierten Vor- und Planungsphasen, - oft seit vielen Jahren -, oder wurden je nach Finanzierungsaufwand und politischer Ausdauer der Geberorganisationen nach längerer, meist jedoch kürzerer Zeit wieder eingestellt. Die Bilanz, die bei kontinuierlicher Bereisung und Ansässigkeit in diesen Gebieten nach einer Dekade zu ziehen ist, ist schlicht:
Viele Versuche sind unternommen worden, Ideen produziert mit punktuell guten und machbaren Ansätzen, die letztlich so gut wie ausnahmslos anderen Prioritäten, inhaltlich und räumlich, zum Opfer fielen. Aus jener Hinterlassenschaft vom Fortschritt inspirierter Fragmente für eine bessere Zukunft, resultiert ein fundamentaler Schluß: Die von Pastoralisten genutzten Weidegebiete, trotz ihres überlegenen Anteils an der Gesamtlandesfläche, sind weder wirtschaftlich noch politisch von nachdrücklich formulierter Bedeutung, selbst wenn auch sporadisch eine zukünftige Änderung

THE STANDARD, 15.2.1983

High hopes for Kenya's arid areas

IT HAS been known from time immemorial that given water the desert will blossom. The Bible says so and, appropriately, Israel has proved the point with spectacular success.

For Kenya, another known fact is that over half of the country's surface area — and it will be more if proper environmental conservation measures are not implemented — is arid or semi-arid.

What is not appreciated, however, is the fact that a lot of this land is capable of being turned into productive use, if only the people in the area changed their outlook and become more adaptable to the prevailing conditions instead of sticking doggedly to outmoded ways of life.

An official feasibility study has revealed that 55,000 hectares of land in North-Eastern Province have the potential to become crop-producing areas. This is land that borders the permanent water causeways of the Tana River in Garissa and the River Dauwa in Mandera.

Proof that this could be done exists at the Garissa Boys Centre, the Agicultural Development Corporation (ADC) farm in the same town and the Garissa Research Station, where all types of fruits, vegetables and cereals bloom and, indeed, rival anything similar produced elsewhere in the country.

The greatest barrier to the success of the "green revolution" remains the people ther elves. They consider themselves pure pastoralists for whom working on the soil is a demeaning occupation. Their cultural life and nutritional habits are closely related the animals which they keep.

In a broad sense it means that the more animals a person has, the higher they are on the social scale, irrespective of whether there are other healthier and more lucrative avenues that they could pursue and irrespective of the damage which over-grazing does to the environment.

The North-Eastern Deputy Provincial Commissioner, Mr. Alex Njue, observed last week that during the colonial rule little was done to change the attitudes of these pastoralists. If anything, they were encouraged to remain so.

In Kenya today, the exigencies are that such attitudes must change. Land is becoming more scarce to cater for the needs of the rising population and whatever is available must be put into productive use. Most of what is available is to be found in North Eastern Province and in other marginal areas.

A fact which has not been brought out fully is that much of this land is within manageable distance from rivers, which could be tapped for irrigation, and a lot of it also lies above water tables which could be utilised for agriculture. There are technical, scientific and of course financial factors to be considered, but there is no doubt that putting arid land into production is the inevitable course in Kenya's future.

Today, North-Eastern Province depends almost entirely on other parts of the country for all its food needs, apart from the products of the animals that the people of the area keep. The observation by Mr. Njue that the province could produce enough food for local consumption and a surplus for export might seem far-fetched to many. It could, however, be easily turned into a reality through the right approach.

A crucial element in this will be the performance of the indigenous technicians being trained in Government institutions, particularly their success in convincing the local people that working on the land is a dignified occupation, equal to if not superior to livestock rearing.

That a start has been made is encouraging in itself. In 1981 the province held an agricultural show with the theme of "Transforming Nomadic Life". Last year, the theme was "Surmounting Aridity".

This year they should aim at something like "Self-Sufficiency in Food Needs".

immer wieder bekräftigt wird. Diese bislang noch anhaltende Indifferenz sowohl von seiten der Geberländer als auch des Nehmerlandes Kenia ist, wie bereits erwähnt, in erster Linie bedingt durch den dürftigen Wissensstand, der über die hier angsprochenen Regionen herrscht und der Schwerfälligkeit, Ängstlichkeit und Unlust, diesen anzuheben. Mehr als anderswo im Land sieht sich in diesen Gebieten der Entwickler konfrontiert mit Situationen, die ihm absolut fremd sind und ahnt einen unzumutbaren Stress, dem sich auszusetzen er meist nach der ersten flüchtigen Visite, als " Fact Finding Mission " bekannt, ablehnt.

Unter diesem Stress ist das ganze Paket dieses spezifischen Wirtschafts- und Lebensraumes zu verstehen, angefangen von extremen klimatischen und ökologischen Bedingungen, als bedrohlich empfundenen soziokulturellen und sozioökonomischen Usancen bis hin zu der mit Recht vermuteten, schwierigen psychologischen Disposition der Zielgruppen. All diese Extremwerte zusammengenommen bestärken von Anfang an die Furcht vor dem unumgänglichen Mißerfolg; auch hier zu Recht begründet, zieht man die gewöhnlich sehr kurzen Laufzeiten geplanter Maßnahmen ins Kalkül, die unter den beschriebenen Vorgaben auch tatsächlich in 2 - 5 Jahresfristen herzeigbare Erfolge, - ganz unabhängig von der Art der Zielsetzung -, nicht zeitigen können.

Drei Kernpunkte sind bei allen Konzepten bezüglich der Entwicklung der Trockengebiete besonders schwerwiegend und erfordern größte Sorgfalt bereits in der Vorphase, will man den Nutzwert der beabsichtigten Maßnahme für den vorgesehenen Rezipienten nicht von vornherein schmälern oder gar, was in der Regel die Praxis ist, unbrauchbar machen:

1. Die Zielsetzung angestrebter Maßnahmen

Hier ist nie glaubhaft nachgewiesen worden, was man von Geber- als auch von Nehmerseite unter " Entwicklung " versteht und was der eine vom anderen eigentlich will:

a.) Politisch aufwendige Anerkennung durch Großprojekte gleich welchen Inhalts.

b.) Das Experimentieren mit volkswirtschaftlich irrelevantem Kapital (wie am Beispiel der nomadischen Pastoralisten samt ihrem als zementierte Wahrheit angenommenen Anachronismus, der Anreiz bietet zu in vivo Versuchen mit bekannten, ökonomischen Stereotypen). Konkret auf den vorliegenden Fall bezogen, heißt das, durch eine anerkannte und im volkswirtschaftlichen Sinne mit " Noblesse " galvanisierte Wirtschaftsform, - wie die des Ackerbaus -, diesem Anachronismus zu begegnen.

Oder

c.) Die angepaßte Entwicklung von Perspektiven durch eine bemühte, gründliche Bedürfnisanalyse des Empfängers, die den Einbezug seiner Aspirationen erlaubt bei gleichzeitiger Minimierung seines Dilemmas.

Da letztgenannte Möglichkeit in der Praxis durchgängig hypothetisch bleibt und in Projektinhalten kaum ihren Niederschlag findet, muß man daraus schließen, daß

Faktor 1: Politische Anerkennung durch Großprojekte mit entsprechendem Kapitalaufwand

und

Faktor 2: Das Herumspielen mit entlegenen oder gar absurden Alternativen (vorrangig dazu gedacht, den notwendigen Mittelabfluß der Geberländer zu sichern) jene tragenden Motive sind, die hinter dem Anspruch einer in Wahrheit Pseudoentwicklung der Trockengebiete stehen.

2. Die Größenordnung angestrebter Maßnahmen

Hier ist glaubhaft nachgewiesen worden, daß der Faktor der politischen Anerkennung und des Wohlverhaltens (welch besserer Beweis dafür bietet sich an als der Wille zum Abbau von Elend?) die Größenordnung bestimmt, mit der Entwicklungsmaßnahmen sanktioniert und umgesetzt werden. Auch diese Entscheidung, wenn auch nicht gleichgewichtig, wird von Geber- und Nehmerseite getroffen, wobei die direkt Betroffenen (die Zielgruppe auf der Nehmerseite) keinen Einfluß haben. Dieser dem Rezipienten, - dem Endabnehmer -, verweigerte Entscheidungsspielraum ist ebenso Merkmal für Punkt 1, genannt als Zielsetzung angestrebter Maßnahmen, die ebenfalls unter Ausschluß des Rezipienten erfolgt.

Hier muß betont werden, daß im Kontext der Trockengebiete und ihrer Entwicklung stärkste Zweifel herrschen sollten, daß jene Größenordnung, definiert im Sinne von " groß, multidisziplinär und vor allem kostspielig " in vertretbarem Verhältnis zum Nutzwert des Empfängers, sei es Mensch, Tier oder Umwelt, steht. Punktuelle (überschaubare) Maßnahmen bei strikter Kontrolle eben dieses Nutzwertes, - zu ermitteln durch o.g. Bedürfnisanalyse -, sollten absolute Priorität haben, statt vage, in ihrer Zielsetzung viel zu hoch gegriffene (unüberschaubare) Programme oder Strategien zu fördern, ohne Überprüfung ihrer Relevanz und ohne Dialog zwischen Entwickler und dem, den man zu entwickeln anstrebt: dem nomadischen Viehhalter. Nur so ist es vorstellbar, daß erneute Fehlschläge und Enttäuschungen, - auf Kosten der Pastoralisten -, sich verringern ließen.

3. Die Fehleinschätzung der Zielgruppe

Obgleich es auf der Hand läge, sich eingehend mit dem respektiven Reszipienten auseinanderzusetzen noch bevor es überhaupt zur Festlegung von alternativen Konzepten kommt, die sich als Projekte manifestieren, so wird diese wichtigste Vorarbeit am meisten vernachlässigt. Verfolgt man einmal das Curriculum vitae eines Projektes von seiner Geburtsstunde bis zum seinem Ende, so lassen selbst umfangreichste Dokumentationen jeden informativen Aufschluß über die Zielgruppe vermissen. Unklar bleibt, ob es sich dabei um Unwissenheit aus Nachlässigkeit, Indifferenz gegenüber dem Sachverhalt oder um eine bewußte Nagelschuh-Taktik handelt, die es aufgrund der hochbewerteten Projektziele (entstanden aus bereits erwähntem wohlgefälligen Opportunismus) erlaubt, die Aspirationen der Zielgruppe gewaltsam einzuebnen.

Im Lichte der kenianischen Politik gesehen, zeigt die Erfahrung, daß es sich in den meisten Fällen um die Mischung aller drei Komponenten handelt, gegenwärtig mit noch immer augenfälliger Tendenz zur indifferenten Attidüde, die jedoch langsam Formen des drittgenannten Vorgehens annimmt: das einer aus Ungeduld und Irritation entstandenen Bulldozer-Doktrin. Für diesen langsamen, noch kaum wahrnehmbaren und nur für den mit der Situation Vertrauten als Veränderung erkennbaren Gesinnungswandel spielen zwei Faktoren eine entscheidende Rolle:

I. Die landesweit rapide Verknappung von Ackerland zwingt zur Expansion und Erschließung von neuen, ackerbaulich nutzbaren Flächen. Damit ist verbunden, daß sowohl Regen- als auch Bewässerungsfeldbau in die von Pastoralisten genutzten Gebiete eindringt, der naturgemäß von anderen Ethnien, - Nicht-Viehhaltern -, betrieben wird.

Wie stark die Hoffnung der Nation sich insbesondere auf die Möglichkeiten der künstlichen Bewässerung konzentriert, drückt der hier eingefügte Artikel aus der " NATION " vom 28.5.1984 aus, betitelt: " It is time to think of irrigation ", wobei der Schlußsatz nur zu wünschen läßt, daß diese fast rührende und aus agrarwirtschaftlicher Sicht und Vorausschau dicht an Naivität und Illusion angelehnte Hoffnung sich nicht als Seifenblase der bitteren Enttäuschung erweist:

" Let's hope Kenyans, and especially the leaders, will adopt irrigation as their clarion cry in the coming years. That is where the country's future lies ";

denn eines allein kann mit großer Sicherheit prophezeit sein: die " leaders ", die politischen Führer, werden es auch in Zukunft nicht nötig haben, jeden Quadratmeter ihres Großbesitzes einer teuren Technologie abringen zu müssen, damit ihnen ein Minimum an Produktivität verbleibt. Das 'Vater Unser' eines unstabilen Agrarlandes, modifiziert als " ... der 'Du bist die Bewässerung' ... ", wird als Stoßgebet ohnehin nur von seinen klein- und kleinstbäuerlichen Untertanen in den zu oft wolkenlosen Himmel geschickt oder, wenn im Zweifel an Gottes Bewässerungstalenten, als Kreditantrag an die Agricultural Finance Corporation, wo er abschlägig beschieden wird oder als Höchstverschuldung spätestens den Kindern den endgültigen Bankrott bringt.
Hier sei nur im Nebensatz gestreift, was das häufige Schicksal selbst des gelernten, fähigen Farmers ist -, was also kann erwartet werden von dem in dieser Wirtschaftsform völlig unerfahrenen Viehhalter, der, selbst wollte er sich dieser anpassen, in seiner

DAILY NATION, 28.5.1984

It is time to think of irrigation

It is now clear that the delay in the long rains will adversely affect Kenya's agricultural production this year. What is not clear, however, is how badly.

But, thanks to the country's increased food storage capacity, Kenyans won't experience any food shortages. Or that is what the Minister for Agriculture and Livestock Development, Mr Odongo Omamo, tells Kenyans in a news story published elsewhere in this issue.

Kenyans must, however, brace themselves to dig deeper into their pockets for fruits and vegetables. Their prices have shot up dramatically over the past few weeks.

And there is nothing new in that. Vegetables' prices are the most elastic of all the food prices. They rise with the demand.

Though Kenyans are luckier than their neighbours in the south and north who have been battling famine, there is a lesson they should learn from such countries as Zimbabwe.

And the lesson is that it pays to increase a country's irrigation capability. And not just in the arid and semi-arid areas.

With its myriad rivers, streams and tributaries, Kenya should experience little difficulty in freeing itself from the tyranny of weather.

All it needs is organisation and an appreciation of the great benefits to be derived from the expenditure of a few million shillings in buying irrigation equipment.

The equipment should be bought on a harambee basis at locational, divisional and district levels. The success of similar efforts to build schools and hospitals shows that the willingness to donate funds for a worthwhile cause is there. All it needs is tapping.

Surely, there can be no cause that is more worthwhile than increased food production.

The Government, through the Ministry of Water Development, is already committed to providing water for all Kenyans.

If local people, through their development committee, came up with blueprints for irrigation systems, the Ministry would find it easy enough to fit its programmes with those wananchi. Or would it?

Local people could also supplement the Ministry's efforts by donating money and providing the necessary manpower. Many harambee projects have benefited from wananchi's labour in the past. There isn't any reason why irrigation projects shouldn't benefit in the same way.

Increased irrigation capability would enable wananchi to grow more horticultural crops for the local and foreign market. More important, the crops would be grown at a time when they would fetch maximum prices from both markets. The increased earnings would encourage more Kenyans to utilise all available land efficiently for the benefit of all.

Let's hope Kenyans, and especially the leaders, will adopt irrigation as their clarion cry in the coming years. That is where the country's future lies.

pastoralen Umwelt ausweglos auf Zusatztechnologien zurückgreifen müßte, die oft genug der professionelle Farmer nicht bewältigt.

Zurückkommend auf die immer stärkere räumliche Annäherung von Pastoralisten und Ackerbauern, erwächst daraus proportional die Dringlichkeit, der voraussehbaren Kollision zwischen beiden zu begegnen, ein Konflikt, der von Regierungsseite durchaus gesehen wird. Als Konsequenz jedoch zeichnet sich kein akzeptabler Lösungsansatz ab, es sei denn, man hielte die aufgeweichte Indifferenz im Austausch gegen den zwanghaften Versuch, die viehhaltenden Gruppen seßhaft zu machen, und sie mehr formal als real den zwar expandierenden, in ihrem Produktionspotential jedoch nur kläglichen Ackerbaukulturen anzulasten, für einen solchen.

Naturgemäß wird das in dieser Weise nicht formuliert, und so herrschen Vokabeln wie Assimilierung, Integrierung, Absorption (der Viehhaltung) in eine andere Form der Existenzerhaltung vor, von der keine konkrete Vorstellung besteht, wie diese aussehen soll.

Ganz generell kann gesagt werden, daß die Idee eines primitiven Farmertums, das sich der Viehhalter im Schnellkurs aneignen soll, noch am hartnäckigsten verfolgt wird, eine Ironie in sich selbst, bedenkt man die ökologischen Gegebenheiten der dafür vorgesehenen Landflächen vom Steppen- und Savannentyp. Darüber hinaus würde jede Analyse der Zielgruppe, auf die diese dubiose Umerziehung ausgerichtet ist, augenblicklich die immensen Schwierigkeiten eines solchen entwurzelnden Prozesses aufdecken und muß demzufolge unterbleiben, da sonst die Finanzierungswilligkeit meist externer Geldgeber, - auch wieder ohne Know how der tatsächlichen Verhältnisse -, schwer erschüttert würde.

II. Die Erschließung der Trockengebiete, die fast ausnahmslos auf Projektbasis erfolgt, ist dominiert von fremden,d.h. nicht-nationalen Institutionen, multi- oder bilateral, wie z.B. der EG (Europäische Gemeinschaft), FAO (United Nations Food and Agricultural Organisation) oder den jeweiligen Entwicklungsagenturen einzelner Schwerpunktländer wie in Kenya der GTZ (BRD), NORAD (Norwegen), SIDA (Schweden), U.S.A.I.D. (USA) und etlicher mehr, daneben einer Vielzahl sogenannter NGOs (Non Governmental Organisations) wie Voluntärdienste oder kirchlicher Institutionen, angefangen von MISERIOR bis zum Military Order of Malta. Grob gesagt gibt es kaum ein " organisiertes Engagement ", den Ostblock bislang ausgenommen, das in einem Land wie Kenia mit seiner ideologischen Wohlgefällig- und Unauffälligkeit nicht vertreten wäre, wobei sich die Marginalzonen zur " Imperiumsbildung " entwicklungspolitisch besonders gut eignen; denn der Staat macht keine Anstrengung der Investition. Präsenz ist das Schlüsselwort, das hier synchron für Engagement steht.

Diametral, wenn nicht gar schizophren, verhält sich dagegen der Repräsentant in der Erfüllung seiner Aufgabe und in seinem Verhältnis zu seinem entwicklungsbedürftigen Counterpart. Wie anders ließe sich sonst erklären, daß innerhalb vieler Projektstrukturen ein von seiten Kenias toleriertes und von den Projekt-Exekutiven als selbstverständlich und legitim angesehenes Desinteresse bezüglich des Endabnehmers ihrer offerierten Entwicklung besteht, mit der gefälligen Begründung: Menschen sind nicht, sondern nur die Sache ist unsere Sache! Dies ist ein wörtliches Zitat.

Solche und ähnliche Statements sind besonders in den Landesvertretungen der starken Gebernationen zu Hause, die sich damit, - wieder selbstverständlich und legitim -, gegen jedes durch die Zielgruppe verursachtes Risiko im wahrsten Sinne ihrer Profession diplomatisch absichern.

Hier wird die Diffamie der " Hilfe " sehr durchsichtig, als sie sich nur mehr an den Klischeewünschen einer politischen Elite orientiert, einer Zielgruppe, deren Lebensstandard-Verbesserung weder zur Debatte steht noch im entferntesten nötig ist. Jene Intrige, als Kapital-, Personal- oder Technische-Hilfe-Spiel zum Abbau der Langeweile zwischenstaatlicher Beziehungen geschaffen, ist in seiner Unterhaltsamkeit unübertrefflich, eine angepaßte Entwicklung, - bedürfnisorientiert -, besonders im ländlichen Raum erfolgreich zu verhindern.

Der wertneutral " unaufgeklärte " Land- oder auch Stadtmensch, in diesem Zusammenhang günstigerweise oft noch Analphabet, der Kleinbauer, Handlanger, Nachtwächter, der Kioskbesitzer im Slum, der für reelle, wenige Schillinge den kleinen Mann von der Straße füttert, sowie letztlich auch der nomadische Viehhalter stehen am Rande eines betonierten Highways oder vor dem bewachten Stacheldraht eines Großkraftwerkes und stellen die weder naive noch rückständige, sondern weise Frage:

What for? Kitu gani? (Swahili: Was ist los?); Für wen ?

Wie man feststellt, was gebraucht wird

Mehr als auffällig und absurd wird jene Philosophie des größtmöglichen Kapital-, Personal- und Technologieaufwandes, je weiter man in die entlegenen Marginalzonen kommt, wo das mittelständische Minimum zur Existenzerhaltung zum absoluten, nie erreichten Maximum wird. Für diese Regionen und ihre Bevölkerung, in der Majorität Pastoralisten von unterschiedlicher Mobilität, reicht gemeinhin das Vorstellungsvermögen weder des Entwicklers und Planers, noch des Politikers für eine realistische Einschätzung der lokalen Verhältnisse aus, denen sie nie ausgesetzt waren und nie sein werden. Eine Feststellung der Situation beruht demzufolge in Form eines " rapid appraisals " auf der Grundlage der Verblüffung, die entweder in spontane Sentimentalität (" Hier müssen wir doch IRGENDETWAS tun! ") oder in den sorfältig trainierten Zynismus des Drittweltexperten (Hier lohnt sich NICHTS! ") abgleitet. Beide Verhaltensweisen sind typisch für den Geberlandvertreter, der jedoch von dem des Nehmerlandes nur zu willig imitiert wird; denn letzterer identifiziert sich genauso wenig mit der peinlichen Rückständigkeit seiner - nach dem Gesetz - gleichgestellten Landsleute, die wie er selbst Bürger jenes Musterlandes Kenia sind. Der innere Ausweg ist meist die lautlose Empörung über die begangene Sabotage am Fortschritt des Nationalstaates, der äußere die beflissene Bejahung des " rapid appraisals " seines überseeischen Tutors, IRGENDETWAS oder GAR NICHTS zu tun.

Zwischen diesen beiden Nuclei der entwicklungspolitischen Absicht, die eine, das Irgendetwas, vorerst nebulös doch bald schon bizarr, wenn sie in die Aktivphase tritt, die andere unverhandelbar abschlägig, bewegt sich die Verplanung der sogenannten " remote areas " und derer, die sie bewohnen und bewirtschaften.

Der heute vorherrschende Trend der Geberländer, vom Nehmerland Kenia nur mit verhaltenem Enthusiasmus aufgenommen, ist, IRGENDETWAS für die ariden und semi-ariden Gebiete Afrikas zu tun. Wie schon an anderer Stelle erwähnt, besteht für diese Ambitionen, sollten sie realisiert werden, ein bedenklicher Mangel an Kenntnissen und Grundlagendaten. Dieser wäre in seinem Ausmaß vermeidbar gewesen, hätte das Kolonialregime mehr Zeit, Mühe und Einsicht auf die Integrierung lokaler, tradierter Expertise verwandt, statt ihrer Abwertung und ultimaten Unterdrückung mit dem Alibi einer sonst nicht funktionsfähigen Bürokratie und Administration, deren Relikte bis heute weitaus mehr hinderlich als förderlich sind. Jeder unvermeidbare Behördengang ist z.B. bester Beweis. Dieses Klima einer sehr umständlichen, schwerfälligen und auf ganzer Linie überflüssigen Superiorität hat sich wenig gewandelt, wenngleich es auch heute die ehemals Unterdrückten umgibt und nicht mehr die Unterdrücker, die nun ihrerseits die Wirkung ihres Erbes erfahren, sollten sie jenen erwähnten Behördengang antreten müssen oder anderweitig der von ihnen kreierten Bürokratie ausgesetzt sein.
Diese gedankliche Abweichung scheint nötig, will man das Denken und Handeln der heutigen kenianischen Politiker, weitergefaßt der Regierung, verstehen, das sie bezüglich der nomadischen Pastoralisten vertreten. Hier wird am deutlichsten erprobt, was man gelernt hat: ungezogenen Kindern wird die Schokolade (in Gestalt von Hospitälern, Schulen, Straßen etc., die ganze Palette der Infrastruktur) zwar nicht entzogen, so doch ungenießbar, unbrauchbar gemacht, schlicht durch geringes Angebot, verbunden mit schlechter Qualität. Damit ist hinreichend gesichert, daß weder eine unerwünschte Konkurrenz auf dem Arbeitsmarkt entsteht noch die Gefahr einer massiven Artikulation ihrer gesellschaftsspezifischen Wünsche oder gar Rechte als Bürger eines progressiven Staates, der jedes wirkungsvolle doch dezente Versteck für seine unbequemen

Traditionalisten begrüßen würde, gäbe es eines.

Das offizielle Sanierungsprogramm

Dem Bearbeiter ist genau bewußt, daß bis zu diesem Punkt die eigene, sehr subjektive und damit anfechtbare Sichtweise im Vordergrund stand, soweit es die Be- und Verurteilung des nomadischen Viehhalters von Regierungsseite aus betraf. Diese gefärbte Darstellung ist jedoch kein übertriebenes Stilmittel, um den mit ganzer Wahrheit vorhandenen Konflikt zwischen - seßhaften - und volkswirtschaftlich auf Ertrag und Überschuß ausgerichteten Machtinhabern (Regierungsträgern) versus - mobilen -, doch weitgehend subsistenzorientierten Machtempfängern (hier die Viehhalter) noch zusätzlich zu überhöhen. Denn obgleich dieser Konflikt besteht, der sich z.B. darin ausdrückt, daß keine dieser marginalen Ethnien politische Schlüsselstellen besetzt, ist er im öffentlichen Bewußtsein kaum spürbar. Hier beschränkt sich die Dimension des Denkens und Handelns ausschließlich auf die Möglichkeiten neuer Landerschließung zur Entspannung der überbevölkerten, ackerbaulich genutzten Gebiete als konkrete Alternative für landlose Farmer. Über die Konsequenz einer solchen Expansion, die naturgemäß die Verdrängung und Einengung der angestammten, pastoralen Bevölkerung bedeutet, ist es für die kenianische Regierung noch immer angängig und ohne den Zuzug geberländischen Tadels vertretbar, deren Interessen zu ignorieren: a.) aus Gründen ihres politisch einflußlosen Minoritätenstatus und b.) ihrer nationalökonomischen Irrelevanz, die als Prämisse angenommen wird, solange die extensive Viehhaltung ohne nennenswerte Vermarktung erfolgt. Subsistenz allein ist kein diskutabler oder förderungswürdiger Aspekt.

So weiß die FAO[44] noch 1973 über die nomadischen Viehhalter zu berichten:

" Diese Leute sind eine Bürde für jedes Land, sie sorgen für nichts, sie verweigern jede Handarbeit, zahlen keine Steuern, verkaufen keine Tiere und tragen nichts zur Volkswirtschaft bei; ihre Ernährung ist Luxus und Verschwendung. "

Diese in den meisten Ländern Afrikas, belastet mit jener Bürde einer nomadischen pastoralen Bevölkerung, vorherrschende Mißbilligung unterstützt die ohnehin vorhandene, sowohl reale als auch wirtschaftsideologische Superiorität und Dominanz der Ackerbaukulturen, - in historischer Zeit das absolute Gegenteil -, deren Vertreter demgemäß heute auch die politische Einflußsphäre beherrschen. Es ist darum nicht erstaunlich, daß alle vermeintlichen Lösungsansätze und Alternativen für das " Viehhalter-Dilemma " diesem Wirtschaftssektor entlehnt werden, ohne vorerst dessen ökologische Grenzen zu sehen, d.h. gleichfalls Produktionsgrenzen, durch die die Viehhaltung ihre stabile Legitimierung erhielt und rechtmäßig bis heute verteidigt. Dieses Eingeständnis, das der Untauglichkeit des Ackerbaus für die pastoralen Weidezonen, fehlt auch überwiegend in der kenianischen Agrarpolitik, die für die Entwicklung der Trockengebiete in erster Linie den Ersatz der Viehhaltung durch Regen- oder/und Bewässerungsfeldbau vorsieht. Über das Ausmaß einer solchen Illusion, - Illusion deshalb, weil das hervorstechendste Merkmal der ariden und semi-ariden Gebiete allgemein ihr Wassermangel und das des Staates, in dem sie eingebettet sind, das Kapital- und Know-how-Defizit ist -, gibt das nachfolgende Zitat aus dem " STANDARD " vom 15.2.1983 Aufschluß. Besonders bedenklich erscheint darin die Meinungsbildung, die nicht wegzudiskutierenden biologisch/ökologischen Schranken dem

Pastoralisten anzulasten.

Darin heißt es u.a.:

" What is not appreciated, however, is the fact that a lot of this land is capable of being turned into productive use (im Gegensatz zur Viehhaltung, Anm. d. Verf.) if only THE PEOPLE in the area changed their outlook and become adaptable to the prevailing conditions instead of sticking doggedly to outmoded ways of life. "

Dem Gros der Öffentlichkeit, konzentriert in den temperierten Highlands und im regenreichen Westen des Landes, das nie Kontakt zum oder Vorstellung vom Rest, den semi-ariden und ariden Gebieten, erworben hat, wird dabei geschickt verschwiegen, daß jene " prevailing conditions " trocken sind und damit jeder Grundvoraussetzung für die besagten " High hopes for Kenya's arid areas " entbehren.
Abgesehen jedoch von der realitätsfremden Implikation sich ökologisch ausschließender Möglichkeiten, immer wieder und mit eindringlichster Simplizität muß die Frage gestellt werden: WARUM haben die Bewirtschafter dieser Regionen für Jahrtausende an einem System festgehalten, das offenbar " outmoded from the beginning " war und nicht erst jetzt und heute, wie die Kluft zwischen unterstelltem Rückstand, den die pastoralen Weidegebiete repräsentieren, und dem Fortschrittsniveau des als " eigentliches Kenia " angesehenen Fragmentes, nur etwa 25% der Gesamtlandesfläche, beweisen soll? Denn arid sind diese Gebiete nicht erst seit jüngster Zeit, und das Monopol der Viehhaltung in Trockenzonen nicht erst seit gestern etabliert. Dennoch verbleibt als hartnäckigster Entwicklungsansatz für die Trockengebiete der sukzessive oder auch drastische Abbau der Tierhaltung zugunsten des Ackerbaus, der theoretisch als Philosophie und praktisch als Verfahren die Charakterzüge

eines agrarwirtschaftlichen Dogmas trägt.
Dazu heißt es im ASAL-Plan[42] (1978) :

" Agricultural sources dominate ".

Zahlenangaben als Beweis für diese Dominanz fehlen. Der Development Plan 1979 - 1983[45] für Gesamtkenia schätzt die ausreichend produktiven, für Ackerbau geeigneten Flächen auf 20 - 30%, weitere 20% mit dem Potential limitierten Ackerbaus, der andere Wirtschaftsformen nur spasmodisch unterstützt. Auch hier fehlen Angaben, welche " andere Wirtschaftsformen " dadurch supplementiert werden, und es bleibt der Spekulation überlassen, ob damit Handel und Gewerbe, Klein- und Mittelindustrie oder auch die Viehhaltung gemeint sein könnte, von der wiederum der ASAL-Plan berichtet:

" Livestock numbers are threatening the very survival of the owner. How to balance livestock needs with the supportive production capacitiy of grazing while at the same time meeting the needs of the owner is the equation to be solved. "

Jener Leitsatz ist unter der Rubrik " Problems " zu finden. Unter " Recommendations " ist zu erfahren:

" Reduction of dependence of livestock as a major source of livelihood by introducing minor irrigation agriculture. This is a major requirement for the rehabilitation of arid and semi-arid lands. "

Die hier zitierte " equation " oder Gleichung ist allein aufgrund ihrer Widersprüchlichkeit: x= threat of livelihood to the livestock owner ./. y= the impossibility of livestock elimination, nicht durch minor irrigation zu lösen, da ausreichende und verläßliche Quantitäten von Wasser fehlen (vergl. dazu Tabelle 7 und Graphik 4 und 5); die in der Tabelle und den Graphiken ausgewiesenen Niederschlagsmengen zuzüglich der Abwesenheit permanenter Flußläufe lassen weder Klein- und schon gar nicht Bewässerung im größeren Stil zu, wobei nur letztgenannte überhaupt Erträge brächte, die die Bevölkerung ernähren könnten.

Folgte man nun trotzdem dem Rat unter Ausschluß der für sich selbst sprechenden Zahlen, jene Gleichung zu lösen, wie es der ASAL-Plan empfiehlt, und wie es u.U. durch Großkapitaleinsatz und aufgeschwemmter Technologie möglich wäre, geriete man unweigerlich in das noch weitaus komplexere Netz der gesellschaftlichen und kulturellen Spezifika, die sich auszeichnen durch tradierten Antagonismus gegen jede grundsätzliche Veränderung ihrer Strukturen, einschließlich der wirtschaftlichen.

Vom Ackerbauern zum Politiker oder:
Der Mais-Fetisch als Agrarideologie

Obgleich die biologisch-ökologischen Schwierigkeiten und Grenzen genügend bekannt sind, die auftreten, wenn Ackerbau als Novum in Gebiete eingeführt wird, deren natürliche Voraussetzungen dafür nicht ausreichen, ist dieser Gedanke und dessen Umsatz, wie schon mehrfalls erwähnt, das beliebteste, teuerste und erfolgloseste Instrument, das in der Entwicklung der Trockengebiete seinen Einsatz findet. Gewöhnt an kaum beschränkte Kapital- und Technische Hilfe plus zu jeder Zeit (von außen) finanzierten Know how-Importen, entwickelt auch Kenia keine eigenständigen Anstrengungen, diese von Gebernationen vorgefertigten Baukästen für seine ländliche Entwicklung standortgerecht zu modifizieren oder gar mittels angepaßter Alternativen, - die es am Standort selbst und nicht irgendwo zu erarbeiten gälte -, abzulehnen. Daraus folgt, daß Konzepte der Geberländer, von ihren klimatischen Vorgaben her meist temperiert und vom Standort ihrer Technologie mit dem Selbstvertrauen, daß " alles geht ", ausgestattet, kaum vom Nehmer bezweifelt werden -, solange die Kernökonomie, der Ackerbau und seine Varianten, keine Kürzungen erfährt. Diese Haltung scheint unveränderbar und wird als Grundidee für Prosperität durch ideologisches Panzerglas geschützt. Zudem steht sie in bestem Einklang mit dem wirtschaftlichen und soziokulturellen Hintergrund der Entscheidungsträger im Nehmerland -, in Anlehnung an ein Sprichwort der Kikuyu:

" Ein Bauer verbrennt nicht dem Nachbarn den Stiel seiner Hacke! "
(Anm. d. Verf.: Die Kikuyu, traditionelle Ackerbauern aus der Völkergruppe der Bantu mit ethnischer Mehrheit, sind in Kenya gleichermaßen die politischen Machtträger).

Nicht unverständlich ist daher die uneingeschränkte Gläubigkeit an Mais und Kohl nebst exportgerechter Produkte wie Tee und Kaffee, jene wirtschaftlichen Weihnachtsmänner, die dem durchschnittlichen, kenianischen Politiker zu seiner Karriere verholfen haben. Wird an ihn nun die Entscheidung herangetragen, was mit dieser erfolglosen " Bürde " seines Landes, jenen Pastoralisten zu tun ist, die sich in seinen Augen durch eine falsche wirtschaftliche Entscheidung, - die der Viehhaltung -, jeden Erfolges entzogen haben, so ist die gedankliche Sackgasse nur eine: die Umerziehung zum konformistischen Farmer, dessen Tun " ordentlich ", d.h. vor allem ortsgebunden und damit kontrollierbar ist. Die Popularität solcher Maßnahmen ist groß; denn nicht nur im eigenen Land wird damit der Wille zu wirtschaftlich homogenen Anstrengungen demonstriert, sondern gleichfalls der internationalen Kommune, - den Finanziers-, der Abbau tribalistischer Querelen weisgemacht, die nicht selten den ausländischen Investor verschrecken. Gerade Kenia macht hier keine Ausnahme und pflegt das Image eines harmonischen " Bauernvolkes ", dem die Weltbank selbstverständlich bereitwilliger Kredite zubilligt als Horden von nomadischen Streunern samt ihrem Vieh, das aus Gründen eines " outmoded way of live " jeder Marktqualität entbehrt.

Dazu bemerkt wiederum der ASAL-Plan, im Gesamtkontext nicht ohne den unüberhörbaren Ton der Anklage:

" Virtually all the stock is of indigenous type. Although they are well adapted (gemeint sind die Tiere, Anm. d. Verf.) to the environment they lack sophistication in breeding therefore the genetic potential ist low. "

Und im gleichen Atemzug wird weiter festgestellt:

" Management and nutrition are poor resulting in long calving intervals ",

Übergangslos gefolgt von der bemerkenswerten Einsicht:

" Livestock play a significant role in both social and economic live. "

Welche Interpretation läßt nun dieses Leitdokument, der ASAL-Plan, zu, und welche Konsequenzen ergeben sich daraus in der Praxis?

Offensichtlich wird das Zugeständnis eingeräumt, daß die Viehhaltung in den Trockengebieten die an erster Stelle stehende Wirtschaftsform ist, und ebenso wird ihr sozioökonomischer und -kultureller Wert erkannt, wenn auch nicht gut geheißen in der Weise, wie man sie traditionell praktiziert. Die implizierte Forderung und Bedingung, sie produktionssteigernd zu modifizieren, erweckt zunächst den Eindruck zumindest eines pragmatisch vernünftigen Denkansatzes. Auf ganzer Linie widersprüchlich dazu ist jedoch die durch das ganze Dokument repetierte und in der Agrarpolitik sich widerspiegelnde Überzeugung: " Agricultural sources dominate ", die als einzige Alternative angeboten und auch durchgesetzt wird, ohne Kontrolle des gängigen Mißerfolges, genauso wie des sehr seltenen Gelingens.
Getan hingegen, trotz zeitweilig angepaßtem, - positiv - gepolten Denkens, wird jedoch nichts anderes, als ein anderswo gültiges Wirtschaftsmuster, das anderswo auch funktioniert, zu übertragen, das jedoch in den Trockenzonen glücklos versagt -; und jenes Bestreben ist ausgewiesen als Demonstration eines (unglaubwürdigen) " guten Willens " bei Unterlassung einer (glaubwürdigen) " sinnvollen Tat ". Nichts würde gegen eine solche sprechen, setzte man da an, wo man die Mängel und Schwachstellen des traditionellen Systems erkannt hat: auf dem Viehsektor mit seinen schwankenden Produktionsleistungen und seinem fraglos vorhandenen Risiko, das jedoch immer noch kleiner ist als das der angebotenen Innovation, dem Ackerbau. Diesem wird durchgängig der Vorzug gegeben, ganz unabhängig von seiner Wirtschaftlichkeit und gänzlich befreit von jedem Gedanken, ob die konventionelle, auf Viehhaltung geprägte Zielgruppe eine derartige radikale Änderung überhaupt verträgt.
Von sehr wenigen Ausnahmen abgesehen, hat sich gezeigt, daß die Transformation vom mobilen Pastoralisten zum seßhaften Farmer nur einen Ertrag von bemerkenswerter Größe einbringt: " A bumper harvest of antagonism,

rebellion and rejection of nedlessly eminent dimensions " (S. Schwartz[1], i.Vorb.). Diese Ablehnung steht selten in direkter Beziehung zu den schlechten biologisch-ökologischen Voraussetzungen für die angebotene Innovation, die der Viehhalter sehr wohl in der Lage ist einzuschätzen, sondern ist vielmehr begründet im gesellschaftlichen und kulturellen Widerstand. Dieser, gleich ob weisen oder in Kurzsichtigkeit errichteten, schlichtweg vorhandenen Barrikade ist niemals Beachtung geschenkt worden, selbst zögernd und widerwillig nicht, da, wie man meint, existentielle Bedrohung jeden drastischen Eingriff in die Lebensumstände legitimiert, selbst wenn er die Absurdität einschließt.

Die nachfolgende Beschreibung einer Konfliktsituation, wie sie sich bei der forcierten Umformung des Viehhalters zum Ackerbauern vollzieht, soll in erster Linie Klarheit darüber verschaffen, auf welcher Ebene dieser Konflikt überhaupt entsteht, bevor er den, selbst bei als günstig angenommenen, ökologischen Vorbedingungen, Mißerfolg auslöst. Hierbei wird davon ausgegangen, daß das Alternativprogramm schlechthin für die Lösung des pastoralen Dilemmas, jene Transformation des Viehhalters zum Ackerbauern ist, mit darüber hinaus dem unverhohlenen Anspruchs verbesserter, politischer Kontrolle.
Aufmerksamkeit verdienen in diesem Zusammenhang zwei erstaunliche " Mißgriffe " der lokalen Presse mit den Überschriften " A timely move by Ministry of Agriculture " und " Planners can't ignore tradition ", die als Faksimiles auf den beiden nächsten Seiten eingefügt sind. Aus dieser Lektüre ist deutlich erkennbar, daß zumindest in bestimmten Kreisen auf der Nehmerlandseite Kenia bekannt ist, daß die hier diskutierte und in realitas praktizierte Politik der Entfremdung und Entwurzelung, verkleidet als Notwendigkeit im Zuge einer wirtschaftlichen Stabilisierung, unleugbar counterproduktive Effekte zeitigt, was eine Renaissance des tra-

THE STANDARD, 11.11.1984

A timely move by Ministry of Agriculture

AN issue of fundamental importance for the future economic well-being of hundreds of thousands of farmers in this country and one that requires immediate and concerted action has been raised by the Minister for Agriculture and Livestock Development, Mr. Odongo Omamo.

Mr. Omamo last week announced an immediate ban on the exportation of breeding livestock. He expressed the Government's concern on the shortage of breeding stock caused by this year's devastating drought.

The ban would remain in force until such time as the country has rebuilt its herds of literally every species of animals kept for slaughter lost during months of what has turned out to be a natural catastrophe on a continental scale.

The figures available speak for themselves — and yet do not come anywhere near enough to illustrating the magnitude of the problem.

SOPHISTICATED

During the months of the drought, the Kenya Meat Commission (KMC) which only caters for the sophisticated local urban market and for export was forced to increase its monthly intake of stock from 7,000 to as many as 60,000, stretching its capacity to the limit.

This compares with a total of 75,000 head of cattle slaughtered in 1982 and 83,000 in 1983. This year's figures are not a reflection of a welcome natural growth in the livestock industry.

On the contrary, they spell disaster for the industry with farmers being forced to sell their breeding stock to save it from death when water and pasture ran out. The anguished cries of stock farmers as animals dropped dead on their way to the slaughterhouse is common knowledge.

The KMC figures are only part of the story. No statistics are yet available on what took place in the thousands of local butcheries throughout the country but the story must be the same.

No figures will ever be available about those animals which died and were buried on the same farms or those that collapsed on the plains to provide a feast for the carnivores.

Restocking will take time and money. Some farmers will have to start from the scratch and many of them will require Government assistance.

POTENTIAL

Sad as the story is, the rebuilding of livestock herds should give the industry an opportunity to make long-lasting improvements in terms of better stock and breeding methods.

Disease control is especially important here because Kenya will never be able to fully exploit its livestock potential and break effectively into the export market as long as the animals keep being ravaged by diseases. It is in this area that foreign aid and technical advice by the relevant authorities is crucial.

Perhaps the greatest lesson that the drought should teach livestock farmers is the vital need to keep manageable herds, not only to avoid future catastrophe but also to improve the quality of their stock and thus their income.

There must be many of them who could have survived the drought better if they had kept herds that were meaningful rather than a numerical manifestation of illusory wealth.

The need to store cattle feed such as hay and other forms of sillage for the "dry day" could not have been more apparent. So was the futility of hanging on to animals only to offer them for sale when they were mere skeletons.

The paramount aim for those involved — the farmers and the authorities that herd the national flocks — is never again to be caught so badly prepared to face hard times in an industry whose potential is almost limitless.

THE STANDARD, 29.5.1984

Planners can't ignore tradition

AS the concept of "District Focus on Development" gathers momentum, so will new ideas on how to best deal with the problems which face different parts of the country and the needs of the people who live there continue to emerge.

One of these is the recently launched "District Socio-Cultural Profile" under the joint sponsorship of the Ministry of Finance and Planning and the Institute of African Studies of the University of Nairobi.

The object of the profile is to enable the implementors of development projects and planners to understand the communities they work for.

According to Mrs. Esther Keli of the Ministry of Finance and Planning and Dr. Chris Wanjala the Director of the Institute of African Studies, the project has been necessitated by the fact that "not all officers work among their ethnic groups" and "they need to know the socio-cultural traditions of the communities where they operate."

Conflict

The two officials further observe that ideas may be introduced which may conflict with the beliefs and other practices of a community and it would help field officers "to understand why some communities did not respond positively to development programmes."

It would indeed be a negation of Kenya's declared goal of national unity if people were forced to work within their own ethnic communities for no other reason than the fact that they understand the local customs and taboos. Fortunately for this country — compared with many other African countries — has since Independence been able to combat such considerations which were used so effectively by colonial forces in their declared policy of "divide and rule."

Casting away

At the same time it would be a disservice to future generations if today's leaders and planners failed to take advantage of all the cultural values that exist within our widely diversified communities and develop them to meet the demands of the modern world.

One of our great laments today is that we have let foreign cultural influences take charge of our everyday life without even examining whether what we are casting away is not an even more effective vehicle of confronting problems.

The production of enough food, for example, and the need to ensure that what a particular community eats constitutes a balanced diet for a healthier nation is the single most important pre-occupation of any country.

Inhibitions

But what many field officers come up against are taboos which prohibit the consumption of certain types of foods even if they were the most plentiful or the easiest to produce in a particular area. The taboos could apply to different ages or gender, including children who might need particular items to grow into healthy adulthood.

Without understanding such inhibitions, it would be virtually impossible, for planners to achieve the declared national objectives. They could of course try to impose them, but history shows that this does not work.

There is of course one other great advantage for the country's stability and unity. Once the different communities understand each others traditions, the easier it is for them to understand that they have a common heritage and a common destiny.

ditionellen Erbes, - ohnehin in nur sehr begrenzten Teilbereichen vorstellbar -, wenn auch zaghaft,so doch immerhin wieder ins Gespräch bringt. Dieser erste Schritt in eine Rückbesinnung ist neu und mit Zurückhaltung bleibt abzuwarten, ob er tatsächlich eine veränderte Entwicklunspolitik " von innen heraus ", d.h. eine landeseigene Initiative und ein Format des mündigen Umdenkens ankündigt, oder ob es sich nur um einen zufälligen Individualismus der Meinungsäußerung handelt, abwegig genug, daß man es sich leisten kann, ihn ohne Korrektur und Maßregelung zu übersehen. Wahrscheinlicher, wenn nicht gar voraussehbar ist, daß das Feed back einer solchen spontanen, vernünftigen Überlegung und Anregung auf die allgemein nach außen gezeigte Indifferenz, Ignoranz und von Geberseite als berechtigt angesehene Arroganz der Fremdinvestoren ein nur geringes sein wird, da letztere besonders sich mehr an den Kornkammern Mitteleuropas und ihren leidigen Überschüssen orientieren oder dem Traum eines globalen Treibhauses nachhängen möchten.
Wie wertvoll wäre es gewesen, hätte Gottfried Benn seine Frage: " Wie weit kannst Du Dein ICH betreiben ..." als Klausurübung der Beantwortung an alle Politiker gestellt, gleich welcher Couleur und Herkunft, statt an eine im fein versponnenen Kokon der Selbstzufriedenheit sich intellektuell polierenden Geistesgemeinde, deren Sensibilität auch nicht weiter entwickelt war als " ... so weit wie Ludwig Richters Bilder gehn ... "; er stellte sie in einem Gedicht, geschrieben kurz vor Ausbruch des 2. Weltkrieges.

Doch ob nun Benn kennend oder nicht, es ist diese Generation von Bürokraten, die danach heranwuchs und deren Denkvermögen und weitgehend leere Ziele, ausschließlich begrenzt auf das ihnen eigene mittelmäßige Erfahrungsspektrum, mit jenem sorgenvollen Fragezeichen bedacht wurde. Und auch genau diese Generation ist es, die über ihr erfahrungsferne Nöte und Bedrängnisse entscheidet -, und es auch tut in der selbstgefälligen Überzeugung von Rechtmäßigkeit und Angemessenheit. Ist eine solche Bürokratie zu allem Überfluß noch ausgestattet mit politisch fermentiertem Kapital, ausgedrückt und zugestanden in Entscheidungsinhalten, Handlungsspielraum und verbunden mit jener Erfahrungsferne, so erscheint jeder Dialog zwischen unverschuldet " Entwickelten " (oder Fortschrittsträgern) und unverschuldet " Unterentwickelten " (oder Traditionalisten) aussichtslos. Der zu beschreitende Weg, um einen solchen Dialog nachzuweisen, ist als entwicklungspolitisches Konzept asphaltiert, doch umgesetzt vor Ort oft nur weich geteert, als Sandpiste oder Fußpfad belassen; das ist die Maxime: Als existenzsichernd gilt das, was die entwickelte Welt ernährt und am Laufen hält, Rüstung und Industrie allgemein, (hier nicht zur Debatte stehend), und Agrikultur, die als Fremdelement im vorliegenden Text diskutiert wird. Alle drei Grundfesten des im volkswirtschaftlichen Sinne als am gesündesten angesehenen " Broterwerbs " sind durch die Gemeinsamkeit verbunden, daß ihr mit hohen, technologischen Standards versehener Transfer, - nicht der Sache selbst, sondern ihrer Dimension und " sophistication " -, auch die Drittweltländer mit ungesunder Schnelligkeit erreicht hat.

Beste Beispiele aus dem afrikanischen Bilderbuch liefern Somalia, Äthiopien, der Chad, Mauretanien, nur als Bruchteil der Geographie für den Rüstungstransfer und -markt genannt, die Elfenbeinküste oder Nigeria sind zu heißen Adoptivböden für konkurrierende industrielle Investition geworden, so wie alle Länder des Kontinents vom fraglosen Zwang betroffen sind, ihre Argrarwirtschaft rapide (aufgrund des pressenden Zeitfaktors) und innovativ (aufgrund pressender Produktionssteigerung) zu intensivieren, qualitativ und quantitativ. Gerade bei letztgenannter Komponente dürfte die Notwendigkeit von Technologie-Importen oder -Exporten, (abhängig auf welcher Seite man steht), nicht zu bestreiten sein. Doch ironischerweise sind es nun wieder gerade diese, die im Zuge modischer Besinnung auf den dampfenden Pferdemist vorväterlicher Stallungen herber Kritik ausgesetzt sind, wo bis vor wenigen Jahren noch sie als goldene Kampfstiere unter brausendem Applaus für den Technologie exportierenden Matador in der Arena ländlicher Entwicklung eingesetzt wurden.

Ergibt sich hier nicht erneut der Zweifel:

Dürfen in diesem Ballspiel zwischen Gebern und Nehmern, dessen Grundregeln Nehmen und Wegnehmen sind, diejenigen, gleich ob Gewinner oder Verlierer, irgendwann irgendeinen Ball behalten, der ursprünglich für sie mitgebracht worden ist -, selbst wenn auch ein solcher im neuen Design, gedacht für das nächste Match, auf den Entwicklungsmärkten bereits vertrieben wird? Oder bleibt jeder Ball, der alte und neue, im zu hoch gespannten Netz der Erwartungen und Erfüllungen hängen, unerreichbar schließlich für jeden? Hat am Ende der zweiten Halbzeit " Die lange Nacht der Kinder Afrikas " (Titel einer Serie aus dem " SPIEGEL ", 1981) damit ein Ende, daß die Dämmerung des Vorabends erst begonnen hat?

Zurück zu dem Transfer, der sich im Gegensatz zu Rüstung und Industrie auf der Richter'schen Skala entwicklungspolitischer Erdbeben nur als leichte oder mittlere Erschütterung ablesen läßt, dem der Agrikultur, präzise in diesem Zusammenhang: dem des Ackerbaus. Hier mag als redundante Erinnerungshilfe an das Ausgangsproblem, - Ackerbau als Ersatz (oder versus) Viehhaltung -, nochmals die Frage erhoben werden:

Welche Konflikte entstehen, wenn der Mais-Fetisch entmystifiziert wird?

Was passiert und welche Konflikte entstehen, wenn Ackerbau dort betrieben werden soll, wo er ökologisch, sozioökonomisch und soziokulturell nicht hingehört und seinen zwanghaften Einsatz nur dadurch rechtfertigt, weil es dem Finanzier, national oder international, nur an einem nicht mangelt:

an Geld; sonst jedoch an allem anderen und vorrangig der Einsicht, daß bestimmte Umwelten Maßnahmen verbieten, die als politische Gleichungen aufgehen. Diese Empörung über jene an sich hinlänglich bekannte Unabänderlichkeit ist fern der nüchternen Überwindung und wohl der am tiefsten verankerte Grund, warum gemachte Fehler mit beängstigender pseudooptimistischer Dreistigkeit sich, wie es scheint, mehr und mehr perpetuieren. Eingeengt auf das hier behandelte Thema, den nomadischen Viehhalter und was man sich von seiner Transformation zum Bauern verspricht, drängt sich die grundsätzliche Überlegung auf:
Trägt eine radikale, (nicht sukzessive, geduldige) Veränderung der wirtschaftlichen Basis zur Wiederherstellung einer sicheren Subsistenz bei? Kann an eine Gesellschaft herangetragener Radikalismus, nicht eine Form, die sich in oder aus ihr selbst heraus entwickelt, dauerhaft ökonomisch stabilisieren?
Um hier im besten Falle zu einer fragmentösen Antwort zu kommen, bedarf es der Klärung, in welchem, (wie eingangs herausgestellt), gesellschaftlichen Bereich es zu Veränderungen kommt, die ihrerseits aufgrund traditioneller Gegenläufigkeiten Widerstände erzeugen.

Die folgenden, schematischen Darstellungen zweier Gesellschaftsmodelle, das einer traditionellen Ackerbau- und das einer traditionellen, nomadischen Viehhaltergesellschaft, beide im Begriff des Umbruchs und der Umformung, sollen jenen Solar plexus, der massiv durch eine drastische Änderung ihrer Existenzgrundlage getroffen wird, markieren und darüber hinaus die Empfindlichkeit und Verletzbarkeit des gesamten sozialen Skelettes verdeutlichen, die ein solcher Ein- und Angriff ans Licht bringt. Die Absicht liegt im Versuch einer Darstellung, die Anfälligkeit und Immunschwäche im Bereich des gesellschaftlichen Metabolismus sowie der traditionellen, wirtschaftlichen Anatomie und kulturellen Physiologie zweier in sich geschlossener Systeme aufzuzeigen, im übergeordneten Sinne biologischer Systeme; denn Menschen sind der Fokus, die man unwissentlich und sorglos gesellschaftlich (metabolisch), wirtschaftlich (anatomisch) und kulturell (physiologisch) für robuster hält als sie es sind.

Summarisch ist die Frage gestellt: Wo, d.h. auf welchen Ebenen des Gesamtkomplexes " Gesellschaft ", finden so einschneidende Veränderungen statt, die diesen Körper so stark kränkeln lassen, daß die verabreichte Therapie nicht anschlägt, und es somit zu einer Rekonvaleszenz erst gar nicht kommt? Wodurch wird die beabsichtigte Stabilisierung, z.B. die eines verbesserten Lebensstandards, so stark in ihren Möglichkeiten begrenzt oder oft sogar verhindert?
Dieses Phänomen, daß der oft zitierte Teufel in der Not nicht Fliegen frißt, tritt früher oder später in fast allen Projekten zutage, die sich als rigides Ziel den kompromißlosen Austausch einer, wie angenommen wird, produktionsschwachen gegen eine, wie auch nur vermutet und nicht erwiesen ist, produktionsstarke Wirtschaftsweise gesetzt hat. Die Gründe für dieses Mißlingen und für die Widerstände, im Sprachgebrauch der Initiatoren als " Versagen der Zielgruppe " abgestempelt, sind nach der Erfahrung des Bearbeiters hauptsächlich, wenn nicht ausschließlich in der traditionellen Prägung der Rezipienten zu suchen, aus deren soziokulturellen und sozioökonomischen Zwängen sich das Individuum weder ad hoc lösen will noch kann.
Wie vielschichtig diese Zwänge, - Verpflichtungen, Abkommen, Verschuldungen, Versprechen etc. -, immer noch sind, ist sowohl in Kapitel II als auch in der kurzen Darstellung über die Funktion eines Arnechs, des " Erinnerers ", beschrieben worden.

Der nachfolgende Text und seine Graphiken, (ein redigierter Vortragsauszug, gehalten auf dem Irrigation Symposium in Bensheim, S. Schwartz[21], 1982), bietet sich an dieser Stelle an, die Brüchigkeit jener bereits angedeuteten Ebenen innerhalb dieser zwei als Beispiel gewählten Gesellschaftsmodelle aufzuzeigen. Dabei handelt es sich um Zerfallserscheinungen und Auflösungsprozesse, die sich erfahrungsgemäß einstellen, wenn es zu einer drastischen Veränderung der angestammten (tradierten) Wirtschaftsweise kommt. Diese Darstellung ist in ihrem Wesen nach theoretisch und beruht weitgehend auf Beobachtung, die nicht den Anspruch einer systematisch verfolgten Beweisführung erhebt. Eine solche müßte und sollte im Rahmen soziometrischer Untersuchungen angestrebt werden, bedürfte jedoch eines völlig anderen Forschungsansatzes einschließlich einer anderen Erhebungsmethodik als der hier vorliegenden. Dennoch wird vom Bearbeiter die Meinung vertreten, daß der Versuch des " groben Überblicks " gerechtfertigt bleibt, - unwissenschaftlich wie er sein mag -, so lange nicht sein Gegenteil oder seine Bestätigung bewiesen ist.

Bei diesem deskriptiven Ansatz wird von zweien, als Dreiecke dargestellten Modellen ausgegangen (Graphik 33 und 34).

Modell A: das einer traditionellen, nomadischen Viehhaltergesellschaft
und
Modell B: das einer traditionellen Ackerbaugesellschaft
deren Konsequenzen auf ihre Strukturen, ausgelöst durch EINGRIFFE, die diese verändern, sich zum Quadrat
Modell C: Organisationen
erweitern (Graphik 35), die diese Eingriffe vornehmen.

GRAPHIK 33: MODELL A - AUSWIRKUNG EINER TECHNOLOGIE-ÄNDERUNG AUF TRADITIONELLE VIEHHALTER

INSTITUTIONEN: Wer?
Gesellschaft, Stamm,
Clan, Familie
Individuum

Hierarchie
Besitzstandsordnung
Autoritätsstruktur

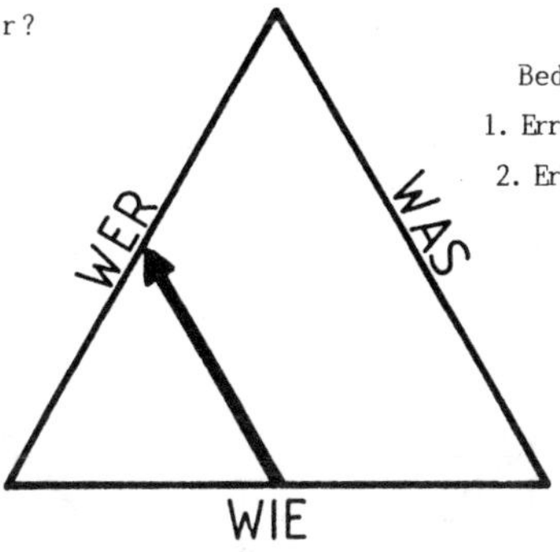

PRÄFERENZEN: Was?
Bedürfnisse/Zielsetzungen
1. Erreichen des Subsistenzniveaus
2. Erhalten des Subsistenzniveaus

durch Maximierung
des Viehbestandes

TECHNOLOGIE
traditionelle Viehhaltung
Ackerbau

GRAPHIK 34: MODELL B - AUSWIRKUNG EINER TECHNOLOGIE-ÄNDERUNG AUF TRADITIONELLE ACKERBAUERN

INSTITUTIONEN: Wer?
Gesellschaft, Clan,
Familie,
Individuum

Hierarchie
Besitzsstandsordnung
Autoritätsstruktur

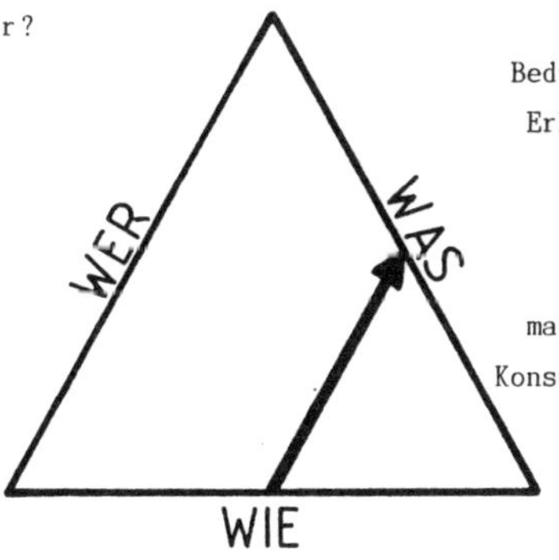

PRÄFERENZEN: Was?
Bedürfnisse/Zielsetzungen
Erhaltung der Subsistenz
durch Landmaximierung

marktwirtsch. Interessen
Konsumanstieg, Investition
von Überschüssen
in neue Bedürfnisse

TECHNOLOGIE
traditioneller Ackerbau
Bewässerungsfeldbau

GRAPHIK 35: MODELL C - AUSWIRKUNG VON HUNGERHILFE AUF TRADITIONELLE INSTITUTIONEN UND PRÄFERENZEN

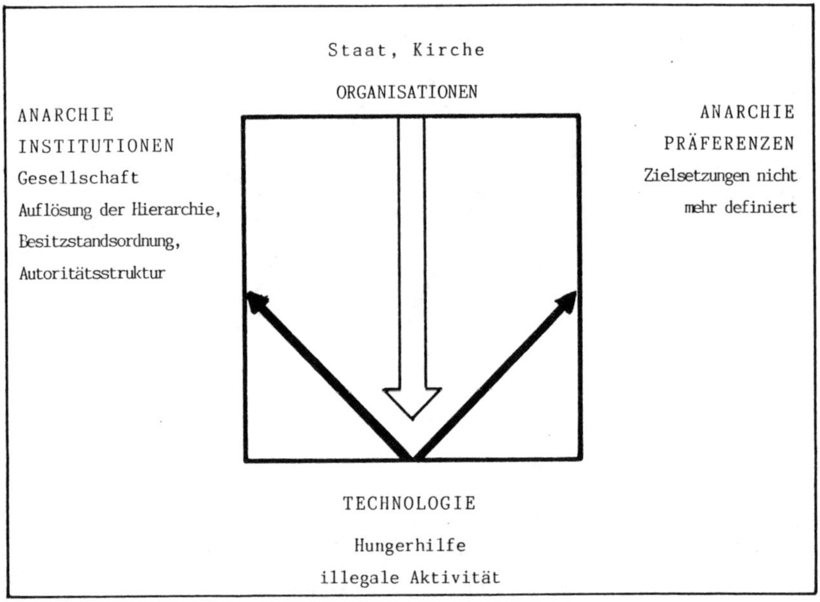

Dreieck + Dreieck = Quadrat oder:

Wie gescheiterte Maßnahmen zur Endlösung werden

Sowohl Modell A (Viehhalter) als auch Modell B (Ackerbauern) stützt sich jeweils auf drei Eckpfeiler:

WER (ist gemeint?)
WAS (sind seine Bedürfnisse?)
Wie (deckt er diese ab?)

Als WER sind Institutionen verstanden, die sich inhaltlich als Gesellschaft, als Stamm, Familie oder Individuum ausdrücken können. Die Funktion dieser Institutionen ist reguliert durch drei gesellschaftliche Ventile: das

a) der Hierarchie
b) der Besitzverteilung
c) der Autoritätsstruktur

Als WAS sind Präferenzen bezeichnet, d.h. Bedürfnisse und Zielsetzungen, wie sie vom WER angestrebt werden. Im Modell A des nomadischen Viehhalters sind diese Zielsetzungen als

1. Erreichen des Subsistenzniveaus und
2. Erhalten des Subsistenzniveaus

definiert, die er durch Akkumulation und Maximierung seines Viehbestandes zu erreichen sucht.

Als WIE ist die Wirtschaftsweise beschrieben, die hier inhaltsneutral Technologie genannt wird. Im Modell A ist sie gleichzusetzen mit Vieh bzw. der Viehhaltung. Alle drei Sektoren sind von außen her beeinflußbar, doch in diesem Zusammenhang soll nur einer der möglichen Einflußfaktoren berücksichtigt werden, der Austausch der vorhandenen gegen eine andere, neue Technologie. Findet ein solcher Austausch statt, indem wie hier die Viehhaltung durch Ackerbau ersetzt wird, vollzieht sich eine radikale Änderung innerhalb der Institutionen-Kategorie, wohingegen die Präferenzen weitgehend unberührt bleiben.

Im Modell B, der traditionellen Ackerbaugesellschaft, sind die Institutionen gleich definiert, jedoch die Präferenzen unterschiedlich beschrieben. Hier ist meist das Subsistenzniveau keine Zielsetzung mehr, sondern bereits erreicht, bevor es zu einer Veränderung auf der Technologie-Ebene kommt. Erhaltung der Subsistenz duch Landmaximierung ist die traditionelle Zielsetzung. Wird nun die vorhandene Technologie, der traditionelle Ackerbau, durch eine verbesserte, z.B. die des Bewässerungsfeldbaus ersetzt, findet eine radikale Veränderung innerhalb der Präferenzen-Kategorie statt, die nunmehr durch marktwirtschaftliche Interessen, Konsumanstieg und Investition von Überschüssen in neue Bedürfnisse gekennzeichnet ist. Der Institutionen-Bereich bleibt davon unberührt.

Es sei angemerkt, daß die hier dargestellten Abläufe sich ausschließlich auf ostafrikanische Verhältnisse beziehen und nicht den Anspruch der Übertragbarkeit erheben.

Die dritte Darstellung, Modell C, ist der Versuch, eine entwicklungspolitische Konsequenz aufzuzeigen, wie sie sich einstellt, wenn die Ratlosigkeit zum Mittel der Alternative wird. Diese Ratlosigkeit kann besonders in zwei Situationen zum Tragen kommen:

Situation 1: Alternativen für bestimmte, wirtschaftlich gefährdete Systeme sind konzeptionell nicht vorhanden
wirtschaftlich nicht vertretbar
politisch nicht opportun.

Diese drei Gründe allein verhindern von vornherein jeden Lösungsansatz zu einer echten Existenzsicherung. Ein Versuch wird gar nicht erst unternommen. Der Ausweg ist das ersatzlose Streichen jeder vorhandenen Technologie zugunsten staatlich oder kirchlich regulierter Überlebenshilfe (Nahrungsmittel, Medikamente, Sachspenden etc.). Die Maßnahme ist zeitlich nicht limitiert.

<u>Situation 2</u>: Altnernativen wurden versucht und haben versagt, weil
konzeptionell falsch
zu teuer
oder politisch nicht anpassungsfähig.

Damit wird Situation 2 zur Rechtfertigung des unterlassenen Versuchs (Situation 1), und jede weitere Maßnahme erschöpft sich nun auch hier in Überlebenshilfe. Es ist evident, daß eine eigenständige wirtschaftliche Stabilisierung in beiden Fällen nicht erreicht wird.

<u>Was wird nun erreicht?</u>

Erfolgt eine solche Überlebensgarantie unter Verzicht auf jede wirtschaftliche Eigenleistung des Empfängers, zeigt sich in der Praxis ein simultaner Zusammenbruch sowohl auf der Institutionen- als auch Präferenzenseite. Gesellschaftlich tritt eine spontane Auflösung der Hierarchie (alle sind gleich), der Besitzstandsordnung (alle sind besitzlos) und der Autoritätsstruktur (alle gehorchen einer übergeordneten Autorität) ein; wirtschaftliche Zielsetzungen sind nicht mehr angepaßt definiert, sondern pervertiert; die ursprüngliche Technologie-Ebene wird zur Grauzone meist illegaler Aktivität (Wildern, Trophäen-Schmuggel, Alkoholvertrieb, Prostitution). Die Anarchie orientierungsloser Bettler und Abhängiger ist damit etabliert, wobei die vierte Ebene, im Schema als " Organisationen " bezeichnet, unberührt bleibt.

Diese sehr allgemein gehaltene Darstellung sozialer Verschiebungen und Veränderungen, wie sie im Zuge eines beschleunigten wirtschaftlichen Umbruchs auftreten, beabsichtigt nicht, die Spezifika der hier angesprochenen Bevölkerungsgruppen herunterzuspielen oder als unbedeutend abzutun. Grundsätzlich kann nicht genug betont werden, daß eine genaue Kenntnis der jeweiligen Zielgruppe Voraussetzung für jede Projektplanung sein sollte.
Nun wird man sich in der Realität personeller Besetzung immer wieder der Schwierigkeit gegenübersehen, daß dieses erwünschte Know how entweder überhaupt nicht vorhanden ist, was häufig für die Marginalzonen gilt, daß, wenn vorhanden, es sich als schwer rekrutierbar erweist oder, wenn rekrutierbar, sich für die praktische Durchführung nicht eignet.
Der Platz, der in diesem thematischen Zusammenhang prinzipiellen Überlegungen eingeräumt ist, mag deshalb als Kompromiß zwischen theoretischer Wahrheit und praktischer Wirklichkeit angesehen werden.

Es steht außer Frage, daß innerhalb eines jeden Projektgefüges ethnologische Besonderheiten der Bevölkerung eine entscheidende Rolle spielen. Nur wird es eine Illusion bleiben, diese als gleichberechtigte Bestandteile in die jeweiligen, trend-diktierten Zielsetzungen zu integrieren.

Was fängt man mit viehlosen Viehhaltern an?

Das ist die Frage, die sich zum Schluß der Problematik als auch dieser Arbeit stellt, die nicht mit der Zielsetzung geschrieben wurde, bequem oder selbst unbequem anwendbare Rezepte für eine bedrohte Region und Bevölkerung zu entwickeln. Weder reichen dazu das Durchsetzungsvermögen, die Einflußnahme noch das Maß an Wissen eines Einzelnen aus. Dennoch sollte die bloße Bestandsaufnahme, die wenig Raum für Optimismus läßt, nicht als stützender Beweis für die Ausweglosigkeit gelten und damit weitere, dringend notwendige Arbeit, sei es im Bereich der Forschung oder praktischen Entwicklung, blockieren.
In diesem Sinne sind die nachfolgenden Überlegungen und Anregungen zu verstehen, die mit Sicherheit, unfertig wie sie sind, zu keiner langfristigen Lösung des Problems, so u.U. doch zu einer Entspannung der Situation, - kurz oder mittelfristig -, beitragen können.

Die vorangegangene Darstellung ging davon aus, daß sowohl im Modell A der Viehhalter als auch im Modell B der Ackerbauern ein, wenn auch minimales Grundkapital, - Vieh oder Land -, vorhanden war, an das im Rahmen der jeweiligen Hierarchie Ansprüche gestellt und Rechte geltend gemacht wurden. Was passiert nun im Falle viehloser Viehhalter oder auch landloser Ackerbauern, die durch Maßnahmen der ländlichen Entwicklung wieder zu " Besitz " gelangen, im nachfolgenden Beispiel für beide in Form von Land.

Als besonders konfliktreich erweist sich hier, wenn das traditionelle Verständnis von Besitzstandsordnung Störungen erfährt, d.h. durch Hilfs- und Projektmaßnahmen Besitz und Kapital an Subordinaten vergeben wird, die im Sinne der traditionellen hierarchischen Ordnung keinen Anspruch darauf haben. Wird z.B. im Rahmen eines Vorhabens der Ernährungssicherung, für die Demonstration des Konflikts gleich, ob auf Ackerbauern oder Viehhalter ausgerichtet, Land an " Tenants " (Pächter) vergeben, so erlangt dadurch plötzlich ein jüngerer, verheirateter Mann seinem Vater gegenüber Privilegien, die ihm das traditionelle System nicht zugesteht. Dieser Zustand wird besonders dann als unzumutbar empfunden, wenn das Familienoberhaupt selbst, gewöhnlich in Gestalt des Vaters oder eines Verwandten der väterlichen Linie, besitzlos und abhängig ist. Augenblicklich entsteht der (gesellschaftliche) Druck, den besitzlosen Patriarchen als Besitzenden zu reinstallieren, was als Verpflichtung auf den (im Projekt beschäftigten), doch immerhin nach außen " autonomen Landeigner " zurückfällt. Hierbei geht es weniger darum, wer aktuell die Familie ernährt und durch welche Arbeitsleistung, sondern allein um die Wiederherstellung der rechtmäßigen Balance, wer die Produktionsmittel besitzt und über ihren Einsatz verfügt.

Prekärer noch als für den mehr liberalen Ackerbauern ist die Lage für den konservativ-orthodoxen Viehhalter, der auf " unrechtmäßige " Weise Besitz erlangt, wie es z.B. der Fall ist, wenn er an einem ackerbaulich orientierten Projekt partizipiert. Hier wird ihm Land zugewiesen, das zu bestellen er lernen soll und, nimmt man den Fall positiv an, er diese Erwartung auch erfüllt. Als Folge jedoch, parallel und proportional zur Gewöhnung an seine neue Okkupation, entwickelt der frischgebackene Landeigentümer nun ebenfalls das, was er ehemals ganz selbstverständlich nur seinen senioren Autoritäten zugestanden hat, nämlich Mechanismen zur Verteidigung seines neuerworbenen Besitzstandes und den Anspruch auf Verfügungsgewalt. Diese verständliche Reaktion führt unweigerlich zu schweren Verstößen innerhalb der Hierarchie, und oft genug ist die Folge seines Verhaltens, das als Ungehorsam, Unterminierung und Rebellion gewertet wird, die Konfiszierung der gesamten Ernte. Sanktionen dieser Art sind nicht selten und schwächen die Position des ackerbauenden, (als viehlos angenommenen) Exnomaden noch zusätzlich, indem er jeder Möglichkeit beraubt wird, sozialen Verpflichtungen, wie z.B. der Brautpreisentrichtung, nachzukommen.

An dieser Stelle wird offensichtlich, daß die Meßskala des zum Ackerbau Konvertierten in den seltensten Fällen der wirtschaftliche Erfolg oder der fraglich verbesserte Lebensstandard ist; denn nach wie vor bewegt er sich in einem Umfeld, das ihn nach traditionellen (Viehhalter-) Normen kontrolliert und ihm bestimmte Leistungen abverlangt. Dazu noch einmal der Rückgriff auf jene Publikation (S. Schwartz[21], 1982), die sich insbesonders mit der Transformation des viehlosen Viehhalters zum Ackerbauern und den damit verbundenen Konflikten auseinandersetzt:

Bemerkungen zum tradierten Leistungszwang

Diese Leistungen, meist gefordert in kulturellen Schlüsselsituationen wie Initiation, Beschneidung, Heirat, Geburt , sind fast ausnahmslos an Vieh gebunden, ebenso wie bestimmte rituelle Voraussetzungen nur durch Tieropfer oder Viehgaben des Einzelnen an die Gemeinschaft geschaffen werden können. Diesen Verpflichtungen entzieht sich auch jene Generation nicht, die sich auf Grund von Einflüssen wie Schulerziehung, Gesinnungsprägung durch missionarische Arbeit oder andere Kontakte zu einer modernen, traditionsfreien Außenwelt im Lösungsprozeß von diesen Normen befindet.

So ist z.B. auch für den erfolgreichen Schulabgänger der Brautpreis ein wirtschaftlicher Tribut, den er zu zahlen hat, soll die von ihm angestrebte Verbindung als rechtsgültig im allgemeinen gesellschaftlichen Verständnis gewertet werden. Die Einrichtung des Brautpreises und ihr Fortbestand ist nicht ein traditioneller Überhang aus den nomadischen Gesellschaften, sondern immer noch fester Bestandteil vieler afrikanischer Kulturen, ohne Unterschied ob Ackerbauern oder Viehhalter.

Diese erhebliche ökonomische Belastung des afrikanischen Arbeitnehmers, insbesondere im ländlichen Bereich mit vorherrschend einkommensschwacher Bevölkerung, hat so gut wie nie in Konzepten von Entwicklungsprojekten ihre angemessene Berücksichtigung gefunden, obgleich sie ganz wesentlich die Arbeitshaltung und vor allem das Investitionsverhalten des Arbeitnehmers beeinflußt.

Zurückkommend auf den Viehhalter, dem in diesem Zusammenhang das Hauptinteresse gilt, so nennt die Mehrzahl dieser, alternativ in Ackerbauprojekten Beschäftigten als Motivation für ihre Projektzugehörigkeit kommende oder bereits bestehende Verschuldungen gegenüber der Familie, hier an erster Stelle die Entrichtung des Brautpreises. Dieser würde in der Ariaal-Gesellschaft acht weibliche Kühe plus einem Schlachtochsen, in der Rendille-Gesellschaft neun Kamele, früher ebenfalls weiblichen, heutzutage auch gemischten Geschlechts, betragen, plus eines kastrierten Schlachttieres.
Der Umrechnungsfaktor in Kleinvieh kann augenblicklich mit 12 - 15 Kopf pro Rind, 36 - 40 Kopf pro Kamel angenommen werden. Da die lokalen Viehpreise jedoch starken Schwankungen unterliegen und davon ausgegangen werden muß, daß bei der Abdeckung von Sozialschulden ihnen selten ein realistischer Marktwert zugrunde liegt, (s. dazu Tabelle 18 u. 19) ist es nahezu unmöglich, im Vergleich den exakten monetären Wert anzugeben. Bei guter Viehmarktlage können 10.000 - 15.000/- KSh. für die Ariaal durchaus angängig sein und bei den Rendille ist es nicht abwegig, 30.000 - 40.000/- KSh. anzunehmen.
Stellt man diese Größenordnung der Belastung einem Durchschnittsertrag von 10 Sack Mais (geschätzt zwischen 80 - 100 kg/Sack) pro Ernte/Tenant gegenüber, (einer Faustzahl, die in Normalzeiten pro 1/2 ha in Kleinbewässerungsprojekten angegeben wird), d.h. insgesamt dem Handelswert von

ca. 2.000/- KSh. entspricht, die der Projektpartizipant bei günstigen Bedingungen erwirtschaftet und zieht davon zwei Drittel für den Eigenbedarf ab, dann mag das enorme Ausmaß jenes Verschuldungsfaktors klarer werden.

So wie die Währung des Brautpreises im allgemeinen nicht konvertierbar ist, so können auch andere Leistungen, die Familie, Siedlungsgemeinschaft oder Clan fordern, nicht anders als in Vieh abgegolten werden. Dazu gehören vor allem Verpflichtungen, wie sie aus einem bestimmten Leih- und Borgesystem entstehen, das in vielen nomadischen Gesellschaften praktiziert wird. Solche Verleihgeschäfte oder präziser Leihgesetze unterliegen äußerst komplizierten Vorschriften und Regeln. Grundsätzlich treten sie in wirtschaftlichen Engpässen in Kraft und ermöglichen dem existenziell bedrohten Individuum, legalen Anspruch an den Besitz reicherer Gemeinschaftsmitglieder zu stellen, d.h. Vieh zu leihen. Dieser Anspruch ist garantiert und wird in seiner Tragweite zusätzlich betont, indem er sich nicht nur auf direkte Familienbindungen, sondern auch weitgehend auf andere intersoziale Verflechtungen stützt.

In einer so risikoanfälligen Umwelt wie der hier beschriebenen sind Notstandsgesetze wie diese eher der Normalfall als die Ausnahme und betreffen irgendwann so gut wie jeden Einzelnen des Stammesverbandes.

Auch an diesem Beispiel wird der Konflikt sichtbar, in dem sich der einer viehhaltenden Gesellschaft verpflichtete Ackerbauer befindet: er kann diesen Ansprüchen nicht gerecht werden, es sei denn, er benutzt die neuerworbenen Möglichkeiten als Investitions-Sprungbrett zurück ins alte System, was er auch tut. Er investiert erneut in Vieh. Ein Blick zurück auf das Modellschema A verdeutlicht nun eher, warum sich Bedürfnisse und Zielsetzungen in dieser Gesellschaft nicht oder nur wenig ändern.

Rückt man nun diese gerade beschriebenen Vorgänge und Abläufe noch in die Perspektive nicht völlig aufgelöster, abgebauter Tradition, dann erscheint das Mißlingen solcher Maßnahmen nur allzu logisch und garantiert.

" Wesentlich ist dabei, daß in fast allen pastoralen, nomadischen Gesellschaften eine scharfe Trennung zwischen Besitz, traditionell dem Vieh, und dessen Management vorgenommen wird. " (S. Schwartz[21], 1982).

Dieses wichtige Faktum wurde bereits an anderer Stelle erwähnt, verdient jedoch hier in gänzlich anderem Zusammenhang erneut besondere Aufmerksamkeit. Die zum Teil wiederholte Textpassage aus o.g. Publikation scheint deshalb als Erinnerung gerechtfertigt. Darin heißt es weiter:

" Diese Trennung beweist sich dadurch, daß Eigentümer und Manager so gut wie niemals identisch sind. Die Zuordnung des Besitzes ist in der Seniorität innerhalb der Familie festgelegt, und die Verfügung über den Nutzwert liegt beim Familienoberhaupt. Mit anderen Worten heißt das, daß vom Besitzer des Kapitals in den hier angesprochenen Gesellschaften keine Arbeitsleistung erwartet wird, sondern er diese auf untergeordnete Familienmitglieder verteilt. Dieses Besitzverständnis und der darin verankerte Autoritätsanspruch muß in Projekten mit einer Konzeption mehr oder weniger willkürlicher Besitzvergabe zu massiven sozialen Spannungen führen. In allen Projekten zeigt sich, daß die Landnehmer, die auch gleichzeitig Manager oder Bearbeiter ihres Besitzes sind, diesen " Besitzer " -Status im Großfamilienverband nicht aufrechterhalten können. Hier sind sie nach wie vor erster, zweiter oder dritter Sohn, der den Besitz des Vaters oder Onkels verwaltet und managt. "

Der Eklat ist unweigerlich da. Zwar mag hier durchaus eine, wenn auch

Abb. 100: Vom Besitzer des Kapitals wird niemals eine Arbeitsleistung verlangt. Er kann damit tun, was er will: auch verspielen, was in realitas auch gelegentlich geschieht. Beim Bao-Spiel, wie abgebildet, können ganze Kamelherden ihren Besitzer wechseln.

begrenzte wirtschaftliche Alternative geschaffen worden sein, die inhaltlich als Form des Broterwerbs gar keine nennenswerte Ablehnung erfährt, so scheitert sie an den Formalismen der Autoritätsstruktur und an der inneren Diskussion, wer überhaupt arbeiten darf. Der, der nunmehr und zudem noch " unrechtmäßig " im Besitz der Produktionsmittel ist, darf es traditionell nicht mehr und zwei Optionen sind ihm offen:
1. die legale, d.h. er tritt seinen Besitz (und seine Position als Arbeitnehmer) an das hierarchische Oberhaupt ab, das naturgemäß ein Senior auch an Jahren ist. Weder dieser selbst noch der Arbeitgeber (der, der die Produktionsmittel zur Verfügung gestellt hat)würde diesen Schritt akzeptieren; der Senior nicht, weil er sich damit zur Arbeitsleistung verpflichtet, die er weder erfüllen wollte noch könnte, noch der Arbeitgeber, weil er jede Kontrolle verlieren würde, ob und welche Arbeitskraft ihm zur Verfügung stünde.
Die 2. Option, die illegale, ist die der Arbeitsdelegierung, im traditionellen Verständnis genauso wenig akzeptabel, da sie von jenem vorgenommen werden müßte, der a priori kein Anrecht auf Besitz zu stellen hatte. So schließt sich der Kreis mit einer Plausibilität, die Entwicklung im progressiven und alternativen Verständnis z.Zt. noch fast unmöglich macht oder zumindest äußerst erschwert.

Wie der Sprachgebrauch NOT verflacht

Bemerkungen zur Definition von " Destitution " und " Relief "

Bereits in anderem Kontext wurde gestreift, daß ein Lösungsansatz für das " Viehhalter-Dilemma " kaum in der Innovation liegt; die Begründung dafür ist nicht erschöpfend, so doch in ihren Hauptaspekten im vorangegangenen Text beschrieben worden. Welche Möglichkeiten bleiben nun überhaupt?

Relativ aussichtslos, - und so hart es auch klingen mag, am wenigsten nötig -, scheinen dort Bemühung und Eingriff zu sein, wo noch ein letzter Rest an Kapital, in unserem Verständnis kaum vorstellbar zum Überleben, vorhanden ist. Selbst wenn dieses Kapital, der Viehbestand, noch so klein ist, es macht den entscheidenden Unterschied aus, ob er den Pastoralisten zum NICHTS, zum " Destitute " macht.

Innerhalb der pastoralen Gesellschaften stellen heute die viehlosen Viehhalter (ohne jedes Alternativeinkommen) sowohl eine neue, in ihrer Größenordnung schwerwiegende Gruppierung als auch ein neues, gleichermaßen schwerwiegendes, soziales Problem dar.Das Problem heißt Destitution und bedeutet lebenstechnisch die Abhängigkeit vom Zufall einer aus verschiedensten Quellen angebotenen Überlebenshilfe. Als Lösung jenes Problems DESTITUTION versteht man allgemein RELIEF, genauer Famine Relief, der synonym für Hunger- oder Nahrungsmittelhilfe steht. Dicht an dieser Auslegung definiert The Concise Oxford Dictionary[46](1958) als Relief:

" Assistance given to the poor ",

doch ebenso:

" Allevation of or deliverance from pain, distress and anxiety ".

Diese Definition verdeutlicht präzise die Interaktion zwischen DESTITUTION und RELIEF:

Destitution ist Schmerz, Elend und Bedrängnis, Angst und Beklemmung, und zwar auf allen Ebenen; an erster Stelle auf der wirtschaftlichen, die der Hunger beherrscht, doch genauso auf der sozialen, kulturellen oder politischen; und, das erscheint im Schwergewicht des Horrors gleichrangig, Destitution zerstört Empfindungen und Moral, Geist, Intellekt und Phantasie,

was immer auch das Individuum sich als Antrieb gewählt hat. Jener Verlust der Selbstwerteinschätzung, der Begabung und Fähigkeit autark für sich selbst zu sorgen, der selbständigen Entscheidung, - der Bruch des Genicks, das sich Persönlichkeit nennt -, das ist der Werkstoff aus dem Besitzlose, sensibel in der Entwicklersprache als NO HOPES bezeichnet, zu Destitutes gemacht werden. Die No Hopes -, ist das der Ersatz für den gelben Stern? Warum, muß man hier fragen, gelten Besitzlose nicht einfach als arm doch sozial gebilligte Wesen, statt sie mit Famine Relief gefüllten Mägen in die Grauzone der Asozialität zu drängen?
Die Antwort kann eigentlich nur die sein, daß der andere Relief, die Erleichterung von " pain, distress and anxiety " fehlt und damit No Hopes, hoffnungslos Asoziale zu Tausenden schafft.

" Schaltplan Destitution " oder: Das Psychogramm der No Hopes

Selten wird nüchtern und emotionsfrei eingeschätzt, was Destitution, langjährige Abhängigkeit und Almosen-Empfängertum an- und ausrichtet. Bei der hier definierten Gruppe der " viehlosen Viehhalter " handelt es sich um eine Bevölkerung, die bereits seit Jahren entwöhnt ist, für sich selbst zu sorgen und die aus Scham, Angst und Orientierungslosigkeit oft alle Bindungen an noch intakte Strukturen wie Familie und Clan aufgegeben hat.

Vor allem Nahrungsmittelhilfe, die vielerorts ohne Forderung nach Gegenleistung vergeben wird, hat sehr schnell bei den Empfängern einerseits eine lethargisch-apathische Haltung produziert, die jedoch andererseits mit einem sehr aggressiven, explizitem Anspruchsgebaren auf permanente " Hilfe als Recht " gekoppelt ist.
Dazu Kommentare verschiedener Relief-Organisationen, entnommen der sehr kritischen Publikation " Against the Grain " (Jackson, T. u. D. Eade[47], 1982)

" Even in Divi (South India) where relief was needed, continued distribution of free food and supplies became counter-productive. Villagers came to find it much more attractive to sit by the roadside waiting for distribution than go back to work. " (So der Field Director von OXFAM über die Lage in seiner Region.)

Hier die Bemerkung, stammend aus dem CARITAS-Hauptbüro in Haiti:

" In our opinion, food aid although necessary for the survival of the population does not cease to pose serious problems. Community spirit is diminishing and corruption installing itself in the hearts of those immediately in charge. "

Und letztlich dazu das Statement eines Repräsentanten der UNRWA (United Nations Relief and Works Agency) über die Situation in einem palästinensischen Flüchtlingslager:

" ... as a regular feature of refugee life food aid is a prime agent of the dependance relationship and the state of mind which it generates ... "

Alle drei Kommentare treffen abweichungslos auch auf die Situation in Nordkenia zu, wo Nahrungsmittelhilfe als " free gift " ein überaus häufiges Verfahren ist, das besonders von den Kirchen jeder Konfession gezielt und kalkuliert als Propaganda eingesetzt wird.

Food-for-Work Programme, von denen man sich eine Entspannung dieses unwürdigen Bettlertums versprach, sind meist daran gescheitert, daß die abverlangten Arbeiten wie Straßen- und Brunnenbau, Aufforstungen, Erosionsschutz oder (nicht selten) Erdarbeiten ohne ausgewiesenen Zweck, gerechtfertigt nur als Bestandteil der Philosophie, für den Arbeitnehmer keinen unmittelbaren Nutzwert zeigten, durch den er seine individuelle Lage schnell und fühlbar hätte verbessern können. Denn diese Lage, verquickt mit vielschichtigen Verpflichtungen, (wie aus Kapitel II ersichtlich), ist in der Regel weitaus komplexer, als daß die Entlohnung in " food " für " work ", diese noch dazu ohne jede Einsicht und Anteilnahme getan, nur annähernd den Obligationen gerecht werden könnte, an die er gebunden ist.

Ein Repräsentant der britischen Relief-Organisation OXFAM beschreibt die Wirkung von Food-for-Work Programmen sehr nüchtern und ohne, daß es viel hinzuzufügen gäbe:

" Food for Work here (in Uganda) has never taken off the ground and it is difficult to see how that could change now; people are used to their ration for nothing and they get very upset if it is fiddled about."
(Aus: T. Jackson u. D. Eade[47], 1982)

Als weiterer kritischer Punkt erweist sich, daß der traditionelle Viehhalter, und schon ganz und gar der nomadische, sich zu nichts weniger eignet als zu Serviceleistungen, für die er zwar entlohnt werden mag, die aber in absolutem Widerspruch zu seinem Selbstverständnis als " freier Unternehmer " stehen; ein Parameter der Selbstbewertung, der selbst bei notorischen Destitutes, die ihren angenehmsten Lebensstandard in der Hungerhilfe sehen und auch um jeden Preis erhalten, als Leitgedanke und Imageprägung nach wie vor seine Anwendung findet -, egal, ob in totaler Gegenläufigkeit zum geläufigen (Nichts-) Tun.

Eine solch' grobe, stark vereinfachte Zeichnung der Destitut-Psychologie allgemein und nicht unbedingt spezifisch für den Viehhalter, kann lediglich dazu dienen, sich von vornherein auf Verhaltensweisen einzustellen, die in intakten Verbänden, unbelastet von Abhängigkeit und ständiger Überlebenspanik, kaum vorhanden sind. Dazu gehören unprovozierte, zu jeder Zeit überhöhte Agression, der traditionellen Moral widersprüchliche, weil offen gezeigte Selbstsucht, (die, wenn diskret verborgen,durchaus toleriert wird), und die permanente und penetrante Projektion absoluter Unfähigkeit, an der eigenen Lage selbst etwas ändern zu können.

" Saidia! " und " Nipe! ",(Kiswahili für:"Hilf mir! Gib!") sind die ökonomische Grundlage aller Destitutes, von denen ein nicht geringer Teil in diesen zwei Imperativen sein ökonomisches Maximum gefunden hat.

Abschlußbemerkungen zur Restauration

Was kann konkret getan werden? Gibt es überhaupt einen Weg, die " alleviation of or deliverance from pain, distress an anxiety " praktisch in die Tat umzusetzen, wenn augenfällig sich die Diskussion nur immer wieder konzentriert auf zum Mißlingen verurteilte Möglichkeiten, scheinbar doch so systemfremde Alternativen, deren Ablehnung voraussehbar ist, oder Denkansätze von künstlichem Modellcharakter, die der Pragmatik und Realität nicht gewachsen sind?

Aus subjektiver Einschätzung der Situation und Kenntnis des sowohl humankulturellen als auch ökologisch-wirtschaftlichen Hintergrundes bietet sich kaum etwas anderes an als die Reinvestition in das alte System.

Denn will man den Abbau jener erwähnten Lethargie erreichen und damit gleichzeitig den Willen zu einer neuen, unabhängigen (doch mit dem alten, unveränderbaren Risiko belasteten) Existenz stimulieren, so muß man die am leichtesten akzeptierte Grundlage, die für ein " freies Unternehmertum ",

wieder schaffen. Und das bedeutet, daß man den Pastoralisten auch wieder mit dem versieht, was seinen Fähigkeiten und seinem Wollen am ehesten entspricht: einem angemessenen Viehbestand, d.h. ihm ein Produktionsmittel in die Hand gibt, mit dem er ohne Anleitung oder Reglementierung von außen auch umgehen kann.
Damit sind drei vitale Kriterien beachtet und einbezogen:

1. die Chance zur selbständigen und selbstverantwortlichen Existenzsicherung ist gegeben;
2. die Chance zur sozialen Reintegrierung wird erhöht und
3. die Abhängigkeit von perspektiveloser Wohlfahrt vermindert.

Bei dieser restaurativen Überlegung, durch Wiederbeschaffung von Vieh Destitution und Hungerhilfe zu reduzieren, spielt der Einbezug von Entwurzelung und Desorientierung der Zielgruppe eine vorrangige Rolle. Dabei sei klar gesagt, daß hier nicht der Advokat für die Erhaltung traditioneller Lebens- und Wirtschaftsformen l'art pour l'art, für Tradition als Selbstzweck herausgekehrt werden soll. Hat diese Tradition ihren Wert verloren und ihre Untauglichkeit bewiesen, in Zeiten der veränderten Umstände noch existenzsichernd zu sein, so kann die Rechtfertigung ihrer " Konservierung ", (dann lediglich als Naturschutz selten gewordener Exotik zu verstehen), mit allem Recht bezweifelt werden. Nur dieser Beweis jener Invalidität liegt nicht vor, nicht in der Weise von meßbar verbessernden Möglichkeiten, die fühlbar für das Individuum selbst und gradlinig applizierbar auf seine zerrütteten Lebensbedingungen sind.
Wo also liegt dann die Logik, die konservative Überzeugung des noch unabhängigen Pastoralisten von der Richtigkeit seines Tuns oder die ebenso konservative Hoffnung des Destituts, die er in das ihm vertraute System setzt, grundlos zu erschüttern? Vor allem der abhängige Pastoralist sieht

die Kausalität für sein Unglück in konservativer Abfolge von durch ihn nicht beeinflußbarer Geschehen.

" If we had not rain the cattle would have no pasture, the cows give no milk, our children become lean and die, our women run away to other tribes who do have rain and corn, and the whole tribe become dispersed and lost; our fire would go out ", (Aus: M. Gluckman[48], 1972) .

Die hier im Konjunktiv ausgedrückte Sichtweise, die als Konsequenz zum Unglück führt, ist übersetzt in den Indikativ die Begründung für das Schicksal desjenigen, der sich bereits im Unglück befindet.
Wenn also massive Widerstände gegen von außen herangetragene Innovationen auftreten, wie es fast immer bei Maßnahmen der Fall ist, die gegen die lokale Expertise und Erfahrung arbeiten statt mit ihr, so sind die Gründe dafür mit Sicherheit nicht in der " Rückständigkeit " oder im " Unverstand " des nomadischen Viehhalters zu suchen; so gut wie immer lehrt die späte, - meist zu späte -, Einsicht genau das Gegenteil: weder entsprechen die implementierten Maßnahmen den Bedürfnissen der Zielgruppe, noch sind sie ohne größeren Kapitalaufwand durchführbar. Zumindest Punkt Eins wird von den Betroffenen schnell erkannt und aus rein pragmatischer Sicht abgelehnt; wobei die übliche Frage: Was haben wir davon? immer mehr beinhaltet als die von welcher Seite auch immer garantierte Schüssel voll Maisbrei. Punkt Zwei, der Kapitalaufwand für kostenintensive Unternehmen wie Ackerbau, Bewässerung etc. in, - wie es oft passiert -, wasserknappen Gegenden angesiedelt, stößt gewöhnlich auf totale Indifferenz und wird als abartiges Hobby des " mzungu ", des nicht mit der Gegenwart vertrauten Fremden, angesehen.
Bei allem Verständnis für das oft genug berechtigte Mißtrauen heißt es nicht, daß dem " gesunden " und nicht durch Destitution verkrüppelten

Pastoralisten eine Modifizierung und auf lange Sicht eine Änderung seines Wirtschaftsmodus nicht zuzumuten wäre, wenn sich dadurch seine Lage entscheidend verbessern ließe. Lehnte er ein solches, vorausgesetzt sinnvolles Angebot ab, so läge die Konsequenz und Verantwortung bei ihm; denn, was oft übersehen wird, mündig genug ist er dazu. Doch Angebote, die mehr als nur ratloses Experimentieren sind, fehlen und: Die Mehrzahl der Viehhalter, ob viehlos oder mit Restkapital, ist " krank ", wirtschaftlich und sozial so geschwächt, daß Experimente mit offenem Ausgang, - ohne Kenntnis des Trends, ob zum Erfolg oder Fehlschlag führend -, nicht zu vertreten und im Falle des negativen Verlaufs für den Pastoralisten nicht mehr erträglich und verwindbar sind.

Notwendig ist es, sich zu erinnern, daß Wertvorstellungen in diesen Gesellschaften nach wie vor in einem äußerst stark tradierten System verankert sind, dem sich der Einzelne je nach Grad seiner Entfremdung mehr oder wenig, immer jedoch in irgendeiner Form unterordnet.

Denn täte er es nicht, so verkümmerte er als " Niemand " ohne Autorität, Ansehen und erwiesenem Respekt an der Peripherie des Stammesgefüges; degradiert zum bitteren, freudlosen Zuschauer eines Schauspiels mit dem Text seines eigenen Lebens -, für das er keine Eintrittskarte mehr besitzt.

Wird ihm diese Chance der akzeptierten Rückkehr nicht eingeräumt, d.h. wird ihm dieses Eintrittsbillett mit dem Kennzeichenaufdruck VIEH, das er selbst nicht mehr bezahlen kann, nicht von der Entwicklung gekauft, dann ist auch jede weitere Mühe verschwendet, die Fragen zu beantworten:

" Was fangen wir mit diesen Nomaden an? " und

" Was fängt man mit den viehlosen Viehhaltern an? "

Diesen ersten aller (Rück-) Schritte, die Reinvestition in das alte (traditionelle) System mit seinem alten (unveränderten) Risiko, sollten auch Planer und Entwickler nicht scheuen, selbst wenn damit das gehegte und umworbene Argument der " zwangläufigen Anpassung " an Validität verliert. So schmerzlich dürfte der Verlust nicht sein, denn sie bleiben ohnehin die Antwort schuldig: Anpassen -, woran?

Diese Systeme haben sich über Jahrtausende hinweg in einem überaus schwierigen, biologischen Umfeld entwickelt und fraglos immer noch besser bewährt, als das, was man ihnen heute als Alternativen zumutet. Wäre das nicht so, müßte die Quote mißlungener Versuche entschieden niedriger sein als sie ist. Aus dieser Erfahrung, die sowohl der progressive Entwickler als auch der konservative Traditionalist macht, sollte man annehmen, daß beide schlecht beraten wären, eine opportunistische Anpassung an anderswo gültige Verhältnisse vorzunehmen, die im krassen Gegensatz zu den limitierten Möglichkeiten stehen, die die Trockengebiete anzubieten haben.

EPILOG

AUF EINE POLITIK DER REZEPTE STATT KONZEPTE

Warum ist eine solche Arbeit, die Bedürfnislage des nomadischen Pastoralisten Nordkenias festzustellen, überhaupt versucht und geschrieben worden?
Diese Frage zu beantworten ist in der Überzeugung des Autors verwurzelt, daß, so wie der Prolog ein persönliches Plädoyer, auch der Epilog nicht nur ein erwarteter und zu erfüllender Formalismus ist, sondern eine persönliche Pflicht. Dabei soll betont werden, daß das Anliegen, - das Bedürfnis des Autors -, keinesfalls war, für alle Beteiligten, seien es Zielgruppe, Politiker, Entwickler und Planer, leicht verdauliche Rezepte zur " Rettung bedrohter Vöker " zu erdenken. Eine solche Zielsetzung wäre naiv, eitel, bedrohlich in ihrer Selbstüberschätzung und insgesamt unmöglich. Doch ebenso wenig läßt sich vertreten, dauerhaft sich mit der Entschuldigung der " marginalen Bedeutung " dieser tatsächlich gefährdeten, - bedrohten - Völker auf eine Politik der Indifferenz und des Stillstandes zurückzuziehen, die, und hier muß man zugestehen: glaubwürdige, Ratlosigkeit verschleiert. Als greifbare, nicht zu eliminierende Wahrheit bleibt bestehen, daß abgesehen vom humanitären Aspekt, der schwierigkeitslos oft zum dubiosen, politischen Schwindel gemacht wird, hier ein volkswirtschaftliches Kapital bedroht ist; ein Kapital, das über kurz oder lang massiv angetastet und eingesetzt werden muß, will ein Land wie Kenia noch größere Defizite in seiner Nahrungsmittelproduktion verhindern. Beim derzeitigen Wissenstand über die Bewirtschaftung und das Potential der durch Viehhaltung genutzten Weidegebiete erscheint der Rückgriff auf die Expertise der eigentlichen Experten noch immer am sinnvollsten und auch am wirtschaftlichsten: auf die der Pastoralisten.

Teile dieser Expertise sind hier zusammengetragen und im Bewußtsein der Unzulänglichkeit interpretiert worden; im ganzen gesehen kaum mehr als das Vorwort besagten Rezeptbuches, das der Autor zu schreiben sich außerstande sieht, der Politiker aber mit Sicherheit irgendwann schreiben wird: in Kenia, Brüssel, London, Bonn, im Vatikan oder wo immer auch der entwicklungspolitisch so " tröstliche " Leitsatz gilt:

" Nicht der Mensch, nur die Sache ist unsere Sache ! "

Abb. 101: Zur Feldsituation. Korr ist ein heißes Pflaster; 45°C sind in der Trockenheit keine Seltenheit. Normalerweise wurden die sehr frühen, kühleren Morgen- oder späten Nachmittagsstunden für (wie hier) Interviews genutzt, die im " Patio " aus Sackleinen zwischen meinen beiden Häusern stattfanden.

Abb. 102: Die Krieger " in residence " von Ngurunit waren der vielen Fragerei gewöhnlich aufgeschlossener als ihre Rendille-Kollegen.

Abb. 103: Meine beiden Häuser in Korr, die ich vier Jahre bewohnte.

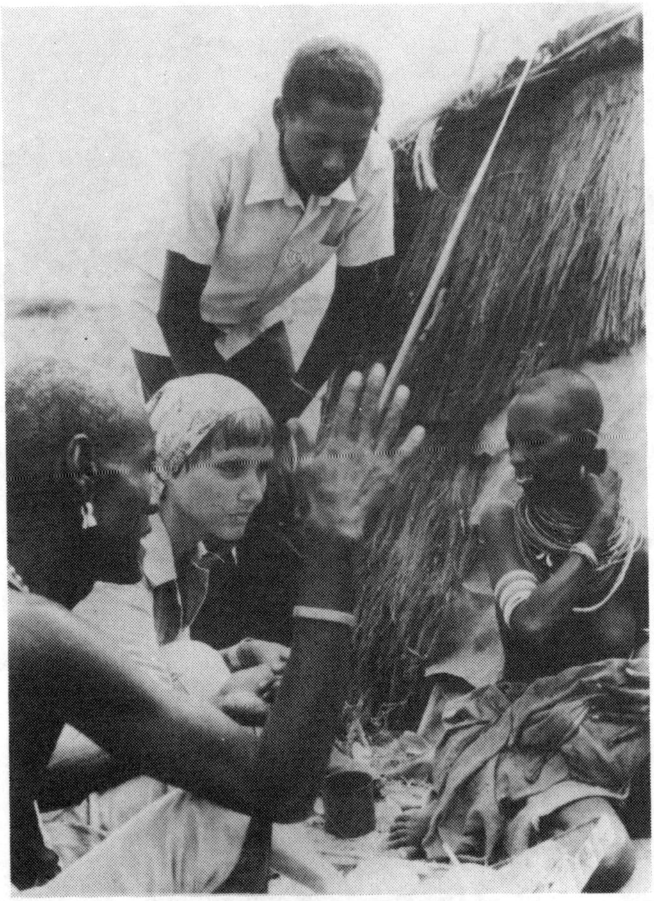

Abb. 104: Wiegen, Messen, Erzählen und Teetrinken waren die Tagesroutinen, an den sich öfters auch die Männer (wegen des hohen Unterhaltungswertes der Aktion) beteiligten.

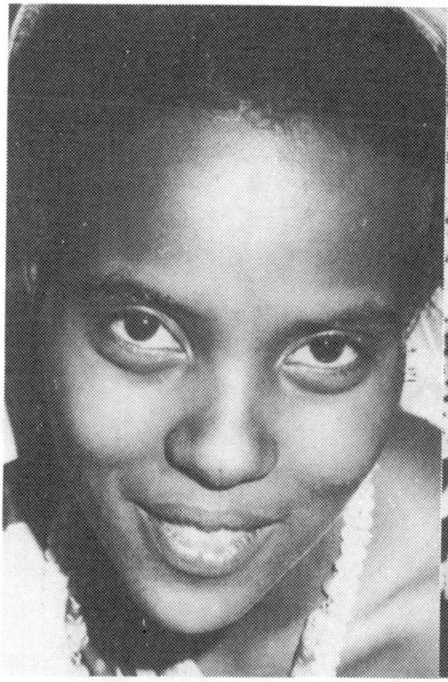

Abb. 105: Elena Hedado

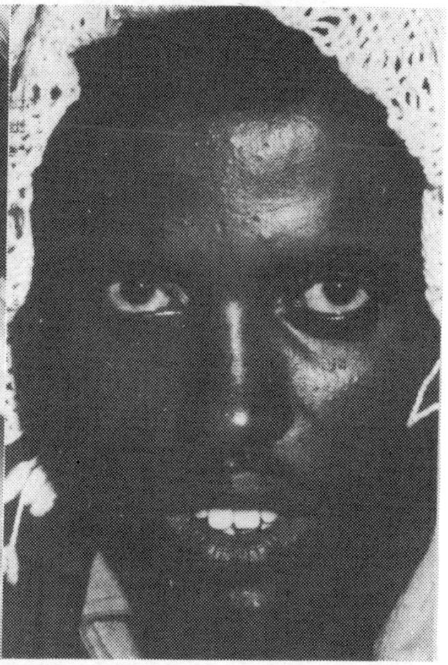

Abb. 106: Larion Aliaro

Diese beiden und Isaac Learamo waren und sind immer noch das eigentliche " Rückgrat " meiner Forschung im Ariaal-, Samburu- und Rendille-Land, die teilweise nun in dieser Arbeit zusammengefaßt ist.
Elena ist heute 27 Jahre alt und hat vier Kinder, war jedoch schon zu Beginn der ersten Felderhebungen 1978 verheiratet und Mutter. Ohne sie als gestandene und respektierte Ehefrau wäre mir der gesamte Bereich des pastoralen Haushaltes verschlossen geblieben; denn keinem Mann, (und ohne Übersetzer und Assistenten war es mir in den ersten Jahren unmöglich zu arbeiten), hätten die Frauen Fragen beantwortet oder gar Zutritt in ihre Domäne, den Haushalt, gewährt. Sie allein war es auch, die die Vertrauensbasis schuf, um aktiv am Haushaltsgeschehen teilzunehmen und damit messen und wiegen zu dürfen, so daß quantitativ erfaßbar und nachprüfbar wurde, was sonst allenfalls nur als Beobachtung aus der Ferne geduldet worden wäre.

Dagegen war Larion, der heute 25 ist und zur Altersklasse gehört, die 1979 beschnitten wurde, unentbehrlich für alle Fragen, die als reine Männersache gelten, wie Herden und ihr Management, Siedlungs- und Migrationsverhalten, politische Diskussionen als auch die (täglichen) Querelen, wer was wann und wo zu tun hätte. Sowohl Elena als auch Larion sind Rendille " proper " , sprechen jedoch ebenfalls fließend Samburu neben Englisch und Kiswahili, ohne Kenntnis der beiden letztgenannten ich KUFA, arbeitsmäßig TOT gewesen wäre.

Sie waren mein Team in Korr, wohingegen...

Abb. 107: ...Isaac Learamo als Ariaal (mit Schwergewicht auf der Samburu-Identität) mein Assistent und Dolmetscher überwiegend in Ngurunit samt benachbarter Ariaal-Manyattas war. Auch er ist heute 25, ruhig und überaus genau, in allem was er tut: und obgleich keine Elena, so verschaffte er mir doch die Möglichkeit, bei fast allen Familien im Umkreis ein- und auszugehen wie ich wollte. Sehr bald war meine Anwesenheit dann so weit akzeptiert, daß ich (als Frau) auch in Ngurunit alle Erhebungen durchführen konnte wie in Korr.

Abb. 108: Korr konnte einsam sein -, ein Zustand, mit dem man besser nicht haderte. Denn, wie sagte Montesquieu: " Hot climates produce unchangeable civilisations ", und nicht nur das: für die Zeit meines Dortseins, froh und unfroh, oft heiter aber auch manchmal bedrückt, UNCHANGEABLE CONDITIONS.

LITERATURVERZEICHNIS

Hier ist eine kurze Erklärung nötig, warum zwei Arbeiten im Verlaufe dieser Untersuchung nicht zitiert worden sind, obgleich sie ohne jeden Zweifel für sich beanspruchen können, von großer und substantieller Bedeutung zu sein, was Forschung und Wissenschaft bezüglich pastoraler Wirtschaftssysteme Afrikas betrifft. Das sind:

1. Dahl, G. und A. Hjort: Having Herds, Pastoral herd growth and household economy.
   Stockholm: Department of Anthropology. 1976

   und

2. Swift, J.J.: The economics of traditional pastoralism:
   The Twareg of the Adraran Iforas (Mali).
   Dissertation. Univ. of Sussex. 1981

Beide Arbeiten befassen sich mit Ethnien, deren wirtschaftlicher und soziokultureller Hintergrund sich grundlegend von den hier beschriebenen Gesellschaften unterscheidet; Swifts Arbeit vor allem dadurch, daß sie in den westafrikanischen Kulturkreis eingebunden sind, wohingegen die von Hjort und Dahl ein (nach persönlicher Auffassung des Autors) in vieler Hinsicht atypisches Beispiel für die pastorale Wirtschaftsweise, das der Waso Boran, behandelt.

Ein Vergleich oder Aufgreifen der in beiden Arbeiten vertretenen Standpunkte und Ergebnisse hätte nicht mit ausreichender Gebühr hier besprochen werden können und ist deshalb ganz und gar unterlassen worden, statt durch Flüchtigkeit und Kürze in der Diskussion mehr Verwirrung als nützliche Information einzubringen. Es ist jedoch ein betontes Anliegen des Autors, an dieser Stelle beide Arbeiten als äußerst wertvolles Grundlagenmaterial zum Verständnis des Pastoralismus allgemein zu würdigen.

---

1 Schwartz, S.: Who is behind the bars of famine?
Adaptive responses versus misconceptions of emergencies.
London: i. Vorb.
Ibid

2 Capot-Rey, R.: The present state of Nomadism in the Sahara.
Paris: UNESCO. 1962.
(In: Problems of the arid zones. Part II; Arid zone research XVIII, pp. 301 - 302.)

3 Brecht, B.
Aus: Dreigroschenoper, Jennys Lied.
Berlin: 1928.

4 Davidson, B.: Africa in History.
St. Albans: Paladin. Rev. ed. 1974. pp. 26 - 27.

5 Zeuner, F.E.: Geschichte der Haustiere.
München: BLV 1967. S. 30 ff.

6 Epstein, H.: The origin of the domestic animals in Africa.
New York: Africana Publ. Corp. 1971.

7 Toynbee, A.J.: A study of history.
Oxford: Oxford Univ. Press. 1935.
Vol. I,p. 484; Vol. II, p. 452; Vol. III, p. 551.

8 Herzog, R.: Seßhaftwerden von Nomaden.
Köln u. Opladen: Westd. Vlg. 1963.
S. 13.

9 Frobenius, L.: Geographische Kulturkunde. 1. Teil: Afrika. Leipzig: 1904. S. 154 - 155.

10 Fratkin, E.M.: Concepts of health and disease among the Ariaal Rendille: Herbal medicine, vitual curing and modern health care in a pastoral community in Northern Kenya. Dissertation. London, School of Economics. 1980. pp. 29 ff.

11 Schwartz, S.: Some aspects of change in communication among the Ariaal and Rendille of Northern Kenya. Nairobi: 1983. Unveröffentlicht.

12 Fratkin, E.M.: Remarks on cultural and economic background of the Ariaal and Samburu peoples. Nairobi: IDS. 1980. Paper presented at Workshop on Pastoralism in East Africa.

13 Spencer, P.: Nomads in alliance. London: Oxford Univ. Press. 1973. pp. 27 - 71.

14 Schlee, G.: Das Glaubens- und Sozialsystem der Rendille, Kamelnomaden Nord-Kenias. Berlin: Dietrich Reimer. 1979. (Marburger Studien zur Afrika- und Asienkunde Serie A: Afrika Bd. 16).

15 Beaman, A.W.: Nomadic womanhood: The Rendille's other half. Nairobi: 1977. Paper presented at a Workshop on Nomadism by IDS. Auszug aus: Dissertation. Boston 1984.

16 Schwartz, S.: Wenn Laeduma träumt. Leben in extremer Umwelt Afrikas. Düsseldorf: ECON. 1981. S. 120. Ibid S. 60.

17 Herodot: Logopoioi. Stuttgart: Kröner Vlg. 1938. (zitiert nach: Davidson, B.: Africa in history. 1974. p. 44.)

18 Heine, B.
Pers. Komm. 1984.

19 Febvre, L.: A geographical introduction to history.
Westport: Greenwood Pr. 1925. Repr. 1974. p. 108.
(Zitat nach Montesquieu, C.S. de: Aus: Esprit des Lois).

20 Konczacki, Z.A.: The economics of pastoralism. A case study of
Sub-Saharan Africa.
London: Frank Cass. 1978. p. 35.
Ibid p. IX - X (Preface).

21 Schwartz, S.: Limitationen der Bewässerungswirtschaft in ariden
Zonen und ihre Ablehnung durch den nomadischen Viehhalter.
Frankfurt: Inst. f. Wirtschafts- u. Sozialgeographie. 1982.
(Schriftenreihe H.42; Bewässerungswirtschaft und Binnenkolonisation).
S. 242.
Ibid S. 233 - 238
Ibid S. 244
Ibid S. 245

22 Moll, P.: Portraits of Africa.
London: Harvill Pr. 1983. p. 142.

23 Copans, J.: Sahel drought: Science and underdevelopment.
Boston: Allen & Unwin. 1983.
(In: Hewitt, K. (Hrsg.): Interpretations of Calamity. p. 88.)
The Risks & Hazards Series: 1.
Ibid p. 87.

24 Wadell, E.: Coping with frosts, governments and disaster experts:
some reflections based on a New Guinea experience and a perusal
of the relevant literature.
Boston: Allen & Unwin. 1983.
(In: Hewitt, K. (Hrsg.): Interpretations of Calamity. p. 37.)
The Risks & Hazards Series: 1.
Ibid p. 34.

25 Buecher, K.: Die Entstehung der Volkswirtschaft.
Tübingen: Vlg. d. Laupp'schen Buchhandlung. 10. Aufl. 1913.
S. 14 - 15.

26 Thomson, J.: Through Masai Land. A yourney of exploration among the snowclad vulcanic mountains and strange tribes of Eastern Equatorial Africa.
London: Frank Cass. Repr. 1968. First ed. 1885.
pp. 114 ff., pp. 207 ff., pp. 282 ff.

27 Caillié, R.: Travels through Central Africa to Timbuctu and across the Great Desert to Morocco.
Performed in the years 1824 - 1828.
London: Frank Cass. Repr. 1968. First English ed. 1830.
pp. 165 ff., pp. 176 ff., pp. 274 ff.

28 Hoehnel, L.v.: Discovery of Lakes Rudolph and Stefanie.
A narrative of Count Samuel Teleki's exploring and hunting expedition in Eastern Equatorial Africa in 1887 and 1888. Vol. I and II.
London: Frank Cass. Repr. 1968. First German ed. 1891.
pp. 199 ff. Vol. I pp. 106 ff. Vol. II
pp. 211 ff. Vol. I pp. 168 ff. Vol. II
pp. 315 ff. Vol. I pp. 246 ff. Vol. II

29 Merker, M.: Die Masai. Ethnographische Monographie eines ostafrikanischen Semitenvolkes.
Berlin: Dietrich Reimer. 1910. Repr. Johnson Repr. Corp. 1968.
S. 174 - 175, S. 213, S. 339 - 340.

30 Sanders, L.: The case of Lucy Bending.
Sevenoaks: New English Library. 1983. p. 253.

31 Gulliver, P.H.: The family herds. A study of two pastoral tribes in East Africa; the Jie and Turkana.
London: Routledge & Kegan Paul. 1955. p. 101.

32 Schwartz, S.: Seasonal changes in communication and social behaviour among pastoral peoples in Northern Kenya.
In Vorb.

33 Brown, E.J.: Irrigation in arid zones. A socioanthropological survey of the irrigation schemes on the Turkwell river.
Rom: FAO. 1981. p. 30.

34 Eriksen, E.: The ritual meat feast - NYAKRIKET - as a factor in food distribution among the Toposa.
Bergen: Sosialanthropologisk Institutet Universitetet Bergen. 1978.
(In: Eriksen, E. (Hrsg.): Aspects of agro-pastoral adaptation in East Africa).
Occasional Paper No. 13. pp. 35 ff.

35 Schwartz, H.J.: Improved utilization of arid rangelands through multiple species herds.
Tokio: 5th World Conference on Animal Production. 1983.
(Proceedings; Vol. II. p. 625).
Ibid p. 626.

36 Hahn, E.: Die Entstehung der Pflugkultur (unsres Ackerbaus).
Heidelberg: Winter's Universitätbuchhandlung. 1909. S. 71 - 72.

37 Payne, W.J.A. und G. Williamson: An introduction to animal husbandry in the tropics.
London: Longman. Second ed. 1965. pp. 152 ff.

38 Ruthenberg, H.: Farming systems in the tropics.
Oxford: Clarendon Pr. Third ed. 1980. pp. 110 - 123.
Ibid pp. 322 - 355.

39 Jahnke, H.E.: Livestock production systems and livestock development in tropical Africa.
Kiel: Wissenschaftsverl. Vauk. 1982. S. 66 - 81.
Ibid S. 42 - 63.
Ibid S. 93.

40 Schwartz, S.: " I go and bury my herds! ". Despair as a welcome solution.
In Vorb.

41 Schwartz, S.: Turkana Rehabilitation Programme. Project Evaluation Study. Draft Final Report.
Nairobi: EEC and The Government of Kenya. 1984. pp. 39 ff.

42 ASAL-PLAN (Arid and Semi-arid Lands development in Kenya):
The framework for implementation, programme planning, and evaluation.
Nairobi: The Government of Kenya. 1978.
Ibid p. 8 (Appendix III).
Ibid p. 2 (Appendix II).

43 INTEGRATED RESOURCE ASSESSMENT AND MANAGEMENT PLAN FOR WESTERN MARSABIT DISTRICT, NORTHERN KENYA
Nairobi: UNESCO - IPAL. 1984.
(Technical Report Number A - 6).

44 FAO (United Nations Food and Agriculture Organisation):
Propositions préliminaires pour une approche intégrée du dévelopment à long term de la zone sahelienne de l'Afrique de l'ouest.
Rom: FAO. 1973.
(Doc. de Travail de la FAO WS/D 7404. p. 43.).

45 DEVELOPMENT PLAN 1979 - 1983
Nairobi: The Government of Kenya. 1979.

46 THE CONCISE OXFORD DICTIONARY
Oxford: Clarendon Pr. Fourth ed. 1958.

47 Jackson, T. und D. Eade: Against the grain. The dilemma of project food aid.
Oxford: Oxfam. 1982. pp. 15 - 19.

48 Gluckman, M.: The allocation of responsibility.
Manchester: University Pr. 1972. P. XVIII

49 Galwin, C.: Persönliche Mitteilung.
Dissertation i. Vorb. Univ. of Colorado,
Lab. of Ecology. Voraussichtlich Ende 1986.

50 Gatenby-Davis, I.D.; J. Newson:
Some haematological and physiological characteristics among nomadic pastoralists in East Africa. With special reference to cholesterol- and ascorbic acid levels in the blood.
East African Med. J. Vol. 52, pp. 666-672.

51 Schmidt-Nielsen, K.: Animal Physiology. Adaption and Environment.
Cambridge Univ. Pr. 3ed., 619pp 1983.

52 Schmidt-Nielsen, K.: Desert Animals.
Oxford: Clarendon Press. 277pp 1964

53 Schwartz, H.-J., v. Engelhardt, W., Schultka, W.:
Physiological adaption of domestic ruminants, camels and donkeys to low quality forages.
1986, i.Vorb.

54 Sperling, L.: Labour and labour division within some clans in Samburu society. (Working title).
Dissertation in progr. McGill Univ. Montreal.
Dept. of Anthropology. Voraussichtlich Ende 1986.

55 Fratkin, E.: Persönliche Mitteilung.
Dissertation in progr. Georgetown Univ. Ma.
Dept. of Sociology. Voraussichtlich Mitte 1987.

In der Allgemeinen Verwaltungsvorschrift zur Durchführungsverordnung zum zum Hessischen Ausführungsgesetz zum BJagdG (Bundesjagdgesetz) heißt es:

Als Notzeit bestimmt die Verwaltungsvorschrift grundsätzlich die Zeit vom 1. November bis 30. April, so daß in dieser Zeit gefüttert werden darf. Tritt in dieser Zeit eine e c h t e Notzeit auf, d.h. reicht die natürliche Äsung nicht aus und leidet das Wild Not, so muß gemäß § 25 Abs. 1 Hess. Ausf.G z. BJagdG gefüttert werden.

Laut Hamburgischem Jagdgesetz wird im Art. 37 § 25 festgelegt:

In der freien Wildbahn darf in der Zeit vom 1. Mai bis 15. Oktober eines jeden Jahres Wild nur gefüttert werden,
1. wenn es Not leidet,
2. um ausgesetztes Wild einzugewöhnen,
3. um Schwarzwild, Füchse oder Waschbären gelegentlich anzukirren

18 45
D R